SOUTHEAST LAW REVIEW

入选中文社会科学引文索引（CSSCI）　　总第 26 辑

东南法学 第十辑

——学术前沿与专题研究

主　编　欧阳本祺
副主编　刘练军　叶榅平

东南大学出版社
SOUTHEAST UNIVERSITY PRESS
·南京·

图书在版编目(CIP)数据

东南法学：学术前沿与专题研究．第十辑／欧阳本祺主编．－－南京：东南大学出版社，2025.8．－－ISBN 978-7-5766-2314-7

Ⅰ．D90-53

中国国家版本馆 CIP 数据核字第 20253CZ992 号

东南法学（第十辑）：学术前沿与专题研究

Dongnan Faxue (Di-shi Ji): Xueshu Qianyan yu Zhuanti Yanjiu

主　　编	欧阳本祺
出版发行	东南大学出版社
地　　址	南京市四牌楼 2 号　邮编：210096　电话：025-83793330
网　　址	http://www.seupress.com
出 版 人	白云飞
经　　销	全国各地新华书店
印　　刷	广东虎彩云印刷有限公司
开　　本	787 mm×1092 mm　1/16
印　　张	17.75
字　　数	454 千字
版　　次	2025 年 8 月第 1 版
印　　次	2025 年 8 月第 1 次印刷
书　　号	ISBN 978-7-5766-2314-7
定　　价	75.00 元

本社图书若有印装质量问题，请直接与营销部联系。电话：025-83791830
责任编辑：刘庆楚　责任校对：张万莹　责任印制：周荣虎　封面设计：毕　真

《东南法学》编辑委员会

学术顾问（以姓氏笔画为序）
  王利明 李步云 吴汉东 应松年
  张卫平 张文显 陈兴良 韩大元

编委会主任 刘艳红

委 员（以姓氏笔画为序）
  叶金强 李 浩 杨登峰 何海波
  沈 岿 陈柏峰 陈瑞华 赵 骏
  桑本谦 彭诚信

主 编 欧阳本祺

副主编 刘练军 叶榅平

目 录

东南法学（第十辑）

· 数字法学 ·

1 从线下到线上：在线诉讼仪式感的挑战、机理与重塑
　　　　　　　　　　　　　　　　　　　 朱　瑞

19 论个人数据对价化下捆绑禁止的规范构造
　　——基于立法论的考察
　　　　　　　　　　　　　　　　　　　 傅雪婷

29 论作为公共数据授权运营规制工具的问责机制
　　　　　　　　　　　　　　　　　　　 苟学珍

46 自动化行政中算法信息公开的中国方案
　　　　　　　　　　　　　　　　　　　 孟李冕

· 理论前沿 ·

67 档案行政纠纷的实践类型与实质化解
　　——以 564 份裁判文书为样本
　　　　　　　　　　　　　　　 徐信贵　官　伟

92 日本前科资格限制制度及其对我国犯罪附随后果
　　体系优化的启示
　　　　　　　　　　　　　　　 张吉喜，郑　达

113 论人工智能生成创作的版权公示专门规则构建
　　　　　　　　　　　　　　　　　　　　　　刘　慧　王　琰

129 欧盟法院运用比较法构建欧盟法一般原则的法理困境与出路
　　　　　　　　　　　　　　　　　　　　　　　　　　范继增

155 撤销和变更判决具有执行力的理据与要件
　　　　　　　　　　　　　　　　　　　　　　　　　　刘海宇

171 新《公司法》视域下公司决议诉讼的程序逻辑
　　　　　　　　　　　　　　　　　　　　　　王贵彬　蒋丽华

·青年法苑·

189 帮助信息网络犯罪活动罪的整体归责
　　　　　　　　　　　　　　　　　　　　　　　　　　郭谭浩

217 未成年人罪错行为分级处遇规则续造
　　　　　　　　　　　　　　　　　　　　　　　　　　刘　凡

233 环境犯罪行刑反向衔接检察监督机制的体系化形塑
　　　　　　　　　　　　　　　　　　　　　　　　　　张德权

·域外法治·

249 假定同意的刑法教义学反思与瑞士司法判例立场
　　　　　　　　　　　［德］比扬·费特－莫格哈达姆　著
　　　　　　　　　　　　　　　　曾　礼　王雪冬　译

262 凯尔森、哈特与法律规范性
　　　　　　　　　　　　　　布赖恩·比克斯　著　惠　洁　译

·数字法学·

从线下到线上:在线诉讼仪式感的挑战、机理与重塑[*]

朱 瑞[**]

摘要: 在从传统社会向数字社会转变的过程中,司法仪式正面临着淡化的挑战。司法仪式具备强化司法权威、引领司法认同的作用。伴随司法仪式的淡化,在线诉讼的司法权威遭受新的质疑,仪式饱满程度的降低致使在线诉讼失去了司法权威的基础;在线诉讼难以有效传递法官的优秀品格且削弱了法官的亲历性,这最终致使司法公信力降低。在线诉讼仪式之所以受到压缩,一方面源于当下的司法运作受到了传统实用主义的司法理念、当代政法传统与现代媒介的影响;另一方面归因于当下广泛盛行的"仪式不重要"之观念。为此,一方面需要重新构建在线诉讼的仪式空间,增强在线诉讼的独立性并积极谋取数字技术的支撑,另一方面也要合理运用仪式的社会文化因素,进而在实践中积累在线诉讼操作准则。

关键词: 在线诉讼 司法仪式 司法权威 司法亲历性

一、问题的提出

伴随数字社会的来临,司法领域的信息化与智能化建设持续加快。在国家顶层规划之

---

[*] 基金项目:华东政法大学菁英培育计划项目"上海'五个中心'建设的法治保障"(项目号:A-4101-25-211-X0136)。
[**] 作者简介:朱瑞,华东政法大学公共法律服务学院助理研究员、华东政法大学博士后。

下,"科技强检""智慧法院""智慧法庭"等建设项目接连付诸实施①。司法的智慧化发展向当下的诉讼程序发起了新的挑战,尤其在新冠疫情之后,传统诉讼正以更大规模迈向在线诉讼②。出于疫情防控的需求,在线诉讼取得了较快的进展。过往需耗费诸多资源方可推进的诉讼改革,诸如在线诉讼的受案范围,在疫情期间获得了人们谅解性的接纳。疫情虽已成为过往,但司法实践已然习惯并接纳了在线诉讼,传统诉讼正在朝着更为智慧的在线诉讼转变。

在线诉讼与传统诉讼有所不同,传统诉讼一直防范"诉讼程序中的参与或许会演变为一种高昂的仪式"③,在线诉讼则在警惕仪式的消失。这种有关"提防"的论断与当下盛行的一种乐观态度构成反差。这种乐观态度主张,司法权威并非全然依赖法庭的仪式,甚至伴随程序法和实体法的完备,法庭仪式终将被"摒弃"④。通常而言,传统线下诉讼的司法仪式具备情感沟通、社会整合、规训惩罚教育以及文化传播的功能⑤,随着在线诉讼仪式的弱化,其此后能否实现相应的社会功能值得深入思考。在线诉讼的法庭空间被无限延展,人们于线下所感受到的心理震撼感有所减弱。即便虚拟空间尽力提供"身临其境"的感觉,但各方当事人仍然能够察觉到自己所处的真实物理空间。虚拟空间难以营造出肃穆庄严的庭审氛围,这致使诉讼程序的权威性和正统性面临严峻挑战⑥。在线诉讼致力于将纠纷解决理想化为一场网络会议,想象着人们会自觉地致力于商讨纠纷解决方案并追寻正义。然而,矛盾纠纷显然难以在一场理想的会议中得以解决,其仍期待着仪式与权威。在现有的技术条件下,展现司法权威的各类要素难以移植至线上,甚至手机或者电脑屏幕还会削弱人们对司法权威的感知⑦。在实践调研当中,逾半数的受访者表示,在线诉讼"欠缺法庭仪式感"⑧。仪式感的缺失在一定程度上成为人们拒绝守法的缘由,人们无法如同线下诉讼一般,在仪式中"反映

---

① 相关文件包括《国家信息化发展战略纲要》、《新一代人工智能发展规划》(国发〔2017〕35号)等等。
② 当前,人民法院可以综合考虑案件情况、当事人意愿和技术条件等因素,对民事、行政诉讼案件,刑事速裁程序案件,减刑、假释案件,因其他特殊原因不宜线下审理的刑事案件,民事特别程序、督促程序、破产程序和非诉执行审查案件,民事、行政执行案件,刑事附带民事诉讼执行案件,以及其他适宜采取在线方式审理的案件,适用在线诉讼。本文主要讨论的是在线诉讼的共性机理,在民事、行政、刑事诉讼或非诉讼程序中,其所面临的仪式感淡化、司法权威降低等问题具有普遍性。本文着重讨论那些借助信息技术实现立案、举证、质证、审理、送达等环节线上化操作的基础运行逻辑,其前提是承认物理法庭向数字空间的系统性迁移。当然,这并不是说所有的诉讼类型都有着同样的仪式强度需求,小额速裁案件显然不必采用刑事案件的仪式规格。本文更加注重从传统向数字的迁移过程,而非不同程序之间的类型化仪式比较。
③ 方乐:《司法参与公共治理的方式、风险与规避——以公共政策司法为例》,载《浙江社会科学》2018年第1期,第40页。
④ 参见杜辉:《在线庭审运行中的风险防控探析》,载方向主编:《电子诉讼规则研究:最高人民法院司法研究重大课题电子诉讼规则研究论文选编》,中国民主法制出版社2022年版,第59页。
⑤ 佟金玲:《中国语境下司法仪式研究》,中国社会科学出版社2013年版,第103-115页。
⑥ 参见侯猛:《互联网技术对司法的影响——以杭州互联网法院为分析样本》,载《法律适用》2018年第1期,第55页。
⑦ 参见李文超、李昕豫:《互联网司法中庭审礼仪的体系构建:以文化为视角》,载《中国审判》2021年第1期,第77页。
⑧ 参见杨继文:《在线诉讼场景理论的建构》,载《法制与社会发展》2023年第3期,第174页。

自身的需求和经历",人们亦缺少和"法律仪式相抗衡的其他仪式",最终将会以不法的方式进行抵抗①。以区块链、大数据、算法为基础的数字技术似乎未能弥补在线诉讼中司法仪式的缺失,以至于人们质疑:"缺乏传统诉讼程序的仪式性,是否削弱或者否定了程序的正当性?"②进言之,传统诉讼通过各方亲身经历司法仪式来构建司法权威的策略正面临着在线诉讼的挑战。在线诉讼淡化仪式的趋向对于"事实的发现和法律的探寻"存在明显的弊端,损害了司法裁判的教化作用。亲历性乃是传统司法权威得以生成的基础所在③,伴随在线诉讼仪式感与亲历性的减弱,司法权威应当如何生成?在线诉讼无论在形式方面还是实质层面,必然与传统线下司法存在差异。那么,身处于当下时代的我们,又应当怎样构建线上诉讼的司法仪式?鉴于此,针对在线诉讼的司法仪式,有必要在学理层面做进一步的探讨,以寻求在线诉讼仪式建构的一般原理。

二、在线诉讼产生司法仪式感的三重挑战

自13世纪起,英国的法官在就职之前就必须身着法袍并宣誓就职。司法机构向来对法律传统抱以尊重和敬畏之情,极度重视纪念传统的司法仪式,将其视作展示法官职业身份、职务以及特权的象征,其也是彰显法治精神的重要表现形式。传统司法具备独特的装潢设计与结构布局,其于物理空间中进行审判时能够凭借仪式对人发挥潜移默化的作用,促使人们尊重法庭秩序,约束自身言行,心生敬畏之感。"屏—屏"的交流方式难以达成线下审判的仪式效果,这将会对人们对于司法权威的信服程度产生影响。

(一)在线诉讼降低司法仪式饱满度

在线诉讼于虚拟空间中开展,其呈现出非现场化、活动的相对隐秘性等特点④。传统物理空间中的诉讼构建了静态的、相对闭合的空间,当事人和其他诉讼参与者所在的法庭空间乃是法律用以区隔社会的独立空间⑤。在线诉讼对传统诉讼空间的独立性构成挑战,不再要求各方汇聚于特定的物理空间之中,参与者分散于各方,借助互联网来进行举证、质证、送达等诉讼活动。传统的法庭仿若剧场,线下的诉讼活动具备强烈的参与感与仪式感,直接体现了司法的亲历性、公开性和在场性。在线诉讼简化了仪式,具有"去在场性"的特征,此特性在效用方面与当事人的听审请求权产生冲突,降低了信息获取的有效性⑥。

---

① See Patricia Ewick, Susan S. Silbey. The Common Place of Law: Stories from Everyday Life. University of Chicago Press, 1998, p.238. 英文语境下对仪式更为强调,本文对英文的理解建立在中译本的基础上。参见[美]帕特里夏·尤伊克、[美]苏珊·S. 西尔贝:《法律的公共空间:日常生活中的故事》,陆益龙译,商务印书馆2005年版,第318页。
② 魏斌:《司法人工智能融入司法改革的难题与路径》,载《现代法学》2021年第3期,第22页。
③ 参见朱孝清:《司法的亲历性》,载《中外法学》2015年第4期,第919-936页。
④ 参见刘艳红:《人工智能技术在智慧法院建设中实践运用与前景展望》,载《比较法研究》2022年第1期,第3页。
⑤ 参见季卫东:《法治秩序的建构》(增补版),商务印书馆2019年版,第16页。
⑥ 参见段厚省:《远程审判的双重张力》,载《东方法学》2019年第4期,第105-107页。

仪式具备能够被直观感受的特性,其反映了一套由社会价值观念支撑的文化交往体系。司法仪式通过发掘、编排司法的符号,把说话方式、语言使用规则、空间和颜色等符号整合至司法运作的各个环节,形成司法的场域。在线诉讼程序将这些因素隐匿于虚拟背景之中,在当事人的屏幕里,较好的情形是一块纯色的背景,较差的则是当事人"抽烟、喝茶或者穿着睡衣在床上开庭,包括有的单位人员开庭时,会议室里还挂着条幅,等等"[1]。于线下空间内,法律所代表的权力得以顺利施行,法律的威严得以形成,其使弱者感受到希望与信心,令违法者感受到畏惧与忏悔。人们于仪式之中直观地感受到正义的存在。在社会当中,各类主体的诉求繁多且复杂,法律表达着过往的利益,其滞后性难以应对当下的利益纷争。此外,法律在取舍同等合法的利益时,不宜呈现出由强制力支撑的武断性权威。此时凭借直观的司法仪式,各类主体便有可能感受到法律的权威。故而,在线诉讼仪式展演的缺失将会削弱人们对司法的信任,减损人们对司法权威的信服,进一步损害人们对司法的认同。

仪式是认同和归属的依据,仪式放大着认同[2]。认同乃是发自内心的信奉,司法认同造就司法权威。诉讼过程的程序性与重复性致使诉讼进程中的法律程序和司法仪式难以加以区分[3]。在在线诉讼简化仪式的进程中,当事人将难以从社会框架中分离而出,双方对于案件的认知前提和判断标准难以达成统一,利益诉求的展示过程会屡屡中断。法律权威形成的关键在于司法仪式的各项符号能够将权威的意义植入参与者和旁观者的观念体系之内。不管是法律职业者、当事人还是一般公众,人们的观念体系均在社会而非在法院形成,个体或群体的价值观念或许会受到当地的生活习惯、人文风俗、教育背景等因素的影响。因此,由于在线诉讼程序中各方未能现身于司法的物理空间,各方参与者的话语体系、角色规范、身体行为、空间结构将会更多地彰显其所处环境的特色,仪式于潜移默化中改变人们思维与观念的功能将会被削弱。

司法仪式表达着众多的意义,例如公平、正义、秩序、人权等等[4]。每一种意义都谋求着公共性的传播、表达。在理想的审判模式里,当人们结束诉讼过程时,其便能将司法仪式中所表达的意义转化为自身思想观念的构成部分,并将这种观念自觉地运用于日常生活当中。人们于司法仪式中形成的对法律的认同感和共鸣感能够促使民众自觉地维护法律权威。就此而论,在线诉讼司法仪式的缺失将会使在线诉讼面临权威性的质疑。

(二)在线诉讼难以传递法官的仪式品格

司法仪式确认法官的权威身份,法官成为仪式的主持者。于司法仪式当中,法官通过服

---

[1] 杨维立:《全国首例妨害在线诉讼行为司法处罚案具警示意义》,载《南方法治报》,2019年9月11日第16版。
[2] 参见彭兆荣:《人类学仪式理论与实践》,陕西师范大学出版总社2019年版,第103页。
[3] 参见彭兆荣:《人类学仪式理论与实践》,陕西师范大学出版总社2019年版,第59页。
[4] 参见刘武俊:《享受法律:一个法律人的思想手记》,法律出版社2003年版,第43页。

装和话语方式表明身份,然而这仅是实现司法权威的部分条件。另外,法官的职业精神与专业精神以及由此衍生出的法律思维、司法裁判技术、司法理念目标均对权威身份产生影响。

法官优良的品格蕴含着法官的专业素质。在司法审判里,当事人期望法官作出公正的裁断,法官依据证据和当事人的辩护追求公正的裁判。在限定的时空范围之内,法官无法无限拓展自身的认知,只能将自身的知识和专业能力限定在"司法知识"内部。如此一来,法官的专业能力便成为整个案件的关键变量,专业能力越强,越能够获得当事人和社会公众的认可,产生更为广泛的认同效果。但是,法学家们试图将法律塑造为一门科学,这种科学并非自然理性,而是人工理性,因而审判活动有着相对较为独立的价值评判体系[1]。与其他专业领域有所不同,人们干涉司法审判的冲动远超其他领域[2]。法官通过诉讼程序推动纠纷的解决,这不但要求法官了解在线诉讼程序的运作规则和运转技术,还要其熟悉案件所涉及的实体规则。倘若法官的专业素质较为薄弱,即便其拥有形式上的权威,也会引发人们的质疑。同时,由于法律知识储备不足,法官很难区分案件中的法律因素和非法律因素,这便增加了案件受干扰的可能性。故而在专业且品格优良的法官参与之下,司法权威才能展现具象化的人格并获得社会的认同。

在在线诉讼中,法官的仪式角色愈发难以完美呈现。在在线诉讼的异步审理中,程序的对抗性和仪式感大幅降低[3],法官和当事人的空间距离变远。这致使传统过程中法官积累的庭审技巧在在线诉讼中难以施展。法官开展自由心证时,离不开对案件的通盘考量,但是在线诉讼将案件分成诸多阶段,这反倒加大了心证的难度。甚至对于那些多次参与案件庭审的当事人而言,例如保险公司、银行等等,其有可能利用在线诉讼的碎片化现状拖延诉讼,降低在线诉讼的效率。因此,在法官和当事人之间,人们对于非同步审理的诉讼并未抱过高的期待[4]。在现代社会与后现代社会不断祛魅的大环境之中,法官仍需保有一丝神性,唯有如此,法官才能够在专业化、理性化的基础之上形成人格权威。法官应当具备优良的品德、卓越且清晰的判断力,这些构成法官决策能力的基础,也唯有在此基础之上,法官方能公平地裁断当事人的纷争,赢得民众的认同。尽管人们在社会统治结构中推崇法治的理性,然而在司法的场域里,拥有卡里斯马式超凡魅力的法官反倒更易于获取当事人的信任[5]。这既是

---

[1] 参见胡玉鸿:《司法公正的理论根:基经典作家的分析视角》,社会科学文献出版社2006年版,第277页。
[2] 例如,在医院,医生和病人有着默契的目标,然而病人和旁人并不会干涉医生的专业行为。对于司法领域来讲,法律需要一系列精巧的技术规则方可将法官和社会区隔开来,诸如回避、案件插手通报记录等制度。
[3] 参见肖建国、丁金钰:《论我国在线"斯图加特模式"的建构——以互联网法院异步审理模式为对象的研究》,载《法律适用》,2020年第15期,第14页。
[4] 参见自正法:《互联网法院的审理模式与庭审实质化路径》,载《法学论坛》2021年第3期,第12页。
[5] 韦伯曾提出了三种权威类型:传统型、卡里斯马型和法治型。韦伯更加倾向卡里斯马型,因为其具有一种超凡脱俗的特质,能够带来有别于日常生活的尊崇。[美]塔尔科特·帕森斯:《社会行动的结构》,张明德、夏遇南、彭刚译,译林出版社2012年版,第741-743页。

马锡五审判方式能够获得社会认可的缘由,也是在线诉讼面临的现实困境。马锡五审判方式缩短了法官与当事人的心理距离,于情理和法理的交融中落实法律的要求。对于在线诉讼来说,法官未必缺乏专业的知识和理性的判断能力,但是在线的屏幕难以将此种能力传递给当事人和社会公众。如此一来,抽象的法律难以实现人格化呈现,司法权威难以彰显。

(三)在线诉讼降低司法亲历性

司法亲历性不单是指法官完整地参与整个案件,还意味着"司法人员亲历与人证亲自到庭的统一、审案与判案的统一、司法人员心与身到的统一,也是亲历实体与程序、过程与结果的统一"①。这样的统一性皆汇集于司法仪式所创造的"阈限"之中②。仪式切割原本的社会关系,将带伤的社会关系转变为法律关系。例如,当诉讼程序启动之后,诉讼参与者们必须让自己处于各自的角色要求之下,听从法官的指挥,从而避免出现过激的行为,防止社会关系进一步恶化。在迫使矛盾双方冷静之后,司法便可在仪式中构建出一个稳态的关系结构,并于其中探寻解决矛盾的方案,作出正义的裁决。

法律可以被视作社会生活的形式,而法律程序又可以被视作法律的形式;也即程序相对于社会生活而言是关于形式的形式,其所处的地位犹如桅杆的顶尖,其最为细微的变化也会转化为船身的剧烈摇动③。在线诉讼程序正在淡化被称作形式的仪式,最终其将仅剩下思维层面的推理和论证。随着社会分工的细化,行业之间的专业壁垒愈发增高,这愈发凸显出一套不涉及实体内容的纠纷解决路径的重要性。司法仪式并不规定当事人的实体性权利和义务,但其通过分步骤、分环节的操作方式将实体的内容固定并显现出来,最终抚平产生褶皱的社会关系,维护社会基本的价值观念④。

当主体进入司法仪式之后,其原先于社会关系中的地位和身份等因素被抽象化、模糊化,留存的是具有特定称谓和标准化行为的各类角色。司法仪式通过配置角色的权利义务,使社会主体的行为被限定在法律预期范围之内。仪式的运作是一个戏剧化的展开过程,当仪式启动以后,各类主体将会进入阈限,通过扮演各种角色纵横捭阖、牵制配合,在仪式中消

---

① 朱孝清:《司法的亲历性》,载《中外法学》2015年第4期,第919页。
② 阈限(Liminality)一词源自拉丁文"Limen"(英语Threshold,意思是极限),指"间隙性的或者模棱两可的状态"。阈限是一个重要的人类学概念,著名的人类学家维克多·特纳在总结范·盖纳普原创的"通过仪式"概念的基础上提出了人类学的"阈限"概念,此后"阈限"一词被广泛地应用于人类学等人文社会学科研究中。阈限性是文化人类学中的一个概念,指一种社会文化结构向待建立的社会文化结构过渡间的模棱两可的状态或过程,是文化杂合的空间。综合特纳等人的理论,阈限的时空具有模糊性、开放性、非决定性和暂时性的特征,并且具有在不同结构性状态之间转换的功能。正是这阈限区分出日常世界与法律世界。阈限中的时间与空间相对独立,在区隔的作用下产生了一定的封闭成效。在阈限里,司法仪式从整个社会大结构中分离出法律的小结构,并凭借法律程序指挥小结构的动态运行。参见维克多·特纳:《仪式过程:结构与反结构》,黄剑波、柳博赟译,中国人民大学出版社2006年版,前言。
③ 参见[德]拉德布鲁赫:《法学导论》,米健、朱林译,中国大百科全书出版社1997年版,第120页。
④ 观点出自伯尔曼的《法律性质和功能》,转引自吕世伦:《当代西方理论法学研究》,黑龙江美术出版社2018年版,第165页。

解怨气和怒气,最终恢复被扰乱的社会关系。司法仪式能够舒展紊乱的社会关系,缓解社会的对立和冲突,吸纳人们的不满。在线诉讼简化司法仪式之后,是否仍能够防止各方主体的恣意,甚至是否能够维系纠纷解决过程的基本秩序,都令人心生疑问。

三、在线诉讼仪式感淡化的机理

司法仿若一幕幕舞台剧,随着戏剧渐次展开,在观看和互动的进程中,社会成员与抽象的法律持续发生关系。法律借由这样的方式对人们进行了教育与规训。不管是当事人还是旁观者,经由一场专业且公正的诉讼过程,能够慢慢地体悟正义的存在。在理想的诉讼过程里,即便司法过程剥夺当事人的利益,当事人或许会对自身的行为满怀悔意,或许会埋怨命运的不公,但不会埋怨法律的不公平。每一位参与者都能够在司法过程中构建起稳定的司法印象,而当这样的印象趋近于"司法即为正义"之时,诉讼过程便趋向于其理想状态。但理想图景往往会遭遇现实的拷问:何种因素在阻碍着在线诉讼建设?文化背景、文化观念又能在其中发挥何种作用?

(一)在线诉讼仪式感下降的文化因

法律职业共同体内对法律文化的认同和立场协调主要体现于价值导向等方面,其通过价值化的手段推进社会关系整合。法律文化影响着人与制度的关系、情感。在不同的文化状态下,人们于法律程序中的选择与偏好各异:有的人选择通过法律程序积极维护法律权益;有的人则会选择退让与妥协。人们尝试从文化的角度对这些法律现象进行解释,从而为生活行为提供参照。

一是传统的实用主义思想削弱了司法仪式的必要性。审判模式承载着特定时代的政治因素,中国古代审判模式的政治取向为"无讼"[1]。无讼体现了儒家和道家对自然和谐的追求,这一观念得到中国传统司法实践的认可。尽管刑法在中国古代司法中占据主流,但刑法的目的并非刑罚,而是以刑去刑,最终达成无讼的状态[2]。无讼观念助推民间厌讼思想的形成,这是一种立足于小农生产模式的观念,是当时税负条件下社会所能负担得起的纠纷解决思路。无讼观念也影响着当代的中国人,对于遇到纠纷的人们来说,诉讼既非优先的,也不是唯一的手段。诉讼过程类似于原告和被告的讨价还价,尽管法律试图将所有的关系货币化[3],但直至现在也并非十分成功,这一点在家事审判领域尤为明显。传统司法中"重实体、轻程序"的观念依旧影响着当下的司法审判。当这种姑且被称作司法实用主义的思想占据主导地位时,在线诉讼中司法仪式的任意裁剪也就不难理解了。

---

[1] 参见郭星华:《无讼、厌讼与抑讼——对中国传统诉讼文化的法社会学分析》,载《学术月刊》2014第9期,第88页。
[2] 参见费孝通:《乡土中国》,译林出版社2020年版,第67页。
[3] 参见[法]孟德斯鸠:《论法的精神》,祝晓辉、刘宇飞、卢晓菲译,北京理工大学出版社2018年版,第523-524页。

二是司法审判的政法传统与司法仪式标准化之间存在张力。在政法传统的话语体系下，法律是最广大人民群众意志的体现。这种观念在操作层面促使司法走向大众化的道路。司法大众化与司法专业化相对而言，前者更强调司法应当听取社会公众的意见，简化审级和程序，强调法官和社会公众应在情感上保持一致，在生活上打成一片。司法大众化的传统在新中国成立后的制度和理念中均有所体现①。专业化和大众化构成了司法活动中的一对矛盾，在法治社会中，两者处于微妙的平衡状态，两者缺一不可、不可偏废。倘若说正义构成法律追求的目标，那么"谁来判断正义"便成了一个关键性的问题。专业人士和社会大众在法律程序中相互角力，这就构成了学界所谓的"司法政治力学"②。这种较量的过程并非毫无偏向，法律终究需要获取社会与群众的信任，这种信任程度影响着人们对于政治的信心和社会稳定发展的预期③。具体反映至司法层面，其表现为人们更为关注司法审判的结果。于公众来说，其更期望审判的结果符合其心中朴素的公平正义观。民众的期待传导至法院时，司法审判将会着力融合情理和法理，调和专家意见和民众意见，尽力做出令各方满意的裁判结果。问题恰恰出现在结果上，当审判结果强烈吸引着各方的注意力时，人们便有意无意地忽略了作为过程的司法仪式。

三是现代媒体的发展与司法仪式运作空间的缩减。随着中国庭审公开网的建设，中国司法公开的力度开始位居世界前列。借助现代媒体的公开方式，中国司法一方面增强了群众监督，促进了司法公正，另一方面也将法院置于广场化的状态之下。进入庭审公开网的人无门槛且不特定，法院无从判定哪些人关注审判，这使得法院和处于庭审现场的法官产生一种被凝视之感。凝视缩小了司法与社会公众的距离，这与司法仪式追求的有限距离感呈现出相反的作用力。在被凝视的状态下，裁判者更追求展演的效果，不自觉地放大非法律性因素，甚至将当事人和律师整合为展演形式的一部分。这将会出现力求形式整洁而忽视当事人具体诉求的怪象④。

随着司法公开力度的加大，司法难以规避媒体的影响。媒体通过两种方式对司法产生影响，这主要包括：一方面，放大司法的非理性。当下各类平台和自媒体的报道中不乏贪污腐败、公共人物犯罪等案件。当这些案件作为经常性热点出现时，人们便不再有惊奇的眼光，

---

① 参见贾宇：《构建中国特色社会主义司法制度》，载《西北大学学报（哲学社会科学版）》2013年第2期，第59页。
② 参见孙笑侠：《司法的政治力学——民众、媒体、为政者、当事人与司法官的关系分析》，载《中国法学》2011年第2期，第57页。
③ 参见曹沛霖：《制度的逻辑》，上海人民出版社2019年版，第284页。
④ 个别法院为了保证庭审直播"效果"，对庭审提前进行彩排演练，或者选择案情简单、争议不大、庭审容易把控的案件进行庭审直播。虽然"演绎性直播""选择性直播"在庭审驾驭水平、直播软硬件配套方面提前做好了准备，直播效果能够得到保证，但是该直播活动耗费了更多的人力物力时间，而且也不能反映法院庭审的真实水平，使庭审流于形式，降低了倒逼法官提升审判质效的力度，削弱了社会对法院庭审公开的监督效果。伊日乐图：《人民法院庭审直播工作面临的问题及对策》，http://gy.nmgfy.gov.cn/article/detail/2018/12/id/3617676.shtml，最后访问日期：2023年6月26日。

反而将这些案件变成日常生活的一部分。媒体为进一步抓取公众的注意力,会刻意将案件娱乐化,最终将社会生活的非理性因素又引向司法审判。另一方面,公众对司法的理性化干扰。民众参与公共案件的讨论时,虽然付出了自己的注意力,但其得到的回报并不仅限于生活谈资,而是将参与讨论的过程视作注意力的"存款"。他们期待未来自己受到类似侵害而无力反抗时,能够获得与今日相类似的帮助。无论是理性还是非理性的影响,媒体将越来越多的法外因素引入了司法审判之中。在法院过度考虑公众注意力时,司法仪式的重要性将会降低,因为公众更加关注司法的结果,而非过程。

（二）在线诉讼仪式感下降的要素因

在实践中,在线诉讼程序同时存在"在线化不足"和"过度在线化"的问题[1],人们在这两种倾向中纠结着是否舍弃仪式。在实践中,由于信息化水平成为司法机关审判管理的评价标准[2],缺乏仪式感的在线诉讼程序更为迅速地在实践中铺开。参与者们在司法场域中共同展演司法仪式。展演过程依赖诸多因素的配合,然而当缺少某些因素时,仪式将会成为一种脱离原先目的的形式。此时人们或许会心生疑问:仪式的展演只是为了"走程序",还是在通过程序构建仪式?事实上,司法仪式沦为"走程序"的现象颇为突出[3]。这种现象固然与从业人员及民众的法律素养有关,但另一方面也表明剧场化司法和当前矛盾解决的生态现状并不适配。换言之,从西方引入的、注重仪式的剧场化司法和中国快速发展的数字化社会尚未实现良好的融合。法律应当体现民族精神,而非专家集团的意志[4]。国家已然建构起剧场化司法的制度架构,但其在实践中却未能落地生根。

一是仪式展演与内容承诺的错位致使司法仪式虚化。在在线诉讼中,完整地展演一场司法仪式显得过于奢侈。司法仪式极为繁杂,存在众多细节性规则,法院在线下尚且难以完整操演,线上法院则更难落实。我们无法回避的问题是,司法仪式固然重要,但其并非司法判决的全部,法官们的依法审判同样构成了审判公正的关键。具体而言,各个角色在审判中各安其位并不意味着审判达到公正状态。尽管人们严格按照仪式的要求布置庄严肃穆的法庭,各方身着角色要求的服饰,说着精准的法律语言,但在仪式之外却行贿受贿,那么即使在线诉讼极具仪式感,这样的仪式也失去了本来目的,反而构成对仪式的反讽。剧场化的司法一方面对线上的行为作出了严格的要求,另一方面也要求线上线下的行为保持一致。线上、线下行为的不一致将会虚化仪式的呈现。

---

[1] 参见章扬、谢子柔:《在线诉讼制度的检视与完善》,载《法律适用》,2023年第4期,第162页。

[2] 《最高人民法院印发〈关于设立杭州互联网法院的方案〉的通知》(法〔2017〕245号)。

[3] 这种情况见于张军履新最高人民法院院长之后发表的讲话,他认为,老百姓来法院是为了解决问题的,但是司法机关却将其理解为走程序。具体参见《促公正提效率,答好人民满意的时代问卷》,载《人民法院报》2023年3月26日第01版。

[4] 参见何勤华:《西方法学史纲》,商务印书馆2016年版,第215页。

二是法官多重角色压力下的仪式虚化。法官是重要的法律职业者,但中国的法官并非仅承担法官角色,大多数法官都有着明确的党派信仰,属于党组织成员,同时法官嵌入科层制结构,管理模式具有行政化色彩①。在法治社会中,法官对于矛盾纠纷的解决起着重要作用。然而在我国传统司法中,司法是整个国家行政系统的一部分,故而司法需要服从在整个国家结构中占据主导地位的机关。换言之,司法表现为具有一定附属地位的国家机关,其是国家行政权力在纠纷解决领域的形态。法官不仅要扮演法律上的角色,还要承担落实政策的角色。与这样的角色压力形成对比的是,司法仪式同样对法官提出了较高的要求。也就是说,司法仪式通过编排和调动法律程序实现自身的展演,增强审判的神圣性和严肃性,仪式和程序形影不离。复杂的仪式操演起来费时费力,出于提高审判效率和减少时间消耗的考量,在线诉讼便会考虑简化仪式流程②。法官在开庭前会强调开庭纪律,要求禁止离开自己的座位,发言需要获得许可等。但是在线诉讼很难严格落实这些规定,即使在线下,我们也经常能看到没有起立仪式、工作人员随意入场和法官不停地敲法槌强调纪律的情况③,更不用说在线诉讼了。这些情况不仅违反《中华人民共和国人民法院法庭规则》的要求,也致使司法仪式丧失严肃感。另外,由于人们更为看重审理的结果,那么从结果来看,人们会认为仪式只是在浪费时间。但持有此种观点的人忽略了审判结果包含着人们对法律和司法的形象感知,仪式能够让人们看到并且感受到法律的正义。总而言之,在线诉讼对仪式的简化损害着法律的稳重与威严。

三是仪式外的过度调解加剧了司法仪式的虚化。调解如同司法仪式中的休息环节,人们能够摆脱固定的流程,在仪式之外缓口气。伴随着司法改革的深入推进,调解在司法仪式中所占的比重日益增大。调解和审判各有优势,都能达成纠纷解决的目的。但在实践中存在调解扩大化和强制适用的情况,其中不乏司法政绩要求下的教条主义适用。司法需要通过展现权威的方式定分止争,守住公平正义的最后一道防线,但在调解中其他政治或社会因素的介入将淡化司法权威④。司法是一种技艺,而调解则将这种技艺中人的因素进一步放大,容易导致人们对司法的轻视⑤。换言之,过度调解的代价是司法权威的降低和"最后一道防线"的缺失,过度调解将会致使司法仪式的必要性降低。一方面,过度调解会将法官导向

---

① 参见王申:《法官的实践理性论》,中国政法大学出版社2013年版,第521页。
② 例如,绕过不重要的审判步骤或者对仪式行为不作严格要求。
③ 这些现象在实践中是普遍存在的,我们可以从《人民法院报》对这种事情经常性的批评和表扬中窥探一二。参见《自贡贡井:法官庭审作风邀你来评》,载《人民法院报》2013年6月29日第07版;《湖南:专项整治庭审和诉服作风》,载《人民法院报》2021年12月3日,第01版;李果:《石河子严格庭审考评改进审判作风》,载《人民法院报》2010年6月30日第04版。
④ 参见杨芳、昆明市社会科学院:《2009—2010昆明市社会科学院成果选集》,云南人民出版社2011年版,第412页。
⑤ 参见陈柏峰、董磊明:《治理论还是法治论——当代中国乡村司法的理论建构》,载《法学研究》2010年第5期,第41页。

调解员的角色,但调解员和法官的素养要求截然不同,人们对法官的期待与认同也有别于调解员;另一方面,当调解率成为一项考核激励时,法官的非法律事务工作进一步增多,而当前的员额制改革又压缩了法官的数量,这使得法官压力剧增。过度追求调解也引发人们对司法裁判的质疑,人们将法官视作泥瓦匠,将调解当作"和稀泥"。司法仪式的神圣性便在这种拉家常式的纠纷解决过程中逐渐被消解。

四、在线诉讼仪式感的重塑路径

线下法院为法律适用提供了具象化的空间和载体,司法仪式在法院的舞台中得以展开。由于前述提及的诸多原因,线上法院的仪式符号建构、仪式展演和仪式实现尚存在不尽如人意之处。这些现象之所以产生,既有传统历史文化的影响,也存在当下技术性的阻碍。在线诉讼的司法仪式若想要发挥预期的作用——引导和塑造人们对司法裁判的认同,这便需要从人们的观念、制度设计和实践操作等维度着眼,开展构建工作。

(一)构造在线诉讼的仪式空间

"人只有在相互作用之下,才能使自己的情感和思想焕然一新,才能开阔自己的胸怀,才能发挥自己的才智。"① 仪式是一种强制的相互作用,仪式对权威的培育具有不可替代的作用,仪式是现代社会中人际互动的重要组织形式。作为一种过程性的聚合,仪式能够最为便捷地为参与者们提供持续且直接的互动和交往空间。在良善社会理念的引领下,在线诉讼仪式能够成为承载人们关系调和的生活空间。也就是说,通过在线诉讼的仪式持续地滋养良善社会所需要的公民美德。

一是建立在线诉讼仪式的符号空间。数字技术的发展使得虚拟空间能够更为逼真地投射出物理空间,远程审理的沉浸感愈发增强,这在未来将会进一步提高庭审过程中信息互动、证据展示和公民参与的水平②。随着技术的提升,人们有必要在技术的支持下构建在线诉讼的公共仪式。公共仪式并非国家为巩固自身存在而采用的权谋之术,这些仪式实则是国家的本体③。在线诉讼的仪式同样属于一种公共仪式,其亦构成国家的组成部分,构成司法本身。倘若在线诉讼缺少仪式,那么法院、法庭或者审判就会变成一个难以言说和想象的符号,法律将离人们愈发遥远,甚至面临无法落实的风险。法律的可感知性和可感受性取决于在线仪式的生动运行。一方面,司法仪式提供一个能够被感性认知的过程性景观④,这个过程致力于追求实体正义的实现,而裁判的公平性反过来影响着人们对法院的观感印象。

---

① [法]托克维尔:《论美国的民主》,董果良译,商务印书馆2019年版,第671页。
② 参见刘畅:《网人合一·类像世界·体验经济——从Web1.0到Web3.0的启示》,载《云南社会科学》2008年第2期,第82-83页。
③ 参见[美]克利福德·格尔茨:《尼加拉:十九世纪巴厘剧场国家》,赵丙祥译,商务印书馆2018年版,第115页。
④ 参见汤芸:《他山石记:中国西南的仪式景观、地景叙述与灾难感知》,民族出版社2016年版,第35页。

另一方面，在线诉讼中的符号组合构成理性意义表达系统。我们都认同这样一个前提：司法是为了实现公平正义，也就是说司法表达的意义中至少涵盖公平正义。那么，根据"意义"和"符号"不能同时在场的原理①，由诸多符号组合而成的在线诉讼仪式主要表达的意义就至少包含了公平正义。因此，我们只有进入符号系统内部，才能够观察公平正义的意义本体。

各类司法符号的集合构成仪式系统依托存在的复杂、多元、立体、动态的在线诉讼仪式空间。在线诉讼仪式的符号系统具有空间性，所有的符号都处在在线诉讼的仪式空间之中，并在司法的场域中有着明确的位置。场域中的符号既能够单独表意，也能够通过符号群簇集体表意。这意味着，不仅符号本身在传递意义，符号的排列组合也同样象征着意义，符号间的位置都经过了人工理性的参与，其内部存在强烈的秩序感。但是屏幕之中的法槌、法袍、法台等实物的堆砌并不能使符号系统运转起来，还需要各类角色在沟通商谈中予以标识。虽然在线诉讼的符号简化且静止，但由于各个主体的参与、使用和控制，仪式又呈现出类似生命体的动态过程。一个在线诉讼过程就是一个司法仪式展开的过程，主体通过操纵各类符号推动程序向前运动发展。这个过程涵盖案件的受理、开庭、举证、质证、判决和上诉等全生命周期。

二是构造独立的在线诉讼仪式空间。法律是由制度规范构成的独立的技术操作系统，职业化训练是进入法律系统的基本门槛；法律崇尚理性，追求客观、中立，这就为获取人们稳定的认同提供了基础②。在线诉讼的仪式空间拥有区别于社会公共领域和其他专业领域的运作方式，其通过设置专业壁垒区分社会公众和法律专业人员。在线诉讼的仪式空间中，主体被分化为法官、检察官、律师等不同的角色，这些角色虽然追求的目的各异，但被法律上的矛盾纠纷整合于同一时空，各个角色运用自身的专业技术既相互配合又相互对抗，从而实现了在线诉讼仪式的动态运转，进而维持法律职业共同体在司法领域的主导地位。在线诉讼的仪式空间为了保障自身不受干预，其需要维护司法的自主性，而这种自主性尤其体现在司法的符号秩序之中。在线诉讼的仪式空间为专业力量和社会力量提供博弈的空间，司法承担各方博弈的中介作用，各方力量唯有通过司法的仪式过程才能得以展现。

在线诉讼仪式空间的独立性还体现在其能够主动抵御社会空间其他力量的干预，守护法律的长期价值。专业主义和大众主义的矛盾构成当代中国在线诉讼仪式空间的底色，一方面宏观的制度设计强调专业主义的重要性，另一方面微观的司法实践始终需要面对大众主义的压力③。此外，在线诉讼和线下诉讼在功能上是等效的，也就是说，线下诉讼规则同样

---

① 这里是指符号用来传达意义，但是两者不能同时在场，这构成了符号学这门学科的基础。参见赵毅衡：《符号学原理与推演（修订本）》，南京大学出版社2016年版，第48页。

② 参见杨力：《社会学视野下的法律秩序》，山东人民出版社2006年版，第236页。

③ 法院和法官拥有众多形成和展示司法权威的法律技术，这些已见于正在施行的《人民法院在线诉讼规则》。

适用于在线诉讼。但是线上线下终归不同，例如在线诉讼对诉讼参与人的身份真实性更为看重。在英国最新的在线诉讼改革中，明确提出在线诉讼是具有独立管辖范围和诉讼规则的体系，并非线下诉讼的在线化[1]。从域外的经验来看，在线诉讼独立的空间应当独立于线下诉讼。在实践中，在独立性方面可以考虑进一步提升"人民法院在线服务"的服务水平，人民法院在线服务在全国三千余家的移动微法院小程序的基础上，进一步实现集约集成、线上线下融合的司法服务。当事人可通过这一入口完成立案、查询、交费、调解、庭审等在线诉讼服务。这为建立不同于线下的仪式展开方式，例如立案、送达规则和标准奠定了基础。从内容机理上讲，在线诉讼的仪式空间建立在互联网技术和诉讼活动的交叉组合之上[2]。

三是寻求现有技术与实践的融合。在线诉讼的仪式空间建构离不开技术的支撑，其中"拓展现实"（Extended Reality）对在线诉讼仪式的构造有着直接的影响。在司法现代化的进程中，从线下到线上的转换呈现出了历史的趋向[3]。拓展现实技术包括AR（增强现实）、VR（虚拟现实）、MR（混合现实）等多种表现形式。这些技术能够更好地融合虚拟空间和现实空间，增强虚拟空间的沉浸感。这将为在线诉讼的发展营造高度仿真的庭审环境，增强在线诉讼的空间体验感和仪式感。具体而言，在在线诉讼中，关键场景还原、数字证据展示、举证质证、证据交换相较于传统线下将会更为便捷和环保。在这样的技术支持下，在线诉讼能够实现"协同—复合"的治理[4]。进而，技术的外部导向和法院的内部关系协调共同构成复合治理的体系。随着全国互联网法院的兴建以及各个法院在线诉讼活动的开展，实践的具体操作已然制度化，在线诉讼参与者的仪式关系也在逐步实现虚拟和现实的匹配。例如，对于在线诉讼的证人出庭，法官会要求证人所属的村委会或居委会出具遵守在线做证秩序的保证书[5]。如此在整体上增强了在线做证的仪式感，提升了在线诉讼参与人的物理空间与心理行为的交互能力[6]。也就是说，在技术和司法融合的过程中，通过仪式实现当事人之间诉讼行为的互动，提高司法治理的精细化水平。这种基于在线诉讼仪式的治理彰显了法官在诉讼格局中的特殊地位，进而构建起在线诉讼的权威。通过仪式妥善处理当事人的纠纷，从而树立起司法的公信力和权威。这同时也意味着，在科技的支持下，传统司法仪式表现的"直接言辞原则、公开性和现场性"特征还需要在在线诉讼仪式中重新阐释[7]。

---

[1] See Peter Cashman, Eliza Ginnivan. Digital Justice: Online Resolution of Minor Civil Disputes and the Use of Digital Technology in Complex Litigation and Class Actions. Macquarie Law Journal, 19 (2019), p. 39.
[2] 参见高翔：《民事电子诉讼规则构建论》，载《比较法研究》2020年第3期，第175页。
[3] 参见刘艳红：《人工智能技术在智慧法院建设中实践运用与前景展望》，载《比较法研究》2022年第1期，第4页。
[4] 参见杨继文：《在线诉讼场景理论的建构》，载《法制与社会发展》2023年第3期，第174页。
[5] 参见谢登科：《在线诉讼中证人出庭作证的场域变革与制度发展》，载《法制与社会发展》2023年第1期，第163页。
[6] 参见贾秀飞、王芳：《复合场景与多维变革：技术嵌入城市治理的逻辑分析》，载《求实》2021年第1期，第32页。
[7] 参见左卫民：《中国在线诉讼：实证研究与发展展望》，载《比较法研究》2020年第4期，第161-172页。

（二）填充在线诉讼仪式的社会文化因素

仪式总是与神圣性相联系，后者塑造着人们的认同。通过促进各类文化符号的融会贯通，保障司法仪式的运转，在线诉讼的仪式表意过程将会更加连贯。前述讨论了文化因素中蕴含着削弱在线诉讼仪式感的因素，但是这些因素在现代社会存在着被转化或者回避的可能性，退一步讲，纵然在传统的初民社会中，所有的规则既表现为"正式的权利义务"，也表现为"非正式的仪式和服从的规则"①。这些文化因素指向如下一些观念：

一是取精去糟，选择性继承传统的司法文化。传统上，司法和行政的工作皆在衙署内展开，所谓"一座内乡衙，半部官文化"，司法惩戒的实体空间直观展现了中国古代的司法文化。一方面中国古代司法和行政不分，行政的政治权威和司法的法治权威共同在建筑中得以体现；另一方面集中简约的建筑功能也在传递着古代司法仪式的教化、亲民和息讼观念。

在古代社会中，仪式的重要作用在于接近神灵，形成信仰②。在现代社会，通过仪式来形成信仰的目标依旧具有现实意义。从法治现代化的角度来讲，司法的现代化不仅体现在制度和基础设施的现代化转型，同时也是人们价值观念的现代化，更深层次而言，这是法律文化的进步。尽管在现代化的进程中，人们力图排除司法中的宗教和神秘主义因素，试图使司法仪式扎根于中国本土社会，并获得民众的认同，但这并不意味着摒弃传统司法文化，也不意味着传统的司法文化无法适应现代社会。西方的司法现代化过程中也经历了类似的转型，他们将司法中深厚的宗教传统转化为了现代人能够接受的法律符号，进而获取人们对法律的信仰。中国尽管不存在西方式的宗教文化体系，但并不缺乏信仰的文化体系。也就是说，通过在线诉讼仪式培养人们对法律的信仰依旧具有文化上的可能性。人们在仪式中能够形成集体行动的意志，同时仪式也为人们带来群体的归属感，使其塑造共识性的文化观念。当人们参与仪式之后，人们将会逐渐形成一致的价值观念与信仰。尽管由于翻译的问题，"法律需要被信仰，否则就形同虚设"的姿态效果大于实际效果③，但是对于法律人而言，通过在线诉讼仪式来培养公众对法律的信仰④，通过在线诉讼仪式中的各类符号表达社会公众对公平正义的期待，这些依旧值得追寻。

二是增强讲法说理，发挥法官的法律文化传播功能。在众多的法律价值中，秩序和正义成为人们关注和讨论的重点，前者代表法律的形式价值，后者体现法律的实质价值⑤，这两

---

① [美]帕特里夏·尤伊克、[美]苏珊·S.西尔贝：《法律的公共空间：日常生活中的故事》，陆益龙译，商务印书馆2005年版，第278页。
② 参见彭兆荣：《人类学仪式理论与实践》，陕西师范大学出版总社2019年版，第45页。
③ 参见俞学明：《"伯尔曼之思"：从法律信仰到现代性反思——以当代中国"法律信仰"的流行成因探讨为线索》，载《世界宗教文化》2019年第1期，第7页。
④ 参见谢晖：《论法律信仰与制度修辞》，载《中国政法大学学报》2017年第1期，第25页。
⑤ 参见[德]卡尔·乔基姆·弗里德里希：《历史视域下的法哲学》，张超译，商务印书馆2020年版，第216页。

者共同构成司法仪式的价值目标。司法系统在构建之时就带有鲜明的政治性,其存在的重要目的之一便是发挥政治功能。换言之,法院不仅承担审判的职能,还依托科层制承担宣传普法、社会维稳乃至经济发展的职能。如前所述,当前司法实践的现实状况是,法官是诸多角色的复合体,其既作为案件承办人受到社会监督和考核激励等因素的影响,同时也是仪式的主导者和诉讼进程的推动者。角色的复合致使诉讼过程内在紧张。因此,在保持法官专业性的基础上,司法还需平衡各个角色之间的张力。另外,纵使历史传统赋予法官的神性很难与数字化时代的司法实践完全契合,我们也不必过度对法官进行"祛魅"和"显白"工作,我们应当以更为谨慎的态度在实践中回应和修正这种不匹配的现状。

具体而言,法官可以进一步留意仪式效果的实现策略。一方面,在线诉讼仪式并非总是需要进行完整的展演,不同的案件对应着不同的仪式。以复杂的仪式应对简单的案件或者反之的情况都构成了对仪式及其目的的讽刺,都不利于纠纷的解决。因此,对于在线诉讼而言,应当依据具体的案件区分仪式和程序的适用。另一方面,加强仪式符号的应用,精准传达仪式符号的含义,尽可能降低仪式参与者的对话成本。尽管法律职业共同体在司法程序中分派出了法官、检察官、律师等不同的角色,但同质化的法学教育保证了共同体内部沟通的有效性。然而,当事人、社会公众和法律职业共同体之间却存在着巨大的沟通鸿沟。尽管五年一期的普法计划正在逐步提高社会公众的法律素养[①],但这也需要微观层面的配合,法官在个案中的释法说理依旧显得极为重要。倘若在屏幕之前,法官、律师能够针对当事人开展针对性的法律素养提升工作,这将有助于提高仪式的运转效率,使仪式达到更优的效果。

(三)完善在线诉讼仪式的操作规则

只有完整经历法律程序,当事人的合法权益才能获得法律的确认,当事人在财产或人身方面所承担的义务才能得到权威的认可。

一是根据在线化需求程度设置仪式。司法的仪式性从来不是恒定不变的。本人亲自到场的仪式性是从古老的司法经验中留存下来的,其在历史中形成,也必然在历史中发生改变乃至消亡。在进入数字时代之后,诉讼中空间的概念必然发生变化,其不再局限于物理空间,还拓展到虚拟空间。无论是线上还是线下,都需要为当事人提供论辩所需的充分信息,提供各方平等的意见表达机会[②]。

当然,不同的诉讼类型也在影响着人们对仪式的追求。高需求在线化的诉讼程序适用于标准化且程序化较强的案件,这些案件较为简单,不涉及过多的当事人对抗,因此就不需

[①] 参见张志文:《组织社会学视角下的普法策略分析》,载《法学论坛》2022年第5期,第147页。
[②] 例如,在厦门市开展的元宇宙法庭审判中,其借助现代技术构建出类似于物理空间的场景,增强了庭审的庄严和肃穆之感。齐爱民、倪达:《元宇宙虚拟法庭的提出及其法律机制》,载《上海政法学院学报(法治论丛)》2023年第2期,第71页。

要设置过高的仪式要求。随着在线化需求的降低,案件复杂性和对抗性增加,那么随之而来的仪式复杂性和完整性亦开始增加。这是因为"在在线诉讼程序中,最重要也是最复杂的阶段无疑是在线庭审……在线庭审要求所有的庭审参与人必须同时参加,处于同一个可视互动的空间之中。将在线庭审誉为在线诉讼'皇冠上的明珠'并不为过"①。

具体而言,在线化需求程度的梯度如下所述。高度在线化需求的是民事特别程序、督促程序。这"是因立法技术上的便利被归入非诉程序,其他非诉程序则以法律状态的宣告或确认为特征,不存在双方当事人的争议,一旦申请人和被申请人之间发生争议,原则上应当终结非诉程序,开启诉讼程序"②。这类程序通常不涉及当事人之间的激烈对抗,很多案件是基于法律规定的标准程序进行处理的,其在线化进程的开展将会较为顺利。另外,也正是因为诉讼流程和程序高度标准化,电子文书的使用也已非常普遍,这就可以通过数字化平台高效处理。而且,适用这类程序的案件,证据多以电子数据的形式呈现,不需要提交大量物理证据,这也使得案件审理更加适合在线化。

次高在线化需求的是破产程序、非诉执行审查、民事或行政执行案件、刑事速裁程序案件。对于破产程序而言,"通过专业化的'执转破'系统,方便不同程序受理法院之间的沟通与协作,将执行程序中的保全措施在线上系统申请以保留至破产程序,借助'执转破'系统智能化案件预处理的优势进行'执转破'案件的繁简分流,促进政府部门、银行、企业与法院之间的联动"③。在线化能够提高破产程序中信息的交换效率和处理速度。对于非诉执行审查而言,该程序同样需要频繁的文书交互和执行节点反馈,执行过程的数字化和信息化可以提高操作的透明度和实时性。对于民事或行政执行案件而言,其涉及对财产的查控、实施反馈和多个执行节点的协调,而在线诉讼能够提升其效率,特别是财产的数字化查控能力。对于刑事速裁程序案件而言,"随着轻罪案件的增多,刑事在线庭审发挥作用的主要领域无疑是适用刑事速裁程序的案件。这也就成了发挥刑事在线庭审的审查把关功能的关键"④。

中度在线化需求的是减刑、假释案件和普通民事或行政诉讼案件、刑事附带民事诉讼执行案件。对于减刑、假释案件而言,这类案件主要以书面审查为主,程序较为简单,不需要复杂的庭审过程。而且,"刑事在线诉讼对基于传统诉讼模式建构的诉讼规则和审判机理产生了一定程度的冲击,立法者对此存在普遍担忧,故而将刑事在线诉讼主要限定在刑事速裁程序以及减刑假释案件的审理中,一旦控辩双方对证据或事实产生实质争议,法院则需要将

---

① 张卫平:《在线诉讼:制度建构及法理——以民事诉讼程序为中心的思考》,载《当代法学》2022年第3期,第30页。
② 赵小军:《民事在线诉讼同意权的实践困境与理论补给》,载《政治与法律》2024年第12期,第155页。
③ 马更新:《我国执行转破产程序衔接机制完善路径探索——从破产案件审理信息化出发》,载《法学家》2023年第5期,第143页。
④ 卞建林、李艳玲:《从"工具价值为主"到"程序公正优先":刑事在线庭审的发展方向》,载《云南社会科学》2023年第3期,第119页。

在线诉讼转为线下审理。"[①]对于普通民事或行政诉讼案件而言,这些案件通常有着不同于前述几种案件的复杂程度,证据形式也较为多样,需要提供规格不等的论辩空间,因此在线诉讼的适用过程还需要更多的思考和设计,尤其注重考虑在线转线下的机制。对于刑事附带民事诉讼执行案件而言,尽管执行标的明确,但由于涉及刑事被害人特殊保护,需要更严格的隐私保护和信息安全措施,因而还需要注重其中的技术保障和程序隔离。

低度在线化需求的是因特殊原因不宜线下审理的刑事案件,这在规定刚出台的时候主要是指疫情隔离等特殊情况,之后也涉及证人保护等情况。这类案件通常仅作为补充手段,且需要严格的审批和控制,在线化的需求较低。

随着在线化需求程度的降低,人们对于司法仪式感的需求在不断增加。这主要是因为,当案件在线化需求较低时,这意味着这类案件更加复杂,需要更多的程序步骤,涉及更高的司法权威和法律威严,因此仪式化需求程度随着在线化需求程度的降低而不断增加。

二是在线诉讼仪式剧场化的规则建构思路。人们在仪式中恢复正常的社会关系,实现对正义的期望,因此在线庭审活动的开展离不开仪式。对在线诉讼仪式的强调使得司法剧场化成为未来数字司法的发展方向。即便在数字空间,司法依旧能够如同舞台剧一般依次展开,也就是说,司法能够不受干预地运作。从权力的划分来讲,司法权应当与立法权、行政权存在明显的界限。这种界限反过来又构成了司法剧场化的前提条件。倘若任意一种权力都能够走上舞台干扰仪式的运转,那么司法案件的舞台剧将会频频中断,最终呈现出来的效果也很难被称作"一出好戏"。因此,实现司法剧场化的关键便落在规则体系的建构之上。1979年以来,《中华人民共和国人民法院法庭规则》先后经历两次大规模修改。为了适应审判中心主义的改革,2016年的修改有力落实了审判实质化,以确保法官在仪式展开过程中的主导地位[②]。与此同时,公平正义等司法原则也构成法院规则的补充,此类原则要求仪式中的各类主体相互尊重、和平沟通,尽可能地将冲突限定在一定范围之内,同时避免藐视法庭等行为。2021年《人民法院在线诉讼规则》对证人在线出庭、在线庭审纪律、在线庭审环境、在线庭审公开等方面作出了明确要求,以保障在线庭审的规范性、合法性和权威性。在地方层面,杭州、北京和广州的互联网法院相继颁布了操作性规范[③]。也即,这些规范体系一方面为诉讼参与人提供行为指引,另一方面也为司法仪式的运转提供说明手册。从仪式的角度而言,法庭规则不仅在于维护法庭的秩序,更是通过维护秩序的方式维护人们的程序性

[①] 杨焘、自正法:《论刑事在线诉讼对直接言词原则的重塑与发展》,载《宁夏社会科学》2024年第2期,第131页。
[②] 2016年修改的六大变化中,有四项都直接涉及法官的中心地位,包括:引导庭审规则的公平展开;确保法庭安全;规范法庭秩序;注重司法礼仪。
[③] 例如《杭州互联网法院诉讼规则汇编》《北京互联网法院电子诉讼庭审规范(试行)》《广州互联网法院关于在线庭审若干问题的规定(试行)》等等。

权利,落实包括正义在内的价值观念。随着司法剧场化建设水平的提高,司法仪式所传达的程序正义的意义愈发清晰,司法的政治意涵也得到了清晰的表达①。通过制度将司法的剧场化确定下来,司法仪式方能与社会公众保持适当距离,为社会公众提供良好的观感。同时也唯有在这种距离感中,法官才能够中立客观地行使判断权,司法权威才得以形成,司法认同才能够被获取。

五、结语

司法仪式"不仅肯定人们有益于社会的价值信念,而且能够唤起人们将法律视作生活终极意义的信仰情感"②。公平正义的观念依托在线诉讼仪式的各类象征符号逐步得以实现,抽象的法治理念和法治精神通过在线诉讼中的符号得以具体地表达,参与者在仪式中将符号所表达的法治意义熔铸进内心的情感,最终指引人们日常的生活行为。在线诉讼仪式通过富有耐心的展演,将正义的含义传递给社会公众,并维系社会公众眼中由法律符号构建的观念网络,进而产生"视,而不见"和"熟视无睹"的效果。如此,人们便不再深入反思和追问仪式背后的意义,直接接受仪式所表达的意义。此时,在线诉讼的仪式便达到完善的表现状态。

法律发达的过程就是不断符号化的过程,当法律符号发展为稳定的沟通协作系统时,法律才能走向发达③。在远古时代,出于对神的信赖,人们将司法裁判的权威依附于神灵,从而形成神判。为了获取神的启示,裁判者必须借助特定场所、语言和动作等所构成的仪式。"古老的诉讼总是具有某种仪式感。"④当代法院依旧通过具有高度仪式感的语言和动作向参与者们发出暗示:不论何人都需要在正义面前保持谨慎、谦恭。在数字时代,法律的符号一方面源于自身的建构,另一方面源自社会符号系统的不断归类、区隔。正是在这种持续的符号区隔中,法律逐渐精巧,在线诉讼的仪式愈发稳定成熟。可以说,未来较为完善的在线诉讼仪式必然是由大量法律符号构成的意义表达过程,符号和法律在这个机制中不可分离。其展现国家、社会和个人的权力分配关系,满足人们对正义价值的想象,引发人们对司法权威的认同。

---

① 参见方乐:《纠纷解决与美好生活——转型中国司法的政治意涵》,载《江海学刊》2020年第3期,第144页。
② 佟金玲:《中国语境下司法仪式研究》,中国社会科学出版社2013年版,第2页。
③ See Anne Wagner, Jan M. Broekman, eds. Prospects of Legal Semiotics. Springer, 2010, p.71.
④ 段厚省:《远程审判的双重张力》,载《东方法学》2019年第4期,第106页。

论个人数据对价化下捆绑禁止的规范构造
——基于立法论的考察

傅雪婷[*]

摘要：个人数据对价化以意思自治为中心展开，其价值基础与捆绑禁止并不违背。个人数据捆绑禁止规则是我国平衡个人信息权益保护及数字经济健康发展之间冲突的核心规定。法规范的目的在于加强个人信息保护，保障个人信息同意的自愿性，同时促进个人数据的依法合理高效流通利用，从而推动我国数字经济的健康可持续发展和数据要素市场的培育。从个人数据捆绑禁止在个人数据对价化交易中的体系定位上看，可基于立法论，令处理者仅得在"订立或者履行合同所必需"不是处理敏感个人数据之合法性基础的情况下，方可主张捆绑禁止的法定例外；上述例外不影响个人数据对价化交易的展开。从规制立场观察，我国法背景下，不宜将个人数据捆绑禁止规制界定为会使数据流通基础合同无效的效力性强制规范。相反，应从应然层面的规制路径着手，在处理捆绑禁止规制的法律效力时，秉持个人信息同意与数据流通基础合同的效力二分构造，进而在此基础上建构个人数据对价化合同规则体系，厘清该合同的类型、内容、违约后果及其与捆绑禁止规则的调和方法等，从而为数据主体与个人数据处理者的之间的权利义务平衡及我国数字经济的发展留下充分的空间。

关键词：个人数据对价化　捆绑禁止　规制模式　立法论

大数据时代，我们社会的生产生活方式发生了根本性变革。数字经济的快速发展使个人数据在商业化利用层面的价值尤显突出，进而引发商业平台等个人数据处理者强制处理个人数据的现象层出不穷。对此，倘若不加以有效规制的话，将严重危及个人信息权益保护

---

[*] 作者简介：傅雪婷，厦门大学助理教授，慕尼黑大学访问学者

与数字经济健康发展。于此，应当认识到，个人数据资源的有序高效流动是数字经济发展的关键问题。任何个人数据处理活动，都要具有合法性基础。《中华人民共和国个人信息保护法》（简称《个人信息保护法》）第十三条规定：除非满足例外情形，否则个人数据处理者处理个人数据应当取得数据主体的同意。自愿是有效个人信息同意的核心要件。数字时代，数据主体经常通过单击"接受全部"或类似按钮来获取数字产品或者服务。由于在线服务以及网络活动的复杂性，个人信息同意的自愿性往往受到威胁，数据主体就个人数据处理在实质上往往缺乏选择权。对此，我国《个人信息保护法》通过设置"捆绑禁止"规则加以应对。根据《个人信息保护法》第十六条，禁止个人信息处理者将提供产品或者服务与个人同意处理不必要的个人数据相捆绑，从而保障个人信息同意的自愿性。个人数据捆绑禁止规则会直接影响到 Web4.0 时代数据平台企业和消费者之间的利益格局，决定了法律能否在"个人数据对价化"浪潮下实现交换正义及实质公平。然而，关于我国捆绑禁止规则的内涵及外延，尤其是其体系适用和法律规制模式等，还尚待学界进行深入而体系化的研究。本文以我国《个人信息保护法》第十六条为切入口，对个人数据捆绑禁止规则的规范目的、体系适用及法律规制路径等展开详细探讨，力图提出一个能够有效平衡个人信息保护与数据流通利用、公正保护数据主体与个人数据处理者正当权益的捆绑禁止标准，以期促进我国数字经济健康发展以及数据要素市场的培育。

一、捆绑禁止的规范目的在个人数据对价化中的体现

个人数据捆绑禁止规则的根本规范目的在于加强个人信息权益保护、保障个人信息同意的自愿性，同时促进个人数据的依法、合理、高效利用，推动数字经济持续健康发展。个人数据捆绑禁止规则可以同时促进上述两组对立统一的规范目标的实现，达到个人数据流通利用与个人信息保护的平衡。

自愿一向是有效个人信息同意的核心要件之一。我国《个人信息保护法》第十四条第一款前半句就明确规定，个人同意"应当由个人在充分知情的前提下自愿、明确作出"，由此确立了个人信息同意的自愿性要求。"自由"这一要素意味着给予数据主体真正的选择和控制。作为一项通用规则，比较法例上，欧盟《通用数据保护条例》就规定，如果数据主体没有真正的选择自由，感到不同意将承担负面后果的话，那么，该种同意将无效。就是说，个人数据捆绑禁止正是建立在对个人信息同意自愿性的保护上的。随着数字经济的发展，在许多看似"自愿"的个人数据处理场景下，个人同意的自愿性却值得怀疑。例如，当个人数据处理者是公权力一方，或是当个人数据处理者与数据主体间存在上下级或雇佣关系时，则双方之间的权力地位往往是不平衡的。当这种不平衡达到显著程度时，个人信息同意的自愿

性就会受到影响①。同样,在许多"由个人数据驱动"的商业模式(譬如社交网络、搜索引擎、购物网站等等)下,数据主体除了被动接受经营者提供的个人隐私条款之外别无其他选择,个人信息同意的自愿性由此面临着"要么接受,要么离开(take it or leave it)"的严峻挑战。

在上述背景下,个人数据捆绑禁止规则应运而生。其根本的规范目的在于避免个人数据处理者利用其信息或权力方面的强势地位,以提供产品或者服务为要挟,对数据主体施加精神性压力,使之失去自由决定权,从而作出违背自由意志的个人数据处理同意决定。我国《个人信息保护法》将始终保护个人信息权益、规范个人数据处理活动与促进个人数据合理利用,平衡数据主体与个人数据处理者之间的利益关系作为其立法目的②。上述目的反映到捆绑禁止规则中,则体现为法律一方面禁止个人数据处理者的不当捆绑措施,另一方面又充分尊重数据平台企业和数据主体的意思自治,避免对捆绑措施的禁止过于严苛,从而阻碍个人数据的合理高效安全流通与数字经济的健康发展。完全放弃捆绑禁止,抑或对禁止过于宽松的解释,都将使《个人信息保护法》保护个人信息权益、规范个人信息处理活动的立法目的落空,也不利于保护数据主体的人格尊严。个人数据捆绑禁止规则意在通过对捆绑措施禁止限度的合理把握,创造一个自由、安全与正义的数字环境,使得其既能有效维护数据主体的福祉,又能积极促进个人数据的合理利用,从而推动经济发展和社会的整体进步。对此,应当认为,在个人数据对价化交易中,数据主体同意他人处理不必要的个人数据,不能被视为以履行合同或者提供产品及服务作为交换条件的强制性对价。相反,个人信息同意应当具有充分的透明度,数据主体必须清楚地知道自己究竟在为何种产品或者服务付费,以及该付费的具体价格及计算方式。一言以蔽之,在满足《个人信息保护法》为个人信息同意设置的自愿性要件时,捆绑措施不应当被严格禁止③。

二、捆绑禁止在个人数据对价化中的体系定位

《个人信息保护法》第十六条后半句规定了捆绑禁止的例外情形,即:"处理个人信息属于提供产品或者服务所必需的",不适用捆绑禁止。无独有偶,《个人信息保护法》第十三条第一款第(二)项同样规定了"订立、履行合同所必需"标准。从法律体系上讲,《个人信息保护法》第十六条后半句的"必需"和第十三条第一款第(二)项中的"必需"应做同一解释④。由此产生的问题是:如果对《个人信息保护法》第十六条后半句做反面解释,认为对于必要个人数据,个人数据处理者可以采取捆绑措施的话,那么,就会与《个人信息保护法》第

---

① 参见《通用数据保护条例》立法理由第43条。
② 张新宝:《论个人信息权益的构造》,载《中外法学》2021年第5期。
③ Maximilian Becker. Eine Materialisierung des datenschutzrechtlichen Koppelungsverbots. Computer und Recht, Bd. 73 (April, 2015), S.230-239.
④ Marlene Voigt. Die datenschutzrechtliche Einwilligung. Baden-Baden: Nomos Verlagsgesellschaft, 2020, S.138.

十三条第一款第（二）项产生体系解释上的矛盾。背后的原因在于：在满足"合同所必需"的情况下，处理者完全可根据"合同所必需"规则处理数据，无须个人同意，进而也就没有必要再以捆绑强迫同意。对此，背后合理的解决路径是：在未来立法中，令"订立、履行合同所必需"规则的适用范围限于非敏感个人数据处理①。由此，我国《个人信息保护法》第十六条后半句的规范内涵为：当个人数据所包含的信息为非敏感个人信息时，个人数据处理者可以根据《个人信息保护法》第十三条第一款第（二）项开展个人数据处理活动，无须捆绑；相反，当个人数据包含的信息为敏感个人信息时，则应当对《个人信息保护法》第十六条后半句做反面解释，允许个人数据处理者可以个人拒绝或撤回对必要数据处理的同意为由，拒绝提供产品或者服务。

上述规则反映到个人数据的对价化交易中会如何呢？或有观点认为，个人数据对价化的交易客体系非敏感数据和部分不涉及"人类生存核心领域"的敏感数据②，既如此，则其中的非敏感数据交易及敏感数据交易部分，应分别适用前文所述之无须捆绑和允许捆绑的治理路径。对此，需要指出的是，因个人数据对价化的交易基础植根于意思自治而非法定许可，故此时不发生《个人信息保护法》第十三条第一款第（二）项与第十六条的衔接问题。换言之，个人以数据为对价换取对待给付的，无论其中包含的信息是否敏感，处理者均不得以同意作为强制性对价。

三、个人数据对价化下捆绑禁止的规制模式

（一）捆绑禁止规制模式的学说争议

关于捆绑禁止的规制模式，要求严格禁止捆绑措施的立场认为，如果个人数据处理者将其产品或服务的提供取决于数据主体是否同意处理，则对提供产品或者服务而言不是必需的个人数据，则该个人信息同意也将始终被评估为非自愿的③。上述严格立场主要受到了最大程度保护个人信息权益的观点的影响。不少欧洲学者由此认为，捆绑禁止适用于所有个人数据处理场景。其他的一些考量因素，诸如个人数据处理者是否在相关市场内具备支配地位等，均不影响对于捆绑场合下个人信息同意自愿性的判断。唯有如此严格地贯彻捆绑禁止规则，才能够使得个人免受各种"诱惑"的影响，做出有损人格尊严的决定。这在网络服务产业蓬勃发展，数据主体与个人数据处理者之间存在权力不平衡的背景下，显得尤其有意义。

与之不同，主张对处理者的捆绑采取缓和的规制立场的学者则认为，判断一项个人信息

---

① Philipp Hacker. Datenprivatrecht. Tübingen: Mohr Siebeck GmbH & Co. KG, 2020, S.181-182.
② Kirsten Schmidt. Datenschutz als Vermögensrecht. Berlin: Springer, 2019, S.133.
③ Marlene Voigt. Die datenschutzrechtliche Einwilligung. Baden-Baden: Nomos Verlagsgesellschaft, 2020, S.139.

同意是否由数据主体自愿作出时,应当"最大限度考虑"获取产品或服务是否要求同意处理不必需的个人数据。"最大限度考虑"一词意味着捆绑并不会严格性地排除同意的自愿性。相反,捆绑禁止只是一项推定规则,其可以通过具体证据加以推翻。在通常的情况下,当个人数据处理者通过个人数据对价化实施捆绑措施时,个人信息同意的自愿性会相应地减少。其自愿性减少的程度越大,就越可能导致个人数据处理者不得不转向个人数据处理的其他合法性基础,甚至完全放弃同意作为合法性理由①。

上述路径的核心在于综合地、全面地评估同意的自愿性。捆绑的事实只是评估个人数据对价化交易中个人信息同意自愿性的若干标准中的一个,并不能仅仅因存在捆绑措施就判定同意不是自愿的②。相反,针对非必要个人数据处理的捆绑措施完全可以是合法的,只要其不对数据主体的自我决定权构成妨碍即可。

上述做法为个人数据对价化下对捆绑禁止的规制提供了一条较为缓和的路径,契合了数字经济发展的要求,维护了同意作为个人数据处理合法性基础的控制力③。不过,由于研究学者众多,不同学者的观点各不相同,此学说始终缺乏一个普遍和体系化的标准。事实上,捆绑禁止的范围不仅对互联网新业态有巨大影响,还深刻地影响着处理者和个人的利益关系。何种情况下应禁止捆绑,以及该禁止在多大程度上具有法律效力的问题,只有在更全面地审查同意作为个人数据处理合法性基础和所涉当事方合法利益的情况下,才能得出可靠的结论。

(二)捆绑禁止规制模式的路径镜鉴:以德国物权行为理论为参照

数字革命以前所未有的速度和规模改变了人们的生活和社会,数据已经成为创造和捕获价值的新型经济资源。其中,个人数据因其承载的个人信息,构成社会各界均有着旺盛需求的数据流通利用对象。也就是说,随着现代数字经济的发展及人工智能时代的来临,越来越多的商业模式以个人数据为基础,在全球范围内缔造出商业传奇和新质生产力变革。例如,数码服务商会通过不同的平台,收集用户数据,了解用户偏好,进而提供个性化广告、额外的服务或产品,赚取高额利润④。方兴未艾的自动化系统和人工智能,例如智能汽车、智能家居、智能城市等,同样离不开对个人数据的大量分析处理,唯有如此,它们才能从中训练和派生出指令。由此可见,数据,尤其是对于个人数据的生产利用,已经成为我们这个时代的

---

① Jürgen Kühling, Benedikt Buchner. Datenschutz-Grundverordnung/BDSG: Kommentar. München: Verlag C. H. Beck GmbH & Co. KG, S.326 ff.
② 杨旭:《个人信息处理中禁止捆绑规则的相对化构造》,载《东方法学》2024年第2期。
③ Hans-Joachim Menzel. Datenschutzrechtliche Einwilligungen. Datenschutz und Datensicherheit, Bd.29 (December 2008), S. 400-408.
④ Dirk Staudenmayer eds. Data as Counter-Performance-Contract Law 2.0?. Baden-Baden: Nomos Verlagsgesellschaft, 2020, pp.25-47.

关键核心资源。另外，许多看似"免费"的网络服务也是通过用户个人数据来运营的——个人拍摄的照片和视频被放到网上，人们在各种论坛和博客上发表评论，共同在线编辑百科类网页等，无不支持着互联网新业态的发展[①]。

数字时代，用户行为的改变使得数字经济领域的参与者范围变广，用户不再仅是传统意义上的单纯的信息的接收者，同时也是个人数据的创造者和生产者。在现今的网络数字空间中，个人留下的广泛的"数据线索"支撑着现代数字经济的发展。为了顺利挖掘个人数据的经济价值，"个人数据对价化"交易应运而生：数据主体以同意经营者利用其个人数据作为对价，可以从企业那里获取多样的产品或服务。这一方面为数据要素市场的发展与壮大提供了海量的个人数据来源，为后续数字经济的发展打下了坚实的数据池基础；另一方面，这也令数据主体能充分分享其数据的经济价值，公正地反映个人数据的经济重要性，是合同自由及私人自治的最佳注解。

然而，上述交易面临着捆绑禁止规则的严峻挑战：Web4.0时代，如果用户获得产品或服务只能依赖于同意处理对提供产品或服务而言不必需的个人数据，则意味着绝大多数网络服务供应商不得不重新设计其经营模式，避免捆绑行为。若如此，则绝大多数情况下，用户既没有动机也没有理由同意企业处理其个人数据。在此背景下，非个性化广告或产品，以及单纯基于公共数据进行的个人数据处理仍是可行的，但由此产生的利润要少得多，盖因用户一般倾向于点击或购买符合他们兴趣和期望的广告及产品[②]。

对此，有必要探索一条可行的个人数据捆绑禁止规制道路，以便在加强个人信息权益保护、保障个人信息同意的自愿性的同时，积极促进个人数据的依法合理有效利用，从而推动数字经济持续健康发展。

如果想要将个人数据捆绑禁止规则进行缓和处理，首先要考虑的问题是该规则有无缓和的空间；如果有的话，那么，应当考虑哪些因素，它们彼此之间的关系如何？为此，有必要厘清个人数据捆绑禁止的规范类型，并为"个人数据对价化"等由个人数据驱动的商业模型在捆绑禁止的规则下留下充足的生存空间。需要指出的是，以上两项任务之间是相互联动的。

具言之，我国《个人信息保护法》第十六条虽然有"不得"的字样，表明其为效力性规定。但关于其究竟为效力性强制规定，抑或管理性强制规定，学说上尚有讨论的余地[③]。鉴于私

---

① DIVSI. Daten als Handelsware, Hamburg 2016, URL: https://www.divsi.de/wp-content/uploads/2016/03/Daten-als-Handelsware.pdf, abgerufen am 2019-05-07.

② Philipp Hacker. Datenprivatrecht. Tübingen: Mohr Siebeck GmbH & Co. KG, 2020, S.203.

③ 付举乾：《"信息换给付"下捆绑禁令的内在体系与规范构造——对<个人信息保护法>第16条的解读》，载《交大法学》2024年第6期。

主体违反效力性强制规定的法律后果是法律行为无效，而在个人数据处理流通的过程中，作为双方法律行为的个人数据对价化合同的存续往往对于数据主体而言反而是有利的。譬如，个人数据处理者因采取捆绑措施而受到了《个人信息保护法》层面的惩罚性措施时，如果个人数据流通之基础合同有效的话，个人数据主体仍得据此继续使用由个人数据处理者所提供的产品或者服务。相反，如果径直否定合同效力，则反而损及数据主体据此取得的合同债权，剥夺其相关利益，甚至后续还会产生数据主体继续使用产品或者服务后，个人与处理者之间如何发生相互返还等十分"怪异"的问题。为此，不若从立法论出发，借鉴德国法的物权行为理论，将分离原则与抽象原则引入个人数据处理领域，从而实现个人信息同意与数据流通基础合同效力的二分[①]。由此，违反《个人信息保护法》第十六条之个人数据捆绑禁令的法律后果应当被解释为"个人数据对价化"之数据流通基础合同仍然有效，合同当事双方均可以据此数据流通基础合同主张权利，从而为商家与个人权利义务关系的良性互动留下充足的空间。

上述效力二分路径既可以保障数据主体的个人信息权益，惩罚个人数据处理者之不当捆绑措施；也可以维护个人与处理者之间的合同自由。背后的原因在于[②]：第一，对于违法行为的私法制裁，亦即法律的否定性评价，不应由对数据流通合同的效力否定来承担。因为个人数据处理者在违反了捆绑禁止规则后，其所面临的法律制裁已经由《个人信息保护法》第七章"法律责任"加以规定。上述措施对个人信息权益保障而言，可谓足够。基于惩罚措施的严厉性，通常情况下，已无需再担心大规模出现的个人数据捆绑措施对个人自愿性造成的危害。至于数据流通合同，因其与个人信息同意要件分离，故其效力不受影响亦系当然之理。此时无需再通过否定合同效力来表达对处理者采取的捆绑措施违法性的否定性评价。

第二，个人信息同意对于个人数据这一财产性权益而言具有结构性处分功能，数据主体借由同意，可以为他人介入其个人数据权益领域的行为提供正当性。在个人数据对价化交易中，对数据财产权益的处分是由数据主体作出个人信息同意，而非由其直接缔结数据流通合同来完成的。毋宁说，个人数据对价化基础合同为个人设置了一项债之义务，而个人信息同意则构成对于此义务的履行行为。对个人而言，在捆绑场合下维持数据流通合同的效力，对其而言并无大的法律上的不利益。盖因此时合同并未得到实际履行，其数据财产权益不

[①] 区分个人信息同意与合同的效力，在我国法上并不鲜见。相关支持此做法的学说及论著，可参见林洹民：《个人数据交易的双重法律构造》，载《法学研究》2022年第5期；李永军、张兰兰：《未成年人信息同意能力的双重功能及其法律实现》，载《南京社会科学》2022年第4期；王洪亮、李依怡：《个人信息处理中"同意规则"的法教义学构造》，载《江苏社会科学》2022年第3期；杨旭：《个人信息处理中履行合同必需规则的限制适用》，载《法学》2023年第6期。区分可撤回之人格权上同意与基础合同的观点，亦可参见刘召成：《人格权法上同意撤回权的规范表达》，载《法学》2022年第3期。

[②] 付举乾：《"信息换给付"下捆绑禁令的内在体系与规范构造——对<个人信息保护法>第16条的解读》，载《交大法学》2024年第6期。

会因此发生转移,数据上承载的人格利益就更加不会受影响。

第三,商家及个人的意思自治在一定程度上仍然受到保护。个人信息同意因处理者违反捆绑禁止而被判断无效后,合同债权仍然有效。个人数据处理者可据此主张权利。譬如,其可以按照《中华人民共和国民法典》(简称《民法典》)合同编的相关规则,主张合同履行不能或双务合同之同时履行抗辩权,亦可在数据主体之撤回构成欺诈、"不合时宜"或者权力滥用时,主张损害赔偿。由此,商家之法律利益得到维护。而从个人角度看,这正是对合同自由及数据主体之自我决定权的最好注解:尽管数据主体在合同法而非《个人信息保护法》层面承担了一定的不利后果,但可以令其对自己将个人数据对价化的决定负责任。这将极富教育意义:这会使个人更加慎重地对待个人数据,并以更加理性的标准作出个人信息同意。反之,如果个人信息同意可以任意撤回的话,经营者会欠缺与数据主体订立个人数据商业化利用合同的动力,个人也无法充分分享其个人数据所蕴含的经济价值,这显然也与个人信息自决权所欲实现的价值不符①。

总之,在我国法背景下,个人数据捆绑禁止规则的法律后果存在缓和的空间。在上述对捆绑禁止规则的检验中,以"个人数据对价化"等为代表的新兴数据产业之法律交易是成立的。其法律结构大体表现为:个人可以其个人数据作为支付手段,从个人数据处理者那里换取对待给付。在此交易中,数据主体负有向个人数据处理者提供个人数据并允许个人数据处理的真正合同义务,并应当依照合同约定担保数据质量。就数据质量的判定而言,有学者主张参照德国《民法典》第243条第1款,令消费者提供中等种类和品质的数据,标准包括:(1)数据范围,指的是数据主体应当提供数据平台企业业务活动范围所需的个人数据,并且保证最低限度的个人数据价值挖掘(Wertschöpfung)以满足个人数据处理者的要求。(2)数据身份,指的是数据主体应当提供他本人可以生成并且可以被单独分配给他的个人数据。(3)数据完整性,指的是数据主体应当提供那些在内容方面没有被操纵或有意识篡改的个人数据,以防止损害数据平台企业提供的数字内容的功能,或者是从数字内容中所能实现的价值挖掘。(4)数据使用强度,指的是数据主体应当定期使用数字内容,例如定期登录数据平台等,以便向数据平台企业提供其所需要的个人数据。(5)与数字内容的连接,指的是在个人数据处理者向数据主体提供数字内容的场合,数据主体原则上应当提供与数字内容有关的个人数据②。

另外,由于个人在"个人数据对价化"交易中提供的对待给付并非金钱,故相关交易属混合合同中的双性合同。按照组合理论(Kombinationstheorie),双性合同中给付行为应分别

---

① 参见傅雪婷:《个人信息同意撤回与个人数据对价化》,载《南大法学》2022年第5期。
② Stiftung Datenschutz(Hrsg.). Dateneigentum und Datenhandel. Berlin: Erich Schmidt Verlag GmbH & Co. KG, 2019, S.161-177.

适用有名合同的规定,故而,在"个人数据对价化"交易中,数据主体和数据平台企业的给付行为应当按照情况分别适用各有名合同规则。当处理者的义务是一时性、终局性地提供给付而个人的给付义务是一时性地提供个人数据时,适用互易合同规则;当处理者的义务是一时性、终局性地提供给付,个人的义务是作出有效的个人信息同意时,个人数据对价化交易适用使用租赁和用益租赁合同规则;当处理者的义务是持续性地提供对待给付,个人的义务是提供个人数据时,个人数据对价化交易亦适用使用租赁和用益租赁合同规则;当处理者的义务是持续性地提供对待给付,个人的义务是作出有效的个人信息同意时,个人数据对价化交易具有许可合同的性质,亦可适用使用租赁和用益租赁合同规则。除了可耦合有名合同的法律构造外,这样划分的意义还在于可进一步区分交易中个人的义务为提供数据和作出有效个人信息同意的不同情形,当个人违反其对待义务时,前者适用瑕疵担保责任,后者适用合同终止规则①。

当数据主体提供的个人数据的质量不符合约定时,法律后果首先是由数据主体纠正上述数据质量缺陷,即向个人数据处理者提供正确的、符合合同约定之质量要求的个人数据。这些数据质量要求不仅仅限于用户个人数据的类型与范围,亦包括前文所述之数据身份、完整性、使用强度、以及数据与数字内容之间的连接等。其次,个人数据处理者还可要求减价(《民法典》第五百八十二条)或返还已支付的款项(《民法典》第九百八十五条)。根据使用租赁期间出现瑕疵由承租人通知的规则(参照德国《民法典》第536c条第1款),不能要求个人数据处理者提供关于个人数据缺陷的通知,因为此时处理者压根不知道个人提供的数据不符合约定的质量要求,对此也没有相应的调查义务。因为,在个人数据对价化交易中,个人数据存在质量缺陷的情形应当由个人向处理者告知,而非反过来将调查义务不适当地施加给处理者并要求其向个人进行通知。再次,个人数据处理者亦可根据《民法典》第五百六十三条第3款终止合同,只要其为补救而指定的适当期间届满或劝阻无效果。最后,个人数据处理者还有权根据《民法典》第五百六十六条第二款主张损害赔偿,或请求费用偿还(参照德国《民法典》第536a条第2款)。

四、结语

作为个人数据保护与利用的平衡条款,我国《个人信息保护法》第十六条确立了个人数据捆绑禁止规则。严格地禁止个人数据处理者的捆绑措施无法适应Web4.0时代互联网经济发展个人数据对价化商业模式的现实需求,亦打破了企业以及个人之间权利义务的平衡关系,并且可能因忽视数据主体的主观意愿而反过来危及个人信息自决权,阻碍了数据主体

---

① Louisa Specht. Datenrecht in der Digitalisierung. Berlin: Erich Schmidt Verlag GmbH & Co. KG, 2020, S.509 ff.

人格的长远自由发展。个人根据自身意愿，自主决定是否将数据进行商业化利用的可能性也遭到挑战。上述后果与数字经济中蓬勃发展的以个人数据为主给付义务标的物的个人数据对价化商业模式也不相耦合，有造成数据流通稳定的私法基础流失、数据价值发挥受阻的潜在危机。因此，我国《个人信息保护法》第十六条存在隐藏的法律漏洞。对此，未来我国在起草《个人信息保护法司法解释》时，可以从违反个人数据捆绑禁止的法律后果入手加以解决。不宜将个人数据捆绑禁止的规制模式界定得过于严苛，亦不应将《个人信息保护法》第十六条界定为会使得"个人数据对价化"数据流通基础合同无效的效力性强制法律规范。相反，在中国法背景下，在界定个人数据捆绑禁止的法律后果时，应当秉持个人信息同意与数据流通基础合同构成要件及法律效力二分的法律构造，允许在个人数据处理者违反捆绑禁止规则的情况下，仍维持个人数据对价化合同的效力，并类推适用《民法典》合同编中各有名合同规则，令个人及处理者各自主张其权利，从而为我国个人信息权益保护、个人数据流通交易，以及数据主体和个人数据处理者之间的权利义务平衡留下充分的解释与拓展空间，从而促进我国数字经济健康持续发展。

论作为公共数据授权运营规制工具的问责机制*

苟学珍**

摘要：作为一种系统性的制度结构，问责有广泛的整合与调节功能。公共数据授权运营中，通过构建"角色担当—说明回应—违法责任"的问责结构，可在实现公共数据开发利用目标的同时，明确各主体的责任，并施加一种经常性的监督，以动态问责的方式实现"以责促治"。在角色担当上，需要向问责主体解释和证明其行为的主体包括公共数据主管部门、数据提供单位、数据运营单位、市场监管及网信等监管部门。在说明回应上，需要以一种日常、动态、制度化的方式保障不同数据处理环节各主体责任的落实，特别是通过向上的、平行的或向下的问责，促使各主体就其在数据供给、运营和交易流通等环节的责任，通过适当方式向特定的问责主体进行说明。在违法责任上，根据数据开发利用不同环节各主体创设的不同风险，可形塑共同但有区别的责任，并从法定责任和约定责任的关系、违法责任的具体类别及其实现保障等方面，将事先确定的角色变成现实和消极的最后约束。

关键词：公共数据　授权运营　问责机制　违法责任

引言

数字经济时代，数据生产要素的价值正在不断被发掘和释放。据互联网数据中心（IDC）

---

* 基金项目：陕西省社会科学基金年度项目"陕西数字经济高质量发展的激励性法律规制研究"（项目号：2024E017）。

** 作者简介：苟学珍，西安交通大学法学院副教授，法学博士。

统计,中国数据规模将从2022年的23.3 ZB增长至2026年的57.5 ZB,复合年均增长率(CAGR)为24.9%,位居全球第一①。其中,作为数据资源大家庭中重要成员的公共数据,由于数量大、质量高、标准相对统一等特征而备受瞩目②,如何更大限度保障公共数据的有效供给,发挥公共数据的价值尤为重要。而传统的公共数据开放面临"开放数据可用性低、开放利用效果不佳、开放政策不可持续、数据安全风险高等问题"③。作为回应,"十四五"规划提出"开展政府数据授权运营试点,鼓励第三方深化对公共数据的挖掘利用",《中共中央 国务院关于构建数据基础制度更好发挥数据要素作用的意见》(简称"数据二十条")提出"推进实施公共数据确权授权机制",国家发改委和国家数据局于2025年1月8日发布《公共数据资源授权运营实施规范(试行)》和《公共数据资源登记管理暂行办法》,以此规范公共数据资源登记与授权运营,促进公共数据资源合规高效开发利用。

在中央政策的导向之下,各地推进公共数据授权运营,并制定了地方性法规。从既有的实践看,授权运营的确能够发掘和激活公共数据的价值。但问题在于,不管是公共数据授权运营的实践和立法,还是该领域的理论研究,大都着眼于公共数据授权运营的本质、法律属性、特征、价值、优势等领域④,忽视了授权运营的潜在问题。与授权自始就相伴而生的责任问题,也未得到应有的重视⑤。尤其是在前期宽容监管和包容审慎监管背景下的立法,为了鼓励数据的流通和效用发挥,要么直接忽视责任问题,要么对相关主体的责任设置相对灵活。而在进入常态化监管阶段之后,如何归属与落实责任对公共数据授权运营而言,恰恰是至关重要的,否则相关主体权力的行使将难以受到有效的监督。

在规制公共数据授权运营的工具箱中,存在一种特别的规制工具——问责机制。其能够妥善处置授权中的责任问题,并同步实现对风险的有效规制。问责机制具有整合与调节功能,当其作为规制工具存在时,可以有效联结公共数据授权运营中被忽视的规制与责任问

---

① 参见中国电子云&IDC:《2023中国数字政府建设与发展白皮书——建设高安全的政府数字化基础体系》。
② 参见马颜昕:《公共数据授权运营的类型构建与制度展开》,载《中外法学》2023年第2期,第328-345页。
③ 宋烁:《构建以授权运营为主渠道的公共数据开放利用机制》,载《法律科学(西北政法大学学报)》2023年第1期,第83-94页。
④ 代表性研究有:马颜昕:《公共数据授权运营的类型构建与制度展开》,载《中外法学》2023年第2期;周秀娟、王亚:《公共数据授权运营的范式考察与完善路径》,载《电子科技大学学报》(社科版)2023年第3期;冯洋:《公共数据授权运营的行政许可属性与制度建构方向》,载《电子政务》2023年第6期;吴亮:《政府数据授权运营治理的法律完善》,载《法学论坛》2023年第1期;肖卫兵:《政府数据授权运营法律问题探析》,载《北京行政学院学报》2023年第1期;宋烁:《构建以授权运营为主渠道的公共数据开放利用机制》,载《法律科学(西北政法大学学报)》2023年第1期;刘阳阳:《公共数据授权运营:生成逻辑、实践图景与规范路径》,载《电子政务》2022年第10期;常江、张震:《论公共数据授权运营的特点、性质及法律规制》,载《法治研究》2022年第2期。
⑤ 涉及责任配置的代表性研究有:宋烁:《公共数据授权运营中的权责分配》,载《法学论坛》2024年第5期;高圣平、孙玉维:《公共数据授权运营的法律属性与责任承担》,载《江苏社会科学》2024年第4期;胡业飞:《责任配置、风险共担与激励相容:中国地方公共数据授权运营的治理机制问题研究》,载《电子政务》2024年第10期;张涛:《公共数据授权运营中的国家担保责任及其调控面向》,载《清华法学》2024年第2期。

题,具有一种方案解决多个问题的优势,既满足权责相统一的法治原则,也能节约规制成本。为此,在明确公共数据授权运营中问责机制的价值和机理后,可通过问谁的责、如何问责、可问责性三个维度的探索,形塑"角色担当—说明回应—违法责任"[①]的三段式问责结构,以此回应公共数据授权运营的规制需求。

一、功能定位:问责机制何以规制公共数据授权运营

授权运营作为一种推进公共数据开发利用走向社会化、市场化的机制创新,在探索中逐步形成了独特的基础架构、运营模式和法律供给。当前,各地的探索在取得阶段性成就时,也存在着主体制度内容含糊、运营行为规范存有疏漏、监管机制不健全[②],以及由此引发的政府角色混同和职能交错、准入机制混乱、寻租下的"过度外包"、安全风险上升等问题。对此,作为规制工具之一的问责机制,在对公共数据授权运营的规制中有重要作用,能形塑一种"以责促治"的规制模式。

(一)公共数据授权运营的基本面向

从本质上看,授权运营是公共数据开放的重要方式,是推进公共数据开发利用走向社会化、市场化的机制创新。根据国家发改委规划司的解释,公共数据授权运营,是指授权特定的市场主体,在保障国家秘密、国家安全、社会公共利益、商业秘密、个人隐私和数据安全的前提下,开发利用公共管理和服务机构掌握的与民生紧密相关、社会需求迫切、商业增值潜力显著的数据[③]。相较于这种比较模糊的定义,《浙江省公共数据授权运营管理办法(试行)》(简称《浙江省公共数据授权办法》)指出公共数据运营是指县级以上政府按程序依法授权法人或者非法人组织(以下统称"授权运营单位"),对授权的公共数据进行加工处理,开发形成数据产品和服务,并向社会提供的行为[④]。此后,《公共数据资源授权运营实施规范(试行)》给出了明确的定义:"授权运营,是指将县级以上地方各级人民政府、国家行业主管部门持有的公共数据资源,按照法律法规和相关要求,授权符合条件的运营机构进行治理、开发,并面向市场公平提供数据产品和技术服务的活动。"据此可以看出,公共数据的授权运营与开放都是力求数据的开放及其价值的发挥,但授权运营是一种市场化的数据开放和利用方式,是在开放的基础上进一步释放数据红利、培育大数据产业的机制创新,有较强的激励效应,能对开放主体产生足够的动力。同时,市场化运营之下,专业的数据处理机构有助于形成高价值的开放数据,并提高数据的利用效率。

---

① 参见史际春、冯辉:《"问责制"研究——兼论问责制在中国经济法中的地位》,载《政治与法律》2009年第1期,第2页。
② 参见刘阳阳:《公共数据授权运营:生成逻辑、实践图景与规范路径》,载《电子政务》2022年第10期,第33页。
③ 参见国家发展和改革委员会:《"十四五"规划〈纲要〉名词解释之99|政府数据授权运营试点》(2021年)。
④ 参见《浙江省公共数据授权运营管理办法(试行)》总则部分,第三点。

从实践特征上看，公共数据授权运营在探索中逐步形成了独特的基础架构、运营模式和法律供给。授权运营的基础架构方面，当下主要以"一局一中心一公司"为基本架构，"局"是大数据局或者政务数据管理局，"中心"是大数据中心，"公司"的类别则非常多样，包括下属国有企业、合资或者控股企业以及市场化模式下无特定的控股公司与合作机构[①]。其中，"'局'是监管主体，'中心'是运营主体，而'公司'则是实际承担运营业务的实体"[②]。授权运营的具体模式方面，当下形成了以"行业主导模式"、"区域一体化模式"和"场景牵引模式"为主的实践探索[③]。例如：北京打造的"金融数据专区"以及"医保数据专区"，为特定领域、特定行业的公共数据授权运营积累了实践经验；成都统一授权市属国企平台公司运营数据的"成都模式"，探索出了将公共数据作为国有资产交给国有企业进行市场化运营的渠道；海南、浙江等地公共数据授权运营的特许经营，将市场与公共服务有机结合在一起。除了前述两个部门规章外，部分地方进行了立法的先行探索[④]。

从潜在的问题看，公共数据的授权运营围绕着主体角色定位、运营者市场准入、运营行为规范、监管机制、安全保障等领域，都存在一系列的规制困境。公共数据授权运营参与主体多，且多环节镶嵌，监管难度大。例如，作为授权主体的政府，既是授权者，也是监管者，同时还是费用的收取者[⑤]，实践中容易产生政府角色混同和职能交错的问题，也存在权力滥用、寻租的空间；同时，还会出现利益驱使下的过度授权问题，即"公共数据授权运营的经济激励可能反过来挤占公共数据一般性开放的空间，行政机关可能为了经济利益，减少公益性普遍性开放，转而强化行政垄断，最终破坏了本应维护的公共利益"[⑥]。就监管而言，对公共数据授权运营的监管理应贯穿于数据全生命周期以及授权运营的全过程，在数据质量、数据安全、数据利用、风险防范等领域进行事前、事中和事后监管。而由于作为被授权主体的第三方的参与，不同授权模式和准入标准之下被授权主体的范围、准入、参与形式及其关系都相对复杂多样，加之复杂的数据处理流程，在合作过程中，不同的主体以及不同的环节都有

---

① 参见孟庆国：《围绕行业、区域、场景探索公共数据授权运营》，http://lcg.tsinghua.edu.cn/info/1029/1072.htm，最后访问日期：2023年8月12日。
② 参见马颜昕：《公共数据授权运营的类型构建与制度展开》，载《中外法学》2023年第2期，第328-345页。
③ 参见中国软件评测中心《公共数据运营模式研究报告》（2022年）。
④ 除了《上海市数据条例》《重庆市数据条例》《广东省公共数据管理办法》《广州市数字经济促进条例》等对公共数据授权运营作了初步规定外，多地出台了专门立法，如《青岛市公共数据运营试点管理暂行办法》（简称《青岛市公共数据运营办法》）、《浙江省公共数据授权办法》、《杭州市公共数据授权运营实施方案（试行）》、《济南市公共数据授权办法》、《北京市公共数据专区授权运营管理办法（试行）》等地方性法规。此外，值得关注的是，全国首个公共数据运营平台技术标准《公共数据授权运营平台技术要求》（T/CECC 024—2023）已于2023年12月10日正式实施。
⑤ 从既有实践看，授权运营既包括政府付费给企业，委托企业进行无条件开放类公共数据的委托运营，也包括企业付费给政府，获得数据的特许运营权的特许运营。这些不同类型的制度在其基本目标和价值导向上存在潜在矛盾，从而进一步引发制度的内在冲突。
⑥ 马颜昕：《公共数据授权运营的类型构建与制度展开》，载《中外法学》2023年第2期，第331页。

可能出现纰漏,甚至造成公共数据授权运营的安全责任事故①。因此,在公共数据的授权运营中,我们既担心公共管理和服务机构会不断将责任转交给私主体,甚至将私主体沦为其实行垄断的工具,导致公共数据过度资产化引起的社会公益风险②,也担心市场主体的"利己主义"会妨碍公共管理和服务机构所代表的那种公共(利益)导向性能③。

（二）问责机制作为公共数据授权运营规制工具的可能

问责作为一种系统性的制度结构,在现代社会经济条件下具有广泛的整合与调节功能。从概念看,问责就是一种责任追究制度,是现代政治文明下权责对等的外在体现,也是一种约束、监督权力运行的有效方式。问责的核心问题产生于授权,即为实现特定的社会经济目标,通过立法、签订合同或者其他方式向各种公共主体以及某些符合条件的私人主体授权。问责在现代社会经济中的作用机理在于赋予被授权主体充分的自主权,在使其能够实现任务目标的同时,还要保证对其实施足够的控制。问责的实质就是向某组织或者其他个人就自身的行为做出解释,也就是具有展示、解释并证明自身行为具有正当性的责任。从构成要素看,问责的核心在于"谁当被问责?"、"向谁负责?"以及"就什么事项负责?"④。总体而言,问责是将概括的或者具体的主体角色担当与"问"和"责"有效结合的一个概念表达,强调了各主体基于各种缘由而具有的责任(角色)及其义务,并对之施加经常性的监督,一旦出现违背职责或者责任落空的情况必然会进行追责⑤。问责自身在绝大多数时候只是作为一种手段(工具),而负责才是最终的目的。

从必要性看,问责机制的引入能够有效实现公共数据授权运营中的权责一致,实现以责促治。公共数据授权运营的一个显著特征就是"授权",也就是通过权力授予的形式,将公共数据的开发和利用权能赋予特定的市场主体,以实现公共数据开放的既定目标。而公共数据的开放任务被授权给特定主体承担的同时,也就意味着责任的归属必须要明确,如果某种权力的拥有者无法满足特定对象的期望,就必须承担相应的负面后果,这是法律对权力运行的基本要求,也是"民主政府的底线是责任"⑥的直接体现。对此,《中华人民共和国数据安全法》(简称《数据安全法》)明确要求"各地区、各部门对本地区、本部门工作中收集和产生的数据及数据安全负责"。更为具体一些,如《交通运输政务数据共享管理办法》规定被

---

① 参见周秀娟、王亚:《公共数据授权运营的范式考察与完善路径》,载《电子科技大学学报(社科版)》2023年第3期,第8-15页。
② 参见吴亮:《政府数据授权运营治理的法律完善》,载《法学论坛》2023年第1期,第111-121页。
③ 参见刘阳阳:《公共数据授权运营:生成逻辑、实践图景与规范路径》,载《电子政务》2022年第10期,第33-40页。
④ 参见[英]科林·斯科特:《规制、治理与法律:前沿问题研究》,安永康译,清华大学出版社2018年版,第288-291页。
⑤ 参见史际春、冯辉:《"问责制"研究——兼论问责制在中国经济法中的地位》,载《政治与法律》2009年第1期,第2-9页。
⑥ 参见[美]珍妮特·V.登哈特,[美]罗伯特·B.登哈特:《新公共服务:服务,而不是掌舵》,丁煌译,中国人民大学出版社2010年版,第43页。

授权人需要承担滥用、非授权使用、未经许可扩散或泄露等行为的法律责任①，又如《风云气象卫星数据管理办法（试行）》要求被授权使用气象数据的用户不得从事危害国家安全、社会公共利益或他人合法权益的活动②。总之，在公共数据授权运营各环节中，不同的主体均因"授权"这一特定的法律行为，需要承担各自不同的责任，如供给环节的管理、登记、运营授权，运营环节的运营环境建立、运营规则制定、归集、加工处理、分析挖掘、产品管理，交易流通环节的产品交付、收益分配，都伴随着相应的责任。因此，公共数据授权运营的常态化展开，需要借助于"角色担当—说明回应—违法责任"的动态过程，形塑一种整合与调节的治理机制，实现一种规制工具的多重目标的价值。

从可行性层面看，作为一种规制工具，问责机制在公共数据授权运营领域具有较强的适用性。科学设定责任、建立问责机制，对各主体而言既是一种基于指引、预测等的事前规制和事中规制，也是一种基于评价、强制等的事后规制。授权运营这一公私伙伴（合作）关系下③，蕴藏着各种复杂的利益交错。出于各自利益最大化的任何一个主体的非理性行为，或者任何一个环节的纰漏，都有可能引发意料之外的后果，产生负面效应。特别是公共数据的安全可控，直接关涉国家安全、市场主体的商业安全和自然人个人信息的安全④。因此，就需要一种联结机制，能够在促使各主体实现合作共赢的同时，规范其行为，确保依照既定程序实现公共数据开发和利用的真正目的，而问责机制恰恰就具有这种工具优势。公共数据授权运营中问责机制的建立，联结了各主体的行为与相应的后果，形成了一个"主体—行为—责任"的逻辑闭环，能够较好地回应授权中"有权必有责"的责任问题，也满足了依法行政的要求，得以妥帖安置各主体的责任。

公共数据授权运营具有典型的多主体参与、多环节镶嵌、多风险叠加、多责任归属的特征，这也就使得规制中存在公私混合、边界不清的问题，以及由此带来的风险多样且环节复杂难辨、责任归属不明的困境。不受公法原则约束的市场主体承担起了数据开发利用的职能，模糊了公私之间的边界，从而为公私双方规避责任提供了方便。于政府而言，部分职能的转移，不仅可以使自身摆脱正当程序的束缚，而且可以在出现问题时"合理"避责；于市场主体而言，可以借此拥有公共权力，却无需像政府一样受到严格的约束⑤。而作为规制工具的问责机制，在解决这一困境时具有相对的优势：通过角色担当实现角色义务的具体化、

---

① 参见《交通运输政务数据共享管理办法》第二十三条。
② 参见《风云气象卫星数据管理办法（试行）》第十二条。
③ 参见张则行：《政府责任重构与公共服务授权——回应型治理的一个分析框架》，载《福建行政学院学报》2015年第1期，第29页。
④ 参见肖卫兵：《政府数据授权运营法律问题探析》，载《北京行政学院学报》2023年第1期，第91-101页。
⑤ 参见叶托、隆晓兰：《市场问责机制的局限性及超越：政府购买公共服务的多元问责框架》，载《中国社会科学研究生院学报》2016年第6期，第51-57页。

动态化和主体化;通过说明回应形塑一种日常、动态、制度化的督促来保障角色责任的实现;通过违法责任的追究来保障事先确定的角色变成现实的消极的最后约束①。

在委托代理理论与框架下,问责的实质是委托方与代理方之间的一种关系,也就是接受委托(授权)的代理方,按照要求和程序,有责任就其对被委托事项的执行向委托方作出回应。公共数据授权中授权主体和被授权主体之间的"问"和"答"的过程,将政府与市场主体进行了有效的联结,使各自的职责变得更加清晰的同时,建立起了有效的沟通与互动机制。同时,通过一种促使各主体对其行为及结果负责的程序机制,明确角色定位,引导行动策略,进行风险的预先分配并督促依法履责,具有一种规制工具解决多种问题的优势,有助于节约规制成本。

二、问谁的责:公共数据授权运营中责任主体的角色担当

问责制源于"人人皆可问责"的现代法治理念,因此不管是官员还是社会普罗大众,只要有违自身的角色担当,具有过失且无免责理由,就应当承担责任②。厘清哪些行为主体需要向权威(问责主体)解释和证明其行为,以及哪些权威可以基于特定事由在特定时间提出特定问题,发出特定质疑,是问责机制的关键③。公共数据授权运营中问责机制的建立,首先要面临的就是"谁"的问题,明确"谁"的问题,也就意味着对该向谁问责有了清晰的认知。逻辑地看,也只有明确主体的角色担当,才能进行相应的说明回应和责任落实。为此,就需要明确公共数据授权运营中的主体类别及各主体的角色担当。

(一)公共数据授权运营中的主体类别

规制的核心往往在于"谁"的问题,为"谁"规制、由"谁"规制和对"谁"规制,既决定了规制的合法性问题,也决定了规制方案的选择与规制成功的概率。但颇为困难的是,确定"谁"的问题与确定解决方案间的紧张,往往使人们由于无法确定"谁"的问题而无法确定解决方案④。在无法确定"谁"的时候,人们往往转向另外一种与"谁"都无关的技术化的方式,或者转而进行概念的辨析并从中获得新的认知。从技术化方案的转向看,公共数据授权运营中"角色担当—说明回应—违法责任"的三段式问责结构,决定了"谁"的问题是一个前置条件,是首先要解决的技术性问题。从功能主义视角审视,对公共数据开放而言,现实

---

① 参见史际春、冯辉:《"问责制"研究——兼论问责制在中国经济法中的地位》,载《政治与法律》2009年第1期,第2-9页。

② 参见冯辉:《问责制、监管绩效与经济国家——公共安全事故问责现状之反思》,载《法学评论》2011年第3期,第21-28页。

③ See Mark Bovens. Public Accountability, in Ewan Ferlie, Laurence E. Lynn, Jr. and Christopher Pollitt eds. The Oxford Handbook of Public Management. Oxford University Press, 2005, pp.184-185.

④ 参见张乾友:《技术官僚型治理的生成与后果——对当代西方治理演进的考察与反思》,载《甘肃行政学院学报》2019年第3期,第60-68页。

的变化和认识使得专注概念辨析本身的意义不大,关键是看到概念的指涉及想要解决的问题①。这一实用主义的观照体现在公共数据授权运营的问责机制中,依然是要解决"谁"的问题,也就是明确公共数据授权运营的参与主体,而不是对各种概念的不断辨析和重构。

关于公共数据授权运营的参与主体,在既有的地方性立法中已然进行了大量有益的探索。《济南市公共数据授权运营办法(征求意见稿)》规定参与公共数据授权运营的有关部门主要包括:市、区县大数据主管部门,数据提供单位,网信、公安、国家安全、保密等安全监督管理部门,市场监管部门,运营单位②。《浙江省公共数据授权办法》规定的参与主体主要包括公共数据主管部门,公共管理和服务机构,发改、经信、财政、市场监管等监管部门,网信、公安、国家安全、保密行政管理、密码管理等安全监管部门管理③。除了前述地方性法规外,其它地方性立法也多有类似表述。根据既有的立法以及各地如火如荼进行的授权运营探索,公共数据授权运营的参与主体主要包括公共数据主管部门、数据提供单位、监督管理单位、运营主体以及具体的数据使用主体。其中,公共数据主管部门、数据提供单位、监督管理单位是相对固定的,而运营主体是最不确定的。就实际的数据运营主体选择而言,服务供给中的自由选择是极端重要的,完全依赖单一的供应者,不管它是政府部门还是私人企业,都是很危险的④。与此同时,实证研究又证明过多的竞争又会导致更加频繁的供应商更替,却并不能激励供应商表现得更出色⑤。因此,公共数据实际运营者的确定,既关涉着主体类别的确定和责任的设定,更决定着数据开发利用的实际效果。

关于"谁"的问题,根据各地的立法和授权运营实践,我们认为,整体上依然是围绕着"一局一中心一公司"的基础架构而展开。在数据提供方、数据汇聚方、数据管理方、数据使用方、数据运营方、数据监管方、数据开发方、数据交易流通方、数据消费方这一多元复杂的公共数据授权运营生态系统中,核心参与者主要是公共数据主管部门、数据提供单位、实际运营单位和监督管理部门,能够被问责的对象也主要指向了这几类主体。其中,监督管理单位并不在授权运营的合同之中,因此本不属于被问责的对象,但因监督管理单位肩负监管的责任,所以在多数情况下也属于被问责主体。当然,对于各参与主体的责任,在授权许可协议中应该有着更加清晰的体现。公共数据授权协议除了对公共数据的开放利用做出合理安排外,更重要的是,具备法律效力的授权许可协议还能够明确各参与主体之间的权利义务和

---

① 参见胡凌:《公共数据开放的法律秩序:功能与结构的理论视角》,载《行政法学研究》2023年第4期,第37-50页。
② 参见《济南市公共数据授权运营办法(征求意见稿)》第五条。注:正式颁行的《济南市公共数据授权运营办法》第五条对意见稿有所修改。
③ 参见《浙江省公共数据授权运营管理办法(试行)》职责分工部分,第一至四点。
④ 参见[美]E. S. 萨瓦斯:《民营化与公私部门的伙伴关系》,周志忍等译,中国人民大学出版社2002年版,第125页。
⑤ Meeyoung Lamothe, Scott Lamothe. Competing for What?: Linking Competition to Performance in Social Service Contracting. The American Review of Public Administration, Vol.40(2010), pp.326-350.

责任,以此规范和约束数据开放与利用的行为①。

（二）公共数据授权运营中各主体的角色担当

主体的角色担当是问责机制发挥其价值的关键。责任是理性的,也是规范的,理性是因为责任反映了人们对责任主体的一种合理期望,规范是因为责任要求人们去做那些能够促进正当利益的事②。角色担当意味着各类角色义务的设定要符合理性与规范的基本预期,足够清晰、明确与科学,不能出现责任缺位、交叉、混乱的情况,也不能出现责任落空的情形。在设定责任时要考虑到谁有能力保障责任实际履行,赋予具体责任时要做到创设的风险与承担的责任相当。而公共数据授权运营中授权主体与运营主体分离化,授权供给、流通运营、开发使用各独立环节内部运行机制更加复杂,不同环节间安全责任与义务连带性高,跨部门跨行业协调运营与监督管理难度大的突出特征,使得各主体的责任分配面临诸多困难③。因此,如何实现各主体的角色担当成了公共数据授权运营的关键。

就公共数据授权运营中各主体的责任归属而言,目前尚无全国性的专门立法对之加以规定。《数据安全法》对各地区、各部门数据安全责任作了原则性规定④,"数据二十条"概括性地提出构建政府、企业、社会多方协同的治理模式,明确各方主体的责任和义务,并特别规定"在数据采集汇聚、加工处理、流通交易、共享利用等各环节,推动企业依法依规承担相应责任"。在上位法缺失的情况下,地方性法规对此进行了广泛的试验,在整体责任的归属上基本遵循了"谁采集谁负责、谁持有谁负责、谁管理谁负责、谁运营谁负责、谁使用谁负责"的原则,而在安全责任的归属上,大都规定"谁授权谁监管、谁运营谁负责"的安全责任原则,以确保分配的责任与主体的履责能力相一致,创设的风险与承担的责任大体相当⑤。其中,《青岛市公共数据运营办法》对大数据主管部门、公共管理和服务机构、运营单位以及网信、公安、国家安全、保密等部门的责任分别作了不同的规定⑥。与《青岛市公共数据运营办法》不同的是,《济南市公共数据授权运营办法(征求意见稿)》除了前述责任主体外,增加了数据提供单位以及市场监管部门的责任⑦,《浙江省公共数据授权办法》增加了发改、经信、财政、市场监管等部门的责任⑧。

---

① 参见完颜邓邓、陶成煦:《国外政府数据分类分级授权协议及对我国的建议》,载《图书情报工作》2021年第3期,第138-150页。
② 参见张乾友:《问责、透明化与当代政府的责任困境》,载《公共行政评论》2022年第6期,第4-20页。
③ 参见栾国春:《公共数据授权运营工作之刍议——〈数据二十条〉为公共数据要素化迎来新契机》,载《中国经贸导刊》2023年第3期,第76-80页。
④ 参见《中华人民共和国数据安全法》第六条。
⑤ 参见郑晓军:《数据跨部门流动的风险与问责》,载《中国行政管理》2022年第11期,第49-57页。
⑥ 参见《青岛市公共数据运营试点管理暂行办法》第五条。
⑦ 参见《济南市公共数据授权运营办法》(征求意见稿)第五条,值得说明的是,后续正式通过的《济南市公共数据授权运营办法》第五条删除了市场监管部门的相关规定。
⑧ 参见《浙江省公共数据授权运营管理办法(试行)》职责分工部分,第三点。

总体而言,依据现行立法和授权运营实践,公共数据授权运营中各主体的责任主要有五类:第一,公共数据主管部门的责任主要指向了区域内公共数据的统筹管理和监督评价,包括但不限于编制公共数据目录、依托大数据平台统一汇聚和治理公共数据、编制公共数据授权运营的制度和规范标准以及统筹、协调、指导和督促区域内相关部门的数据授权运营工作。同时,公共数据授权运营协议与一般民事合同最大的不同,就是一方主体对另一方具有行政监管职能[①],因此主管部门还具有重要的监管责任。第二,数据提供单位的责任主要指向了本单位公共数据目录的编制、数据源头治理、分级分类、向大数据平台汇聚数据、明确数据使用要求、负责申请审核和安全监管等授权运营相关工作。第三,运营单位的责任主要指向了(制定)执行有关制度规范和技术标准、建设数据安全防护体系、确保开发利用全过程的安全、保障合法合规开发利用、为应用单位提供多样化的数据产品、以数据运营赋能产业发展。在公共事业领域,如果私人企业滥用了被授予的公共特权,其就需要对其行为负责。第四,市场监管部门的责任主要指向了公共数据产品市场化的监督管理。第五,发改、经信、财政、网信、公安、国家安全、保密、密码等部门的责任主要指向了公共数据授权运营的安全监督管理。

三、如何问责:公共数据授权运营中责任主体的说明回应

在公共数据授权运营的问责机制中,责任主体的说明回应是最为重要和关键的环节,直接决定着如何问责的问题,是"问"和"答"的集中体现。而责任主体向谁进行说明回应以及通过何种方式进行说明回应,则是以一种日常、动态、制度化的方式保障主体角色责任实现的关键,是通过运用问责机制这一规制工具将问责转化为"以责促治"效能的"行为"体现。

(一)公共数据授权运营中责任主体说明回应的价值所在

问责的核心就在于权力拥有者就其特定的行为向某些其他当事人进行解释说明并承担责任。从规制的过程看,规制本身就包括了"设定规则、收集信息、建立反馈或监督机制,并设立纠正违反规范行为的回应机制"[②]。其中,反馈和监督机制,以及回应机制都是落实规制中主体责任的主要方式,属于"说明回应"的范畴。问责机制作为一种规制工具,对其的合理运用自然也离不开反馈、监督和回应机制等这些程式化的说明回应要求。说明回应环节的科学设定与高效运行,是负责、透明、可解释和易于理解等问责之核心价值得以实现的程序化外在表征。

---

① 参见常江、张震:《论公共数据授权运营的特点、性质及法律规制》,载《法治研究》2022年第2期,第126-135页。
② 宋华琳:《迈向规制与治理的法律前沿——评科林·斯科特新著〈规制、治理与法律:前沿问题研究〉》,载《法治现代化研究》2017年第6期,第184页。

说明回应是公共数据授权运营中问责机制发挥其规制效果的关键，能更加明确各主体的责任及其落实状况。公共数据授权运营的问责机制中，要确保责任主体的决定符合上级的期待，符合授权主体和公众委托给其的角色；确保责任主体有适当的权力和充分裁量权，去有效实施对其的授权行为，并维系上级、授权主体、公众、数据产品的使用者以及其他可能因其行为受到影响的主体对自身的信任度①。所有这些要求的实现，均离不开说明回应这个"问"和"答"的动态过程。通过一问一答、有问有答的动态互动，既进一步明确和强调了各主体的责任，也使责任落实情况一目了然。同时，由于授权运营主体以及程序（环节）的多元和复杂，其风险也具有多点、多环节分散性和聚集性，因此作为问责机制关键环节的说明回应，既需要将"问"拆解为包含"提问—回答—质疑"的对话过程，形成动态、交互的问责关系②，也需要规定责任主体的主动报告，以及通过市场竞争机制"向下的问责"③等说明回应的方式。通过说明回应这一过程的设置，对出现的主体履责不力行为，可进入下一步的实质性追责程序，同时也有助于对主体后续的行为进行事先的规制。

除了判断各主体的责任及其落实状况，说明回应机制也能增进主体间的了解和信任，进而提高效率并降低风险。信任作为一种非正式制度，与作为正式制度的法律一样承担着实现社会整合、促进社会互动的功能，尤其在一个复杂多元的治理架构下，面对信息的不完全，信任是简化交易过程、节约交易成本和提高资源效率的关键，也是治理资源共享、沟通、协商、合作与风险应对的基本前提。公共数据授权运营中，说明回应的责任不仅指向了政府，也指向了公众和私人部门等广泛的主体，而说明回应这一问责环节的设置，将原本分散的各主体进行了有效的二次联结。不管是"问"和"答"的直接交互和质疑，还是运营情况定期报告这种主动回应的形式，都能够强化公共数据主管部门、提供单位、运营单位、监管单位等主体之间的沟通和交流，增加深入了解彼此的机会，从而建立起信任机制。

（二）公共数据授权运营中责任主体说明回应的运行机理

从程序正义的视角来看，公共数据授权运营中问责机制的说明回应环节需要明确向谁、就什么事项以及用何种方式说明回应。由于责任主体的复杂和多样，而各责任主体又必须对自己的行为和决策负责④，所以向谁就何事以何种方式进行说明本身是一个复杂的过程。其中，向谁说明回应决定着负责的方向，即责任主体需要面对哪些问责主体的问题，是垂直

---

① 参见[英]罗伯特·鲍德温、[英]马丁·凯夫、[英]马丁·洛奇：《牛津规制手册》，宋华琳等译，上海三联书店2017年版，第395-397页。
② 参见郑晓军：《数据跨部门流动的风险与问责》，载《中国行政管理》2022年第11期，第49-57页。
③ 新公共管理理论下，市场问责机制是一种在公共服务中通过引入市场竞争的方式，由政府向市场主体购买公共服务，通过合同竞标的方式，激励公共服务生产者之间展开有效的竞争，最终为消费者带来高效优质的公共服务，而政府的合同解除权，使得这一机制能够实现一种"向下的问责"。
④ 参见徐晨、吴大华、唐兴伦：《数字经济：新经济 新治理 新发展》，经济日报出版社2017年版，第125页。

的向上负责、平行的负责还是向下负责，又或者是一种相互负责；就什么事项说明回应决定着各主体的责任划分；以何种方式说明回应决定着问责的形式和类别。

首先，向谁说明回应。从主体审视，"向谁负责"是负责的出发点，问责主体的明确是问责机制得以启动的前提，也是责任能够落实的保障。公共数据授权运营中，厘清哪些权威（问责主体）可以基于特定的事由，特别是基于法律的规定或授权合同的约定，在特定的时间内向责任主体提出特定的问题，发出特定的质疑，是问责能够实现的关键。尽管公共数据授权运营这一机制存在强烈的公益正当性基础，但依然需要各主体对自身行为负责①，需要规制者、运营者等参与主体应当就其行为的正当性向特定的主体进行解释和证明。根据授权运营中各主体的角色担当，公共数据授权运营中责任主体的说明回应主要包括向上级主管（监管）单位的说明回应、向同级监管单位的说明回应以及向下的说明回应三类。其中，向上的说明回应主要是公共数据运营单位向主管单位的负责，如《浙江省公共数据授权办法》规定运营单位应当定期报告运营情况，接受公共数据主管部门的监督检查②。同时，向上的说明回应还包括基于科层管理而派生的公共管理和服务机构就其行为向上级的负责。当然，在法律问责的机制中，向上的负责还包括了对法院的说明回应。平行的说明回应主要是公共数据提供等公共管理和服务机构，就其行为向市场监管、发改、经信、财政、网信、公安、国家安全、保密等单位进行说明回应，如《江苏省公共数据管理办法》以及《浙江省公共数据条例》均规定公共管理和服务机构及其工作人员的相关违法行为，可由公共数据主管部门责令限期改正③。向下的说明回应，主要是公共数据主管部门、运营单位以及实际参与运营的市场主体，向公共服务的对象（消费者）负责，也就是向数据的实际使用者负责。尽管现有的立法并未明确规定向下的说明回应，但对用户负责本身就是公共数据开放的目的，因此理应接受市场中用户的质疑并做出回应。

其次，就什么事项说明回应。在许多法律和公共政策领域，人们通常知道他们应该做什么，尽管他们可能会不确定自己为什么要这样做，而正是这种"不完全理论化协定"，使得多元观点的人们依旧可以保持沟通和协调④。具体到公共数据授权运营中，各责任主体不管是依据法律规定，还是依据授权合同抑或其他形式，都理应知道就什么事项进行说明回应。当各责任主体知道应该就什么事项进行说明回应时，意味着他们能够明确自身的责任形式和内容，也能够对自身行为所产生的后果有较为理性的预期。也正是如此，公共数据授权运营

---

① 参见[英]安东尼·奥格斯：《规制：法律形式与经济学理论》，骆梅英译，中国人民大学出版社2008年版，第114页。
② 参见《浙江省公共数据授权运营管理办法（试行）》授权运营单位权利与行为规范部分第二点。
③ 参见《江苏省公共数据管理办法》第六十条、《浙江省公共数据条例》第四十七条。
④ 参见[美]凯斯·R.孙斯坦：《风险与理性：安全、法律及环境》，师帅译，中国政法大学出版社2005年版，第121-122页。

中问责的核心不在于追责,而在于通过此方式督促各主体明确并积极履行自身的责任。更进一步,如果各主体的权、责和利的设定都相对充分完备,一旦出现潜在风险,就意味着某主体或某环节的履责不力,这样,以责促治的目标便得到了实质的体现。关于公共数据授权运营中各主体具体的责任(角色担当),前文已有论述,此处所要强调的是,各责任主体说明回应的事项,就是对其应负责任内容的具体化呈现,就什么事项负责,理应就什么事项进行说明和回应,以解释、证明自身行为的合理性。

最后,以何种方式说明回应。责任主体以何种方式说明回应,事实上涉及了问责形式的问题,不同的问责形式对责任主体的说明回应有不同的要求。既有研究已经提出实现规制可问责性的装置包括报告义务、立法机关监督,以及通过使用奖惩来回应政治层面的要求等方式①。就传统的科层问责以及较为普遍的政治问责而言,责任主体的说明回应方式主要包括不定期的主动报告、依据政策法规等定期的报告②、约谈时的报告说明、问责程序启动后听取责任主体的陈述和申辩等。例如《青岛市公共数据运营办法》规定运营单位应当定期向市大数据主管部门、市国有资产管理部门报告运营情况③,《数据安全法》规定主管部门发现数据处理活动存在较大安全风险的,可以按照规定的权限和程序对有关组织、个人进行约谈④。就法律问责而言,主要是依据诉讼等法律程序对责任主体的"问",不同法律程序下的"问"对应着不同的说明回应方式。如行政法律责任的说明回应主要是依法面向公共数据主管(监管)机构的"问"进行解释和回答,属于前述科层问责的范畴,而刑事责任以及公益诉讼等问责程序下的说明回应则主要指向了对法院的负责,主要以举证证明其行为合法为主。就市场问责而言,在公共数据授权运营的市场准入方面以合同竞标等方式引入竞争机制,借助政府的合同解除权激励各参与主体,促使其提高数据产品的质量,同时接受市场主体的监督和批评,是主要的说明回应方式。

四、可问责性:公共数据授权运营中的违法责任及其追究

可问责性的问题,是问责这一规制工具的价值能否实现的重要保障,"以责促治"的主要表现就在于是否有科学的违法责任设定及其实现保障。"角色担当—说明回应—违法责任"的问责结构下,违法责任是对说明回应的自然延伸,保障事先确定的角色担当变成现实而消极的最后约束。对于公共数据授权运营的参与主体而言,只有将其违反角色担当和说

---

① 参见[英]罗伯特·鲍德温、[英]马丁·凯夫、[英]马丁·洛奇:《牛津规制手册》,宋华琳等译,上海三联书店2017年版,第395-398页。
② 政治问责的责任形式下,定期报告的依据除了政策法规外,还包括党纪党规。事实上我们已然形成了以《中国共产党问责条例》为代表的较为完善的政治问责机制。
③ 参见《青岛市公共数据运营试点管理暂行办法》第二十六条。
④ 参见《中华人民共和国数据安全法》第四十四条。

明义务的不利后果以法律形式明确,并构建相应的责任实现保障机制,才能够对相关主体的行动策略形成事实上的影响。

（一）公共数据授权运营中违法责任设定的基本进路

不管是出于鼓励创新的需要,还是出于包容审慎的目的,对于新的商业模式、新的技术以及新的业态等,通常在最初阶段对其的规制大都是激励性的,在鼓励创新的同时给予其一定的"观察期",待其相对成熟或者产生的负外部性较高时再对其进行较为严格的规制,这在公共数据授权领域也不例外。公共数据授权运营尚处于探索试验阶段,所以大多数的地方立法以鼓励为主,对责任的设定相对比较模糊,主要体现为授权合同中的约定责任,这符合了问责机制作为一种规制工具的入场时间。但长远看,责任的缺失反而不利于公共数据授权运营的常态化发展。基于公共数据授权运营尚处于探索试验阶段的典型特征,就其违法责任的设定而言,整体上应先从确立责任设定的基本原则、正确处理法定责任和约定责任之间的关系、明确违法责任的类别及其设定思路等方面入手,而后在此基础上进行具体责任的设定。

首先,违法责任的设定应坚持共同但有区别责任原则。"监控的风险在于,它会降低创造力、表达力和创新能力。"[1]公共数据授权运营中的责任设定,若过于严苛可能会抑制各主体的积极性,而过于宽松则会诱发多元主体间责任混乱不清而导致瞻前顾后,进而阻碍公共数据的开放和其价值发挥,甚至出现逃避责任、推诿扯皮,甚至滋生权力腐败的问题。同时,还需要考虑到谁有能力保障责任实际履行,赋予具体责任时要做到创设的风险与承担的责任相当。为此,我们认为违法责任的设定,在坚持整体权责一致的基础上,可形塑一种"共同但有区别责任原则"[2]。共同责任的合理性依据在于责任的归因性或结果主义,行为的主体是承担责任的主体,而行为责任也就是指主体因违反法律规定而应承担的与"行为"有关的否定性法律后果[3],体现在公共数据的授权运营中就是"谁采集谁负责、谁持有谁负责、谁管理谁负责、谁运营谁负责、谁使用谁负责"。区别责任的合理性依据在于,各主体自身的能力和社会经济条件本身就有区别,其所具有的责任"承担能力"也应有所不同。更为重要的是,公共数据授权运营参与主体的公私融合性特征决定了既无法简单地采用公法责任,也无法直接套用私法责任。以责促治目标下,对以运营主体为代表的各企业,如果设置过于严苛的责任,则无法形成有效的激励,而对以授权和监管为代表的公权机关,如果设置过轻的

---

[1] Cohen, Julie E. What Privacy Is For. Harvard Law Review, Vol. 126, No. 7（2013）, pp. 1904-1933.

[2] 共同但有区别责任原则是国际环境法领域的一项基本原则,该原则由20世纪70年代《人类环境宣言》以及各类多边环境条约提出,在1992年《联合国气候变化框架公约》中第一次正式明确,时至今日已然是全球环境治理的核心原则。该原则可概括为:在保护和改善全球环境方面,所有国家负有共同的责任,但责任的大小必须有差别,最终促进不同国家为取得共同环境目标而各尽其力。

[3] 参见潘宁:《论经济法中的行为责任》,载《经济法论丛》2022年第2期,第26-40页。

责任，则有可能诱发有利可图时过度授权或过度监管、无利可图时不授权或不监管等的问题。因此，逐渐形成一种共同但有区别的责任原则，整体上将有助于实现以责促治的"激励相容"目标。

其次，正确处理公共数据授权运营中法定责任和约定责任的关系。契约外包（本文中特指公共数据授权运营）挑战了传统的问责模式，私人企业的加入，使得传统科层问责机制有了盲区，出现了责任类别和承担方式的分野，公共数据实际运营主体大都无法直接承担公法上的责任，其承担的更多是一种基于授权合同的约定责任，这也就意味着公共数据授权运营中责任的设定要同时面临法定责任和约定责任的问题。就公共数据的授权运营而言，不管是将其认定为特许经营还是广义的PPP（政府与社会资本合作），抑或是政府采购模式，都需要授权合同作为基础性支撑。对于授权主体和被授权主体而言，他们之间各自的责任主要是以合同约定的方式得以对内约束和对外呈现，且这种基于合同的问责呈现出一种相互问责的形态。而基于科层的传统问责以及借助于法院的问责，都需要以确定的违法责任为依据。同时，即便是基于授权的约定责任，也需要受到法定责任的约束。因此，违法责任的设定就不得不考虑法定责任和约定责任之间的关系。鉴于责任的交叉和复杂，就法定责任和约定责任的关系来说，我们认为应是一种并存且互补的关系，而非替代的关系。在此基础上，对于有约定责任的相关主体而言，约定责任不能替代法定责任，约定责任可以重于法定责任，但不能通过约定责任的方式减轻或逃避法定责任。在责任的适用顺序上约定责任优先，法定责任兜底。对于只有法定责任的相关主体，特别是只能依法进行的传统科层式问责，需按照法律的规定进行问责。

最后，违法责任的类型判定及设定思路。公共数据授权运营问责机制中违法责任的设定，实际上就是对各相关主体违背先定义务而引发的事后责任予以明确，以此促使责任主体积极履行先定义务[1]。就违法责任的类型而言，与一般政府数据开放的法律责任不同的是，公共数据授权运营除了涉及行政责任和刑事责任外，还会涉及民事责任[2]，特别是基于授权合同的约定责任，大都落入了民事责任的范畴。因此，违法责任的类别事实上就涉及民事责任、行政责任和刑事责任，是超越单一部门法的复杂责任形态。其中，行政责任主要是公共管理和服务机构内部基于科层的问责、授权主体对被授权主体未依法履责的处罚[3]、公共管理和服务机构的侵权责任等；刑事责任的范围相对较广，各参与主体都有可能因其不法行为而落入其中；民事责任主要涉及授权主体和被授权主体之间的约定，以及被授权主体与

---

[1] 参见王少：《科学数据安全责任的内涵、结构与履行机制》，载《科学管理研究》2022年第5期，第86-90页。
[2] 参见邢会强：《政府数据开放的法律责任与救济机制》，载《行政法学研究》2021年第4期，第41-54页。
[3] 政府主管部门有责任对授权运营协议履行情况、运营方规划的应用场景进行安全风险评估，对运营行为实施可溯源的全过程监管。参见肖卫兵：《政府数据授权运营法律问题探析》，载《北京行政学院学报》2023年第1期，第91-101页。

公共数据消费(需求)主体之间因数据获取和使用而产生的责任等。就责任设定的思路而言，由于既有立法中已经有大量违法责任的规定，如《中华人民共和国刑法修正案(九)》《中华人民共和国民法典》《中华人民共和国数据安全法》《中华人民共和国个人信息保护法》以及部分司法解释，对具体的数据违法责任已经作出了规定。如《中华人民共和国个人信息保护法》第六十六条、第六十八条第二款以及第七十条等初步规定了行政、刑事、公益诉讼等多元化的问责机制[1]，《广东省公共数据管理办法》第十一章专章规定了法律责任。因此，后续制定和完善专门性立法时，不宜专门对各种责任进行具体的规定，但应从责任主体、责任范围、责任类型以及问责程序、问责后果等方面构建起问责机制的基本法律框架，而对具体的法律责任，援引相关既有立法即可。

（二）公共数据授权运营中违法责任实现的保障机制

违法责任的设定不是目的，责任的落实才是目的，而责任的落实就需要相应的保障机制。就公共数据授权运营中问责机制的构建而言，违法责任的实现是一个非常复杂的过程，其涉及的主体相当广泛，且各责任主体负责任的方向和类别也不尽相同。尤其是向上负责、平行负责和向下负责的交叉，民事责任、行政责任和刑事责任的混合，约定责任和法定责任的并存，加之不同数据环节不同主体所创设风险的高度不确定性，客观上增加了问责的难度。从知识理性的角度审视，解决这些问责难题的路径自然也该是多样的，但本文仅从程序机制和技术机制两个层面进行初步的思考：一是因为程序机制是最基础性的保障，且明确的程序具有显著"化繁为简"的功能；二是因为智能化时代借助于技术的进步，在复杂的责任形态中实现精准化的问责具有了现实可能性。

从过程层面审视，程序完备是问责机制规范化的重要保障。要想取得预想的规制效果，除了明确谁当被问责、如何问责和违法责任的科学设定外，还需要建立违法责任实现的保障机制，使得违法责任的追究具有现实可能性。特别是配套、完善程序性与细则性规范，既是问责的工具价值得以凸显的关键，也是避免"运动式问责"弊端的可行方案。问责机制的有效实施，归根结底还是因为问责机制在组织、执行和发展等方面具备良好的外部环境[2]，这在公共数据授权运营中也概不例外。由于问责本身就是一个过程性的概念，因此实现问责主客体、问责程序、问责内容、问责方式等的制度化和程序化，理应是问责程序法的基础性内容。对于这种程序化的基础性要求，应在制定公共数据授权运营的专门立法时予以体现。

从实际效果层面审视，精准化问责是智能时代问责的应然转向。公共数据授权运营中违法责任的追究，需要一种精准化的问责作为保障。现代风险社会下，复杂性和不确定性的

---

[1] 参加林洹民：《问责原则与安全原则下的个人信息泄露侵权认定》，载《法学》2023年第4期，第104-117页。
[2] 参见张世飞：《新时代完善问责机制的机遇、挑战与举措》，载《国家治理》2022年第16期，第39-43页。

提升,带来了越来越多的技术性难题,增加了对"专家"和"知识"的需求①。而精准规制则集中了"专家"和"知识"各自的优势,具有回应复杂规制问题的逻辑优先性。精准规制的实质在于以全面准确的、个体化的信息集成作为决策的依据,以科学严谨的数据收集和信息挖掘分析作为前提,以历史最佳的政策知识推理作为参考,进而采取相宜有效的规制措施②。尤其是在数字时代,融合数据、算力、算法形成的更为稀缺的治理资源——智能化解决方案③,为精准规制提供了可能。借助于现代信息技术,可使得责任的实现具有可跟踪性、可测量性和可操作性,做到公共数据授权运营全过程留痕化规制,提供可量化的责任评价,确保规制过程标准化,以此实现对问责事件的性质、情形和成因等进行精准性把握④,达至权责相一致。

结语

公共数据授权运营作为数据要素市场化的一种模式创新,对开发利用海量公共数据具有非常重要的作用。但不可否认的是,这一新型数据开放模式本身也具有诸多问题。于是,探索如何对其进行有效规制,在发挥其优势的同时减少其负外部性,就成为一个需要格外关注的问题。在诸多的解决方案中,因为责任和授权之间天然的逻辑关联,本文选择了问责机制这一规制工具,并从问谁的责、如何问责和可问责性三个维度,初步构建了一个"角色担当—说明回应—违法责任"的三段式问责结构,以期通过问责机制的构建,实现"以责促治"的目标。尽管搭建了一个较为详尽的问责框架,但本文的研究依然较为初步,对于公共数据授权运营中各主体具体责任的设置、问责相关程序的完善等,还需要进一步的探索。

---

① 参见王文娟:《"有为政府"定位下的问责制度优化》,载《国家治理》2023年第2期,第48-56页。
② 参见李大宇、章昌平、许鹿:《精准治理:中国场景下的政府治理范式转换》,载《公共管理学报》2017年第1期,第1-13页。
③ 参见孟天广:《数字治理生态:数字政府的理论迭代与模型演化》,载《政治学研究》2022年第5期,第13-26页。
④ 参见谷志军:《问责乱象的生成机理及精准治理》,载《深圳大学学报(人文社会科学版)》2021年第2期,第32-38页。

自动化行政中算法信息公开的中国方案*

孟李冕**

摘要： 自动化行政中的算法黑箱，可能导致算法滥用，阻碍算法监督与问责，危及政府公信力和治理能力等。无论是功能主义视角，还是法理辨析角度，都表明应当择取算法透明作为因应。就理论层面而言，算法透明有着狭义、广义和最广义之分，需要基于场景选择适宜的透明方式。自动化行政中的算法透明，又可称为算法信息公开制度，宜选择最广义之算法透明。这一方式选择的难点在于源代码能否公开、应否公开。不论是域外镜鉴之可行性，还是穿透式透明之必要性，都证成了源代码能公开、应公开。完备的算法信息公开制度，还需要完善公开主体、公开内容、公开范围和公开形式。

关键词： 自动化行政　算法黑箱　算法透明　源代码公开　算法信息公开

随着数字政府的建设，自动化行政的应用愈来愈多。虽然自动化行政具有高效便捷等优点，但随之而来的算法黑箱可能会引发各类危害。算法透明，可解决算法黑箱。相关研究在宏观层面进行了层次划分和反思再定位，在微观层面着眼于局限分析和制度构建等[①]。

---

* 基金项目：本文系司法部法治建设与法学理论研究部级课题"政务数据共享的行政法规制研究"（项目号：24SFB4006）和全国党校（行政学院）系统社科规划课题"社会整合视域下县级党委社会工作部的运行机制与优化路径研究——基于浙江11县的调研"（项目号：2024DXXTYB025）的阶段性成果。

** 作者简介：孟李冕，中共浙江省委党校讲师、浙江省"八八战略"创新发展研究院研究员、平安浙江研究中心研究员。

① 参见戴维、王锡锌：《算法透明机制的局限性及其克服》，载《华东政法大学学报》2025年第1期；张恩典：《算法透明度的理论反思与制度建构》，载《华中科技大学学报（社会科学版）》2023年第6期；安晋城：《算法透明层次论》，载《法学研究》2023年第2期等。

然而,既有研究集中于公私场景不分或私场景中的算法透明,缺少对公场景的关注①。公场景和私场景中的算法透明原理不同,前者拥有公权力的背书,属于"公对私",后者属于"私对私"。原理不同,相应的制度设计亦应有所差异。本文关注公场景中算法透明的实现,期望在理论上丰富算法透明的层次体系,同时解决实践中主体、内容、范围和形式方面的细节问题。

一、问题提出:自动化行政中的算法黑箱

根据受限因素,自动化行政中的算法黑箱可分为多种类型。不同类型的算法黑箱引发的危害略有不同,但都可归结为侵害公民权益和危及政府治理能力。

(一)自动化行政中算法黑箱的类型化

算法黑箱,亦称算法不透明,指不知道算法的规则逻辑和运行机理。算法黑箱的经典分类为故意的不透明、无知的不透明和固有的不透明②。作为国家秘密的故意不透明,暂不予讨论。

1. 作为商业秘密的算法黑箱

随着算法被正式纳入商业秘密,作为商业秘密的算法黑箱,具有了法律上的正当性。此种黑箱,亦可称为"故意的不透明"。2020年9月,《最高人民法院关于审理侵犯商业秘密民事案件适用法律若干问题的规定》第一条规定,与技术有关的算法可被认定为技术信息。至此,算法正式成为我国商业秘密法规范所保护的对象。这也是德国、日本和美国等许多国家的选择③。

在域外,已有通过援引商业秘密来豁免算法公开的例证。在著名的卢米斯案中,COMPAS(Correctional Offender Management Profiling for Alternative Sanctions,即罪犯矫正替代性制裁分析管理系统)对被告的累犯风险进行了评估,风险评估结果作为法院量刑的参考。最终,法院以COMPAS属于商业秘密为由拒绝了公开请求④。在个人自由受到威胁的刑事司法背景下,由于所谓的商业秘密保护,公众竟未能通过公开记录请求获得诸如

---

① 参见沈伟伟:《算法透明原则的迷思——算法规制理论的批判》,载《环球法律评论》2019年第6期;魏远山:《算法透明的迷失与回归:功能定位与实现路径》,载《北方法学》2021年第1期;张凌寒:《商业自动化决策的算法解释权研究》,载《法律科学(西北政法大学学报)》2018年第3期;汪庆华:《算法透明的多重维度和算法问责》,载《比较法研究》2020年第6期;苏宇:《优化算法可解释性及透明度义务之诠释与展开》,载《法律科学(西北政法大学学报)》2022年第1期等。
② See Jenna Burrell. How the Machine "Thinks": Understanding Opacity in Machine Learning Algorithms. Big Data & Society, Vol.3(2016),pp.1-2.
③ 参见李晓辉:《算法商业秘密与算法正义》,载《比较法研究》2021年第3期,第106页。
④ 参见江溯:《自动化决策、刑事司法与算法规制——由卢米斯案引发的思考》,载《东方法学》2020年第3期,第78页。

COMPAS量刑算法的信息①。除了个案例证外,实验发现,商业秘密已然成为政府部门不公开算法的"常用"理由。乔治·华盛顿大学法学院的两位教授组织了一场请求公开公共预测算法的实验。实验结果表明,"商业秘密和保密性要求"是透明度的三个主要障碍之一②。

在国内,暂无相关的法院判案和新闻报道,但根据《中华人民共和国政府信息公开条例》(简称《政府信息公开条例》)第十五条,我国同样存在以"商业秘密"为由拒绝算法公开的可能。

2.作为技术文盲的算法黑箱

即使没有商业秘密的约束,也无法解决作为技术文盲的算法黑箱。因技术文盲导致的黑箱,可称为"无知的不透明"。

不同于文字的"所见即所得",非专业人士无法通过阅读"代码"读懂相应的算法③。算法的阐述方式多样,可以文字、流程图或代码等形式呈现(图1)。换言之,代码只是算法的一种表述方式,还可分为源代码和目标代码。源代码,指未编译的、遵循程序设计语言规范的、人类可读的计算机语言指令;目标代码,更接近计算机的底层语言,指处理生成的计算机语言指令。由于源代码兼具可阅读性和可执行性,源代码成为算法最常用的表述方式。但非专业人士难以直接读懂代码背后的规则。例如,将健康码程序的源代码公开,普通公众依旧无法理解健康码规则,算法依旧是不透明的。

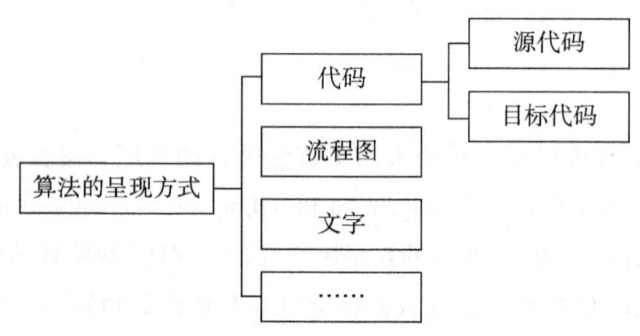

图1 算法的呈现方式

3.基于机器学习的算法黑箱

对于机器学习,人们通常"只知其然,不知其所以然"。机器学习算法之所以被认为是"黑箱",是因为难以用直观的语言说明其运作规则。这一不透明,亦是"固有的不透明"。

---

① See Nicholas Diakopoulos. We Need to Know the Algorithms the Government Uses to Make Important Decisions about Us, https://phys.org/news/2016-05-algorithms-important-decisions.html, last visited: 2022-10-16.

② See Robert Brauneis, Ellen P. Goodman. Algorithmic Transparency for the Smart City. Yale Journal of Law & Technology, Vol. 20(2018), pp.152-163.

③ 参见沈伟伟:《算法透明原则的迷思——算法规制理论的批判》,载《环球法律评论》2019年第6期,第28页。

机器学习算法的开发者,也无法精确理解内部运行规则。

即使是相对简单的机器学习,也无法进行直观的解释[①]。比如,"随机森林"算法的运作方式主要是构建成百上千的"决策树",并通过平均或结合每棵树的预测来决定最终预测。虽然"一棵树"的预测规则可以被清晰地解释,但"森林"的预测规则是难以被解释的[②]。对于相对复杂的"深度学习",算法的内部运作则更难理解。基于大模型、大语料的生成式人工智能,其复杂度更甚,解释可能性更微。

此外,机器学习主要是揭示数据之间的相关关系,而非因果关系,因而可能会引发意想不到的问题。相关关系可能会引发"反直觉式"错误,给个人、群体和社会带来伤害[③]。在关切重大利益时,即使算法表现"优异",其实际应用也难以被接受。例如,在密歇根州弗林特市,政府使用机器学习算法来预测受铅污染的饮用水管位置,并优先更换这些水管[④]。尽管预测准确率高达94%,由于政府官员无法解释确认受污染水管位置的原因,加之统计的假阴性和假阳性错误,该机器学习算法最终被弃用[⑤]。

4. 作为默认的算法黑箱

以彻底公开为对比预设,作为默认的算法黑箱则是基于程度的分类。自动化行政中的算法,未作为商业秘密进行保护,没有因公开源代码导致技术文盲,也没有使用机器学习,但依旧存在黑箱的可能。仅仅行政机关默认不公开规则,就导致了算法黑箱的存在。这种算法黑箱广泛存在于国内外,如河南部分村镇银行储户被赋红码事件、澳大利亚的"机器人债务"自动化系统。

(二)自动化行政中算法黑箱的危害

如果黑箱只是客观属性,则无谴责之必要。但当算法融入自动化行政时,黑箱则具有了贬义色彩。

就直接危害而言,作为商业秘密的黑箱,可能使得科技公司褫夺了政府的治理能力;作为技术文盲的黑箱,剥夺了公众了解规则的机会,侵害了知情权;作为机器学习的黑箱,使得算法自身褫夺了政府的治理能力,进而引发对政府失去决策控制权的担忧等;作为默认的算法黑箱,意味着"算法滥用"的可能。

---

① See Cary Coglianese, David Lehr. Transparency and Algorithmic Governance. Administrative Law Review, Vol. 71 (2019), p.16.

② See Cary Coglianese, David Lehr. Transparency and Algorithmic Governance. Administrative Law Review, Vol. 71 (2019), p.16.

③ 参见兰立山、李佩:《数据治理推动政府治理创新的主要困境、行动框架和实现路径》,载《贵州大学学报(社会科学版)》2024年第1期,第35-36页。

④ See Gabe Cherry. Google, U-M to Build Digital Tools for Flint Water Crisis, https://news.umich.edu/google-u-m-to-build-digital-tools-for-flint-water-crisis/, last visited: 2025-02-01.

⑤ 参见段哲哲:《控制算法官僚:困境与路径》,载《电子政务》2021年第12期,第8页。

除直接危害外,算法黑箱还可能间接侵害公民权益,危及政府的公信力和治理能力。具体而言,算法黑箱意味"算法错误"难以被发现和纠正,暗含着侵权可能。例如,澳大利亚的"机器人债务"自动化系统,错误判断了成千上万福利申请人的收入状况,侵害了申请人的权益[①]。如果算法处于黑箱状态,则难以进行算法监督和算法问责,进而降低算法的公信力[②]。随着算法决策逐渐嵌入公共部门,算法不透明极易冲击公众对于政府公权力的信任[③]。此外,算法黑箱还可能危及政府治理能力。在政府治理能力现代化的进程中,离不开公众智慧的参与。算法黑箱,使得公众智慧难以被吸纳,进而使得治理能力难以提升。

二、理论分析:算法透明及其场景化选择

作为算法黑箱的因应选择,算法透明可分为狭义、广义和最广义三个层级。基于不同的场景,算法透明有着不同的实现方式。在自动化行政场景中,算法透明可称为算法信息公开。为更全面地保护公民权益,算法信息公开宜匹配最广义之算法透明。

(一)因应选择:算法透明

就功能主义而言,"算法透明"是破解自动化行政中"算法黑箱"的直接方式,不仅是行政公开原则在数字政府时代的迭代升级,还源于自动化行政中算法的行政规则属性。

首先,从功能主义视角,算法透明是破解算法黑箱最直接的方式。以矛攻盾,以透明破解黑箱。从关注"真理的认识论生产"的哲学家,到努力争取政府问责制的活动家,透明度提供了一种洞察系统真相的方法[④]。更深层次地,呼吁透明所隐含的假设是,"看到一个现象"创造了义务和机会,让它负责任,从而改变它[⑤]。算法透明不仅具有理论正当性,还得到了实务界的认可。国外学者对全球84种包含人工智能伦理原则或指南的文件进行梳理,析出了11个总体道德价值观和原则,其中频率最高者就是透明度[⑥]。相似地,有国内学者选取了10份近年各国发布的关于人工智能伦理原则的权威文件,从中提炼出了8项人工智能伦

---

① 参见莫妮卡·佐尼鲁特、莉亚·本内特·摩西、乔治·威廉姆斯等:《法治与政府决策自动化》,载《理论月刊》2020年第11期,第126页。
② 参见张红春、章知连:《从算法黑箱到算法透明:政府算法治理的转轨逻辑与路径》,载《贵州大学学报(社会科学版)》2022年第4期,第68页。
③ 参见张凌寒:《算法自动化决策与行政正当程序制度的冲突与调和》,载《东方法学》2020年第6期,第68页。
④ See Mike Ananny, Kate Crawford. Seeing Without Knowing: Limitations of the Transparency Ideal and Its Application to Algorithmic Accountability. New Media & Society, Vol. 20(2018), p.974.
⑤ See Mike Ananny, Kate Crawford. Seeing Without Knowing: Limitations of the Transparency Ideal and Its Application to Algorithmic Accountability. New Media & Society, Vol. 20(2018), p.974.
⑥ See Anna Jobin, Marcello Ienca and Effy Vayena. Artificial Intelligence: the Global Landscape of Ethics Guidelines, https://montrealethics.ai/artificial-intelligence-the-global-landscape-of-ethics-guidelines/#:~:text=Artificial%20Intelligence%3A%20the%20global%20landscape%20of%20ethics%20guidelines, the%20development%20and%20deployment%20of%20ethical%20AI.%20, last visited: 2025-02-01.

理原则,其中就包括透明原则①。在持续涌现的人工智能官方文件中,透明原则始终占有一席之地。

其次,算法透明是行政公开原则的衍生。行政行为应该被"默认"为透明的②。行政法的透明度,被称为行政公开。行政公开具有"抑"和"扬"两种面向。所谓"抑",指能够防止行政机关的徇私恣意。同时,还为司法监督和社会监督等多方监督提供了基础,发挥问责之功用。所谓"扬",指为公众参与政府活动提供知情基础,进而提高行政实效和决定质量③。从整体到部分,自动化行政行为也应该是透明的,同样适用行政公开原则。算法透明,同样可发挥"抑"和"扬"两种功能。一方面,算法透明能够预防偏私和错误,成为算法问责的逻辑起点;另一方面,算法透明通过保障公民的知情权,间接为算法的纠正、优化提供可能。研究表明,算法透明可以提升公众对政府的信任④。

最后,算法透明源于算法的行政规则属性。行政规则可分为两类:一是通过行政立法制定的规则(如行政法规和行政规章);二是行政主体在行政立法所立之法以外建立的普遍性规则,可被称为规范性文件⑤。自动化行政中的算法,以行政规则为编写根据⑥。例如,在自动化行政处罚场景中,是否处罚、何种处罚的规则是事先制定的。在自动化行政中,行政规则被转换为算法规则⑦。根据《政府信息公开条例》第二十条,作为行政规则的"行政法规、规章和规范性文件"应当公开透明。因此,在自动化行政中,作为行政规则的算法同样应当公开透明。

(二)因应分级:算法透明的三层分级

算法透明原则虽然已成为共识,但具体含义尚无一致意见。梳理已有透明方式,算法透明可归结为公开、解释和佐明三个维度,累积对应狭义、广义和最广义三个级别。

1. 狭义的算法透明:公开

狭义的算法透明,仅指算法公开。这种透明方式最为彻底,但"难以理解"。

首先,算法公开的要素,为源代码、参数及其权重、输入数据和输出结果、算法模型等内部信息。最为直观的算法透明方式,莫过于公开源代码。虽然公开源代码最为直接,但几乎

---

① 参见周庆山、郑霞、黄国彬:《人工智能伦理规范核心原则的政策文本内容分析》,载《重庆邮电大学学报(社会科学版)》2022年第5期,第18页。
② See Tal Zarsky. Transparency in Data Mining: From Theory to Practice. in Bart Custers, Toon Calders, Bart Schermer and Tal Zarsky eds. Discrimination and Privacy in the Information Society. Springer, 2013, p.310.
③ 参见金承东:《公开的价值及行政机关自身的使命——〈透明与行政公开令〉及其启示》,载《行政法学研究》2018年第1期,第128页。
④ 参见樊博、李晶晶:《算法透明何以提升公众的政府信任?》,载《公共行政评论》2024年第1期,第20-21页。
⑤ 参见周佑勇:《行政法原论》,北京大学出版社2018年版,第239页。
⑥ 参见于一帆:《自动化行政中算法的可公开性及其范围》,载《行政法学研究》2024年第1期,第160页。
⑦ 参见王正鑫:《政府监管流程数字化运行的法治建构》,载《中国行政管理》2024年第6期,第39页。

没有学者将其视为算法透明的唯一方式。有学者总结了算法透明原则的"最大公约数",认为算法透明要求设计使用者公开"包括源代码、输入数据、输出结果在内的算法要素"①。所公开的信息,集中于内部信息,限定于事前规制。

其次,此种内部、原始信息的公开,尚未破除"技术文盲的不透明",普通公众依旧"难以理解"。政府透明度可分为"是什么"和"为什么"两个侧面。算法公开只展示了"是什么",而未解释"为什么"。政府透明度的概念被不同的法律学者、政治理论家和公共官员以不同的方式引用②。在此,借用科里·柯格里安尼斯(Cary Coglianese)与大卫·雷尔(David Lehr)对政府透明度作出的两种区分:"鱼缸式透明(fishbowl transparency)"和"说理式透明(reasoned transparency)"③。"鱼缸式透明"指公众能够观测到政府内部活动,获取政府工作的信息。各国的信息自由法规范中皆有体现。例如,美国的《阳光下的政府法》和《信息自由法》等,以及我国的《政府信息公开条例》。"说理式透明"强调了政府通过说明理由来解释行动的重要性。这一要求同样有着相应的制度支撑,如美国法上的正当程序原则、我国《中华人民共和国行政许可法》规定不予许可时的理由说明等。二者有所关联但侧重不同,前者侧重"是什么",后者侧重"为什么"。

算法公开,尚未达成"鱼缸式透明",更不要说实现"说理式透明"。算法公开,旨在确保公众能够接触到算法的内部运作,无论公众是否理解这些算法。简言之,算法公开,仅追求能否"看见",不在乎是否"理解"。而在传统"鱼缸式透明"中,普通公众是能够理解相关信息的。因此,算法公开不等于算法可知,其无法达到传统"鱼缸式透明"之要求,亦无法达到"说理式透明"的要求。

公开不是最终目的,它只是通向可理解性的一个阶梯④。当算法过于复杂时,即使是专业人士也难以理解算法。因此,为达成可理解性,算法解释不可或缺。

2. 广义的算法透明:公开+解释

广义的算法透明,除算法公开外,还要求算法解释。"算法解释"是"算法公开"的演化升级。算法解释虽然解决了理解问题,但也可能引发"透明度谬误(transparency fallacy)"等问题。

首先,广义的"算法透明",不仅要求公开算法信息,还要求算法解释。在算法解释的语境中,"可解释性"是一个绕不开的概念。不少国际组织呼吁"可解释性"。例如,国际电气

---

① 参见沈伟伟:《算法透明原则的迷思——算法规制理论的批判》,载《环球法律评论》2019年第6期,第23页。
② See Cary Coglianese. Open Government and Its Impact, https://www.theregreview.org/2011/05/08/open-government-and-its-impact/, last visited: 2025-02-01.
③ See Cary Coglianese, David Lehr. Transparency and Algorithmic Governance. Administrative Law Review, Vol. 71 (2019), pp.20-21.
④ 参见[美]弗兰克·帕斯奎尔:《黑箱社会:控制金钱和信息的数据法则》,赵亚男译,中信出版社2015年版,第12页。

电子工程师协会发布的《人工智能设计的伦理准则》同样要求自动化决策系统具有"可解释性"。但在严格意义上,算法可解释性区别于算法解释。由于研究领域和关注重心不同,关于"可解释性"的精确定义,尚不存在共识。从与英文词源对应的角度,可解释性有两种来源:"可解释机器学习(Interpretable Machine Learning)"中的"interpretable"和"可解释人工智能(Explainable Artificial Intelligence)"中的"explainable"①。虽然前者出现得更早,但后者的接受度更高。算法可解释性,关系算法设计本身,是算法模型的客观属性②。

"解释"是人类和决策系统之间的交互接口(interface),既能精准代理决策系统,又能被人类理解③。算法解释,指算法的设计使用者以普通公众能够理解的方式阐释算法。对比可知,算法可解释性,指向属性;算法解释,指向动作。算法可解释性,是进行算法解释的基础。如果算法不具有可解释性,则无法进行算法解释。

其次,算法解释解决了算法公开存在的"难以理解"难题。算法解释的提出,立足于人性尊严和人的主体性,是对知情权的落实细化。算法解释,可消除"作为技术文盲的不透明",确保个人了解发生了什么、为什么发生。将算法解释归为算法透明,亦有理论界支持和实务界认可。例如,有学者认为算法透明指"披露有关算法如何部署、工作以及使用等相关信息","如何"突出了"解释"面向,还将外部信息纳入透明范围④。有学者强调"解释与说明"面向,认为算法透明要求对内在逻辑加以说明⑤。还有学者将算法透明拆分为多重维度,包括部署告知、参数报备和公开、存档数据、公开源代码和算法解释权等不同形式⑥。逐渐地,算法透明,从内部信息拓展至外部信息,从公开走向可解释性,从事前规制延伸至事中规制、事后规制⑦。

此外,这一理解在一定程度上也得到了我国立法实践的认可。《关于加强互联网信息服务算法综合治理的指导意见》第(十三)项规定,"推动算法公开透明",要求企业"公开算法信息"和"做好算法结果解释"。"公开算法信息"和"做好算法结果解释"的并重,表明我国

---

① 参见孔祥维、唐鑫泽、王子明:《人工智能决策可解释性的研究综述》,载《系统工程理论与实践》2021年第2期,第525页。
② 参见苏宇:《优化算法可解释性及透明度义务之诠释与展开》,载《法律科学(西北政法大学学报)》2022年第1期,第134-137页。
③ See Riccardo Guidotti, Anna Monreale, Franco Turini et al. A survey of Methods for Explaining Black Box Models. ACM Computer Surveys, Vol. 51 (2018), p.5.
④ 参见张凌寒:《算法评估制度如何在平台问责中发挥作用》,载《上海政法学院学报(法治论丛)》2021年第3期,第51页。
⑤ 参见苏宇:《优化算法可解释性及透明度义务之诠释与展开》,载《法律科学(西北政法大学学报)》2022年第1期,第135页。
⑥ 参见汪庆华:《算法透明的多重维度和算法问责》,载《比较法研究》2020年第6期,第166-172页。
⑦ 参见衣俊霖:《数字孪生时代的法律与问责——通过技术标准透视算法黑箱》,载《东方法学》2021年第4期,第84页。

立法实践认可算法透明包括算法解释之意。虽然该指导意见为部门规范性文件,且其规制对象为私主体,但就法律的整体性、体系性角度而言,其对于公法领域的算法透明建设,不乏借鉴意义。

最后,虽然算法解释有助于算法理解,但以算法解释权为核心的个体化透明度路径,可能引发透明度谬误。其一,算法解释可分为个体化透明度(individual transparency)与系统性透明度(systemic transparency),二者的目的和实现方式皆有所不同①。在目的方面,个体化透明度针对受特定算法决策影响的个体信息流,系统性透明度旨在发现算法系统中的错误、偏见和歧视,以期对其加以纠正、处理和减缓。在实现方式方面,个体化透明度包括访问个人档案数据、披露某人已经或将受制于一个算法决策系统、以模型为中心的解释和以主题为中心的解释;系统性透明度包括第三方审计、向专家委员会披露、记录要求、影响评估和向受影响的利益相关者披露②。其二,以算法解释权为核心的个体化透明度,可能引发透明度谬误。"透明度谬误"的根源在于个人赋权式治理存在缺陷。在多数情况下,个人由于缺乏时间、资源、专业知识和足够的激励,无法有效充分发挥这一权利的功用。要警惕"透明度谬误",应该寻求更多的方式来为个人提供更完善的保护,迈向算法信任。

除此之外,算法解释可能无法平衡保密和知情。对于因商业秘密等不宜公开者,进行"抽象"的算法解释。这一举措看似平衡了保密和知情,但实则可能都未能兼顾。当解释过度时,存在泄露商业秘密的风险;当解释不足时,未能涉及关键细节,难以在代码层面验证算法的正确性,无法实现知情权的保护。如何在保密的情况下,保证算法信任,需要探索更多途径。正如仅凭透明度不能创建问责系统③,解释权也不能提供完满的救济。除个体赋权式之算法透明外,外部佐证式之算法透明也不可或缺。

3. 最广义的算法透明:公开+解释+佐明

最广义的算法透明,不仅包括算法公开和算法解释,还包括算法影响评估、算法审计等系统性透明度。系统性透明度的引入,在一定程度上避免了"透明度谬误"等问题。

系统性透明度,通过"佐证"的方式实现透明度,可被称为"算法佐明"。狭义、广义之算法透明,招致了诸多批评。这些批评者往往最终会呼吁采取其他解决方案,而这些解决方案恰恰分属于广义、最广义之算法透明。如果算法公开是"看见",算法解释是"理解",则算法佐明是补强"理解"、增进"信任"。将算法备案、算法审计、算法影响评估等佐明方式,纳入

---

① See Margot E. Kaminski. Understanding Transparency in Algorithmic Accountability. in Woodrow Barfield ed. The Cambridge Handbook of the Law of Algorithms. Cambridge University Press, 2020, p.129.

② See Margot E. Kaminski. Understanding Transparency in Algorithmic Accountability. in Woodrow Barfield ed. The Cambridge Handbook of the Law of Algorithms. Cambridge University Press, 2020, p.130-132.

③ See Mike Ananny, Kate Crawford. Seeing Without Knowing: Limitations of the Transparency Ideal and Its Application to Algorithmic Accountability. New Media & Society, Vol. 20 (2016), p.984.

算法透明之列，并非无稽之谈①。算法透明，是一个多层次、多维度的概念。另言之，其几乎囊括算法问责制文献中对各种形式和程度透明度的呼吁，从公开披露到内部监督，再到利益相关者参与、审计和专家委员会②。

（三）因应适用：基于场景化选择的算法信息公开

虽然算法透明分为三级，但分级并非终点。每一级都可"裂变"出不同的透明方式。如果把算法透明比作一个工具箱，则箱内工具日渐丰富。根据"回应性规制"原理，需要依据场景的特点来选择合适的工具，以避免走向极端。

首先，算法透明的适用，需要避免两种极端。其一，选取作为最优解的算法佐明。算法透明的概念层层递进，似乎暗含着"算法解释优于算法公开""算法佐明优于算法解释"之意。如此推论，似乎只需要保留算法佐明即可。但优势不是压制，升格不是碾压。每一种透明方式，各有所能有所不能。算法公开、算法解释有着不可替代的卓越之处。除这一极端外，另一种极端也应舍弃。其二，在适用时，选择"一刀切式"地"全员出列"。虽然不同的透明方式各有千秋，但"全员出列"并无必要。例如，对于简单算法，算法解释已然够用，无须耗费颇巨之算法佐明。

其次，根据场景选择合适的工具，实现优质透明。算法透明是基于"程度"的原则，而非一成不变的"全有或全无"式的规则。不少学者都在寻求一种"合格的透明度"③"有意义的透明度（Meaningful Transparency）"④或"高质量的透明"⑤，而非放之四海而皆准的透明度。算法透明存在场景、方式和程度的差异，法律应当基于不同场景设立不同的透明度要求⑥。

目前关于算法透明的分级讨论，并未区分公私场景。相较于私场景的算法透明，公场景的算法透明有着公权力背书，关乎公民基本权利与行政行为的合法性。由于公私场景具有本质区别，自动化行政中的算法透明具有特殊性。如何实现上述抽象概述的分级，还需仔细述评。为更加全面保护公民的权益，基于自动化行政场景的算法透明，即算法信息公开，宜选择最广义之算法透明。换言之，算法信息公开制度的核心为"公开"，适时辅之以"解释"和"佐明"。在制度构建之前，需要解决一个关键的问题：源代码能否、应否公开？

---

① 参见张恩典：《算法影响评估制度的反思与建构》，载《电子政务》2021年第11期；许可、刘畅：《论算法备案制度》，载《人工智能》2022年第1期；张永忠、张宝山：《算法规制的路径创新：论我国算法审计制度的构建》，载《电子政务》2022年第10期。

② See Margot E. Kaminski. Understanding Transparency in Algorithmic Accountability. in Woodrow Barfield ed. The Cambridge Handbook of the Law of Algorithms. Cambridge University Press, 2020, p.128.

③ 参见季冬梅：《人工智能透明性原则的制度构建：范式选择与要素分析》，载《科学学研究》2022年第4期，第614页。

④ See Robert Brauneis, Ellen P. Goodman. Algorithmic Transparency for the Smart City. Yale Journal of Law & Technology, Vol. 20 (2018), p.128.

⑤ 参见[美]弗兰克·帕斯奎尔：《黑箱社会：控制金钱和信息的数据法则》，赵亚男译，中信出版社2015年版，第221页。

⑥ 参见汪庆华：《算法透明的多重维度和算法问责》，载《比较法研究》2020年第6期，第173页。

三、解决方案之关键：源代码公开

作为算法信息公开之关键，"源代码公开"长期处于争议漩涡。目光转向域外，不难发现公开源代码的实践。源代码公开，并非不必要且不可行。虽然源代码公开有其局限，但欲穿透式了解算法，源代码公开是不可或缺的。

（一）源代码公开的可行性：域外之镜鉴

莱斯格有关"代码即法律"的著名论断，强调了代码匹敌法律的功能特性，认为代码应当像法律一样公开①。但不少学者对公开源代码持否定或观望态度②。然而，域外却有了公开源代码的实践。

1.美国：从地方到联邦

美国的源代码公开历程，可从地方和联邦两个层面加以了解。在地方层面，强制公开源代码的立法举措，以失败告终；在联邦层面，非强制性公开源代码的要求，得以顺利推行。

其一，在2016年，为保护个人权益，纽约市尝试通过立法强制政府机构公开源代码。"1696法案"草案规定，市政府机构在运用自动化决策系统的特定情景下，必须公开"算法或者其他自动处理数据系统"源代码。这些特定情景，包括分配福利、维护治安和进行处罚。但科技公司以"迫使披露专有信息，损害其竞争优势"为由，强烈反对该条款。即使立法者妥协至公开相关算法信息，这一要求依旧被市政府驳回。在最终通过的法律文本中，公布源代码并未包括在内。最终，该法案要求成立一个工作组，对政府所使用的算法进行调研，就如何与公众共享有关机构自动决策系统的信息，以及机构如何解决人们受到机构自动决策系统伤害的情况提出建议。该法案通过之后，引发了普遍批评。

其二，同在2016年，美国联邦政府公布《联邦源代码政策：通过再利用和开源软件提升效率、透明度和创新性》，规定每个机构每年至少应将其新定制开发代码的20%作为开源软件发布，旨在促进机构共享由联邦资金所支持开发的软件源码。这一要求的试点时间为三年，但该政策的其他部分在三年后依旧有效。美国政府推出了域名为"code.gov"的托管平台，让不同政府机构之间能够共享代码，避免重复劳动。

虽然该政策致力于开放源代码，但背后的驱动力为"减少成本支出、提高代码质量"。从名称中可知，公开源代码的目的为提升效率、透明度和创新性。从排序可知，提升效率为公开源代码的首要目的。这一侧重亦体现于公开实践之中。有研究统计了code.gov上托

---

① 参见[美]劳伦斯·莱斯格：《代码2.0：网络空间中的法律》，李旭、沈伟伟译，清华大学出版社2018年版，第166-167页。

② 参见沈伟伟：《算法透明原则的迷思——算法规制理论的批判》，载《环球法律评论》2019年第6期；约叔华·A.克鲁尔、乔安娜·休伊、索伦·巴洛卡斯等：《可问责的算法》，沈伟伟、薛迪译，载《地方立法研究》2019年第4期；汪庆华：《算法透明的多重维度和算法问责》，载《比较法研究》2020年第6期。

管的开源软件情况,涉及国际开发、农业、国防和教育等领域,但不少项目仅限内部开源(即需要联系相应的部门才能获得源代码),普通公众无法获得①。

源代码公开在联邦层面得以推行,这一成功带来了曙光。但此公开是倡议式的,而非强制性的,是以"减少成本支出、提高代码质量"为驱动力的,而非"保护公民权益"为驱动力的。

2. 法国:从司法到立法

法国公开源代码之举,起源司法,后步入立法。所谓"步入立法",指《公众与行政机关关系法法典》将"源代码"归为可依申请公开的"行政文件"之列。

2009年,法国政府首次推出了一个名为 Admission Post-Bac(APB)的在线平台,允许高中毕业生寻求法国大学课程名额②。具体而言,APB算法将候选人的意愿与大学课程的要求相匹配,或者通过抽签的方式分配学生参加非选择性培训课程。APB的设计应用了法国高等教育法典中的规则和标准。APB的使用,将传统上由政府官员执行的耗时任务委托给软件来提高效率,同时也确保了规则的统一和公正适用。这一不透明的自动化系统,引发了人们对实际应用规则的关注。

2016年3月,法国高中生协会提交了公开APB源代码的请求。该协会担心在选择需求量较大的课程时,若潜在申请者的数量超过了可录取的名额,如何确保名额的公平分布。因此,协会希望获得有关APB计算方法的信息。然而教育部声称该方法保密,拒绝公开源代码。由于没有得到教育部的答复,同年5月,该协会向控制法国公民获取行政文件的国家行政文件获取委员会提交了一份申请。

2016年9月,该委员会发表了公布源代码的有利意见,认为源代码构成了《公众与行政机关关系法法典》L.300-2条意义上的行政文件。因此,根据同一法规的L.311-1条,源代码必须传达给任何要求它的人。需要注意的是,该委员会的意见并不具有约束力。2016年10月,教育部移交了APB算法的源代码,以PDF文档形式公布了Java源代码③。源代码的公开,有利于揭示系统所应用的实际规则。分析源代码可知,当候选人的数量超过某所大学的可用名额时,APB就会随机分配名额,尽管《教育法》要求大学校长对每次分配都应该提供理由或反对理由。

---

① 参见吴湛微、孙欣睿、萧若薇:《当开放数据遇到开源生态:开放政府数据平台建设模式比较研究》,载《图书馆杂志》2018年第5期,第88页。

② 关于该软件和案例的具体介绍,可参见 David Restrepo Amariles. Algorithmic Decision Systems: Automation and Machine Learning in the Public Administration. in Woodrow Barfield ed. The Cambridge Handbook of the Law of Algorithms. Cambridge University Press, 2020, pp.283-287.

③ See David Restrepo Amariles. Algorithmic Decision Systems: Automation and Machine Learning in the Public Administration. in Woodrow Barfield ed. The Cambridge Handbook of the Law of Algorithms. Cambridge University Press, 2020, p.286.

2016年10月,法国议会通过了《数字共和国法》,在《公众与行政机关关系法法典》第L.300-2条中加入"源代码"一词。相应内容被修改为"这些文件包括但不限于记录、报告、研究、会议记录、统计数据、指示、通告、部长级说明和答复、信函、通知、预测、源代码和决定。"换言之,"不具有约束力"的委员会意见最终转变为"具有约束力"的法律要求。至此,源代码被法律明确规定为行政文件。任何自然人、法人都有权请求获取国家的行政文件。除源代码外,《数字共和国法》还要求行政机关公开所使用的数据库以及与公共利益相关的其他数据[1]。

3. 镜鉴:不止于可行性

美国和法国的实践,说明了源代码公开并非"不可行"。虽然同为源代码公开,但两国在公开动力、公开内容、公开对象等方面有所不同。就公开动力而言,美国是"减少成本支出、提高代码质量",法国是保护公民的知情权;就公开内容而言,美国是"部分公开",法国可归为"全部公开";就公开对象而言,美国既有"内部公开"又有"外部公开",法国为"外部公开"。鉴于上述差异,可供镜鉴之处亦有所不同。美国之经验,侧重于源代码公开的技术可行性;法国之经验,强调了源代码公开的必要性。就公开动力而言,法国之经验与所欲之"算法信息公开"最为接近,因此,在公开内容、公开对象方面更为值得借鉴。虽然不以保护公民权益为驱动力,但美国的公开技术依旧有可学习之处。

值得注意的是,越来越多的国家加入了公开源代码行列。2019年,加拿大《自动化决策指令》第6.2.6条规定,根据信息技术管理指令A.2.3.8中的要求,发布加拿大政府所有的自定义源代码(custom source code)。2019年,英国出台的《数字服务标准》(Digital Service Standard)要求,政府部门应以适当的方式公开所有新建数字服务的代码。推动开源政策是为了重复使用源代码,避免工作重复,进而降低政府成本。2021年,英国政府发布《技术实践规范》(The Technology Code of Practice),帮助政府设计、建造和购买技术。该标准提出,公布代码并使用开源软件来提高透明度、灵活性和问责制。作为"自动化行政国家之愿景的最佳例证"[2],爱沙尼亚共和国同样积极推动源代码公开,在GitHub上公布了国家电子政务系统的源代码,供全球参与数字政府建设的人员学习、使用[3]。

(二)源代码公开的必要性:穿透式透明

欲究算法的细微之处,源代码的公开是必不可少的。访问源代码不会给绝大多数公民

---

[1] 参见雷刚、喻少如:《算法正当程序:算法决策程序对正当程序的冲击与回应》,载《电子政务》2021年第12期,第24页。

[2] 参见卡里·科利亚尼斯:《自动化国家的行政法》,苏苗罕、王梦菲译,载《法治社会》2022年第1期,第48页。

[3] 参见李瑞龙、刘琼:《爱沙尼亚:从0到1的"数字国家"进化史》,https://mp.weixin.qq.com/s?src=11&timestamp=1741010491&ver=5846&signature=95ugcQbFubA8Xp9KZutCZeC*d5C-hrglC1SUsMIHP5h6wq4T-voHP3eJqHGbusYJo2nZbrBiIC2wtlTHTp85zf860r6id45brU4xQtBfi431HCeas9ge1-szKGS8IKpt&new=1,最后访问日期:2025年3月3日。

带来额外价值,但访问简化的信息只能识别明显错误,而不能识别不显著但重要的错误。用参数、权重或公式等概述算法逻辑,意味着选择、简化,存在"失真"的可能。只有公开源代码,才可能发现细微处之瑕疵、错误,实现穿透式透明。公开源代码是最大范围的公开[①]。虽然并不是所有公众都能读懂源代码,但源代码公开保证了监督功能,有利于改善行政部门在使用算法方面的问责制。同时,算法设计者不会存有侥幸心理,使得算法更加可信。

源代码公开还有其他优点,如实现了代码共享,节省建设相近系统所需资源。同时,源代码公开鼓励了公众讨论,使不同组织和公民团体的参与成为可能,可使系统逐步得以改善[②]。例如,法国政府的通信软件Tchap在公开源代码数小时后,就发现了重大漏洞,开发团队在接受报告后迅速修复了漏洞[③]。

四、解决方案之完善:算法信息公开制度

解决源代码公开这一关键问题,则可构建完备的算法信息公开制度。作为政府信息公开制度的承继与发展,算法信息公开制度可从主体、内容、范围和形式四个方面进行构建。

(一)公开主体:依循最紧密原则

关于公开主体的确定,可依循"最紧密原则",大致遵循"应用—部署"的顺序。具体而言,算法信息应当由应用算法的行政机关负责公开。在前述法国高等教育招生案中,公开主体就是作为应用主体的教育部。如果应用主体无相关信息,且部署算法主体亦为行政机关,则可由部署主体负责公开。这一情形可能发生在上下级行政机关之间。需要注意的是,如果应用或部署主体无相关信息,且设计主体非为行政机关时,则依旧由应用或部署主体负责公开。信息的获取可由应用或部署主体和设计主体通过多种方式开展,如法条规定或合同约定。之所以进行这样的制度设计,出于两方面的考虑:一方面为规避风险,即行政机关以非设计身份逃脱公开责任;另一方面是为了确保强大的内部透明度,以期带来良好的面向公众的透明度。

此外,如果两个以上行政机关共同使用某一算法,若有牵头使用者,则由其负责公开;若无牵头使用者,则任一单位都可公开。

[①] 参见于一帆:《自动化行政中算法的可公开性及其范围》,载《行政法学研究》2024年第1期,第165页。
[②] See David Restrepo Amariles. Algorithmic Decision Systems: Automation and Machine Learning in the Public Administration. in Woodrow Barfield ed. The Cambridge Handbook of the Law of Algorithms. Cambridge University Press, 2020, p.287.
[③] See Critical Flaw Discovered in French Government New Secure Messaging App Tchap, https://securereading.com/critical-flaw-discovered-in-french-government-new-secure-messaging-app-tchap/#:~:text=Now%20a%20White%20hacker%20Robert%20Baptiste%20who%20goes,government-issued%20email%20account%20and%20access%20groups%20and%20channels, last visited: 2025-02-01.

(二) 公开内容：依照多层次要求

算法信息公开，不局限于算法公开，还包括面对不特定公众的算法解释。此种"理解权"可视为"知情权"在算法时代的深层尝试和迭代升级。①

1. 源代码

源代码公开，除了理论之必要性外，还具有制度可行性。所谓制度可行性，指其与《政府信息公开条例》具有契合性。《政府信息公开条例》第二条规定："本条例所称政府信息，是指行政机关在履行行政管理职能过程中制作或者获取的，以一定形式记录、保存的信息。""政府信息"之"信息"，是一种内容的泛指。源代码可归为《政府信息公开条例》中"信息"的范畴。同理，数据亦可归为"信息"。换言之，若算法与行政机关履行行政管理职能密切相连，则可依据《政府信息公开条例》公开源代码。

2. 数据

当训练数据作用于规则形成时，则有必要公开。受限于个人隐私等因素不适宜"完全公开"时，可选择"相对公开"。

首先，作用于规则形成的训练数据，具有公开的必要性。无论是传统的统计回归模型，还是新型的机器学习算法，准确、有效的数据集都是必不可少的。当数据被证明有足够的缺陷时，就可以对算法输出提出适当的质疑。仅提供最终的数据，无法判断数据的准确性、有效性。因此，公开训练数据时，还应公开训练数据的采集方法。

其次，若训练数据涉及个人隐私，可采用其他方式变通公开。其一，可将数据匿名化后进行公开。《中华人民共和国个人信息保护法》第七十三条规定了匿名化，并强调"不能复原"。但实践中可能存在匿名化不足，残存一定的"可识别性"②。其二，若匿名化后的数据，导致关键信息丢失或担心匿名化后仍可识别，可进行小范围的专家公开。由专家分析、判断数据集的准确性、有效性。特别地，若第三方同意公开或者行政机关认为不公开会对公共利益造成重大影响的，予以公开。

3. "可理解"之内容

源代码和数据的公开是必要不充分的。应通过多种方式，将算法转换成公众可理解的内容。

首先，为达成"理解"之目标，需进行算法解释。对于普通公众而言，公开源代码不等同于"看懂"源代码。以"通俗易懂"的语言解释算法，可更好保护公众的知情权，弥合认知鸿沟，推进有效对话。正如《通用数据保护条例》第12条第1款所要求的，数据控制者应"以

---

① 参见苏宇：《算法规制的谱系》，载《中国法学》2020年第3期，第173页。
② 参见齐英程：《我国个人信息匿名化规则的检视与替代选择》，载《环球法律评论》2021年第3期，第59页。

简洁、透明、可理解和易于访问的形式,使用清晰明了的语言"向信息主体提供信息。提高算法透明,不仅应该关注获取更多的信息,还应该注重解释算法。特别地,关于算法解释的标准,可以"公共理性"为指导。所谓"公共理性",指"必须能够以社会中所有理性的个体都能接受的规范性和认识性的术语解释其系统"①。

其次,在公共部门算法透明的实践中,已有不少国家以公众"理解"为导向,对算法信息进行公开。2018年,德国信息官员自由会议通过《算法在公共管理中的透明度》,要求政府部门公布输入输出信息、算法逻辑、决策范围和可能后果②。2021年11月,英国内阁办公厅中央数字和数据办公室(Central Digital and Data Office,CDDO)试点《公共部门算法透明度标准》。该标准由两个层次构成:第一层次,针对非专家受众提供有关使用算法工具的基本信息,包括对算法工具的使用方式和原因的简单说明,以及如何查找更多信息的说明;第二层次,提供专家感兴趣的更详细信息,包括有关所有者和责任的信息、工具的描述、决策和人工监督的详细信息、数据信息以及进行的风险、缓解和影响评估的列表③。

在法国,《数字共和国法》要求政府使用的所有算法都必须向公众开放和公众可访问。2021年,法国数字局下属部门Etalab在此要求下制定了有关法律框架,并建立公共算法登记册等④。2021年2月,Etalab发布了一份建立登记册的指导文件,确定了算法需要登记的四类信息:负责机构、算法应用的整体背景及在决策过程中所起的作用、算法决策影响、算法技术原理及运行情况。通过上述信息,法国公民可以了解政府如何使用算法以及如何做出可能影响他们的决策,从而为加强算法问责制奠定基础。

再次,综合各国经验,以"理解"为导向的内容包括:算法规则逻辑解释(包括模型选择、函数公式、参数及其权重、伪代码等)、输入数据类别和输出结果类型、应用场景、结果影响说明等。特别地,对于机器学习算法而言,公开源代码,不公开生成的超参数/关键参数,是无法理解运行规则和逻辑的。对于普通公众而言,以"理解"为导向的内容更具有价值。例如,美国联邦高速公路管理局对承运人的安全等级进行评级,分别为满意、有条件或不满意。但管理局拒绝披露该算法,理由为评级算法"仅与机构的内部人事规则和实践有关"和"规避法律的风险"。但如果承运人被评定为"不满意",运输行为可能会受到限制。"行为受限"的后果表明,该算法不仅仅是内部或纯粹的调查事项。此外,披露该算法不会促进运营商规避法律。相反,了解该机构的优先事项将使承运人能够纠正最严重的安全违规行为。最终,

---

① See Reuben Binns. Algorithmic Accountability and Public Reason. Philosophy & Technology, Vol. 31 (2018), p.554.
② 参见张凌寒:《算法自动化决策与行政正当程序制度的冲突与调和》,载《东方法学》2020年第6期,第14页。
③ See Natalia Domagala. What is our new Algorithmic Transparency Standard? https://dataingovernment.blog.gov.uk/2021/11/29/what-is-our-new-algorithmic-transparency-standard/, last visited: 2025-02-01.
④ See Algorithm Accountability: What Government Can Do Right Now, https://www.ogpstories.org/algorithm-accountability-what-government-can-do-right-now/, last visited: 2025-02-01.

联邦法院认为这违反了《信息自由法》，判决披露确定安全等级的因素权重①。

最后，在提供更多信息的同时，还应提供简化信息。算法信息的公开并非"韩信点兵，多多益善"。公布内容过多，会形成"干扰性披露"，使得公众难以理解算法关键内容。除了充分、可理解外，公布的算法信息还应满足"快速理解"之条件。在提供更多信息的同时，提供要点式、要素式的概况说明。

4."需佐明"之内容

当算法采用了机器学习，特别是生成式人工智能算法时，源代码是复杂的，数据是海量的。即使公开源代码和数据，也无法达成理解之目的。在面对机器学习类算法时，也难以用文字阐明其规则逻辑。此时，可采用算法佐明之方式进行公开。当然，算法佐明的应用不局限于机器学习的情形。对于关切公民权益的算法，若公开和解释都无法达成透明目的时，或者不适宜采用公开和解释方式时，则可以采用算法审计、算法影响评估等佐明方式。

（三）公开范围：遵循正反向结合

算法信息，以公开为原则，以不公开为例外。"例外"范围的界定，可在承继《政府信息公开条例》基础之上有所发展，包括但不限于商业秘密和反向操纵。

1. 正向界定：以公开为原则

算法信息公开之"算法"，可以是独立于计算机处理的存在。新西兰《算法评估报告》中，将青少年犯罪风险筛查工具（Youth Offending Risk Screening Tool）纳入评估范围②。该筛查工具是一个简单的复选框表单（即人工实现的结构化决策工具），且并未经过自动化训练机制。③但是，该工具引发的问题与"预测"模型算法相似，同样应当加以关注。无独有偶，法国数字局下属部门 Etalab 在《公共算法指南》中，将算法定义为"一组操作规则，其应用使得通过有限数量的操作来解决既定问题成为可能，可以使用编程语言将算法转换为可由计算机执行的程序"④。算法可以独立于计算机处理而存在，管理部门使用的"纸质"评分网格可被视为一种算法⑤。

除正向界定外，公开范围的确定，还离不开反向排除。具体而言，当算法信息归属或关涉《政府信息公开条例》的例外规定时，不予公开。具体而言，第十四条、第十五条和第十六条分别规定了信息公开的例外情形，大致可分为国家秘密、商业秘密、个人隐私、内部事务信

---

① Don Ray Drive-A-Way Co.v. Skinner, 785 F. Supp. 198(1992).
② See Stats NZ. Algorithm Assessment Report, https://data.govt.nz/assets/Uploads/Algorithm-Assessment-Report-Oct-2018.pdf, last visited: 2025-02-01.
③ See Colin Gavaghan, Alistair Knott, James Maclaurin et al. Government Use of Artificial Intelligence in New Zealand, https://www.data.govt.nz/assets/data-ethics/algorithm/NZLF-report.pdf, last visited: 2025-02-01.
④ See Guide des algorithmes publics, https://etalab.github.io/algorithmes-publics/guide.html, last visited: 2025-02-01.
⑤ See Guide des algorithmes publics, https://etalab.github.io/algorithmes-publics/guide.html, last visited: 2025-02-01.

息和过程性信息等。例如,当算法服务于人事管理或后勤管理时,则算法信息属于内部事务信息,可以不予公开。其中,商业秘密和反向操纵,值得特别关注。

2. 反向排除一:商业秘密的平衡

在涉及重要权益时,商业秘密无法成为阻碍算法公开的正当理据。但为保有私人供应商的创新动力,在不涉及重要权益时,可选择同行审查之"相对公开"。从源头而言,行政机关应当采取多种方式避免商业秘密的钳制。

首先,行政机关不得以商业秘密为由,拒绝解释关乎个人重要权益的算法。意图清晰无误地解释算法决定,则不免从源代码着手,还涉及其他信息。自动化行政之算法,易对个人权益产生重大影响。因此,行政机关不得借以商业秘密为由拒绝解释[1]。联合国教科文组织发布的《人工智能伦理问题建议书》中指出,"在存在会对人权产生不利影响的严重威胁的情况下,透明度要求可能还包括共享代码或数据集"。还有论者提出,应用于公共领域的人工智能系统,无论是否关涉商业秘密,都应当公开源代码[2]。

这一点与《政府信息公开条例》第十五条的内容相契合。即使涉及商业秘密,若不公开会对公共利益造成重大影响,也应当公开算法。虽然公权力不得以商业秘密为由,拒绝以公开源代码的形式解释算法。但源代码公开,可能削减算法所有者的竞争优势。长此以往,将会阻碍创新。

其次,为了保有私主体的创新动力,以及满足自动化行政之透明要求,可对算法公开进行调适。源代码公开,可分为"绝对公开"和"相对公开"。对于"绝对公开"不适宜的情形,"相对公开"可作为备用之选。"相对公开"得益于诉讼中平衡"公开"和"保密"的启发。根据《中华人民共和国行政诉讼法》第四十三条第一款,公开质证的例外情形为"涉及国家秘密、商业秘密和个人隐私的证据"。由此可知,当涉及商业秘密时,可通过不公开质证,使得质证过程只在有限范围内进行。还有学者更进一步提出即使不属于审判公开的例外情形(如案件不涉及商业秘密),但质证内容涉及算法公开,同样可限制公开质证[3]。在诉讼中,尽管私人供应商的源代码的专有性质确实禁止政府披露必要的信息,但这些信息却可以由法院秘密审查,从而保护商业秘密[4]。相似地,在算法信息公开中,对于属于商业秘密且不危害个人权益、社会利益的源代码,可通过签署保密协议,开展独立的同行审查[5]。

---

[1] 参见林洹民:《〈个人信息保护法〉中的算法解释权:兼顾公私场景的区分规范策略》,载《法治研究》2022年第5期,第53页。

[2] 参见李婕:《公共服务领域算法解释权之构建》,载《求是学刊》2021年第3期,第118页。

[3] 参见郑曦:《司法人工智能运用背景下的被告人质证权保障》,载《政法论坛》2022年第6期,第50页。

[4] See Cary Coglianese, David Lehr. Transparency and Algorithmic Governance. Administrative Law Review, Vol. 71 (2019), p.49.

[5] See Cary Coglianese, David Lehr. Transparency and Algorithmic Governance. Administrative Law Review, Vol.71 (2019), p.49.

最后，为了避免商业秘密可能带来的束缚，行政机关有多种选择方案，包括但不限于合同明确排除、以"专利"形式保护、采用其他不涉及"商业秘密"的构建方式。具体而言，其一，行政机关可以主动避免商业秘密保护和合理透明之间的冲突，只需在拟订合同时，明确哪些信息必须保密，哪些信息可以公开①。更甚者，可以通过改变合同条款，以放弃商业机密保护来提高透明度②。其二，采取"专利"而非"商业秘密"形式保护。算法具有可专利性③，以公开换取竞争优势，既实现了公开，又保证了私主体的创新动力。其三，放弃使用"商业秘密"的私人承包类型，转向其他不具备"商业秘密"属性的替代物。行政机关可以不与私人承包商签订合同，而以竞赛的方式为开发源代码创造条件，或者行政机关自行设计算法，如此就不需要依赖私人承包商，受商业秘密的牵制④。

3.反向排除二:反向操纵的考量

对于基于风险的预测类行政，若基于执法战略目的不宜"彻底"公开，可选择"非彻底"地公开内容。

首先，多数国家的信息自由法律制度都认可，国家行为者在某些情况下需要采取战略性行动，例如出于执法目的，在税法、竞争法或金融市场监管方面所采取的战略性行动⑤。特别地，如果公民能够访问国家在战略执法中使用的数据库和算法，这可能会阻碍执法或使有能力的参与者"玩弄"系统⑥。在私场景中，已有反向"玩弄"的例证，如谷歌的"网页排名"。谷歌的网页排名算法越透明，排名就越易于被操控，进而引发猫鼠游戏的"搜索引擎优化"大战⑦。

其次，基于反向"玩弄"的担忧，已有国家禁止对执法战略性行动的公开。例如，德国《税收通则》第88条第5款第4段明确规定，禁止访问有关税务部门风险管理系统的信息，因为出版物"可能危及税收的同一性和合法性"，然而，该条规定将内部流程与外部审查完全隔离开，有过于严格之嫌疑⑧。基于风险的违法线索识别，对相对人的影响可能是巨大的。

---

① See Cary Cogliaense, David Lehr. Transparency and Algorithmic Governance. Administrative Law Review, Vol. 71 (February,2019),p.49.

② See Robert Brauneis, Ellen P. Goodman. Algorithmic Transparency for the Smart City. Yale Journal of Law & Technology, Vol. 20(2018), pp.164-166.

③ 参见侯泽琦:《论算法可专利性中的算法解释功能》，载《北京航空航天大学学报(社会科学版)》2024年第1期。

④ See Cary Cogliaense, Optimizing Regulation for an Optimizing Economy. University of Pennsylvania Journal of Law & Public Affairs, Vol. 4(2018), pp.1-13.

⑤ 参见[德]托马斯·威施迈耶、[德]蒂莫·拉德马赫:《人工智能与法律的对话2》，韩旭至、李辉等译，上海人民出版社2020年版，第90页。

⑥ 参见[德]托马斯·威施迈耶、[德]蒂莫·拉德马赫:《人工智能与法律的对话2》，韩旭至、李辉等译，上海人民出版社2020年版，第90页。

⑦ 参见[美]弗兰克·帕斯奎尔:《黑箱社会:控制金钱和信息的数据法则》，赵亚男译，中信出版社2015年版，第93页。

⑧ 参见[德]托马斯·威施迈耶、[德]蒂莫·拉德马赫:《人工智能与法律的对话2》，韩旭至、李辉等译，上海人民出版社2020年版，第90页。

如果风险识别存在瑕疵、错误或歧视,导致相对人频频接受调查,则会对相对人的权益造成相当的侵害。被挑出来并被要求对监管或法律行动进行辩护,即使最终得到平反,也是代价高昂的①。毕竟,过程本身就是一种惩罚②。

最后,为平衡执法效果和保障知情权,可在不公开源代码的基础上,公布其他的算法内容。在金融执法活动中,引入"冒烟指数"识别违法线索,可以有效预警从事非法活动的公司③。为了避免执法规避,可不完全公开算法的源代码以及全部细节。同时,鉴于预测性风险识别错误所带来的负担,可公布自动化决策的规则、要素及其权重和技术路线等④。

此外,由于源代码公开的彻底性,不公开例外应特别关注。例如,加拿大《自动化决策指令》规定了源代码公开的例外情形:源代码正在处理机密、最高机密或受保护C级的数据;根据《信息获取法》,信息披露义务可以被豁免或排除;豁免由加拿大首席信息官决定。

(四)公开形式:双重进路的区分

公开形式的选择,因公开内容不同而不同。对于以"理解"和"佐明"为导向的公开,宜采取"主动公开"之形式;对于以"源代码"为代表的彻底式公开,可从"依申请公开"逐步迈向"主动公开"。

其一,以"理解"和"佐明"为导向的公开,宜采取"主动公开"。公共部门算法,通常涉及公众利益调整,需要公众广泛知晓。因此,行政机关应当主动公开。同时,以"理解"和"佐明"为导向的内容,鲜受到商业秘密、网络安全、反向操纵等钳制,其推进主动公开的阻力较小。例如,德国、英国和法国以"理解"和"佐明"为导向的公共部门算法信息公开,皆采取了主动公开之形式。

其二,相较于"主动公开",现阶段宜采用"依申请公开"来公开源代码。若采用"主动公开",则需要明确哪些算法必须公开。通常而言,对涉及公众利益的算法,行政机关应当主动公开。然而,这一标准过于模糊,无法为行政机关提供明确指引。因此,当下宜采用"依申请公开"之方式。若同一算法被多次申请公开,则可将其纳入主动公开的范围。当公开的范围明晰后,可从"依申请公开"逐渐转向"主动公开"。

在技术实现层面,源代码之"主动公开",可以借助成熟的"开源"技术,在代码托管平台上公开。所谓"开源",指将源代码、设计文档或其他创作内容开放共享的技术开发和发行

---

① See David Freeman Engstrom, Daniel E. Ho. Algorithmic Accountability in the Administrative State. Yale Journal on Regulation, Vol. 37(2020), p.809.

② See Malcolm M. Feeley. The Process is the Punishment: Handling Cases in a Lower CriminAI Court. Russell Sage Foundation, 1992, pp.199-243.

③ 参见单勇:《犯罪之技术治理的价值权衡:以数据正义为视角》,载《法制与社会发展》2020年第5期,第197页。

④ 参见单勇:《犯罪之技术治理的价值权衡:以数据正义为视角》,载《法制与社会发展》2020年第5期,第198页。

模式,由开放式许可协议规定上述内容的版权。[①]开源的驱动力为共享、协作和探索等。当前的大型代码托管平台有 GitHub、SourceForge 等。已有不少国家依托代码托管平台,推动政府软件开源。2016 年,美国政府推出了域名为 code.gov 的网站,汇总了联邦政府定制代码的清单。最初,这些源代码托管于 GitHub 平台,后来部分代码直接以网页版呈现。2021 年 12 月,法国推出了 code.gouv.fr 网站,提供对公共机构发布的代码和存储库的访问,通过超链接跳转的方式,将源代码托管于 GitHub 平台。近年来,我国逐渐重视开源发展,"十四五"规划明确提出支持数字技术"开源"发展。由此,可依托于国内的代码托管平台(如开源中国的码云(Gitee)、CODE.CHINA)进行源代码公开。

五、结语

就自动化行政而言,从算法黑箱到算法信息公开,其间的理论推导和制度设计并无难度。即使是最为关键的源代码公开,也有着丰富的域外镜鉴,并非不必要且不可行。算法信息公开制度设计的细节之处有着诸多未竟之问,有待持续完善。理想通常丰富且美好,而现实往往贫瘠和严苛。就政府规划而言,尚未寻觅到算法信息公开的踪迹。从制度设计走向制度实践,还有很长的距离。虽远但行,算法信息公开制度可促进算法正义,确保算法监督与问责,培育政府公信力和保有政府治理能力等。此外,随着生成式人工智能应用于自动化行政,算法信息公开制度或许还需要进一步完善。

---

① 参见中国科学院科技战略咨询研究院课题组:《数字科技——第四次工业革命的创新引擎》,机械工业出版社 2021 年版,第 66 页。

· 理论前沿 ·

档案行政纠纷的实践类型与实质化解[*]
——以564份裁判文书为样本

徐信贵　官　伟[**]

摘要：档案行政诉讼是对档案管理法治化水平的检验。基于对564份档案行政诉讼裁判文书的考察，能更深入揭示档案工作存在的不足，筑牢档案作为国家治理体系和治理能力现代化的支撑性地位。长期以来，政府信息归档进馆后公开难、"重保管、轻利用"以及管理不规范等因素，成为档案行政纠纷频发的重要诱因。为实现档案行政纠纷的实质化解，需要进一步衔接政府信息公开与档案保管制度，秉持"利用是目的、保管是手段"的目标，构建履职效果反馈机制。同时，还需预判数字时代档案行政纠纷的可能趋向，防范因技术衍生的纠纷。

关键词：档案行政纠纷　政府信息公开　档案开放　档案保管　档案利用

一、引言

档案工作对党和国家各项事业起基础性作用。档案管理的法治化程度深刻影响着国家治理现代化的进程快慢和成效高低。2025年3月5日，在第十四届全国人民代表大会第三次会议上，国务院将发展档案事业列为2025年政府十大工作任务之一，凸显了档案工作对

---

[*] 基金项目：重庆市人文社会科学规划重大项目"监督执纪视域下的党内法规模糊性问题研究"（项目号：22SKDJ001）；浙江省社科联研究课题"社会主义核心价值观融入乡村振兴制度建设研究"（项目号：2025B073）。

[**] 作者简介：徐信贵，重庆大学法学院教授、博士生导师。官伟，重庆大学法学院博士研究生。

服务和改善民生、提升社会治理效能的兜底性功能①。此外,中共中央办公厅、国务院办公厅印发的《"十四五"全国档案事业发展规划》(简称《"十四五"档案规划》)聚焦档案事业高质量发展任务主线,精准分析档案工作面临的形势与挑战,提出了"深化依法治档、提高档案治理能力和水平""加快档案开放、扩大档案利用"以及"创新档案工作理念、方法、模式"的三大"迫切要求"。在"十四五"收官转向"十五五"谋划的关键节点,如何突破制约档案事业高质量发展的"观念障碍、制度缺陷、技术瓶颈和人才短板"②,助推档案工作实现由"体系建设"向"能力建设"的深度转型③,成为精准检视《"十四五"档案规划》实施成效、科学布局"十五五"档案工作发展方向的重要问题。

档案行政诉讼是对档案管理法治化程度的检验,既能直观反映档案工作面临的瓶颈阻碍,又能深刻洞察档案纠纷的问题症结,为深入剖析档案工作法治化发展的制约因素,更好更快推动档案工作走向依法治理、走向开放、走向现代化提供了切口。基于此,本文拟从档案行政诉讼切入,提炼总结相关案件的核心特征和共同规律,继而探寻纠纷实质性化解、档案事业高质量发展的有效举措。

"档案行政诉讼是指档案行政相对人与档案行政主体在档案行政法律关系领域发生纠纷后,依法向人民法院提起诉讼,人民法院依法定程序审查档案行政主体行政行为的合法性,并判断档案行政相对人的主张是否妥当,以作出裁判的一种活动。"④现有研究主要围绕"档案行政诉讼"展开探讨,专门聚焦档案行政纠纷的研究还不多见⑤。关于档案行政诉讼的研究大致可以分为两种进路:第一种是讨论档案行政诉讼的概念、特征以及受案范围等基础问题⑥。第二种是围绕档案行政诉讼的具体案例开展实证研究⑦。两种进路为促进档案行政诉讼的研究从无到有、从单一到完整提供了助力。

然而,就档案行政纠纷而言,既有研究还存在以下不足:一是实证资料支撑不足导致研

---

① 2025年国务院政府工作报告在回顾2024年工作的基础上,科学谋划2025年政策取向,提出了2025年十大政府工作任务,明确提出"发展哲学社会科学、新闻出版、广播影视、文学艺术和档案等事业",并将其置于2025年十大政府工作任务的第十项"加大保障和改善民生力度,提升社会治理效能"。

② 中共中央办公厅、国务院办公厅印发的《"十四五"全国档案事业发展规划》指出"十四五"时期"档案工作存在制约高质量发展的观念障碍、制度缺陷、技术瓶颈和人才短板,地区及行业间发展不平衡问题仍然明显存在,档案利用服务不充分问题依然突出,基层基础工作还有薄弱环节。"

③ 参见徐拥军、加小双:《"十五五"档案事业展望:从"体系建设"到"能力建设"的转型》,载《中国档案报》2025年1月13日第1版。

④ 陈忠海、吴雁平:《档案行政诉讼若干理论问题探讨》,载《档案学研究》2016年第1期,第34页。

⑤ 截至2025年7月8日,在中国知网以"档案行政诉讼"为篇名检索,共有22条结果,而以"档案行政纠纷"为篇名检索没有结果呈现。即便按主题检索,也没有专门聚焦"档案行政纠纷"的研究。

⑥ 参见陈忠海、吴雁平:《档案行政诉讼若干理论问题探讨》,载《档案学研究》2016年第1期,第32-37页。

⑦ 参见马秋影:《档案行政诉讼案件实证研究》,载《档案学研究》2016年第5期,第27-31页。

究结论较为片面①；二是研究主题不够聚焦导致研究问题难以深入②；三是研究方法不够科学导致案例搜集有所疏漏③；四是案件归类依据不明导致纠纷类型划分不合理④；五是过于关注诉讼裁判结果而对诉讼裁判过程呈现的纠纷本质有所忽视⑤。这些缺憾表明关于档案行政诉讼的研究还不够细致，尤其是纠纷的实践类型、表现、诱因以及化解对策还尚未得到充分的澄清。本研究基于对档案行政诉讼裁判文书的考察，聚焦纠纷的类型，探究背后的原因及相应的应对方案。

以中国裁判文书网、北大法宝两个数据库为检索工具，以"档案"为案件名称进行精确检索，截至2024年11月10日共检索到2505份裁判文书。检索结果显示，"行政案件"类型的裁判文书共687份，占全部案件的27.43%（见表1）。由此可见，档案行政纠纷在档案纠纷中占比较高。通过对687份裁判文书的仔细筛查，自两大数据库收录的第1起案件时间（2002年7月26日）起至2024年11月10日止，剔除重复文书、执行文书以及无关文书

表1 "档案"各类案件裁判文书统计情况

案件类型	民事案件	行政案件	执行案件	刑事案件	其他案件⑥	总计
文书数量/份	1362	687	377	31	48	2505
占比/%	54.37	27.43	15.05	1.24	1.91	100

---

① 部分围绕档案行政诉讼案件的实证研究仅以极为有限的45件判决书、裁定书为分析样本，试图探究档案行政诉讼案件的特点与规律。依赖有限的研究样本或会导致研究结论较为片面。参见马秋影：《档案行政诉讼案件实证研究》，载《档案学研究》2016年第5期，第27-31页。

② 有研究从更为宏观的视角探讨档案纠纷，内容关涉档案民事、行政、刑事纠纷等多种类型，其中对档案行政纠纷只是附带提及。参见张健、汪若瑜：《档案纠纷的实践图景与完善路径——以2142份裁判文书为样本》，载《档案学通讯》2023年第1期，第81-88页。

③ 有研究探讨《中华人民共和国档案法》的司法适用问题，并以相关数据库"裁判依据——档案法"为案件检索方式。就档案行政纠纷而言，该检索方式会遗漏很多案件，因为并非所有的档案行政纠纷法院都会援引《中华人民共和国档案法》为裁判依据。例如，在笔者统计的案例中，诸多案件法院援引了《中华人民共和国政府信息公开条例》、《最高人民法院关于审理政府信息公开行政案件若干问题的规定》等其他规范。故该研究对理解档案行政纠纷并无太多助益。参见王群、李浩然：《〈档案法〉司法适用的实证与法理——以647份司法裁判文书为分析样本》，载《档案学通讯》2023年第5期，第52页。

④ 部分研究成果的案件类型划分不合理。例如，关于不履行法定职责案件，根据《最高人民法院关于行政案件案由的暂行规定》，"不履行法定职责"是指负有法定职责的行政机关在依法应当履职的情况下消极不作为，从而使得行政相对人权益得不到保护或者无法实现的违法状态。未依法履责、不完全履责、履责不当和迟延履责等以作为方式实施的违法履责行为，均不属于不履行法定职责。部分研究却将档案行政主体拖延履行、不完全履行的行为归为不履行法定职责案件。此外，还将"查阅未开放档案"作为案件类型之一，明显不合理。"查阅未开放档案"只是行为表现，不应作为案件类型的表述方式。参见马秋影：《档案行政诉讼案件实证研究》，载《档案学研究》2016年第5期，第27-31页。

⑤ 有研究聚焦档案行政诉讼裁判结果的影响因素，从律师参与、证据提供以及被告级别等因素分析其与裁判结果的关系，这虽对完善档案行政诉讼制度有所助益，但对实质化解档案行政纠纷帮助不大。要实质化解纠纷，应回归诉讼裁判过程，挖掘纠纷背后的实质争议与根源。参见张健、许颖、周念九：《档案行政诉讼裁判结果影响因素研究——基于342份司法裁判文书的实证研究》，载《档案学研究》2023年第1期，第57-65页。

⑥ 北大法宝和中国裁判文书网统计显示，其他案件包括管辖案件（28份）、国家赔偿与司法救助案件（6份）、非诉保全审查案件（7份）、强制清算与破产案件（7份），相关裁判文书共计48份。

后,最终统计得出564份行政判决书、裁定书,总计464件案件,是截至目前档案行政诉讼领域最全的案件汇集。

二、档案行政诉讼案件的实践图景

为挖掘464件档案行政诉讼案件背后的规律与特征,清晰呈现档案行政纠纷的基本情况,以下将从时间分布、审级分布以及法条援引维度进行分析。

(一)时间分布

置于案件分布的时间谱系观察,档案行政诉讼案件数量总体呈现出"先加速上升而后下降"的特征。从裁判年份来看,2013年之前档案行政诉讼案件较少,2003年至2005年、2007年没有样本案例出现。自2014年起,案件数量开始加剧上升,至2015年达至顶峰。此后2016年至2020年间,案件数量开始出现回落且呈现出较为平稳的特征(见图1)。

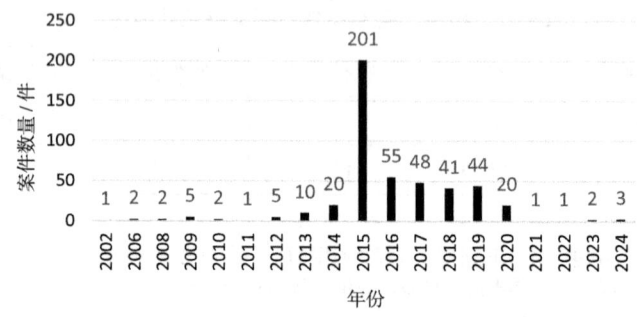

图1 档案行政诉讼案件数量时间分布情况

进一步分析发现,2013年以前案件数量的"低迷"源于此前互联网发展水平的限制。受网络硬件条件制约,中国裁判文书网、北大法宝两大数据库存在案件收录缺失问题,加之彼时法院裁判文书公开尚未实现常态化,故2002年至2013年间的案件数量总体较少。2014年起案件数量逐步增长,至2015年案件数量骤增到201件,仅此一年期间的数量就比前13年案件数量的总数还要多。这与2015年立案登记制的正式落实密不可分。2016年案件数量较2015年出现较大幅度跌落,且此后直至2019年期间案件数量总体保持平稳态势。值得注意的是,2021年案件数量较此前5年案件数量总体保持平稳而言下降明显,这与2021年档案开放力度加大、共享程度提升、利用方式更为便捷关系紧密。除2021年印发的《"十四五"档案规划》对档案"四大体系"作出整体谋划和系统部署外①,2021年1月1日起施行的《中华人民共和国档案法》(简称《档案法》)也对档案开放与利用、档案信息化

---

① 《"十四五"全国档案事业发展规划》对档案治理体系、档案资源体系、档案利用体系、档案安全体系进行了整体性安排,为档案事业发展奠定了结构性基础。

建设等内容作出完善优化①,档案管理工作更趋规范与高效,公众档案需求得到更好满足,诉讼案件数量开始下降。

(二)审级分布

从案件的审理层级来看,样本案件中最高人民法院审理2份(占0.35%),高级人民法院审理57份(占10.11%),中级人民法院审理139份(占24.65%),基层人民法院审理354份(占62.77%),专门人民法院审理12份(占2.13%)。可见,档案行政诉讼案件的审理数量随审理层级的提高而下降,这符合人民法院案件受理的基本规律(见表2)②。

表2 564份档案行政诉讼裁判文书的基本情况统计

审理层级	数量/份	审判程序	数量/份	判决结果	数量/份	占比/%
最高人民法院	2	再审	2	败诉	2	0.35
高级人民法院	57	一审	0	—	—	10.11
		二审	9	胜诉	0	
				败诉	9	
		再审	48	胜诉	1	
				败诉	47	
中级人民法院	139	一审	12	胜诉	1	24.65
				败诉	11	
		二审	124	胜诉	2	
				败诉	121	
				撤诉	1	
		再审	3	胜诉	0	
				败诉	3	
基层人民法院	354	一审	354	胜诉	20	62.77
				败诉	327	
				撤诉	7	
专门人民法院	12	一审	12	胜诉	1	2.13
				败诉	11	
总计	564	—	564	—	564	100

统计结果显示,564份裁判文书中,经二审和再审程序的共计186份,约占全部样本的1/3,这表明档案行政诉讼中当事人争议较大,相当一部分案件经一审判决后,并未达到解纷息诉的目的,仍需经由二审甚至再审等多重司法程序寻求处理,"造成了大量司法资源的消

---

① 2020年6月20日,第十三届全国人民代表大会常务委员会第十九次会议审议通过了新修订的《档案法》。修订后的《档案法》从原来的6章27条扩展到8章53条,增设"档案信息化建设""监督检查"两章,内容更加充实完善。

② 在档案行政诉讼案件中,大多系档案相对人因档案保管主体不提供档案、不公开档案信息以及对档案管理行为不满等而提起诉讼,故表2中"胜诉""败诉"均指档案相对人一方。

耗"①。

（三）法条援引

对564份裁判文书的法条援引情况进行统计②，引用次数较多的为《最高人民法院关于审理政府信息公开行政案件若干问题的规定》(简称《政府信息公开行政案件若干规定》)第七条第二款(52次)、《中华人民共和国政府信息公开条例》第二条(32次)、《档案法》第八条(31次)、《档案法》第十条(28次)、《中华人民共和国档案法实施条例》(简称《档案法实施条例》)第三十三条和第三十四条第一款(16次)、《档案法》第二十九条(12次)等(见表3)。

表3 564份档案行政诉讼裁判文书的法条援引情况

援引条款	条款主旨	援引频次/次
《档案法》第二条第二款	"档案"的定义	1
《档案法》第八条	档案主管部门的职责	31
《档案法》第九条第一款	相关组织对本单位档案的管理职责	7
《档案法》第十条	档案馆的性质与职责	28
《档案法》第十五条第二款	政府信息归档进馆后的公开事项办理规则	5
《档案法》第二十七条	馆藏档案向社会开放的期限	7
《档案法》第二十八条	公布开放档案目录与利用已开放档案	7
《档案法》第二十九条	利用未开放档案	12
《档案法》第三十一条	移交、寄存档案的优先利用与限制利用	2
《档案法》第三十二条	档案的公布	2
《档案法》第四十八条	对档案违法行为给予处分的情形	6
《档案法》第四十九条	对不同档案违法行为的处理	1
《档案法实施条例》第十一条	国家档案主管部门的具体职责	1
《档案法实施条例》第十二条	县级以上地方档案主管部门的具体职责（依法查处档案违法行为）	10
《档案法实施条例》第十六条	国家档案馆的具体职责	7
《档案法实施条例》第二十条第一款和第二款	移交单位向国家档案馆移交档案	3
《档案法实施条例》第二十九条	分期分批开放档案与开放档案目录的公布	5
《档案法实施条例》第三十一条	延期开放档案	1
《档案法实施条例》第三十三条和第三十四条第一款	档案利用的形式、利用未开放档案的要求	16
《档案法实施条例》第三十五条	档案公布的形式	1

---

① 柯友乐、熊德中：《〈个人信息保护法〉视域下人事档案遗失的法律救济——以493份司法裁判文书为样本》，载《档案学通讯》2023年第5期，第62页。

② 原告主张的理由、被告的答辩意见、当事人提交的证据等部分列明的法律规范虽然如实记载了法院的审理过程，但不代表法院对这些事实和证据予以认定。故本文统计的法条援引情况源于裁判文书中"本院认为"部分。此外，部分裁判时所依据的法律规范现已修改，文中统计的援引条款均以现行有效的法律规范为准。

续表

援引条款	条款主旨	援引频次
《档案法实施条例》第三十六条第二款	寄存档案的公布	1
《档案法实施条例》第四十八条	对国家档案馆"不按照国家规定开放、提供利用档案"行为的处分规定	2
《政府信息公开条例》第二条	"政府信息"的定义	32
《政府信息公开条例》第四条	政府信息公开工作机构的职能	1
《政府信息公开条例》第十条	政府信息公开的主体	7
《政府信息公开条例》第十五条	涉及商业秘密、个人隐私等公开会损害第三方合法权益的政府信息不得公开	1
《政府信息公开条例》第十七条第二款	行政机关对拟公开政府信息的审查	2
《政府信息公开条例》第二十五条	各级政府应当在国家档案馆等设置政府信息查阅场所	2
《政府信息公开条例》第二十七条	依申请公开政府信息	9
《政府信息公开条例》第二十九条	申请获取政府信息的提出对象	1
《政府信息公开条例》第三十三条	行政机关对政府信息公开申请的答复期限	5
《政府信息公开条例》第三十六条	政府信息公开申请的答复	9
《政府信息公开条例》第四十条	行政机关依申请公开政府信息的提供形式	2
《政府信息公开条例》第五十四条	本条例对法律、法规授权的具有管理公共事务职能的组织公开政府信息活动的适用	1
《政府信息公开行政案件若干规定》第四条	对公开政府信息行政行为不服提起诉讼的被告对象	4
《政府信息公开行政案件若干规定》第五条第一款	被告应当对拒绝提供政府信息的根据以及履行法定告知和说明理由义务的情况举证	1
《政府信息公开行政案件若干规定》第七条第二款	移交进馆的政府信息的执行规则	52
《政府信息公开行政案件若干规定》第十二条第(一)项	法院判决驳回原告诉讼请求的情形	5

统计结果显示,法院裁判援引次数较多的条款涉及移交进馆的政府信息公开、"政府信息"的定义、档案主管部门与档案馆的职责、档案利用尤其是未开放档案的利用等事项,为归纳案情特征、厘清案件纠纷、挖掘争议根源、探寻解纷方案提供了参照。

三、档案行政纠纷的实践类型

经过对464件档案行政诉讼案件的深度分析,发现实践中档案行政纠纷主要包括政府信息公开类纠纷、不履行法定职责类纠纷以及行政作为类纠纷等类型(见表4)。与此相应,档案保管与政府信息公开衔接不畅、档案开放与利用难以及档案管理行为不够规范等是各类纠纷产生的主要诱因。

表 4　各类档案行政纠纷数量分布

纠纷类型	政府信息公开类	不履行法定职责类	行政作为类
案件数量/件	275	87	102
占比/%	59.27	18.75	21.98

（一）政府信息公开类纠纷

464件案件中，涉及政府信息公开的达275件，占样本案件总量的59.27%，是档案行政纠纷中发生率最高的纠纷类型。

1. 政府信息移交档案馆后的公开纠纷

政府信息移交档案馆后引发的公开纠纷，是涉档政府信息公开类纠纷的典型情形。《档案法》第十五条第一款规定，行政机关要将包含政府信息的文件进行归档并移交档案馆。然而，政府信息归档进馆后，造成了信息查询与利用的障碍。公民向行政机关申请获取政府信息，若相关信息已归档且移交档案馆，行政机关通常告知向档案馆查询从而拒绝提供。公民转而向档案馆查询，却又因包含政府信息的档案未满《档案法》第二十七条所规定的"自形成之日起满二十五年向社会开放"的要求而被档案馆拒绝提供。公民获取政府信息渠道受阻，继而提起行政诉讼。例如，在"蔡某某诉佛山市南海区档案馆档案行政管理纠纷案"[①]中，原告向南海区国土城建和水务局申请获取的政府信息已移交档案馆，三次向被告申请查阅档案，被告以申请获取的相关征地资料属于未开放档案为由拒绝提供。再如，在"朱某某诉广东省广州市花都区人民政府房屋拆迁信息公开纠纷再审案"[②]中，原告要求被告提供拆迁其父名下房屋的居住建筑面积，被告答复记载该信息的登记表已移交区档案馆，可向区档案馆查阅。一审法院认为，原告所需获取的信息应依照有关档案管理的法律法规进行，不属于《政府信息公开条例》的适用范围，裁定驳回起诉。上诉后，二审法院维持原裁定。朱某某申请再审，认为即使涉案信息已实际移交档案馆，从保障信息公开知情权、方便获取信息角度出发，亦不免除区人民政府信息公开义务。最高人民法院认为，归档信息政府已经不掌握，对已移交档案馆的政府信息，应当按照《档案法》的有关规定申请获取，不属于政府信息公开法律规范调整范畴，朱某某的上述主张缺乏法律依据，不予支持。

上述情况并非个例，在275件政府信息公开类案件中，大多以原告申请公开政府信息失败而告终。从裁判依据看，法院大多援引《政府信息公开案件若干规定》第七条第二款"政府信息已经移交各级国家档案馆的，依照有关档案管理的法律、行政法规和国家有关规定执行"。就法律适用而言，若申请获取的政府信息已移交档案馆，确应依照有关档案管理的规

---

① 广东省高级人民法院(2017)粤行申912号行政裁定书。
② 最高人民法院(2019)最高法行申5319号行政裁定书。

定执行。但这种简单的以移交程序之完成来区分的处理方式没有解释为何立法对二者的管理方式采取不同的制度设计，使得公民的知情权实体保障不足。

2. 按照档案利用渠道获取政府信息不畅

按照档案利用方式获取政府信息，是归档进馆政府信息公开的基本方式。除《政府信息公开案件若干规定》第七条第二款外，《档案法》第十五条第二款也规定了"涉及政府信息公开事项的档案按照档案利用规定办理"。公民若通过档案馆获取归档进馆的政府信息，只能按照档案利用规定办理。

然而，通过档案利用的方式获取归档进馆的政府信息，实效性存疑。如前所述，公民通过档案馆申请获取的政府信息大多关涉未开放档案，档案馆对于此类档案通常拒绝提供。换言之，虽然《档案法》对涉档政府信息公开问题作出了规定，但执行成效并不理想，即便按照档案利用规定办理政府信息公开事项，结果往往也是"无疾而终"。从制度依据看，档案法律规范关于未开放档案利用的规定较为严格、笼统。《档案法实施条例》仅第三十四条规定了公民利用档案馆保管的未开放档案"应当经保管该档案的国家档案馆同意，必要时，国家档案馆应当征得档案形成单位或者移交单位同意"。《国家档案馆档案开放办法》也仅有第十八条规定了相关主体利用未开放档案"应当向国家档案馆提出申请，按照规定办理有关手续"。至于未开放档案利用的条件、程序和范围等事项则欠缺具体的行为规范，难以对档案馆提供未开放档案形成有效约束，也无法对公民申请档案利用提供明确指引。

就未开放档案利用要件而言，《档案法》第二十九条限定了"经济建设、国防建设、教学科研和其他工作的需要"，对公民申请利用未开放档案设定了较为严苛的条件，不仅没有"等"的扩充性表述，而且"其他工作"在作为一种兜底性表述时，将利用条件限定为一种"工作需要"，其他"生活需要"不在未开放档案利用范畴之列，这与公民对档案利用的现实需求形成了显著冲突。公民对档案信息的利用，往往系出自个人生活需要，此时申请利用档案就与档案管理规范不符，这也是法院面对公民基于生活需要申请利用涉政府信息公开的档案不予支持的因由。例如，在"肖某某诉遂宁市船山区档案局、遂宁市船山区人民政府政府信息公开及行政复议再审案"①中，法院认为申请人"基于其个人需要申请查阅档案，不符合法律规定"，故不支持其再审理由。

就档案利用范围而言，行政机关移交的包含政府信息的档案不在档案利用范围之内，且档案利用范围较为有限。《档案法实施条例》第三十三条第二款首次提出"推进档案查询利用服务线上线下融合"。2022年7月，全国档案查询利用服务平台正式上线，为实现全国档

---

① 四川省高级人民法院(2019)川行申1631号行政裁定书。

案信息共享利用"一网通办"创造了条件①。在全面推进档案工作数字化转型趋势下,以平台为依托推进档案信息资源共享利用成为档案查询利用的主渠道。然而,该平台的"查档须知"明确将查档范围限定为"民生类档案以及其他开放档案",对比接入平台的档案馆馆藏介绍可知,行政机关移交的包含政府信息的档案属于行政机关及其职能部门等单位工作文书形成的"文书档案",婚姻登记、房产确权等社会职能型档案属于独立于文书以外的"专业档案"。换言之,平台"查档须知"划定的"婚姻登记""土地确权"等可查询利用的档案属于"专业档案",行政机关移交的包含政府信息的"文书档案"不在查档范围之内,且"查档须知"将查档利用范围限定为"开放档案",未开放档案亦不在平台查档范围之内。

3. 将归档进馆政府信息排除于《政府信息公开条例》调整范畴

归档进馆的政府信息"不属于《政府信息公开条例》的适用范围"或"不属于《政府信息公开条例》调整范畴"是法院裁判此类纠纷明确表述的理由。法院的审理逻辑为:公民申请获取的政府信息已归档进馆,政府信息也随归档移交活动转变为档案,这一"身份转变"使得原本天然受《政府信息公开条例》调整的由行政机关保存的"政府信息",因归档进馆转为档案馆保管的"档案"后,就不再符合《政府信息公开条例》所规定的政府信息,不再受《政府信息公开条例》约束。

从裁判依据看,《政府信息公开案件若干规定》第七条第二款与《政府信息公开条例》第二条是法院裁判此类纠纷的主要依据。首先,法院对《政府信息公开条例》第二条的援引,旨在说明政府信息归档进馆后不再属于政府信息,而是转变为档案,以此摆脱《政府信息公开条例》的约束。正因如此,政府信息与档案的差异区分就成为《政府信息公开条例》是否适用的关键问题。实践中,因未能很好地区分二者,法院在裁判时存在截然相反的判决②。这表明在政府信息与档案的差异上,未形成统一共识。其次,《政府信息公开案件若干规定》第二条第二款经过实践检验,已被证实易给行政机关不公开政府信息提供制度漏洞,促使行政机关将某些不想公开的政府信息转化为档案,以规避政府信息公开③。对此,《档案法》第十五条第二款补充"提前将档案交档案馆保管的,在国家规定的移交期限届满前,该档案所涉及政府信息公开事项仍由原制作或者保存政府信息的单位办理",同时规定了"移交期限届满的,涉及政府信息公开事项的档案按照档案利用规定办理"。据此,法院在审理此类案件时认为已归档进馆的政府信息不再适用《政府信息公开条例》,而应按照档案利用规定办

---

① 参见王大众:《逐步实现全国档案信息共享利用"一网通办"——全国档案查询利用服务平台正式上线》,载《中国档案》2022年第8期,第14页。

② 参见赵海军:《〈政府信息公开条例〉实施后学术界对〈档案法〉的误读以及〈档案法修订草案〉协调努力之浅析》,载《档案学研究》2018年第4期,第38页。

③ 参见程琥:《〈政府信息公开条例〉的修改》,载《国家检察官学院学报》2016年第3期,第79页。

理。将归档进馆的政府信息排除出《政府信息公开条例》适用范畴，是公民获取此类信息受阻、纠纷频发的直接原因。

（二）不履行法定职责类纠纷

464件案件中，有87件系不履行法定职责类案件，占样本案件总量的18.75%。此类纠纷中，大多系档案相对人认为行政主体不履行档案管理的法定职责，遂提起行政诉讼。

1.拒绝提供档案

《档案法实施条例》第十六条第一款第（三）项赋予档案馆依法向社会开放档案、提供档案资源利用服务的法定职责[①]。故在档案馆对相对人获取档案的请求予以拒绝时，相对人便以其不履行提供档案的法定职责为由提起行政诉讼。譬如，在"袁某某诉上海市虹口区档案馆、上海市档案局档案开放利用再审案"[②]中，再审申请人就因被申请人区档案馆不予提供动迁档案而提起行政诉讼。对比政府信息公开类纠纷可知，两类纠纷存在差异。政府信息公开类纠纷表现为相对人先向行政机关申请获取政府信息，由于相关信息已移交档案馆，遂向档案馆申请获取，继而产生后续纠纷。而不履行法定职责类纠纷则主要表现为相对人直接向档案馆申请获取档案，申请获取档案与行政机关移交的政府信息并无直接关联，系申请人与档案馆因不提供档案而引发纠纷。

2.不履行法定职责类纠纷的诱因

档案馆拒绝提供档案的不履行法定职责类纠纷存在多种诱因：一是档案管理理念偏差。"重档案保管、轻档案利用"[③]、"以保密保护为原则、以开放为例外"[④]以及档案立法价值取向趋于保守[⑤]等观点在档案学界占有一席之地，故而在开放与不开放、提供与不提供之间，档案工作者往往更倾向于选择后者[⑥]。

从立法目的看，《档案法》第一条规定，"为了加强档案管理，规范档案收集、整理工作，有效保护和利用档案"，在表述次序上遵循了"先保护后利用"的逻辑。据此，学界诸多观点认为《档案法》的首要立法目标在于档案的管理和保护，其次才是档案的利用[⑦]。然而，不同立法目标间的表述次序，并不表明排序在前的立法目标其重要性高于排序在后的立法目标。

---

① 《档案法实施条例》第十六条第一款第（三）项规定了国家档案馆履行"依法向社会开放档案，并采取各种形式研究、开发档案资源，为各方面利用档案资源提供服务"的职责。
② 上海市高级人民法院（2017）沪行申604号行政裁定书。
③ 参见蒋卫荣：《〈档案法〉第二轮修改的重点问题》，载《档案学研究》2010年第2期，第18-20页。
④ 参见焦静：《政府信息公开环境下档案开放的对策思考——基于〈档案法〉与〈条例〉的比较分析》，载《四川档案》2010年第3期，第36页。
⑤ 参见连志英：《公民信息获取权保障视角下我国〈档案法〉的修改与完善》，载《图书情报工作》2011年第4期，第140页。
⑥ 参见肖秋会、王玉、张博闻：《档案开放审核自由裁量权控制机制研究》，载《档案学研究》2023年第6期，第63页。
⑦ 参见卢小宾、高欢：《〈档案法〉规制下的政府信息公开问题探析》，载《档案学通讯》2014第6期，第24页；黄南凤、蒋卫荣：《从〈条例〉的立法理念看〈档案法〉修改》，载《档案学通讯》2009年第2期，第40页。

《档案法》第一条对各立法目标的"排序"实则系遵循档案工作的基本规律。换言之,档案工作大都依循档案"收集—整理—保管—利用"的工作流程,未经收集齐全、整理有序、保管规范的档案尚无提供利用的可能。总之,档案较为保守的管理理念无法满足公众日益增长的档案需求,相关纠纷产生也就成为必然。

二是档案延期开放标准模糊。档案延期开放是指档案已满向社会开放的时限要求,本应处于向社会开放状态从而可供社会利用,但由于具备法律、行政法规以及其他相关规定的特殊情形,档案继续保持不开放状态,限制社会利用。实践中,因档案延期开放标准模糊,档案部门"往往倾向于延长档案封闭期,导致大量已过开放期限的档案未能开放利用"[①]。《档案法》第二十七条规定:"涉及国家安全或者重大利益以及其他到期不宜开放的档案,可以多于二十五年向社会开放。"《国家档案馆档案开放办法》第八条也规定档案"涉及国家和社会重大利益,开放后可能危及国家安全和社会稳定的""其他按照有关法律、行政法规和国家有关规定应当限制利用的",可以延期向社会开放。然而,"国家安全""重大利益""社会稳定"等表述较为模糊,"其他到期不宜开放"指代何种情形亦不够明晰,缺乏统一可执行的判断标准,给档案延期开放创造恣意空间。

此外,尽管《国家档案馆档案开放办法》第十七条规定了对延期开放档案的"定期评估"制度,确保因情势变化不再具备延期开放情形的档案向社会开放,但"定期评估"制度成效并不理想。"定期评估"意味着到相应时间节点才予以评估,而档案却并非只到评估时间才不再具备延期开放情形。只要延期开放的档案不再具备延期开放情形,此时定期评估实则是一种事后评估,具有一定的滞后性。总之,档案延期开放标准的缺失使得实践中档案开放工作不够规范,甚至"档案开放与否很大程度上取决于审核者的主观判断"[②],由此导致后续纠纷的产生。

三是对档案开放行为的监督乏力。《档案法》规定了对档案开放利用的投诉制度,赋予单位和个人对档案馆不依法提供档案开放利用进行投诉的权利,但对档案主管部门处理投诉的诸多细节问题未作出进一步规定,无法有效规范投诉处理行为,对档案开放行为的监督力度不足。《档案法》第二十八条第二款对档案馆不按规定提供档案开放利用的行为,仅规定"单位和个人可以向档案主管部门投诉,接到投诉的档案主管部门应当及时调查处理并将处理结果告知投诉人"。对于投诉方式以及投诉处理期限等具体规定并未作出明确规范,不足以形成对档案主管部门投诉处理行为的有效约束。同时,《档案法实施条例》作为对《档案法》的细化与补充,理应为《档案法》不完善之处作出具体规定,但就档案开放行为的投诉

---

① 蒋云飞、金畅:《档案开放审核尽职免责:理论阐释与制度创设》,载《档案学通讯》2023年第5期,第11页。
② 刘子聪:《〈中华人民共和国档案法实施条例〉的功能定位、缺憾检视与优化路径》,载《档案学研究》2024年第5期,第67页。

处理而言,《档案法实施条例》有"复制"《档案法》规范之嫌,并未很好地填补《档案法》的立法缺陷。《档案法实施条例》第四十六条规定档案主管部门对投诉行为"应当及时依法组织调查",对经调查发现的档案违法行为"应当依法予以处理",实则是对《档案法》第二十八条第二款的重复规定,未作出任何实质性的完善,且《档案法实施条例》连档案主管部门要将"处理结果告知投诉人"都未予以细化。

(三)行政作为类纠纷

464件案件中,有102件系行政作为类案件,占样本案件总量的21.98%。行政作为类纠纷是指由行政主体作出的行政行为引发的其与相对人之间的各种纠纷。

1.纠纷围绕档案管理行政行为产生

行政作为类纠纷中的"行政作为"集中体现为行政主体作出的档案管理行政行为。从内容构成来看,此类纠纷中行政主体作出的档案管理行政行为包括丢失档案、提供档案、接收档案、涂改档案、注销档案、认定档案以及变更档案等多种方式(见表5)[①],相对人基于对档案管理行政行为的不满,认为该行为侵害到自己的权益继而提起诉讼。

表5 档案管理行政行为引发的诉讼案件基本情况

档案管理行政行为	案件数量/件	判决结果	案件数量	概率占比/%
丢失档案	44	胜诉	15	43.14
		败诉	27	
		撤诉	2	
提供档案	20	胜诉	10	19.61
		败诉	10	
接收档案	11	胜诉	1	10.78
		败诉	10	
涂改档案	11	败诉	11	10.78
注销档案	8	败诉	7	7.84
		撤诉	1	
认定档案	4	败诉	4	3.92
变更档案	4	败诉	3	3.92
		撤诉	1	
总计	102	—	102	100

从案件数量来看,行政作为类纠纷常见的行政行为类型主要包括丢失档案、提供档案、接收档案与涂改档案。从判决结果看,不同于接收、涂改、注销、认定档案等行政行为引发的诉讼案件基本以败诉而告终,丢失档案与提供档案引发的诉讼案件胜诉与败诉的数量相当。

---

① 此类案件中大多系档案行政主体因丢失、提供档案行政行为引发纠纷,故表5中"胜诉""败诉"均指档案相对人一方。

这表明，丢失档案与提供档案不仅最易引发行政作为类纠纷，而且最有可能涉嫌违法，因而更易损害相对人权益。故丢失档案与提供档案是行政作为类纠纷的核心症结，主要就这两种档案管理行政行为引发的诉讼案件予以分析。

2.档案管理行政行为违法

档案管理行政行为违法是行政作为类纠纷产生的核心诱因。统计结果显示，37件败诉的因丢失档案与提供档案引发的行政作为类纠纷案件中，法院基本以"档案并未实际丢失"①"档案并非被告接收保管"②"权利义务不产生实际影响"③"超过法定起诉期限"④等为由判决相对人败诉。由此可知，这些案件纠纷主要系相对人"认识错误"引发，相对人的权益亦未因档案管理行政行为而受到不利影响。相反，25件胜诉的因丢失档案与提供档案引发的行政作为类纠纷案件，法院全部以"确认违法"的方式作出判决。

丢失档案引发的纠纷表现为行政主体因管理不善等而导致保管的档案丢失，对档案相对人的合法权益产生不利影响，由此引发纠纷。例如，在"徐某诉北京市公安局东城分局档案管理案"⑤中，法院认为公安机关接收管理档案的行为具有行政管理的性质，属于行政行为，被告将接收的原告档案丢失的行为已构成违法。

提供档案引发的纠纷则表现为行政主体因提供了不完整的档案或未完全提供相应档案致使相对人的档案权利不能完整实现，由此引发两者间的纠纷。由于行政主体不完全履行自身档案管理义务或履行义务不完整，故法院大多仍以"确认违法"的方式作出判决。譬如，在"杨某诉重庆市长寿区规划和自然资源局未提供不动产登记档案案"⑥中，法院认为被告下设的不动产档案馆虽根据原告的申请向其提供了相应档案资料，但并未尽到必要检索义务，未能提供完整资料，判决确认被告行为违法。

四、档案行政纠纷的实质化解

面对档案资源精细管理与高效整合的趋势，如何在确保档案资源长期保存与安全可控的前提下，满足社会日益多样化的档案需求，成为检验档案工作水平的重要考量。要实质化解档案行政纠纷，助力档案事业高质量、可持续发展，应聚焦各类纠纷的诱因——解决。

（一）政府信息公开类纠纷的化解

明确行政机关对已归档进馆的政府信息仍有公开义务，畅通档案利用渠道，厘清政府信

---

① 北京市东城区人民法院(2015)东行初字第486号行政判决书。
② 北京市丰台区人民法院(2014)丰行初字第350号行政判决书。
③ 西安铁路运输中级法院(2016)陕71行终149号行政裁定书。
④ 东营市东营区人民法院(2015)东行初字第24号行政裁定书。
⑤ 北京市东城区人民法院(2015)东行初字第849号行政判决书。
⑥ 重庆市长寿区人民法院(2019)渝0115行初153号行政判决书。

息与档案的差异,有助于实现政府信息公开类纠纷的实质化解。

1. 明确政府信息归档进馆后不免除行政机关的公开义务

在政府信息公开类纠纷中,行政机关面对政府信息公开申请,常以政府信息已归档进馆为由,拒绝向申请人提供,并告知其向档案馆申请获取,从而为产生纠纷以及档案馆涉入诉讼创造了可能。如此看来,倘若行政机关并不因政府信息归档进馆而免除自身公开义务,并根据《政府信息公开条例》向申请者提供政府信息,也就从源头上避免了后续纠纷的产生。

根据《政府信息公开条例》第二条,政府信息公开的是信息,而不管承载信息的载体形式如何。"《档案法》只是对应该立卷归档的材料做出了移交要求,并不是所有包含政府信息的载体都需要移交归档,即未对政府信息进行排他式管理。"[1]电子文件、网站信息以及其他纸质文件等载体承载的政府信息依然存在,行政机关并不因政府信息归档进馆活动而失去对政府信息的"控制",仍应按照《政府信息公开条例》将相关信息提供给申请者。

建议在《政府信息公开条例》第十一条政府信息公开协调机制中增加"行政机关将本单位政府信息移交国家档案馆的,不免除行政机关的政府信息公开义务。政府信息归档并移交国家档案馆后,相关政府信息仅由国家档案馆保管的,按照档案利用规定办理",解决实践中行政机关面对归档进馆的政府信息公开申请,大多回复"向档案部门查询"从而拒绝向申请者提供政府信息的问题,同时兼顾归档进馆的政府信息确实只由档案馆保管的特殊情形,此时面对档案保管与政府信息公开的竞合且档案是唯一载体,则依循上位法优于下位法原则,适用档案保管规定,按照档案利用规定办理即可。

明确行政机关不因政府信息归档进馆而免除其公开义务,契合移交主体的公开能力。政府信息归档进馆后,行政机关仍然可以凭借信息的可复制性优势,以副本等形式保存信息内容,加之数据算法、区块链、人工智能等技术的发展,行政机关的信息保存与公开能力得到强化。前述案件中,最高人民法院认为"归档信息政府已经不掌握",进而指出"对已经移交档案馆的政府信息,应当按照档案法的有关规定,申请获取",言外之意是对移交档案馆的政府信息之所以按照《档案法》的有关规定申请获取,是因为归档进馆信息政府已经不掌握。"归档信息政府已经不掌握"是转向适用《档案法》规定的补强理由[2]。最高人民法院在以往判决中也进行过类似说理,"政府信息已经移交各级国家档案馆。行政机关已不再保存该信息,在客观上难以提供相关信息的,应依照有关档案管理的法律、行政法规和国家有关规定执行"[3]。但是由于信息移转不会导致信息损耗,政府信息数字化更是为信息的多样化保存多渠道管理创造了可能,"归档信息政府已经不掌握"的情形将越来越少,"履行困难"不

---

[1] 卢小宾、高欢:《〈档案法〉规制下的政府信息公开问题探析》,载《档案学通讯》2014年第6期,第25页。
[2] 张力:《行政法案例研习》(第五辑),中国政法大学出版社2023年版,第217-218页。
[3] 最高人民法院(2017)最高法行申821号行政裁定书。

应成为行政机关对归档进馆政府信息公开义务的免除事由。

2. 畅通档案利用渠道

《档案法》第十五条第二款要求按照档案利用规定办理移交期限届满的涉及政府信息公开事项的档案，档案利用渠道的畅通与否决定了申请者能否通过档案馆获取政府信息。档案利用的现行规定较为笼统，利用渠道仍不畅通，尤其是未开放档案利用受阻，甚至由于封闭期的规定，档案信息成为"准国家秘密信息"，大大限制了按《政府信息公开条例》应予公开信息的范围[①]。从这个意义上看，畅通档案利用渠道，尤其是未开放档案的利用，不仅决定了公民能否通过档案利用渠道顺利获取政府信息，而且关乎《政府信息公开条例》与档案法律规范的衔接协调等重要议题。为此，需要结合档案利用实际，完善细化配套规定，全面规范未开放档案利用工作。

可由国家档案馆制定"国家档案馆档案利用办法"，对档案利用的条件、方式、范围、程序作出全面规定。究其理由，由国家档案馆制定"国家档案馆档案利用办法"具有合法性根基[②]与空间基础[③]。据此，聚焦政府信息公开类纠纷，"国家档案馆档案利用办法"需要在现有档案利用规定的基础上重点明确以下问题。首先，扩充未开放档案利用的前提要件。近年来，从《"十四五"档案规划》到《国家档案馆档案开放办法》，再到新修订的《档案法》《档案法实施条例》等制度规范，均将加大档案开放共享力度、提升档案利用服务水平作为档案事业新发展的重要任务。故要"满足人民群众的档案信息和档案文化需求"[④]，应根据档案利用实际，适当松绑未开放档案利用的前提性约束。建议在"国家档案馆档案利用办法"中对未开放档案利用的前提要件作出补充与完善，降低《档案法》第二十九条"四项需要"与档案利用实际需要之间的张力。具言之，可将"生活需要"或其他"个人需要"明确列为未开放档案利用的前提要件，为公民基于个人需要使用涉政府信息公开的档案提供利用可能。在现行法规范体系下，可以通过扩大解释对《档案法》第二十九条规定的"其他工作的需要"作出包含个人"生活需要"的解读，从而为公民申请利用相关档案奠定基础。

就规范指向看，《档案法》第二十九条设置"四项需要"的前提要件指向的是"未开放档

---

① 参见王锡锌：《政府信息公开语境中的"国家秘密"探讨》，载《政治与法律》2009年第3期，第8页。

② 《档案法》第二十八条规定档案馆要"不断完善利用规则，创新服务形式，强化服务功能，提高服务水平，积极为档案的利用创造条件，简化手续，提供便利"；《档案法实施条例》第三十三条第二款规定"国家档案馆应当明确档案利用的条件、范围、程序等"；《国家档案馆档案开放办法》第十八条第二款也规定"国家档案馆应当依照有关法律、行政法规以及本办法的规定，制定档案利用的具体办法，明确档案利用的条件、方式、范围、程序等，并向社会公布"。

③ 参见马海群、赵鹏、徐拥军等：《笔谈：〈档案法实施条例〉与档案事业高质量发展》，载《档案与建设》2024年第2期，第11-12页。

④ 中共中央办公厅、国务院办公厅印发的《"十四五"全国档案事业发展规划》将"深入推进档案利用体系建设，充分实现档案对国家和社会的价值"列为档案事业高质量发展的八大主要任务之一，并明确提出要"提升档案利用服务能力"，"满足人民群众的档案信息和档案文化需求"。

案",而不是政府信息。对比《政府信息公开条例》第27条可知,公民申请获取相关政府信息并没有前提性约束,只要以书面等形式向行政机关的政府信息公开机构提出即可。如此一来,原本公民可顺利申请公开的政府信息,在完成归档进馆程序后,就受到"四项需要"的额外约束,以致无法通过档案利用渠道获取原本可能使用的政府信息。这不仅是《档案法》与《政府信息公开条例》衔接不畅的表现,也是档案法律规范虽提供了利用渠道,但无形中又设置诸多障碍阻却信息获取的呈现。尽管此种"自设障碍"可能是无意为之,但在结果上确实造成了信息获取的不便。将个人生活需要纳入未开放档案利用要件,不仅有利于进一步扩大档案开放共享程度,而且能在促进政府信息公开与档案保管更好衔接的同时,给公民申请获取涉政府信息的档案扫清障碍。当然,将生活需要或个人需要纳入未开放档案利用要件,不意味着公民据此即可获取相关档案,能否提供利用仍有赖档案馆的审核以及考量移交单位意见等环节把控。

其次,明确档案利用范围。哪些档案可以依公民申请提供利用,是规范档案利用工作、化解政府信息公开类纠纷的基础。具言之,档案利用范围宜采取概括式方式反向划定,即档案只要不违反档案保密规定即属于档案利用范围。由于档案内容众多、种类繁杂,各专业行业和部门档案编排汇整体量较大且形式不一,一一列举可提供利用的档案种类既无必要也不现实。《档案法》第二十条、第二十八条第三款以及第三十二条第二款等规定分别对涉及国家秘密、知识产权和个人信息、国家安全和利益、他人合法权益等情形时的档案利用作出了特别规定,《国家档案馆档案开放办法》第八条和第二十五条也对档案涉及国家秘密、知识产权和个人信息等,导致档案利用可能损害国家利益、社会公共利益和第三方合法权益的作出了禁止性规定。

"国家档案馆档案利用办法"可以上述档案保密的有关规定为遵循,采取概括式方式明确禁止档案利用的情形,反向划定档案利用范围、规范档案利用工作。在档案涉及国家保密事项且保密期限未届满、涉及国家和社会重大利益以致提供利用可能会危及国家安全和社会稳定、涉及知识产权和个人信息以致提供利用会损害第三方合法权益的,以及其他按照有关法律、行政法规和国家有关规定应予限制利用的,不予提供利用。只要档案不涉及上述情形,就处于档案利用范围,继而依程序提供利用即可。

此外,在采取概括式方式反向划定档案利用范围的基础上,还要防范《档案法》第三十一条对政府信息公开制度的冲击。该条体现了档案馆对移交单位限制利用意见的充分尊重[①],但可能造成对于原本处于开放利用范围的档案,档案馆仅凭移交单位限制利用意见

---

① 《档案法》第三十一条规定:"向档案馆移交、捐献、寄存档案的单位和个人,可以优先利用该档案,并可以对档案中不宜向社会开放的部分提出限制利用的意见,档案馆应当予以支持,提供便利。"

即不予提供相关档案的后果。就涉政府信息的档案而言，公民在申请利用相关政府信息时，即便通过档案利用渠道获取，亦应确保原本按照《政府信息公开条例》予以公开的政府信息能提供获取与利用。故为消解移交单位限制利用意见架空政府信息公开制度，可在划定档案利用范围的基础上，明确相关主体对公众申请涉政府信息档案的实质审查义务，并要求档案馆拒绝提供相关档案的要向申请人说明理由并提交证据，以确保档案利用工作合法规范。

根据《政府信息公开条例》第十四条至第十六条，"不予公开"和"可以不予公开"的政府信息主要包括属于国家秘密、危及"三安全一稳定"、保护第三方合法权益、属于三类内部事务信息、属于四类过程性信息以及行政执法案卷信息等，此类信息是可以进行实质审查的。例如，出于保护第三方合法权益需要而不予公开的涉及商业秘密的政府信息，据《中华人民共和国反不正当竞争法》规定，商业秘密是指"不为公众所知悉、具有商业价值并经权利人采取相应保密措施的技术信息、经营信息等商业信息"。故对于公众的政府信息公开申请，档案馆与移交单位应当在对相关信息所涉档案进行实质审查的基础上决定提供与否，而不能仅以移交单位的限制利用意见作为依据，直接拒绝提供相关档案。

总体而言，通过完善档案利用配套规定，适当扩充未开放档案利用的前提要件，明确档案利用范围，才能规范档案利用工作、畅通档案利用渠道，政府信息公开与档案保管制度才能真正实现顺畅衔接。无论如何，政府信息作为公共财产[①]，公民知情权的行使不应在政府信息移交档案馆后便寸步难行。档案管理实践需要避免"国家通过《政府信息公开条例》一手给公众知情权，又可能会用另一只手不断地收缩公众知情权的范围"[②]情形的发生。

3. 移交期限届满的归档进馆政府信息仍应适用《政府信息公开条例》

区分政府信息与档案的实质差异，明确归档进馆政府信息仍处于《政府信息公开条例》调整范畴。《政府信息公开案件若干规定》第七条第二款以移交档案馆为界区分适用《政府信息公开条例》与档案管理有关规定，造成"同样的内容因为在不同阶段会得到截然不同的处理结果"[③]。根据《档案法》第十五条第二款，对于提前移交进馆的档案，所涉政府信息公开事项可以向行政机关主张公开[④]，但"移交期限届满的，涉及政府信息公开事项的档案按照档案利用规定办理"是否覆盖政府信息的公开？有学者认为，政府信息一旦完成归档程序就转化为档案，不再是《政府信息公开条例》所规定的政府信息，而是《档案法》意义上的档案，

---

① 参见刘飞宇：《行政信息公开与个人资料保护的衔接——以我国行政公开第一案为视角》，载《法学》2005年第4期，第125页。

② 章剑生：《知情权及其保障——以〈政府信息公开条例〉为例》，载《中国法学》2008年第4期，第152页。

③ 刘飞宇：《从档案公开看政府信息公开制度的完善——以行政公开第一案为契机》，载《法学评论》2005年第3期，第89-90页。

④ 《档案法》第十五条第二款规定："经档案馆同意，提前将档案交档案馆保管的，在国家规定的移交期限届满前，该档案所涉及政府信息公开事项仍由原制作或者保存政府信息的单位办理。"

法律适用上应受《档案法》关于档案查阅利用相关规定约束①。此种理解是对政府信息与档案的混淆，亦是对档案法律规范的误读。

移交期限届满的归档进馆政府信息仍应适用《政府信息公开条例》，原因有二：其一，该款规定针对的是"涉及政府信息公开事项的档案"而非政府信息本身。仔细分析该款规定可发现，对移交期限届满前提前移交进馆的档案所涉政府信息，该款规定表述的是"该档案所涉及政府信息公开事项"，而对移交期限届满的档案所涉政府信息公开事项，则表述为"涉及政府信息公开事项的档案"。前一表述重点指涉"政府信息公开事项"，后一表述指称对象则为"档案"。换言之，该规定要求按照档案利用规定办理的对象是移交期限届满的包含政府信息的档案，而不是档案中包含的政府信息。况且，僵化地以移交期限决定能否公开没有意义，因为同一信息可能在归档进馆前已经公开。按照拉斯韦尔的传播理论②可知，信息的传播是一个单向、不可取消的非可逆过程，归档进馆前已经公开的政府信息无法回收，进馆后仍应保持公开状态。从立法目的看，该款规定旨在提供获取已归档进馆政府信息的渠道与方式（即通过档案利用），而非排除《政府信息公开条例》的适用，况且加大档案开放利用、进一步衔接协调《档案法》与《政府信息公开条例》是包括《档案法》《档案法实施条例》在内的档案法律规范修订、施行的重要内容③。

其二，政府信息与档案的差异亦可表明《政府信息公开条例》对移交期限届满的归档进馆政府信息的规范效用。政府信息公开通常公开的是结果，即政府信息文件本身，而档案除包含应公开的政府信息外，往往还包含大量不属于信息公开范畴的内部信息、过程信息，故《档案法》第二十七条规定了档案自形成之日起满二十五年向社会开放的期限要求，以实现档案背景和结构信息的脱敏。此外，价值作用的转变也揭示了政府信息和档案的差别。归档程序完成后，文件所承载的政府信息的现实效用价值不断衰减，而历史文化与学术研究价值上升，政府信息开始向档案转变。这种说法也得到国家档案局政策法规研究司工作人员的佐证。尽管二者都含有提供信息供他人使用的功能，但政府信息公开侧重于用"现在的"信息为"当下"服务，而档案利用侧重于用"过去的"记录为"未来"服务④。

尽管政府信息和档案存在差异，但就政府信息本身而言，其并未因归档进馆程序的完成而发生改变，仍系《政府信息公开条例》意义上的政府信息。根据《政府信息公开条例》第

---

① 参见张建文：《公共档案利用中的隐私保护问题——从〈政府信息公开条例〉看〈档案法〉的修改》，载《山西档案》2008年第5期，第35页。
② 参见隋岩：《群体传播时代：信息生产方式的变革与影响》，载《中国社会科学》2018年第11期，第130页。
③ 例如，2019年10月21日在第十三届全国人民代表大会常务委员会第十四次会议上，时任国家档案局局长李明华作《关于〈中华人民共和国档案法（修订草案）〉的说明》，在"修订的主要内容"中明确提出，要"做好档案开放与政府信息公开的衔接"。
④ 张力：《行政法案例研习》（第五辑），中国政法大学出版社2023年版，第212-213页。

二条和《档案法》第二条，政府信息的本质是"信息"，档案则指向"历史记录"，在适用上不是非此即彼的关系。政府信息公开的对象是文件所承载的内容信息，而非文件或档案的物质实体。归档程序的完成与移交进馆的场所变化并未使相关内容不再符合《政府信息公开条例》意义上的政府信息。只有当政府信息公开与《档案法》上有关档案保管的规定冲突且档案是唯一载体时，才适用档案保管规定。因为只有在法律和行政法规对同一事项作出相互冲突的规定时，才需要依据"上位法优于下位法"①原则。《政府信息公开案件若干规定》以"一刀切"的方式区分政府信息归档进馆前后适用不同规则，实则是混淆了政府信息与档案的实质差异。《档案法》规定移交期限届满的涉政府信息公开事项的档案，按照档案利用规定办理，并不意味着当然排除《政府信息公开条例》的适用，在没有冲突的情况下应当同时适用《政府信息公开条例》。

（二）不履行法定职责类纠纷的防范

针对不履行法定职责类纠纷诱因中存在的档案管理理念偏差、档案延期开放标准模糊、档案开放监督乏力等因素，分别采取相应举措实现纠纷的有效防范。

1. 秉持利用是目的、保管是手段的管理理念

档案利用是档案工作的最终目的。档案价值只有在利用中才能彰显，档案服务国家和社会建设的功效也只有在开放中才能实现。故要正确认识档案利用与档案保管的关系，秉持利用是目的，保管是手段，档案保管是为了更好地提供档案利用的管理理念，是预防化解档案开放难、利用难以及由此引发的纠纷的基础。实际上，我国档案事业的开拓者曾三同志强调过："把档案工作误以为是'一把锁'的思想是不正确的，档案工作的目的是提供利用，可以编史修志，可以为社会主义建设服务。"②要凸显档案利用的重要地位，扭转当下档案"重保管、轻利用"的理念偏差，可以从修正《档案法》立法目的条款和明确档案馆与利用者的义务两方面落实。

首先，完善档案立法目的表述。将《档案法》第一条立法目的条款"规范档案收集、整理工作，有效保护和利用档案"改为"规范档案收集、整理、保护和利用工作"，即将档案收集、整理、保护、利用使用"顿号"连接在一起，将其置于同等次序。如此安排，既符合档案"收集—整理—保护—利用"的运行规律，也可规避"排序在前的立法目标高于排序在后的立法目标"③的不当解读，还能更好承接《档案法》第二条"从事档案收集、整理、保护、利用及其

---

① 参见雷磊：《指导性案例法源地位再反思》，载《中国法学》2015年第1期，第278页。
② 赵海军：《〈政府信息公开条例〉实施后学术界对〈档案法〉的误读以及〈档案法〉修订草案协调努力之浅析》，载《档案学研究》2018年第4期，第35页。
③ 认为《档案法》的立法目的侧重于档案的保管而非利用，参见张健、余文春：《〈档案法〉司法适用实证研究（1988—2019）：图景与法理》，载《档案学通讯》2020年第5期，第97页。

监督管理活动,适用本法"之法律适用范围条款。

其次,明确档案馆的保管义务和利用者的利用义务。对档案利用而言,需要明确档案馆和档案利用者的义务,确保利用工作的合规与档案信息的安全。档案馆的保管义务主要包括:①维护档案的完整与安全。确保档案的完整性、真实性是提供档案利用、发挥档案价值的前提。档案馆应制定接收档案的标准化流程,监督各单位依法定期向档案馆移交档案,确保移交材料的完整性。②分级分类保管的档案。对馆藏永久保管档案实施一、二、三级分类管理,制定差异化的保管标准,对涉及国家秘密的档案严格限制访问权限。③推进档案数字化建设。开展馆藏档案数字化工作,构建档案信息管理系统,实现档案目录及内容的电子化检索,保障档案数据安全。在提供档案利用时,优先提供数字化档案、缩微胶片、电子影像等档案复制件。④建立档案监管机制。定期检查档案保管情况,对档案利用流程进行全周期监督,包括借阅审批、归还检查等环节。

利用者的利用义务主要包括:①在档案利用过程中爱护档案,严禁篡改、涂画档案,若造成档案损坏则根据档案价值承担赔偿责任。②未经许可,利用者不得使用任何器材擅自复印、拍摄、拷贝档案。如需复制档案,须提出申请,经档案保管单位审批后办理。③利用者在利用档案过程中,不得损害国家利益、社会公共利益和第三方合法权益。利用记载个人信息、隐私等特殊档案的,需遵守有关保护个人信息和隐私的规定,不得擅自泄露,不得侵犯他人合法权益。④利用者需妥善保管档案复制件,未经档案保管单位或档案形成(移交)单位批准同意,不得擅自公布。

总之,通过完善《档案法》立法目的表述,明晰档案保管单位与利用者的义务,有助于纠正"重保管、轻利用"的理念偏差,确立档案利用是档案工作的最终目标的工作宗旨。这是规范档案开放工作、化解实践中常因拒绝提供档案而引发纠纷的基础。

2. 明确档案延期开放标准

确立档案延期开放标准,有利于档案开放工作的规范化、制度化,避免因标准缺失导致延期开放档案恣意进而引起不必要的纠纷。究其因由,档案延期开放主要是因为档案具有某种"特殊性",从而使保管期限届满的档案仍不宜向社会转为开放状态,进而限制社会利用。故此种"特殊性"就成为档案延期开放标准确立的重要考量。除依据档案形成时间的特殊性、形成者身份的特殊性以及档案内容所涉及对象的特殊性等要素设置档案延期开放标准外[1],还应根据不同领域、行业或部门的信息差异和管理特征,划分适应本领域、本专业、本部门的延期开放标准。《档案法实施条例》第六条为制定差异化的档案管理办法提供了依据,该款规定有关机关经本级档案主管部门同意,"可以制定本系统专业档案的具体管

---

① 参见《档案分级管理》,https://www.danganj.com/news/16887.html,最后访问日期:2025年3月3日。

理制度和办法"。当然,档案延期开放标准的确立并非一成不变、一劳永逸,其有限性、动态性和拓展性特征①,使得标准要根据有关法律法规和档案管理政策的调整、社会公众现实需求的变化等情况适时更新,确保档案延期开放标准更准确、更适用。同时,为了确保因情势变化不再具有向社会延期开放情形的档案及时开放,评估制度还应遵守及时性原则,以防评估工作的滞后导致档案开放滞后,进而影响社会利用。

3. 强化对档案开放行为的监督

投诉制度是监督档案开放行为的主要方式之一,其完备程度直接影响对档案开放行为的约束效果。当前关于投诉档案馆不按规定提供档案开放利用行为的规定比较粗疏,需要予以细化。一是完善投诉方式。单位和个人认为档案馆不按规定开放档案利用的,可采用包括信件、数据电文在内的书面形式;采用书面形式确有困难的,投诉人可以口头提出,并由受理该投诉的档案主管部门工作机构记录在案。二是设定投诉处理期限。档案主管部门收到投诉,能够当场审查核实的,应当当场予以答复。不能当场审查核实的,应当自收到投诉之日起20个工作日内审查完毕;需要延长处理期限的,应当经档案主管部门投诉处理机构负责人同意并告知投诉人,延长的期限最长不得超过20个工作日。三是明确投诉处理结果告知程序。档案主管部门对投诉审查核实完毕后,应当及时履行告知程序,将处理结果书面告知投诉人,避免采取口头方式告知处理结果,以免事后因难以提供证据证实已履行告知程序,从而置于诉讼不利地位。档案主管部门认为档案馆拒绝提供档案合法合理的,应当在书面告知书中说明理由并提供证据,确保投诉处理合法规范。

(三)行政作为类纠纷的预防机制

在25件丢失档案和提供档案行政行为违法类案件中,法院全部判决确认违法。然而,确认违法不仅对被告档案管理部门的制裁效果有限,而且对原告的合法权益救济效果不彰。为此,需要从督促相关主体积极履职与强化公民权利救济方面化解纠纷。

细化表彰奖励参评指标,构建履职效果反馈机制,督促档案主体依法、主动履职。提升档案行政主体依法履职的主动性、积极性,是规范档案管理行为的有效方式。虽然《档案法》第七条第二款与《档案法实施条例》第十条均明确规定了表彰、奖励机制,但相关主体的履职积极性并不高,档案管理行为违法的现象时有发生。究其根源,一是表彰奖励机制激励效果有限。从表彰奖励行为看,《档案法》第七条第二款表述为对在档案收集、整理、保护和利用中做出"突出贡献"的,《档案法实施条例》第十条第一项规定为对档案收集、整理、保护和利用做出"显著成绩"的。"突出贡献"和"显著成绩"既不够具体和明确,也易造成较为

---

① 参见"档案开放标准化体系研究"课题组:《档案开放审核标准的制定与运用研究》,载《四川档案》2022年第4期,第43页。

困难、难以达成的直观印象，从而限制了相关主体的履职积极性。二是履职效果反馈机制缺失。由于欠缺较为完备的履职效果反馈机制，无法形成档案管理行为的完整闭环，抑制了相关主体履职的主动性。对此，可从细化表彰奖励参评指标与构建履职效果反馈机制方面予以解决。表彰奖励机制可基于档案行政主体提供档案利用次数、创新档案开放方式、诉讼参与率、主动调解档案纠纷成功率、档案用户评价意见与满意率等指标综合评判，并可量化各指标占比分数，确保表彰奖励机制科学合理与具体可操。履职效果反馈机制则要注重档案用户、公众对相关档案主体履职情况的反馈，通过档案用户和公众的评价对履职成效进行考察，倒逼档案主体依法、积极、主动履职。

强化对公民的权利救济。从裁判结果看，"确认违法"的判决方式似乎表明档案管理行为违法是此类纠纷产生的诱因，但很多纠纷或者矛盾存在的根源并非源自档案本身，而是当事人的其他诉求得不到满足，最后选择以档案作为问题解决的突破口，从而起诉相关档案管理行为。例如，在"王某某诉北京市公安局东城分局档案行政管理案"[①]中，原告以被告丢失其档案为途径，以提出办理退休及养老、医疗保险的诉求。故面对法院确认被告丢失档案违法的胜诉判决，原告仍以其最关心的"无法办理退休和保险以及相关经济损失"为由上诉，请求法院判决被告协助其补办退休手续。可知，"虽然当事人胜诉，但实际诉求并未得到解决"[②]。为化解此类纠纷，法院应当从保护当事人合法权益出发，在审查档案行政行为合法性的基础上，更多关注原告的实体诉求，审查原告请求赔偿损失或采取其他补救措施的主张是否成立。

五、数字时代档案行政纠纷的可能趋向及回应

数字技术嵌入档案工作全流程已成趋势，档案工作的数字化转型成为档案工作的主要特征。从政策导向看，《"十四五"档案规划》对"加快档案资源数字转型"作出任务部署，要求"建立以档案数字资源为主导的档案资源体系"。《档案法》《档案法实施条例》均专章设立了"档案信息化建设"，为推动档案工作与数字技术的深度融合提供了依据。在此背景下，档案工作环境、对象与内容面临全面革新。凭借数字技术的电子存储、多重备份、关键词搜索、在线查询以及关联技术分析等优势，传统档案保管与利用中存在的纸质档案存储空间占用过大、使用易损耗、检索效率低下、服务覆盖范围有限以及档案价值未被充分挖掘等问题得到有效解决，档案保管更安全、更规范，档案利用更便捷、更高效，档案工作实现从"被动保管"向"主动服务"的跨越[③]，为档案行政纠纷的化解提供了新思路。但与此同时，也带来

---

① 北京市东城区人民法院(2014)东行初字第545号行政判决书。
② 张健、冒晓慧：《档案行政诉讼"程序空转"现象研究》，载《档案与建设》2023年第12期，第14页。
③ 阎晓峰：《大数据与档案资源开发利用》，载《中国档案》2015年第11期，第18页。

了以下新的风险：

一是数据泄露与隐私风险。档案资源的数字化转型促使档案资源由"文本"向"数据"转变，在提升档案资源流通效率、扩大档案资源共享规模的同时，也面临数据泄露与篡改的风险。如何确保档案数据流转与使用过程中的真实与安全，避免包含敏感内容与个人隐私的数据信息被不当使用，是数字技术嵌入档案工作亟须回应的重要问题。一方面，要强化技术防控体系。采用区块链存证技术保障档案真实性[①]、建立防篡改机制，通过加密存储确保数据完整，部署安全防护系统和权限分级控制，限制非授权访问与操作等。另一方面，规范外包管理流程。在借力外包服务商的数字技术与智能系统时，要对其资质进行审查并签署保密协议，安排专人对档案读取、扫描等关键环节进行全程监督，堵住泄密漏洞。

二是技术依赖与维护难题。数字技术给档案工作者带来便捷的同时，可能会因技术操控而走向"技术型治理"[②]。同时，数字技术的升级迭代，依赖智能设备与平台的持续更新，从而造成档案管理平台的长期维护压力。为此，需要对技术至上保持高度警惕，牢记"技术只是辅助而不是替代"。在此基础上，动态更新技术方案，例如采用开放标准避免技术过时，建立多版本兼容机制，实施"本地＋云端"[③]多重备份策略降低长期运维成本。

三是流程重构与人才缺口。档案工作的数字化转型使得传统纸质管理转向"纸电混合"模式，重构档案接收、整理、保管和利用全流程制度，对现有档案管理体系形成冲击。档案管理人员的数字技术能力不足以应对档案智能化管理的挑战，难以满足社会多样化、精准化的档案信息需求。面对档案管理模式重构趋势与人才短板，档案主管部门应明确电子档案与纸质档案的协同管理规则，重构数字时代档案工作全流程标准，并通过推动校企合作培养复合型人才，开设档案数字化技术、数据安全定向培训课程，从根本上补足档案数字人才缺口。

四是数字鸿沟与信任危机。数字技术在极大提升查档利用效率的同时，可能会忽视对数字能力不足人群的应用成效。尤其是老年人、残障人士等特殊群体对智能设备操作不熟悉，难以独立完成在线查档、身份核验等流程，加之数字档案平台的交互设计与复杂界面，进一步加剧了特殊群体利用档案的难度，这无疑会给档案工作带来负面评价。对此，档案工作的数字化转型应兼顾对特殊群体的应用效果，既要简化操作流程、提供无障碍支持，也要开发"长辈模式"和语音辅助，降低操作门槛，还要保留线下服务窗口，配备专人指导特殊群体使用数字设备。总之，档案数字化转型应衡平普惠性和包容性，构建全群体友好的查档生态。

---

① 参见王洋：《基于优化共识的区块链在电子文件全生命周期真实性保障中的应用——以中国电力建设集团有限公司电子文件单套归档和电子档案单套管理试点为例》，载《档案学研究》2022年第2期，第93页。

② 参见肖唐镖：《中国技术型治理的形成及其风险》，载《学海》2020年第2期，第80页。

③ 参见王文韬、谢阳群、谢笑：《国外个人信息管理现状及发展动态述评》，载《图书馆论坛》2015年第12期，第128页。

六、结语

档案治理水平稳步提升、档案工作方法创新升级、档案利用服务切实充分是《"十四五"档案规划》部署档案事业高质量发展任务的重要内容。其中,档案行政纠纷既是对档案治理能力和水平的直接检验,也是对档案工作方法理念的侧面彰显,还是对档案利用服务充分与否的重要体现。在档案工作走向依法治理、走向开放、走向现代化的目标指引下,档案行政纠纷如何表现、产生诱因有哪些、如何实现档案行政纠纷的防范与化解,成为推动档案事业高质量发展亟须厘清的重要问题。总体而言,现有研究对档案行政诉讼有所探讨,但大多是在档案纠纷中附带提及档案行政纠纷,对档案行政纠纷的类型划分与产生根源研究得还不够全面和具体,更遑论档案行政纠纷的化解方案。本研究基于对564份档案行政诉讼裁判文书的考察,试图廓清档案行政诉讼案件的实践图景,探究档案行政纠纷的实践类型、根源诱因以及化解思路。当然,档案行政纠纷并未展现档案工作瓶颈症结全貌,故要全面提升档案治理效能、切实推动档案事业高质量发展,需要更加全面细致地研究档案工作面临的挑战。尤其是在档案治理体系数字化转型、档案资源体系数据化转化、档案利用体系智能化升级、档案安全体系自动化监管的趋势下,如何以档案信息化驱动档案现代化、以档案工作自身现代化服务推进中国式现代化,成为更好发挥档案工作对党和国家各项事业基础性、支撑性作用的关键一环。

日本前科资格限制制度及其对我国犯罪附随后果体系优化的启示*

张吉喜　郑　达**

摘要：犯罪附随后果制度对于犯罪风险控制、保护公共利益的社会治理目标而言具有积极意义，然而该制度不可避免地造成前科者公民个体权益的萎缩，用之不当反而会引发新的社会治理困境。日本前科资格限制制度通过限制条件的明确化与层次化、行政机关的广泛裁量判断、刑罚消灭配套机制，控制前科资格限制的适用范围，最大限度消解前科资格限制制度的负面效果。然而当前对前科资格限制制度仍存在整体功能导向不够明确、限制期间要素科学性欠缺、权力运行配置中司法权缺失的争议与批评。汲取日本前科资格限制制度的经验与教训，我国犯罪附随后果制度在完善时应当确立保护公共利益的核心制度功能导向，以此为基础，提升犯罪附随后果规范内容的科学性与合理性，强化各限制要素间的逻辑关联与动态平衡。同时明确犯罪附随后果法律保留属性，探索司法权介入下的制度运行结构，协同建构犯罪记录封存与消灭配套机制，实现犯罪附随后果"公共利益保护的社会利益"与刑释人员"可能被剥夺的个人利益"之间的平衡。

关键词：犯罪附随后果　日本前科资格限制　公共利益保护　犯罪记录封存　社会复归

犯罪附随后果，系指"刑法之外的法律法规、规章等规定的，对有犯罪前科者或其家庭

---

* **基金项目**：本文获国家社科基金2022年度后期资助项目"逮捕社会危险性条件评估研究"（项目号：22FFXB020）、国家留学基金委员会（项目号：留金欧〔2023〕65）资助。

** **作者简介**：张吉喜，西南政法大学比较刑事法学院研究院教授、博士生导师；郑达，西南政法大学与早稻田大学联合培养博士研究生，西南政法大学比较刑事法学院研究院研究人员。

成员、亲属等适用的,对特定权利和资质的限制、禁止或者剥夺"[1]。据统计,我国犯罪附随后果数量已超过上千条[2],限制指向涵盖就业、投资、教育、荣誉、财政补助等诸多方面。犯罪附随后果制度的广泛适用产生了相当程度的负面影响。一方面,作为一种由刑法规定的犯罪行为所引起的间接法律后果,犯罪附随后果"最终落脚点和规制内容却远在刑法所不能及的范围之外"[3]。另一方面,犯罪附随后果尽管被冠以"附随之名",制裁的严厉性在事实上却远重于作为直接性法律后果的刑罚本身,甚至在轻罪案件中与刑罚形成严厉性上的"倒挂"。犯罪附随后果在我国成为对犯罪者刑事体系外的事实性刑罚,不但使前科者承受着不利益的二次负担,阻碍其有效复归社会,同时因犯罪附随后果对犯罪标签的固化效应,数量庞大的前科者极有可能被推向社会的对立面,从而引发新的社会治理困境。鉴于此,犯罪附随后果体系的完善成了当前亟待解决的重要刑法命题。比较法视野下,日本早在1880年旧刑法中就创设了与犯罪附随后果相似的前科资格限制制度,历经百余年的修正与调整,制度整体趋于相对稳定与完备。因此,本文将考察日本前科资格限制结构上的特点与负面效应的控制机制,同时关注日本当前前科资格限制体系运行中面临的困境与争议,在立足我国国情的基础上,对我国犯罪附随后果制度的完善提出相关建议。

一、日本前科资格限制的制度流变与规范设计

日本法律规定,在某人符合特定事由的情况下,不允许其具有某种地位或从事特定职业,这种规定被称为"资格欠缺条款"(欠格条项)[4],由于前科所关联的资格欠缺条款内容多集中于职业与资格方面的限制,因此官方也将其称作"前科资格限制"(前科による資格制限)[5]。随着日本刑事法整体的变革,前科资格限制体系同样经历了若干发展过程,最终形成当前的制度样态,并对日本刑事司法实践产生了重要影响。

(一)日本前科资格限制的制度流变

日本前科资格限制最初肇始于刑法规范,彼时尚不具有间接法律后果属性,而是作为一种独立的附加刑。旧刑法(明治十三年太政官布告第36号)规定,对于犯罪者可以处以官员就任、勋章获取、参服兵役等权利限制,同时犯重罪者应被单独处以终身剥夺所有公共权利的制裁。由于日本旧刑法承袭法国刑法典,因此资格限制附加刑也完全沿用了法国公民

---

[1] 彭文华:《我国犯罪附随后果制度规范化研究》,载《法学研究》2022年第6期。
[2] 参见邹子铭:《轻罪扩张背景下的犯罪附随后果研究》,载《法学杂志》2023年第6期。
[3] 段蓓:《微罪附随后果的检视与出路》,载《北京理工大学学报(社会科学版)》2024年第1期。
[4] 日本参議院法制局:《公民権停止規定と欠格条項》,https://houseikyoku.sangiin.go.jp/column/column017.htm,最后访问日期:2025年3月2日。
[5] 日本法務省:《前科による資格制限規定の例》,https://www.moj.go.jp/content/001351692.pdf,最后访问日期:2025年3月2日。

权剥夺的名誉刑属性①。从限制内容来看,旧刑法中的资格限制主要集中于对与名望关系密切的权利进行褫夺,旨在通过对犯罪者地位、身份的公开贬损或标记,降低其社会声誉。作为一种名誉刑的资格限制不可避免地带有强烈的惩罚色彩,其功能导向体现在两个方面:一方面,作为其他刑罚的补充形式存在,以道德层面的谴责进一步强化对罪犯的惩戒效果;另一方面,通过公开或半公开的方式对罪犯进行名誉上的制裁,可以威慑社会潜在犯罪者,提醒社会成员注意不良行为的后果。

1907 年,作为名誉刑的资格限制在刑法中一度被废除,部分资格限制在此期间开始向行政领域转移。此后在纳粹思想的影响下,名誉刑被视为"表明国民共同体价值判断所必不可少的工具"并一度复活②。二战后,出于对纳粹思想的否定,刑法修正案中将名誉刑彻底删除,自此资格限制不再作为一种附加刑存在于刑法典中。然而,此类资格限制并未消失,而是被完全转隶于行政领域,由此开启了资格限制的行政化时期,前科资格限制也在此时期正式具有了附随性、间接性的特征。日本将资格限制从刑法中移除主要可能出于两个因素的考量:一方面是将相对专业性的限制判断交由专门行政法规进行处理,以此保障资格限制判断的妥当性;另一方面则是人权保障的思路下对名誉刑的反思,希冀通过刑法体系的去资格限制化彰显国家保障人权的基本立场,控制资格限制在贬损名誉目的下的滥用。但根据立法者在国会答辩中明确表示的"可以预想今后会制定其他限制相关人员资格的规定"来看③,这种想法最初就存在疑问,对于从刑法中移除公民权剥夺所导致的法律效果空白,立法者实际早已预设用行政主导的资格限制形式来填补。此后,日本前科资格限制的创制模式基本是由政府部门如"经济产业省""厚生劳动省"等起草法律案并提交国会,由国会通过后正式成为法律规范,并由提案部门主管负责落实。同时,伴随行政权力的不断扩张,各政府部门也开始逐渐掌握对部分犯罪附随后果创制的权力。由此政府行政部门拥有提案、实施乃至创制各项权力的权力,在前科资格限制制度权力体系中确立了主导性地位。

(二)日本前科资格限制的规范设计

当前日本由前科引起的资格限制数量大约有 540 个,规定前科资格限制的法律规范文件约有 210 件④。依照资格限制的性质,可以大致区分为四种类型:一是与维持经济生活相关的职业限制,比如辩护律师、药剂师、保育士等,这类资格限制主要涉及从事某项职业的资格审查,也是资格限制中占比最高的限制类型;二是权利相关的限制,如选举权与被选举权、接受某项特定政府资助权、某类危险物或特殊物品持有权等;三是对政府机构的委员、干事

---

① 《日本帝国刑法典草案(1)》,中村義孝译,立命馆法学 2010 年版,第 277 页。
② 正木亮:《刑事政策汎論》,有斐阁 1938 年版,第 218 页。
③ 冨永康雄:《前科登録と犯歴事務(第五版)》,日本加除出版株式会社 2016 年版,第 137 页。
④ 宮田桂子:《前科による資格制限をめぐる問題》,载《駒澤法曹》2022 年第 18 号,第 327 页。

的任职资格限制,这类限制通常具有浓厚的公权力属性,旨在避免前科者具有公务员或视同公务员的地位,以对儿童委员、固定资产税评价员、公安委员会委员的任职资格限制为典型代表;四是在其他非公务员组织中出任董事、监事、清算人等职位的限制。总体来看,日本的资格限制涉及社会生活层面的诸多领域,从教育职员、古董经营者、政府雇员、公司董事等职业或岗位,到选举权等权利的行使,涵盖范围十分广泛。

就前科资格限制条文的具体结构而言,由于日本资格限制法律渊源的复杂,"实际资格限制规定中,存在着复杂的表现形式,每种资格都有多样化的规定"[①]。梳理为数众多的资格限制规定,可以总结出四个核心要素,资格限制的具体内容几乎均建立在以下四个要素的选择与组合之上。一是刑度要素,大致可以分为任意刑罚均可、罚金、禁锢[②]三个基准点。二是罪名要素,包括两种情形,必须违反特定法令和不论成立何种罪名均可。三是限制期间要素,包括三种规定方式:(1)与刑罚执行期间相同;(2)刑罚执行完毕后必须再经过一定期间,这个期间一般为2年、3年或5年;(3)没有明确规定限制期间,因此准用刑罚的消灭时效[③]。四是裁量性要素,包括绝对型和相对型两类。前者对于符合条件的前科者强制、自动适用,后者则需由行政部门根据个案情况裁量决定适用与否。所有前科资格限制均是由以上要素的全部或部分组合而成,比如对无线电行业从业者的资格限制规定,违反电波法相关规定被判处罚金以上刑罚,在执行完毕后2年内禁止从业,就是刑度要素、罪名要素、限制期间要素和裁量性要素的组合。律师资格限制则要求对被判处禁锢以上刑罚的犯罪人禁止从业,属于具备刑度要素、限制期间要素(准用刑罚消灭时效)的绝对型资格限制。

综合来看,日本前科资格限制条文结构主要呈现出两个特点。一方面,注重各要素间的平衡。根据将某一资格限制向更为严格或宽松方向引导的趋势,由四种核心要素展开的各种情形可以被进一步界定为严格因素或宽缓因素。具体而言,刑度要素中任意刑罚均可施加资格限制相较于另外两种基准点而言无疑更为严格,因此可以被划为严格因素,罚金、禁锢则可大致一并归纳为宽缓因素;同理,罪名要素中的任何罪名均可成立资格限制毫无疑问属于严格因素;限制期间要素中没有明确规定限制期间,意味着最低限制期间也可达到5年,从而被划为严格因素;绝对型资格限制不具有任何裁量不适用的可能,因而也属严

---

① 法務省:《前科による資格制限の在り方に関する検討ワーキンググループ(第1回)》,https://www.moj.go.jp/content/001353763.pdf,最后访问日期:2025年3月2日。
② 禁锢系日本自由刑的一种,包括有期禁锢与无期禁锢两种,受刑者须被羁押于刑事设施中,但不需要承担劳动义务,其严厉程度要低于负有劳动义务的惩役刑。
③ 日本刑法第34条第2款规定了"刑罚消灭制度"(刑の消滅):禁锢以上刑罚自执行完毕或免除执行之日起经过10年,且其间未受到罚金以上刑罚处罚的,刑罚判决效果消灭;罚金以下刑罚自执行完毕或免除执行之日起经过5年,且其间未受到罚金以上刑罚处罚的,刑罚判决效果消灭。有学者将之称为日本的"前科消灭制度",参见白井諭:《刑事司法における犯罪者等の"忘れられる利益"—"有罪の付随的効果"と前科等を抹消する制度》,载《岡山商大論叢》2020年第56卷第1号,第1-34页。

格因素范畴。在此区分模式下,可以观察到日本几乎所有前科资格限制条款均呈现出严格因素与宽缓因素相结合的特征。比如前科资格限制中不存在"不区分罪名"与"受过刑罚处罚"两种严格因素相结合的资格限制规定,再如所有未明确规定限制期间的资格限制均要求至少受到罚金或禁锢以上刑罚,其中又有相当一部分属于裁量性的相对资格限制(见表1)。

表 1 日本前科资格限制条文主要结构

核心要素	严格因素	宽缓因素	典型规定实例
① 刑度要素	i 受过刑罚处罚	ii 罚金 iii 禁锢	(1)日本"兽医师法"规定,对受到罚金以上刑罚的人,可以处以资格限制。因此其结构呈现出严格因素中②i、③i与宽缓因素①ii④ii的结合。
② 罪名要素	i 不区分罪名	ii 要求成立特定罪名	
③ 限制期间要素	i 未明确规定限制期间	ii 与刑罚执行期间相同 iii 刑罚执行完毕后经过一定期间	(2)日本"工作环境测定员法"规定,对违反本法以及劳动安全卫生法,且受到罚金以上刑罚的人,刑罚执行完毕之日起两年内不得从事该职业。因此其结构可以归纳为严格因素④i与宽缓因素①ii②ii③iii的组合。
④ 裁量性要素	i 绝对性	ii 相对性	

另一方面,日本前科资格限制多呈现复合型结构。所谓复合型结构,指在某一法律创设的资格限制中,针对不同罪名要素对象,设置层次化、梯度性的刑罚要素、限制期间要素配置。专利、商标代办人(弁理士)的资格限制规定就是典型的复合型结构限制模式,其限制对象可以分为三个层次:一是违反一般法律而被处以禁锢以上刑罚(期间准用刑罚消灭时效 10 年);二是违反"本法"(弁理士法)、"特许法"、"实用新案法"以及"设计法"(意匠法),被处以罚金刑的犯罪人,刑罚执行完毕之日起 5 年内不得从事该职业;三是违反"关税法"、"著作权法"、"反不正当竞争法"、半导体配置回路相关法律,被处以罚金刑的犯罪人,刑罚执行完毕之日起 3 年内不得从事该职业。通过将限制对象与限制情境的关联细化,"专利、商标代办人法"由此形成了刑度、限制期间等要素严厉性方面的梯度递进。

二、日本对前科资格限制负面影响的控制机制

前科资格限制对于防卫社会目的而言具有一定积极作用,然而其不可避免地对社会复归刑事政策的实现造成了一定负面影响。"如果不接受犯罪者回归社会,那社会中的犯罪可能永不停息"[①],失范的资格限制体系可能恶化前科者的生存环境,加深其犯罪者身份的自

---

① 榎本正也:《アメリカ法における前科を理由とする制限とその回復手続》,载《更生保護と犯罪予防》1980年第14号,第23页。

我认知,最终导致前科者总体再犯率的提升。为降低前科资格限制对社会复归政策的不利影响,日本通过一系列控制机制的设计与运用,最大程度实现国家"公共安全保护的社会利益"与刑释人员"可能被剥夺的个人利益"之间关系的平衡。

（一）前科资格限制条件的明确化与层次化

日本前科资格限制的适用具有相对明确的条件约束。首先,资格限制中各要素的规定均相对明确。以罪名要素为例,要求成立特定罪名的情况下,条文往往具体到明确的法律规范,如"家畜改良增殖法"对家畜人工受精师的资格限制中前置罪名被设置为违反"家畜传染病预防法"、"兽医法"与"家畜商法"相关规定,这些罪名与资格限制所指向的职业特质具有较强的逻辑关联。通过尽可能将与限制职业无关的罪名排除在限制对象之外,前科资格限制体系最大程度确保了适用的谦抑性。

其次,通过宽缓因素的介入调节资格限制的严厉程度。每个具体的资格限制规定中至少存在一个宽缓因素。部分资格限制规定甚至包括两到三个宽缓因素,立法者有意通过宽严有异的各因素之间的调和,避免资格限制过于严格。就宽缓因素本身而言,以限制期间要素为例,相当一部分资格限制期间被设定为"与刑罚执行期间相同",当犯罪人真正出狱迈向社会时,资格限制实际已经同刑罚一道执行完毕,不再成为制约他们就业的障碍。这种宽缓的限制期间要素在实质层面将资格限制规定的严厉性降到了最低。此外,即便同属宽缓因素,例如刑度要素中的罚金与禁锢两个基准点也存在严厉程度上的差异,其中基准较低的罚金刑几乎与裁量性要素或2到3年的限制期间形成固定搭配,进一步降低了资格限制的严苛度。

最后,前科资格限制规定中的复合型结构使得资格限制体系得以实现根据不同情形施以有区别的限制力度。前科资格限制应当在保护公共利益的社会防卫目标充分实现的同时,尽可能将对前科者的限制最小化。同时根据犯罪行为或成立罪名不同,对某一资格限制中不同情形尽可能细化并区别对待,也有利于保障再犯罪风险防控的针对性。如前文列举的"专利、商标代办人法"呈现出依照严格因素、宽缓因素的疏密排列构造,形成根据罪名关联性强度的层次梯度分布,资格限制规定的科学性和严谨性因此得到了提升。

（二）赋予行政机关广泛的裁量权

如前文所述,前科资格限制条文的主要结构类型中有相当数量属于裁量性结构,表现为"可能（ことがある）"或"可以（ころができる）"对符合条件的犯罪者施加某种资格限制[①]。质言之,即便犯罪人完全符合前科限制规范确定的适用条件,最终是否适用资格限制

---

① 法务省:《前科による资格制限规定の例》,https://www.moj.go.jp/content/001351692.pdf,最后访问日期:2025年3月2日。

仍有待主管部门进一步确认。具有决定权限的主管部门由创制资格限制的法律规范预先确定，通常就是该资格限制的提案或制定主体。这种裁量性的资格限制类型往往与"罚金"刑度要素相关联，如："医师法"规定，受到罚金以上刑罚的，或因医师业务关联犯罪而被认定属不正行为者，可能不予授予执照；"燃气事业法"规定，对违反本法而被处以罚金以上刑罚者，自执行终了之日起2年内可以不予授予执照。

不同于绝对型资格限制的自动适用，相对型资格限制需要行政部门介入下的个案判断，通过"医师法"中资格限制的运行模式能较好地展现行政主管部门的介入方式与判断路径。医师资格的主管部门是"厚生劳动省"，在具体实践中，该资格限制将对两类医师资格相关人群产生影响。一类是尚未获得医师资格的医师资格申请者。厚生劳动省要求曾受到罚金以上刑罚的医师资格申请人必须提交判决书、罚金缴纳书、简历书以及反省书，在这里反省书实际发挥了听取意见的功能。同时审批需要较长时间，如果最终决定是拒绝授予，申请者将会收到来自厚生劳动大臣的书面通知。另一类是已经获得医师资格但受到罚金以上处罚的从医者。根据"医师法"的规定，可以对其处以戒告、暂停执业乃至取消资格的处分。其同样应当提交与医师资格申请者相似的书类文件，但是对于有可能受到取消资格处分的从医者，"医师法"特别赋予他们当面提出意见的权利，最终决定的作出以厚生劳动大臣的书面通知为准①。

在作出相关决定前，厚生劳动大臣应当听取"医道审议会"、都道府县知事以及其他该决定关系者的意见，必要时可召开听证会并形成书面报告。行政部门在审查时会着重关注案件具体情况、当事者医疗行业从业履历、犯罪后态度表现等一系列因素，最终作出资格限制适用与否的决定。在审查过程中，主管部门并非仅仅基于前科者符合形式上资格限制的条件就简单地作出适用决定，而是进行实质性的审查、论证，对诸多本可以适用资格限制的前科者通过裁量程序排除在资格限制之外，从而切实履行部门职责范围内的筛查义务。从结果来看，医师资格申请者中受到罚金刑的记录几乎不会对资格授予产生影响，甚至很多被判处禁锢以上刑罚的申请者同样被授予了医师执业资格②。而对于已持有医师资格的犯罪者而言，其受到的处分可能仅仅是暂停执业而已。厚生劳动省对医师资格的审查模式同样可以反映到日本其他裁量型资格限制中，行政机关裁量权的切实运用在一定程度上削减了规范层面前科资格限制的严厉性。

---

① 厚生労働省：《免許申請にかかる留意事項について》，https://www.mhlw.go.jp/content/000896240.pdf，最后访问日期：2025年3月2日。
② 谷脇真渡：《医師法における前科に関する欠格事由についての一考察——なぜ医師法の欠格事由は〈罰金以上の刑に処せられた者〉なのか》，载《桐蔭法学》2024年第30卷第1-2号，第152页。

（三）以刑罚消灭制度作为兜底机制

在刑罚消灭制度创制之前，被追诉人一旦被裁决有罪并被施以刑罚，部分没有明确规定限制期间的前科资格限制就将终身伴随着犯罪人，前科记录因此成为其永恒的梦魇。尽管大赦与恩赦同样可以消除前科产生的资格限制，然而这两者均属于非常态化机制，并且适用对象限定为极少数人群，无法真正实现前科者的权利恢复[①]。过于长期的资格限制导致超出必要限度的不当权利剥夺，同时也会削弱前科者的自我改造意愿，阻碍社会复归刑事政策的落实[②]。为了应对终身资格限制的弊病，日本通过立法将刑罚消灭制度正式确立在刑法典之中。

关于刑罚消灭制度核心功能导向，政府在对国会的立法解释案中明确，"通过改正该项规定，将刑罚效果限制在必要限度内，彻底革除无用刑罚效果之弊端，纠正刑罚负面效果终身性的不合理，以呼应即将实施的新宪法中禁止刑罚残酷性的要求"[③]。该解释将资格限制等间接不利益视为刑罚不利益特质的一部分，从禁止刑罚残酷性的视角出发以实现实质正当程序原则的要求[④]，同时也体现了促进前科者改造的刑事政策考量。刑罚消灭制度分别确立了5年和10年的消灭考察期，其间没有再次犯罪并被判处罚金以上刑罚的，刑罚宣判效果将会完全消灭。由于刑罚宣判被视为不存在，犯罪者因前科被限制的各种资格当然恢复。

由于刑罚消灭制度适用于所有犯罪人，因此其成为常态化的前科者复权机制。日本当前有一定数量的前科资格限制，比如对律师、法官、教育行业工作者的职业限制，并没有明确规定限制期间，倘若不存在刑罚消灭复权机制，该类资格限制就将沦为真正的终身资格限制，前科记录将导致犯罪人终其一生再也无法从事这些职业。刑罚消灭制度成了这类未明确设置限制期间的资格限制的兜底措施，从实质上否定了终身性资格限制的存在，保障了前科者的权利不被过度限制。

三、日本前科资格限制体系的争议与困境

出于对前科资格限制负面效应的警惕，日本在构筑资格限制运行体系时设置了一系列控制机制，这些机制确实对前科资格限制负面效果的消解起到了重要作用，然而从实然层面来看，前科资格限制制度仍然对日本当前司法体系运行产生了一定的不利影响。根据法务省的统计，日本再犯罪率自2002年开始呈现持续走高的态势，检察院起诉的部分罪名中前

---

① 武安将光：《前科抹消と恩赦による復権について》，载《法律のひろば》1958年第11号，第20页。
② 浅田和茂、井田良：《新基本法コンメンタール，刑法》，日本评论社2012年版，第20页。
③ 冨永康雄：《前科登録と犯歴事務（第五版）》，日本加除出版株式会社2016年版，第136页。
④ 米山哲夫：《資格制限の目的と機能》，载《骏河台法学》1992年第5卷2号，第39页。

科者的占比更是达到了 55% 以上。此外，有 44.8% 的犯罪人会在刑满释放后 5 年内再入狱，54% 则会在刑满释放后 10 年内再入狱[①]。调查显示，资格限制的存在对现阶段刑释人员的就业客观上产生了一定的消极影响[②]，而就业问题与再犯率之间存在着强关联性。由此日本内阁制发的《再犯防止推进计划》中将前科资格限制因素视为加剧再犯的重要原因之一，明确要求各部门对管辖范围内的资格限制法令进行审查检讨。从当前对前科资格限制问题的研讨成果来看，日本资格限制负面效果的产生具有某种必然性，既有控制机制中固有缺陷的肇因，也有更深层次上对该制度本质认识尚不清晰，权力运行配置中司法权缺失等因素影响。

（一）前科资格限制功能导向的模糊

日本学界普遍认为前科资格限制之所以成为再犯加剧的肇因，根本原因在于对前科资格限制的功能导向始终缺乏清晰认识，这种模糊性使得前科资格限制建构时承载了过多不相干因素[③]。为了澄清前科资格限制真正的功能导向，学界围绕该问题展开了激烈的探讨，可以将其基本归纳为三种观点。第一，惩罚性的功能导向。由于前科资格限制可以追溯到传统名誉刑，因此部分学者沿用关于名誉刑的概念[④]，认为将限制资格作为刑罚能满足社会的报应情感[⑤]。"名誉刑是让罪犯主观上再次感受到名誉感的措施，其中资格限制是对'受刑'进行伦理上的非难，从而表明社会对于犯罪人受刑这一事实的谴责性态度，以唤醒受刑人对社会的责任感"[⑥]。更多学者则是对此类积极追求前科资格限制惩罚性功能的观点进行了激烈批判。他们主张应当在实然与应然两个层面对前科资格限制的功能导向进行区分，认为在实然层面当前日本资格限制的确具有一定惩罚性，比如公务员即便长期尽职工作的情况下，因为与工作无关的犯罪行为，根据资格限制规定就可以不予支付薪金和退休金，实在难以用惩罚性目的之外的原因来解释[⑦]。此外，诸多不区分罪名要素的资格限制规定无法建立起限制条件与限制结果之间的有效逻辑，仅依据前科的存在就可以施加实质的不利影响，因此也可以被理解为基于惩罚目的的产物[⑧]。然而前科资格限制惩罚性功能在实然层面

---

① 法務省：《犯罪白書（2023）》第 250-262 页，https://www.moj.go.jp/content/001410095.pdf，最后访问日期：2025 年 3 月 2 日。

② 法務省：《前科による資格制限の在り方の検討のためのニーズ調査の結果（概要）》，https://www.moj.go.jp/content/001359659.pdf，最后访问日期：2025 年 3 月 2 日。

③ 前野育三：《刑事政策論》，法律文化社 1988 年版，第 166 页。

④ 西田典之：《刑法総論（第三版）》，弘文堂 2023 年版，第 10 页。

⑤ 大谷実：《刑事政策講義（第三版）》，弘文堂 1994 年版，第 157 页。

⑥ 小川太郎：《刑事政策論講義（第三分冊）》，法政大学出版局 1975 年版，第 107 页。

⑦ 阿部隆泰：《執行猶予付き禁錮刑による公務員の失職の適用違憲性》，载《判例タイムズ》1998 年总第 955 号，第 55 页。

⑧ 高橋直哉：《前科による資格制限について》，载《高橋則夫先生古稀祝賀論文集（上卷）》，成文堂 2022 年版，第 1041 页。

的存在难以证成其在应然层面的合理性。犯罪人受到"刑罚"这一事实并非行为,不能成为二次非难的对象①。前科资格限制不应成为加强刑罚感召力的工具,过分强调这一点将会导致刑罚实质均衡性丧失②。法院展现的态度也一定程度上支持了此类观点,实务中在量刑阶段有法官将资格限制适用作为量刑考量的一部分,以尽可能规避前科资格限制可能存在的惩罚性后果③。近期日本大阪高等法院的判决更是基于资格限制规定中罪名要素的模糊而裁定公职选举法第11条违宪④,标示着前科资格限制的惩罚性功能导向在应然层面逐渐不被认可的趋势,也进一步推动了关于"前科资格限制体系中惩罚性特质去除路径"的讨论。

第二,社会防卫的功能导向。该论说认为前科资格限制的功能在于降低再犯风险,从而保护社会不受侵害⑤。对资格限制的社会防卫价值,学界已经形成了一定共识,几乎所有资格限制功能理论均将其列为不可或缺的功能导向,部分学者更是将该功能视为资格限制的核心功能与存在的正当性基础。例如平野龙一教授指出,"剥夺权利一般基于前科者将来可能实施的有害行为,出于社会防卫的目的,因此它不是刑罚"⑥。然而就如何通过资格限制实现社会防卫功能尚存在一定争议。有学者从心理学视角进行展开,指出资格限制的心理学存在基础在于"犯罪者与一般人相比属于异类的社会不适合者,因此会产生违和感与拒绝反应",社会防卫功能的实现依赖于通过群体隔离,排除一般市民中的异类,即犯罪者⑦。在这种理论之下,前科事实就意味着具有再次犯罪的风险,前科记录的存在就足以成为资格限制的必要且充分条件。由此,前科事实与再犯风险之间建立了一种抽象的关联性,人身危险性的概念在此被不当虚化为前科记录本身,此种判断思路缺乏科学根据,不当推动了当前日本资格限制规定中罪名要素缺位的现象⑧。另一类观点认为特定的职业或行业能够提供一定的犯罪机会,从而导致该职业本身易成为犯罪者便利的工具⑨,同时特定罪名前科表现出犯罪者具有易受某种因素影响的性格⑩,为了阻止某个特定职业或职务环境对前科者形成再次犯罪的诱惑,有必要使这些前科者远离此类职业或职务。该种思路下资格限制的社

---

① 吉冈一男:《刑事政策の基本問題》,成文堂1990年版,第214页。
② 大塚仁、宮沢浩一:《演習刑事政策》,青林書院新社1972年版,第425页。
③ 大阪刑事实务研究会主编:《量刑実務大系3,一般情状等に関する諸問題》,判例タイムズ社2011年版,第264页、269页。
④ 大阪高裁平成25.9.27(平成25行コ45號)。
⑤ 上田寛:《犯罪学講義(第3版)》,成文堂2013年版,第158页。
⑥ 平野龍一:《犯罪者処遇法の諸問題》,有斐閣1963年版,第142页。
⑦ 久保裕:《前科と資格の制限》,载《法曹》1983年总第393号,第46页。
⑧ 高橋直哉:《前科による資格制限について》,载《高橋則夫先生古稀祝賀論文集(上卷)》,成文堂2022年版,第1043页。
⑨ 西原春夫:《犯罪者の社会復帰を妨げるもの再考》,载《JCCDニュース》1982年第23号,第9页。
⑩ 法務省:《再犯防止推進計画等検討会構成員,宮田桂子弁護士提出意見書》,第1页,https://www.moj.go.jp/Saihanboushi/nish 004-00069.html,最后访问日期:2025年3月2日。

会防卫功能并非立足于对具有前科者身份的人进行群体隔离,而是从社会复归的角度,尽可能隔绝易对犯罪者再次形成诱惑的生活与工作环境,因此注重犯罪者先前所犯罪名与资格限制类型的具体关联,确保资格限制能够成为抑制前科者再次犯罪的有效手段。

第三,保护特殊职业或地位的社会信用。质言之,某些职业或职务具有高于一般职业的地位,基于"不能允许犯罪者支配民主主义"的认识,禁止犯罪者从事这些具有社会支配地位或者高社会信用的职业,从而防止道德模式的混乱。法务省的官方文件中指出,"限制目的只能从各个法令的立法目的中寻找,如果要找一个最大公约数,那就是维护职业与资格的社会信用"[①],判例也展现了相似的立场,法院认为部分职业具有其特殊性,犯罪意味着对该职业社会信用的损毁,并影响住民对全体公务事业的信赖,必须尊重部分职业相较于一般职业的特殊地位[②]。有学者甚至断言"对于公务员的任命,即使预想不到可能出现某种危害结果,为了维护公民对公务的信赖也有必要设置资格限制"[③]。由此,职业被人为地区分出社会等级。有批评认为,"特殊地位说"实际是以身份为中心构建了一套区别对待的资格限制系统,其中具有特定身份或职业的犯罪者遭受的不利要远大于普通犯罪人,这暗示了具有这些身份和资格的犯罪人具有更强的非难性[④]。以公务员资格限制为例,对于公务员的资格限制较之非公务员而言格外严格,甚至完全放弃了涉案公务员的改造可能,过于强调公务员的特殊廉洁性其实走向了另一种形式的恶性威权主义[⑤],引导社会形成对部分职业的盲目崇拜,甚至加剧职业隔离与歧视现象的蔓延。

(二)前科资格限制期间要素的科学性欠缺

如前文所述,前科资格限制的限制期间可以大致分为与刑罚执行期间相同、准用刑罚的消灭时效以及刑罚执行完毕后经过一定期间三种情形,其中最后一种情形还可以进一步细分为2年、3年或5年的不同期间。就保卫社会的功能而言,某个资格限制期间的确定应当以再犯风险有效消除的判断为基准,然而再犯预测本身是极为困难的,有时甚至类似于一种"命运鉴定"[⑥],理想状态下应当不设置明确期间,交由个案具体判断[⑦]。但是,当前资格限制规定中危险性判断实际普遍是由法律预先确定的,裁量空间较小,因此如何确定合理的资格限制期间就成了资格限制体系必须解决的重要事宜。

围绕前科资格限制期间的争议主要集中在两点。一是前科资格限制期间的设置过于随

---

① 法務省保護局恩赦課:《資格制限法令ハンドブック》(1992年),第2頁。
② 最判平成12.12.19判時1737卷141頁。
③ 平野龍一:《犯罪者処遇法の諸問題》,有斐閣1963年版,第143頁。
④ 安形静男:《犯罪者の社会復帰》,载澤登俊雄主编:《刑事政策》,蒼林社1985年版,第115頁。
⑤ 吉岡一男:《刑事政策の基本問題》,成文堂1990年版,第213頁。
⑥ 上田寬:《犯罪学講義(第3版)》,成文堂2013年版,第248頁。
⑦ 米山哲夫:《資格制限の目的と機能》,载《駿河台法学》1992年第5卷2号,第40-41頁。

意,缺乏合理性论证与科学性背书。一方面,各个资格限制规范创制过程的立法解释案均未对限制期间进行有效论证,也未对某类资格限制指向的再犯罪风险消除所需必要期间进行任何实证调研,资格限制期间似乎只是各行政部门随意确定的数字。即使是体现分层处理思路的"专利、商标代办人法",也仅仅在形式上设置了3年、5年乃至准用刑罚消灭时效10年的限制期间,而无法说明基于何种理由对受到禁锢以上刑罚的犯罪人有必要适用10年的限制期间,又为何对触犯不同法律的犯罪人设置3年、5年,而不是2年或1年的限制期间。另一方面,对于指向类型相似的前科资格限制(日本称之为"隣接资格"),前科资格限制期间往往缺乏整体性考量。比如根据"教育职员资格法",普通教育工作者一旦被判处禁锢以上刑罚,则教员资格失效,不得继续从事教育行业,限制期间准用刑罚消灭的时效10年。而对于更为强调教育安全的保育士(职业服务对象为少年儿童),反而将限制期间规定为2年。这种吊诡的期间倒挂产生的重要原因之一可能是"教育职员资格法"的提案主体是文部科学省,"保育士法"提案主体为厚生劳动省,而从对"社会教育主任""著作权管理工作者"的限制规定来看,文部科学省似乎具有采用较为长期资格限制的立法惯性。该特点在"公营赌博参赛选手"的前科资格限制方面更为明显,由于分属"国土交通省""农林水产省""经济产业省"三个不同主管部门,作为邻接资格的参赛选手前科资格限制期限规定迥异(见表2),以至于政府发行的文件中都批评日本资格限制规定缺乏整体性考量①。

表2 日本邻接资格"公营赌博参赛选手"限制对比

适用对象	适用条件	限制期间	主管部门
竞马骑手	受到禁锢以上刑罚或违反竞马法被处以罚金刑	准用刑罚消灭时效(禁锢以上10年,罚金刑5年)	农林水产省
自行车竞赛选手	受到禁锢以上刑罚或违反自行车竞技法被处以罚金刑	刑罚执行终了之日起经过3年	经济产业省
摩托车赛选手	受到禁锢以上刑罚或违反小型机动车竞速法被处以罚金刑	刑罚执行终了之日起经过3年	经济产业省
摩托艇选手	受到禁锢以上刑罚或违反摩托艇竞速法被处以罚金刑	刑罚执行终了之日起经过2年	国土交通省

二是部分资格限制期间过长,这方面的批评主要集中于5年和10年的资格限制期间设置。在某些情况下,比如对"旅行业""债权回收业"的资格限制中,犯罪者仅被处以罚金刑,就可以对其一律施以长达5年的资格限制;而"律师""教育职员"等行业,即便判处的刑罚为禁锢1年,强制适用的资格限制期间也达到10年之久。这难免引起对刑罚与资格限制之间均衡性的质疑。此外,从整体来看,犯罪人因同一犯罪行为所遭受的刑罚与资格限制不利后果之和可能已经超出了必要的界限。"罪刑均衡原则来源于不得对个人的权利和自由进

---

① 法務省保護局恩赦課:《資格制限法令ハンドブック》(1992年)"すいせんの言葉"。

行不当限制这种宪法上的要求,那么这里的"刑"是不是刑法规定的刑罚并不重要"①,因此长期资格限制足以突破罪刑均衡原则的基本要求,与人权保护价值导向相悖。再者,就社会复归的目标而言,及时消除前科者就业的障碍,确保其得以顺畅融入社会是重中之重。长达5年甚至10年的资格限制已经在事实上深刻影响到前科者回归社会任务的实现,即使10年后资格恢复,在前科者脱离原行业领域时日已久,难以再操旧业的背景下,其意义也是相对有限的。

(三)前科资格限制体系权力运行配置中司法权缺失

当前日本前科资格限制制度呈现出浓厚的行政主导色彩。一方面,行政权力事实上主导了前科资格限制法律条文的创设。尽管规定前科资格限制的法律需经参众两院审议表决通过后方可施行,但由于行政部门掌握着提案权,同时国会在审议时对前科资格限制事宜往往关注较低,这也导致行政部门拟定草案中的资格限制条款几乎可以通畅无阻地成为正式法律条文。而行政部门具有较为强烈的通过资格限制控制管辖领域犯罪风险的倾向,因此每次对资格限制相关法案进行调整时,限制程度都趋于严厉化②。加之不同提案部门对资格限制存在理解性差异,众多有权提案主体使前述"邻接资格"最终在规范内容、严厉程度方面呈现出较大的差异,影响了资格限制体系法适用的统一性。另一方面,前科资格限制的法律渊源出现由法律向各类行政性文件扩张的趋势。资格限制的规范渊源除最主要的法律外,还包括政令、省令和总理府令,例如自行车运动员的资格限制并非由国会通过的"自行车竞技法"创制,而是由经济产业省自行制定的"自行车登录规则"设立(経済産業省令第62号),类似的还有"竞马法实施规则"等。这些资格限制得以绕开国会的审查,加剧了资格限制体系的复杂性,使资格限制体系对于负责矫正、保护更生的实务工作者而言把握起来都较为困难③。不仅如此,资格限制实质的基础权利剥夺特质也使得政府部门作为创制主体面临着合宪性层面的质疑④。

出于对行政主导下前科资格限制体系权力结构过度单一的顾虑,学界开始探讨司法权介入的可能性。尽管过去政府曾表示"将资格限制交由法院评判的合理性值得怀疑;将之再次作为刑罚由法院决定实际也并不妥当"⑤,然而在合宪性视角下,法院基于对案件具体案情的把握,作出犯罪人是否适用资格限制的裁断与资格限制的非刑罚定位并不冲突;相反,从资格限制适用的均衡性与关联性角度,司法权针对具体风险的个别审查或许更加合

---

① 佐伯仁志:《制裁論》,有斐閣2009年版,第95頁。
② 谷脇真渡:《医師法における前科に関する欠格事由についての一考察——なぜ医師法の欠格事由は〈罰金以上の刑に処せられた者〉なのか》,載《桐蔭法学》2024年第30卷1・2号,第151頁。
③ 森本益之:《犯罪者の社会復帰と資格制限》,載《阪大法学》1994年第44卷2・3号,第660頁。
④ 米山哲夫:《資格制限の目的と機能》,載《駿河台法学》1992年第5卷第2号,第39、40頁。
⑤ 森本益之:《犯罪者の社会復帰と資格制限》,載《阪大法学》1994年第44卷2・3号,第657頁。

理,支持此观点的论者颇多①。但从实践情况来看,日本司法系统在资格限制问题上始终持保守的形式审查立场②,这也招致了学界的批评,认为法院没有结合案情履行充分审查义务,而仅仅是一味重复关于某些职业具有特殊性的观点③。司法权持消极态度的原因可能是立法并未明确法院在资格限制问题上的角色,值得注意的是,日本已经在最新的"公职选举法"第252条第4款赋予了法院对法律规定的选举权限制予以从宽适用或不适用的权利,展示了司法权参与的可能。该规定体现的动向能否进一步影响日本的立法,尚有待观察。

四、我国犯罪附随后果体系优化的启示

比较法的根本目的在于关注各国法律间共性的同时,通过对诸国法律与判例的研讨,明晰制度构造间的具体差异,进而取其精华、去其糟粕,实现对本国法律体系的再优化④。对于我国当前犯罪附随后果的完善而言,日本前科资格限制的建构模式可以提供若干有益借鉴;围绕资格限制的相关争议与批评同样值得我国关注并警惕。

(一)明确犯罪附随后果公共利益保护的核心功能导向

功能导向能够检视现有制度的合理性,同时可以为今后制度的完善和实践运行提供基础性的理念支撑,因而是制度优化领域的关键命题⑤。与日本相似,我国犯罪附随后果制度也存在功能导向模糊的问题。当前载有犯罪附随后果的法律文件普遍没有明确犯罪附随后果的设置目的与功能导向,学界对于犯罪附随后果的功能意涵也并未形成共识。除社会防卫的功能外,部分学者认为"前科评价同样属于对犯罪的否定性评价,可以视之为一种附随性制裁"⑥,具有强化威慑的积极作用⑦;也有学者主张犯罪附随后果能够"彰显特殊职业的光环和地位"⑧。对犯罪附随后果功能导向认识的模糊在立法文件中得到了直接的反映,以惩罚本身为目的的犯罪附随后果在我国法律体系中大量存在。一方面,我国设置了大量"利益剥夺型犯罪附随后果"⑨,这些附随后果多为对前科者直接财产利益的限制,且往往不具有明确的罪名要素制约。此类附随后果不仅无助于犯罪风险的控制,更有可能通过财产利

---

① 大塚仁、宫沢浩一:《演習刑事政策》,青林書院新社1972年版,第425页。
② 最判平成元.1.17判夕697卷54页;最判平成19.12.13判時1995卷157页。两个判例均涉及公务员资格限制问题,在两个判例中法院展现了相同的态度,并未对案情进行实质审查,而是强调公务员的地位特殊,认为公务员犯罪是对社会信用的损毁,有碍国民信赖,因而这些资格限制都是合理的。
③ 岡田信宏:《判例セレクト89,地方公务员的自动失職制度的合憲性》,载《法学教室》1990年第113号别册附录8。
④ 山内惟介:《比较法研究的課題——明治大学法学部付属比较法研究所への期待を込めて》,第12页,https://www.meiji.ac.jp/hogaku/information/6t5h7p00000ospl4-att/a1500433374434.pdf,最后访问日期:2025年3月2日。
⑤ 王瑞君:《我国刑罚附随后果制度的完善》,载《政治与法律》2018年第8期。
⑥ 崔志伟:《积极刑法立法背景下前科消灭制度之构建》,载《现代法学》2021年第6期。
⑦ 于志刚:《犯罪记录制度的体系化建构》,载《中国社会科学》2019年第3期。
⑧ 王瑞君:《"刑罚附随性制裁"的功能与边界》,载《法学》2021年第4期。
⑨ 彭文华:《我国犯罪附随后果制度规范化研究》,载《法学研究》2022年第6期。

益剥夺加剧犯罪人的贫困处境,进而增加其再犯可能性。另一方面,出于威慑潜在犯罪人的考量,立法机关积极追求犯罪附随后果的严厉性,不断强化犯罪附随后果的影响力与影响范围,具体体现在当前犯罪附随后果低门槛的适用条件、永久性的适用期限等诸多方面。在这种思路影响下甚至出现了以犯罪人亲属为适用对象的所谓"间接型犯罪附随后果"。以上种种立法实践均反映了犯罪附随后果规范制定者对于惩罚性的积极追求。

然而,正如日本学者所批判的,对于惩罚性的追求会不当加剧犯罪附随后果的严厉程度,使犯罪附随后果成为对前科者"二次非难"的工具。特别是我国当前轻罪立法趋势下,犯罪附随后果不但导致"轻罪不轻",甚至出现了犯罪的直接后果与间接后果之间轻重"倒挂"的不正常现象①,因此有必要对当前犯罪附随后果呈现出的惩罚性功能进行系统性反思。一方面,犯罪附随后果不应成为实现"从严惩处犯罪"法意识的工具,寄希望于通过犯罪附随后果达成"罚当其罪",只能使犯罪附随后果成为刑罚痛苦的补充机制,削弱犯罪附随后果独立制度价值,使之沦为刑罚功能的延伸。另一方面,立法者对威慑效应的追求同样是犯罪附随后果惩罚力度不断加强的深层次动因,但这种思路本质上与我国古代"严刑者,民之所畏也……而严刑重罚之可以治国也"的严刑峻罚理论并无二致②,对威慑这种功利主义目的的过度追求最终将导致犯罪附随后果成为一种社会严苛控制的工具。因而摒弃掉犯罪附随后果中的惩罚性功能导向是制度优化的当务之急,应废止当前"利益型犯罪附随后果"的规定,同时将"间接性附随后果"彻底从犯罪附随后果体系中移除。此外,还应当以惩罚性目的的有无作为犯罪附随后果内容合理性的重要检验依据,这部分将在下一节中详细论述。

就维护职业特殊地位的功能导向而言,我国与日本相似,同样对"公务员""律师""教师"等职业设置了资格限制。然而日本的经验表明,强调维护部分职业特殊地位的功能导向,会导致职业间等级意识的强化,加剧职业隔离的不良现象,最终引导社会走向恶性威权主义。我国宪法明确规定,"中华人民共和国公民在法律面前一律平等""任何组织或者个人都不得有超越宪法和法律的特权",可以说"平等"是渗透进我国政治、社会、文化各个层面的基础理念。通过犯罪附随后果彰显部分职业的特殊地位,相当于侧面宣称这些职业是高人一等的,本质仍是"官身""体制内"特权思维的体现③,与我国宪法确立的平等理念相悖。虽然职业本身不应有高低之分,但由于不同职业所代表的公共利益具有显著差异性,应允许立法者基于某些职业的特殊性设置针对性犯罪附随后果。这种区别保护必须以将来犯罪行为可能侵犯的公共利益特点作为基础,而不能仅仅依据所谓职业地位高低进行资格限

---

① 张明楷:《轻罪立法的推进与附随后果的变更》,载《比较法研究》2023年第4期。
② 《韩非子·奸劫弑臣》,转引自林山田:《刑法通论(下)》,北京大学出版社2012年版,第293页。
③ 张翔:《犯罪附随后果的合宪性审查——从备案审查"禁止连坐"意见切入》,载《中国刑事法杂志》2024年第2期。

制的区别对待。

综上所述,惩罚性功能与维护特殊职业地位均不能成为我国犯罪附随后果应然的功能导向,我国犯罪附随后果应当定位于维护公共利益目标的特殊预防措施。事实上,犯罪附随后果制度的根本目的就是控制再犯风险,进而保障公共安全,这也在一些官方表达中得到了证实。"地方性法规对某些特种行业设定较为严格的从业资格条件,对维护公共安全有积极作用。"① 将犯罪附随后果定位于维护公共利益目标下的特殊预防措施,不仅能够回应对于已经通过刑罚赎罪完毕的犯罪人再次施加不利负担引发的合法性质疑,同时也能最大限度约束犯罪附随后果的适用,即对前科者的附随后果限制必须置于预防视角下人身危险性有无的判断思路中,并在保护重要公共利益的目的框架内实行。

（二）提升犯罪附随后果规范内容的科学性与合理性

我国当前犯罪附随后果规范内容大多较为粗糙,许多附随后果规定缺失罪名要素、刑度要素,永久性犯罪附随后果大量存在。通过与日本相似类型前科资格限制的直观对比,可以更为深刻地把握我国附随后果当前存在的问题(见表3)。犯罪附随后果规范内容整体的科学性与合理性欠缺为惩罚性目的提供了存在空间。不当扩张附随后果的适用范围,变相加重前科者承受的不利负担,更会严重阻碍犯罪附随后果公共利益保护核心功能导向的实现。

我国对犯罪附随后果规范内容科学性与合理性的优化需要从具体要素与整体结构两个层面入手。就具体要素而言,一是应当细化附随后果规定中的罪名要素。从表3的中日附随后果规定对比来看,我国犯罪附随后果普遍忽视前置罪名的要求,"受到刑事处罚"成为大量附随后果适用的前提。犯罪附随后果的根本功能在于通过犯罪风险的防控实现公共利益保护,"受到刑事处罚"建立了一种抽象的再犯风险评估标准,即"前科事实"等同于具有犯罪风险,犯罪附随后果的适用因而衍变为以"前科者"身份为依据。然而"先前犯罪前科就其个人而言,彷如一个人生涯片段'插曲',若毫无限制用以推论为个人制式行动、性格取向或过于跳跃"②,在附随后果适用中过分强调"前科者"这一身份事实也容易引导附随后果向惩罚性目的转向。因此,通过犯罪附随后果实现再犯风险控制必须基于犯罪人先前罪名与控制结果之间的关联性。具体而言,可以参考日本前科资格限制规定,确定与某一犯罪附随后果意图限制的职业、职务关系密切,以及再犯率较高的若干罪名,并将之固定成为犯罪附随后果适用的前置条件。罪名要素应当尽可能细化,以实现前置罪名中风险因素与可能侵犯公共利益之间的类型化防控。

---

① 沈春耀:《全国人民代表大会常务委员会法制工作委员会关于2021年备案审查工作情况的报告———2021年12月21日在第十三届全国人民代表大会常务委员会第三十二次会议上》,《中华人民共和国全国人民代表大会常务委员会公报》2022年第一号(总号:355),第246页。

② 林裕顺:《犯罪前科,可证明冥顽不灵?》,载《月旦法学教室》2021年总第229期。

表 3　日本与我国相似资格限制规定的对比

适用对象	日本前科资格限制规定	我国犯罪附随后果规定
教师	受到禁锢以上刑罚的人,期限准用刑罚消灭时效10年	被剥夺政治权利或者故意犯罪受到有期徒刑以上刑事处罚的,不能取得教师资格,终身限制
会计师	违反公认会计师法、金融商品法第197—198条、投资信托法第233条、保险业法第328条、资产流动法第308条、公司法第967条规定,被判处禁锢以上刑罚,自执行终了之日起5年内;或违反一般法律,自执行终了之日起3年内	因有提供虚假财务会计报告,做假账,隐匿或者故意销毁会计凭证、会计账簿、财务会计报告,贪污,挪用公款,职务侵占等与会计职务有关的违法行为被依法追究刑事责任的人员,不得再从事会计工作,终身限制
税务师	违反国税或地方税规定被判处禁锢以上刑罚,自执行终了之日起5年内;或违反国税、地方税规定被判处罚金,自执行终了之日起3年内;或违反一般法律被判处禁锢以上刑罚,自执行终了之日起3年内	受刑事处罚,自处罚执行完毕之日起未满3年的
药剂师	被判处罚金以上刑罚,可以处以资格限制,期限准用刑罚消灭时效5—10年(裁量性)	受到刑事处罚,自刑罚执行完毕之日到申请注册之日不满3年的
公证人	受到禁锢以上刑罚的人,期限准用刑罚消灭时效10年;但是被判处禁锢2年以下的人,资格限制自刑罚执行终了之日结束	因故意犯罪或者职务过失犯罪受过刑事处罚的,终身限制

二是可以通过提升刑度要素与限制期间要素的科学性,建立两种要素之间的逻辑关联,实现犯罪附随后果的谦抑适用。当前我国犯罪附随后果刑度要素虚化现象严重,诸多规定中对于前置刑罚的要求仅仅是"受过刑罚处罚""被依法追究刑事责任",虚化的刑度要素使得犯罪附随后果适用门槛极低。与此同时,限制期间则可以达到终身,引发了犯罪附随后果与刑罚在严厉程度上的失衡。正如日本学者所指出的,过于漫长的资格限制期间不仅无助于前科者回归社会,更无法通过保护公共利益的合目的性检验。犯罪附随后果本质是一种特殊预防措施,应当以犯罪人的人身危险性为基础,而犯罪人所承受的宣告刑在很大程度上能够反映犯罪人的人身危险性。基于此,可以将刑度要素与限制期间要素直接关联。具体而言,可以将刑度要素划分为若干刑度区间,并相应地规定与之匹配且一般不超过5年的限制期间。刑度与期间的动态关联不仅能够使限制期间的设置更加合理,也有助于实现对犯罪附随后果负面效应的有效控制。

三是可以考虑将犯罪附随后果的强制、自动适用转变为裁量性适用。日本相对型前科资格限制将裁量权交由主管行政部门,由此行政部门可以根据行为人特征与案件的情况,包括案件性质的严重程度、行为人过往的执业态度、行为人的悔改表现等,进行具体的分析与判断,相较于强制性的适用而言更为灵活、合理。通过科学的裁量适用,相当部分前科者被排除在资格限制之外,降低了前科资格限制的严厉性。此外,裁量适用赋予了前科者与决定部门之间沟通的渠道,前科者可以通过自身行为实质影响最终决定,更符合正当程序的要求。我国《中华人民共和国出境入境管理法》中对外国人"违反本法或者其他法律、行政法规需要遣送出境的,可以遣送出境"的规定,实际上就属于相对型犯罪附随后果。只是当前绝大多数犯罪附随后果仍属绝对适用,不具有任何裁量空间,前科者一旦符合规范确定的条件即自动适用。未来我国可以考虑借鉴日本相对资格限制的规定,提高裁量犯罪附随后果的总体占比,通过强化行政部门的实质审查进一步提升资格限制适用的合理性。

就犯罪附随后果规定的整体结构而言,可以借鉴日本前科资格限制中要素均衡与复合型结构思路。日本通过严格因素与宽缓因素之间的调和,降低某项资格限制规定的整体严厉性。在需要对某项要素严格把控时,如某项资格限制难以确定具体罪名要素,或者某一资格限制有必要适用较长的限制期间,必然伴随着其他要素的相对缓和。质言之,日本资格限制创制时始终从各项要素的组合视角下,整体把握某项资格限制的严厉性,并尽力实现全体资格要素在严格程度方面的相对统一。同时复合型的结构也使得日本某一具体资格限制规定内部呈现出阶层化的限制模式,每一个层次都可以独立地对应不同罪名情形,由此提升了资格限制的适用针对性。我国犯罪附随后果同样应当考虑宽缓性与严格性的调和,以整体性的视角避免某一犯罪附随后果严厉程度的畸重。在必要的情况下,可以根据先前罪名的法益侵害性、再犯可能性等因素,设置层次化的适用结构。

(三)明确犯罪附随后果法律保留属性,探索司法权介入机制

日本的经验教训表明,由于行政权力天然的扩张属性,过度行政主导下的立法模式将导致资格限制整体趋于严厉,同时不可避免地融入惩罚性意图。另外,制定主体的分散也会影响前科资格限制适用的统一性,增加制度的适用难度,影响法适用的效率。我国犯罪附随后果制定主体较之日本更为复杂。不仅中央层面行政法规、部门规章,地方法规、规章同样可以随意创设犯罪附随后果规定,更有若干附随后果的渊源来自中央部委、地方政府的工作文件。这些工作文件极其分散,且不完全对外公开,进一步使附随后果沦为了我国犯罪法律效果层面的一个黑数,难以被准确考察。由于立法主体众多,不同部门文件对于相似附随后果限制的规定常常迥异,例如:《教育部办公厅关于进一步加强中小学(幼儿园)预防性侵害学生工作的通知》明确"严禁聘用受到剥夺政治权利或者故意犯罪受到有期徒刑以上刑事处罚人员担任教职员工",《教育部 公安部 共青团中央 全国妇联关于做好预防少年儿童遭受性侵工作的意见》则"严禁聘用受到剥夺政治权利或者故意犯罪受到刑事处罚人员",同样是指向对未成年人权益的保护,刑度要素却差异较大。犯罪附随后果本质是对就业权、教育权、财产权等基本权利的限制与干预,根据宪法确立的法律保留原则,法律渊源只能是全国人民代表大会及其常委会制定的基本法律。法规、规章、地方性文件等无权创设犯罪附随

后果类型,仅可以在不与法律抵触的前提下,制定实施层面的细化方案,且此类下位法制定的具体细则不应变相加重犯罪附随后果的不利程度。通过法律保留原则限缩犯罪附随后果的立法主体,不仅是合宪性层面的应然选择,更有利于改善当前我国犯罪附随后果体系内行政权力的无序膨胀,使犯罪附随后果不致偏离公共利益保护的轨道。将下位法中与上位法抵触的犯罪附随后果规定删除,在保障法整体适用的统一性的同时,也有助于提升犯罪附随后果体系结构的稳定性。

此外,从权力平衡的角度出发,可以考虑在犯罪附随后果运行体系中引入司法权。制度运行中的多元权力介入有助于实现权力的相互制衡,避免某一权力的独断与滥用。具体到犯罪附随后果层面,司法权存在两种可能的介入路径。一是参考日本"公职选举法"的规定,允许法官根据个案情形决定犯罪附随后果的轻缓适用或不适用,并将法院裁断作为规范适用的例外。法律规范中犯罪附随后果内容属于普遍、一般的适用规定,这决定了该种模式下无法充分考量个案具体再犯风险状况,适用针对性相对不足。赋予法官个别审查权可以进一步提升犯罪附随后果适用的合理性,形成对自动适用模式的有效补充与制约。具体而言,可以通过改造和扩充我国刑法第37条禁业规定,将法官的限制权限由禁止从事某种职业扩展至对行为、职业、资格的多方面限制来实现。为此,应删除37条现有"其他法律、行政法规对其从事相关职业另有禁止或者限制性规定的,从其规定"条文,确立犯罪附随后果个案审查下的司法优先原则。二是建立法院复权审查机制,对符合条件的前科者,在附随后果限制经过一定期间后,允许通过依申请或依职权的方式启动复权审查机制。法官可以设置合理的考验期,考验期内前科者被限制的权利暂时恢复。考验期满未发生法定情形的,视为犯罪附随后果执行完毕,犯罪人权利永久性恢复至圆满状态。两种路径下法院分别扮演着事前审查与事后审查的不同角色,通过司法权审查的参与,犯罪附随后果体系不论从功能实现还是人权保障层面都将更加趋于科学与严谨。

(四)建构犯罪记录封存与消灭配套机制

犯罪附随后果负面效应控制是一项体系化的工程,犯罪记录封存与消灭机制的构建同样是推进犯罪附随后果体系整体科学性、合理性的重要一环。就关系论的视角来看,"犯罪记录"可以看作"犯罪附随后果"之因,而"犯罪附随后果"则是由"具有犯罪记录"这一法律事实产生之果。当前我国犯罪记录封存制度的运用局限于未成年人犯罪领域,而成年人犯罪后犯罪记录封存制度的阙如在一定程度上放大了犯罪附随后果的不利影响,加剧了终身性犯罪附随后果的滥用。特别是犯罪附随后果并不仅仅存在于规范层面,社会层面评价的降低同样也是一种广义上的"附随后果",其对于前科者复归社会形成的障碍同样不容小觑。在此背景下,党的二十届三中全会做出"建立轻微犯罪记录封存制度"的决定,标志着我国特色前科封存与消灭体系建设正式成为下一步的工作方向。

因此，犯罪附随后果体系的建构中应当同时配套犯罪记录封存、消灭机制。在比较法的视野下，日本将刑罚消灭制度明确列入刑法典，刑罚消灭因而成为前科资格限制不良影响消除的兜底性措施。通过对刑罚效果的完全性消除，曾经犯罪的人也得以永久地摆脱前科者的身份，以普通公民的姿态真正回归社会。我国存在为数不少的终身性犯罪附随后果，在前文犯罪附随后果刑度与期间动态平衡体系、司法权有效介入等机制常态化之前，将犯罪记录封存与消灭机制先行作为犯罪附随后果适用的兜底性措施就具有更为重要的意义。我国已经确立了未成年人犯罪记录封存制度，然而该制度将适用主体限定为未成年人，并设置了宣告刑5年以下的刑罚条件。有限的适用范围使当前犯罪记录封存制度无法保障犯罪人整体的再社会化，制度效能未被充分激活。此外，未成年人犯罪记录封存制度名为封存，实则具有部分"消灭"的内涵，模糊了犯罪记录封存与消灭的边界[①]。基于此，有必要将当前犯罪记录封存制度的适用范围拓宽至成年人犯罪领域，以犯罪人有效复归社会为出发点改造其内容，在此基础上形成与后续犯罪记录消灭机制的层次化构造。

具体建构而言，可以分为犯罪记录封存与犯罪记录消灭两个阶段。第一阶段的犯罪记录封存适用范围应当涵盖所有前科者，重点在于强化犯罪信息保护，规范犯罪信息查询路径，明确具有法律规定的情形，同时经过法定程序方可由具有权限的查询主体进行查询，除此之外任何社会主体不得擅自查询、使用、披露公民犯罪记录。对于非法查询、使用、泄露公民犯罪信息，设立严格的责任倒查、追究机制，造成严重后果的应追究刑事责任。通过犯罪记录封存机制，可以使当前绝大多数规章、地方文件设置的犯罪附随后果事实上无效化，同时避免来自社会的非规范性评价对前科者复归社会造成不利影响。需要强调的是，犯罪记录封存并不意味着犯罪记录的消灭，前科者的前科事实仍将接受刑法意义上"再犯""累犯"等制度的评价，同时法律层级确定的犯罪附随后果也不会因犯罪记录封存而阻却适用。第二阶段的犯罪记录消灭则可以在犯罪记录封存机制的基础上，考虑根据宣告刑的轻重，设置自刑罚执行完毕起3—10年的观察期，在期限经过后，前科者没有出现再次犯罪等法定情形时，刑罚效果就此消灭，曾受刑罚处罚的事实将不再具有法律意义，犯罪记录应当被永久性消除。由此，任何犯罪附随后果均不能对已被消灭犯罪记录的前科者产生效果，前科者也可以对外宣称无犯罪记录。此外，对于部分犯罪，如恐怖活动犯罪、危害国家安全犯罪等特殊犯罪类型，可以设置犯罪记录消灭的例外，从而实现犯罪人权益保障与公共利益保护两种价值的平衡。

通过对部分符合条件的刑释人员封存、消灭犯罪记录，进而实质性复权，不仅对犯罪附随后果影响范围的有效控制具有助推效应，而且也有助于消解社会层面对前科者的非规范

[①] 参见郑二威：《我国犯罪记录整体封存的制度构建》，载《法制与社会发展》2023年第4期。

性评价产生的消极影响,更好地促进犯罪人回归社会。无论如何,曾犯罪人员复归正常生活,真正有效地重新融入社会集体,才是犯罪治理现代化的应然路径,更是社会治理所欲实现的最终目的。

五、结语

"刑法反映的是文化基础中的价值,是该时代文化的镜子。"① 如何认识"前科者"这一社会群体,将影响犯罪附随后果制度未来在我国的发展方向。罪犯不是什么"邪恶、危险的存在",犯罪附随后果也并非将罪犯社会隔离的工具,更不是对前科者进行再非难的情绪渲泄品。我们必须认识到,即使一个人曾犯过罪,也没有脱离"人"这个身份本身,将罪犯贬低为事实上的二等公民并隔离于社会活动参与之外,不仅无助于降低犯罪风险,更有违人类平等的意识形态共识。回归到对犯罪人个体的关注,才能真正将他们从犯罪的循环中解脱出来,也更能彰显法律的人文关怀。因此,及时调整犯罪附随后果功能设计思路,将公共利益保护确定为制度运行的核心价值,准确析出易诱发某类犯罪群体再犯罪的具体因素并进行类型化防控,实现犯罪附随后果由社会性隔离到特定风险隔离的转向,是制度未来优化的核心环节。在此基础上,参考日本前科资格限制具体规范构建中的有益经验,搭建更为合理、科学的犯罪附随后果规范体系,确保犯罪附随后果在保护公共利益的同时,实现对前科者社会复归目标的阻碍最小化。

---

① 平野龍一:《刑法の基礎》,東京大学出版会1980年版,第95页。

论人工智能生成创作的版权公示专门规则构建*

刘 慧 王 琰**

摘要：生成式人工智能技术快速普及的同时，人工智能生成内容的可版权性仍备受争议。当前，各国的判决均肯定了具有人类贡献的 AIGC 的作品属性。但实践中，AIGC 版权治理尚面临人类贡献度区分难、版权归属不清等问题。对此，为实现在现有版权确权制度下 AIGC 治理透明化，应在传统自动取得原则教义统筹下构建 AIGC 版权公示专门规则，并在此基础上形成专门的、体系化的实体规则、程序性规则及辅助规则。其中，实体规则包括 AIGC 版权公示的例外情形规则、人类贡献度认定规则、激励规则；程序性规则包括形式审查与第三方实质审查并存规则、救济与惩戒机制并存规则。除此外，为保障公示的质量和效率，亦有必要结合智能审查、新兴技术存证等支持，形成统一的 AIGC 版权公示辅助规则。

关键词：AIGC　创作者公示　人类贡献度　实体规则　程序性规则

以 DeepSeek、Sora、ChatGPT 为代表的生成式人工智能在文化创意产业中的应用呈现出爆发式增长态势，在重塑艺术创作边界的同时，亦标志着一个全新创作时代的到来。从百度数字人画作成为具有商业价值的数字藏品，到"神秘的阿特拉斯：人工智能时代的图像"专门展览，再到人工智能生成文本助力作家荣获重要文学奖项，人工智能生成创作（Artificial Intelligence Generation Creation，以下简称"AIGC"）的艺术价值和商业潜力得到

---

* 项目基金：本文系国家社会科学基金青年项目"数智背景下版权登记的基础理论与制度创新研究"（项目号：24CXW064）的阶段性成果。

** 作者简介：刘慧，法学博士，华东理工大学法学院副教授，硕士生导师；王琰，华东理工大学知识产权研究中心助理研究员。

了充分验证。然而,随着 AIGC 数量的激增,全球范围内因此引发的版权侵权案件频发。学界对此类议题的研究主要聚焦于两个方面:一是生成创作是否具有版权法意义上的独创性及该独创性判断的标准为何? 二是 AIGC 法律主体资格认定是否需突破既定框架,抑或坚守人类本位立场? AIGC 之作品属性存疑与主体认定难题并非意在否定 AIGC 所蕴含的商业价值。实践中,司法判例已经认可了 AIGC 的艺术价值和作品属性,然而,海量的 AIGC 版权权属认定均需通过"个案判定"的方式展开吗? 显然不能。如何构建一个具有操作性的 AIGC 版权权属确认规则是亟待解决的问题。对此,有学者提出需根据不同的情形,依据创造主义、所有权主义或者约定主义区分 AIGC 的不同归属,从学理上强调了 AIGC 归属确认的重要性。而从产业发展层面而言,AIGC 版权治理和促进亦需要考量其传播、使用之便利。面对我国现行版权法律体系在确权—评估—交易—维权各个环节衔接不畅的问题,AIGC 的技术特性又使得其生成内容的独创性评估愈益艰难。鉴于此,需要在全面审视 AIGC 版权公示规则建立的现实必要性、核心困境及理论空间的前提下,明确 AIGC 版权公示专门规则的内容架构,以保障 AIGC 创作市场的可持续发展秩序。

一、AIGC 版权公示专门规则构建的现实需求

(一) AIGC 使用、传播之保障:创作者身份识别

现今,AIGC 与人类创作作品的外观呈现和内在功能日渐趋同[①],而部分创作者凭借信息优势肆意侵害他人作品权益,使 AIGC 已成为冒名的重灾区[②]。如在人工智能生成绘画第一案[③]中,争议焦点之一在于被告未经许可去掉图片署名水印冒充自己的作品进行传播是否构成侵权行为[④]。未来若无有效应对,势必导致 AIGC 版权冒名侵权案例陡增。加之,公众对 AIGC 传播中潜在法律风险的顾虑,甚至可能引发社会层面对 AIGC 的集体回避[⑤]。基于此,确保使用者与传播者能够全面了解 AIGC 的真实来源显得尤为重要。而这一目标的实现,从权利分析理论视角出发,不仅依赖于法律对其知情权的正式确认,更在于创作者、服务提供方等义务主体应积极履行其信息披露义务。基于此,我国出台了《互联网信息服务深度合成管理规定》《生成式人工智能服务管理暂行办法》《人工智能生成合成内容标识办法》(以下简称《标识办法》)、《网络安全技术人工智能生成合成内容标识方法》(以下简称

[①] 参见杨利华、王诗童:《人工智能生成内容的著作权客体性思考——兼论作品判定的独创性标准选择》,载《北京航空航天大学学报(社会科学版)》2024 年第 2 期。

[②] 参见郑远民、贺栩溪:《结果视角下人工智能生成物的保护路径检讨》,载《科技与法律》2020 年第 3 期。

[③] 参见北京互联网法院(2023)京 0491 民初 11279 号民事判决书。

[④] 参见张继红:《生成式人工智能生成内容标识义务研究》,载《法商研究》2024 年第 4 期。

[⑤] 参见刁佳星、冯晓青:《人工智能生成内容的著作权法问题——分析框架与纾解方案》,载《河北大学学报(哲学社会科学版)》2024 年第 2 期。

《标识国标》）等规定。虽要求 AIGC 需注以"AI 生成"标识，但相关规定无法同 AIGC 版权产业的持续发展完全衔接。以《标识办法》及其配套的《标识国标》为例，二者虽对显性标识加注予以示例，却未解决标识稳定性、便携性不足的问题。如文本类 AIGC，即使自源头嵌入标识，该标识仍易在后续传播过程中被用户删除或修改①。相较而言，图片、视频 AIGC 的标识不易被去除，但直接标注可能降低图片和视频的质量与传播的便利性②。除显性标识之外，《标识办法》要求服务提供者需对生成内容添加元数据隐式标识，用于记录文件来源、属性、用途、版权等信息内容。但该标识的主要作用是为事后服务监管提供数据支持③，其所披露的信息需要采取技术措施在生成合成内容文件数据中添加，在一般传播过程中，使用、传播者无法核验文件元数据中存储的内容。

可见，现行强制标识虽有助于公众初步区分内容来源，但实质上仍是将 AIGC 作品与非作品混同在一起的"无差别"形式贴标④，其核心旨在厘清平台责任边界、强化行业规范体系，而非直接触及 AIGC 作品权属确认、来源识别等版权核心问题的解决。未来若要达成 AIGC 作品的有效管理与规范，仍需将其置于版权体系下统一规制。而破局之道在于版权法既有的版权公示制度，即借由官方出具的权利持有证明，初步验明 AIGC 版权，澄清权属并公示于外。如实践中，已有部分创作者试图对 AIGC 进行登记以刺破 AI 创作"黑箱"带来的信息壁垒，从而向外传递尊重版权、值得信赖等信号⑤，但遭遇了登记标准不统一的窘境。如在"春江花月夜"版权登记案中，创作者在东部某版权局完成了 AIGC 登记并获得了数字证书，然而，在西部某版权局进行类似登记时，却因独创性不足遭拒。究其根源，在于各省线下登记管理分散，跨区域作品权利状态的查询困难。加之，由于缺乏统一审核标准与程序，不同地区的登记机构对 AIGC 能否登记存疑⑥。尽管各地纷纷探索线上登记，但因技术效果参差、操作不便及存在潜在安全风险，致采用线上登记的创作者较为有限，更无法解决 AIGC 跨区域确权的问题。故而，为达成 AIGC 与人类创作的有效区分，有必要在现行版权登记制度下形成专门的 AIGC 版权公示规则。

（二）人类贡献度明晰之保障：统一标准下的创作者主动披露

鉴于 AIGC 兼具人类创意与智能算法的双重特质，国际上对其是否受版权保护产生了

---

① 参见姚志伟、李卓霖：《生成式人工智能内容风险的法律规制》，载《西安交通大学学报（社会科学版）》2023 年第 5 期。
② 参见丁晓东：《著作权的解构与重构：人工智能作品法律保护的法理反思》，载《法制与社会发展》2023 年第 5 期。
③ 参见陈俊凯：《人工智能生成内容信息披露机制构建研究》，载《中国科技论坛》2024 年第 3 期。
④ 参见张凌寒、贾斯瑶：《人工智能生成内容标识制度的逻辑更新与制度优化》，载《求是学刊》2024 年第 1 期。
⑤ 参见李安：《人工智能训练数据的版权信息披露：理论基础与制度安排》，载《比较法研究》2024 年第 5 期。
⑥ 参见赵玺：《我国著作权登记制度比较研究——兼评我国〈著作权法〉修改草案》，载《出版参考》2016 年第 6 期。

不同的赋权分歧：如"黎明的扎里亚"案①中，因信息的完全不披露而误将 AIGC 视为人类作品直接赋予版权保护；再如"S.Š.诉 TAUBEL LEGAL"②"空间歌剧院"③等案中，因创作者信息的不完全披露而致其 AIGC 未获版权保护。对此，已有部分国家意识到，唯有通过创作者的主动披露，方能便于 AIGC 的确权、使用、传播及侵权预防。如韩国在发布的《生成式人工智能与版权指南》中指出 AIGC 登记过程中，申请人需要披露其中人类创造性地修改了哪些内容。同样，美国亦颁布了《人工智能生成作品版权登记指南》，明确要求申请人需"简要说明人类作者对作品的贡献"。目前，我国虽未在法律法规、规则层面要求 AIGC 创作者主动披露其中"人类贡献度"，但已在司法层面作出了相关考量。如"文生图第一案"中，北京互联网法院对 AIGC 背后技术逻辑与创作流程追溯的细致考察，凸显了创作者自我举证在 AIGC 版权保护认定中的关键作用。

再如蝴蝶椅④案中，法院在裁判中直接指出，若主张文生图构成独创性智力成果，使用者须提供创作过程原始记录以证明其通过调整提示词、参数等对图片表达要素作出个性化选择与实质贡献。

然而，在明确"创作披露"之于 AIGC 版权认定的价值后，各国对 AIGC 中人类贡献如何判断看法各异，仅就提示输入是否应计入人类贡献范畴便众说纷纭。例如，在"黎明的扎里亚"案中，美国版权局指出"提示文本并不决定结果输出，非人类贡献"。与此相对，日本将提示词的数量和内容、生成试验次数以及最终的选择一并纳入人类贡献的衡量范围。意大利在"夜之芬芳"案中表态认可创作过程中输入提示词是其思想的一种个性化表达形式⑤。而诸如此类的人类贡献度判定标准的分歧，导致同一 AIGC 进行跨国版权登记出现了截然相反的行政裁决。在"SURYAST"案中，美国版权局未予登记的图片 AIGC，申请人在印度和加拿大却获得版权保护。

---

① 其申请人第一次作品登记时并未披露使用了 AI，而后社交媒体上出现了声称该作品系通过 Midjourney、AI 绘画工具创作的言论，美国版权局才得以获知此情况并决定对该作品的版权登记予以重审。See U.S. Copyright Office, Re: Zarya of the Dawn(Registration # VAu001480196), https://www.copyright.gov/docs/zarya-of-the-dawn.pdf, last visited: 2025-01-03.

② 捷克布拉格法院认为：尽管原告坚称涉案图像系人工智能据其具体指令的创作产出，体现了其独创性贡献，却并未实质披露并证明该图像是基于何种具体任务而创作的，故不享有版权。See S. Š. v TAUBEL LEGAL, advokátní kancelář s.r.o., č. j. 10 C 13/2023-16.

③ 美国版权局驳回理由为：申请人以"具体提示和输入是秘密"为由拒绝披露任何具体提示，使委员会无法评估申请人提示本身是否具有足够的创造性。See U.S. Copyright Office, Re: Second Request for Reconsideration for Refusal to Register Théâtre D'opéra Spatial (SR # 1-11743923581; Correspondence ID: 1-5T5320R), https://www.copyright.gov/rulings-filings/review-board/docs/Theatre-Dopera-Spatial.pdf, last visited: 2025-01-03.

④ 参见江苏省张家港市人民法院〔2024〕苏0582民初9015号民事判决书；江苏省苏州市中级人民法院(2025)苏05民终4840号民事判决书。

⑤ 参见李康、钟一：《意大利最高法院判定算法软件生成图片构成作品》，https://mp.weixin.qq.com/s/r07EhgB71_ZE2OjGLfDVCw，最后访问日期：2025年1月3日。

表 1　AIGC 受版权保护的判断标准

部分国家	AIGC受版权保护的判断标准	共性标准
美　国	人类对于输出内容表达的创造性控制及其作者身份的传统构成要素之塑造程度①	人类贡献
意大利	生成内容是否体现了人类作者具有独创性的智力选择与安排②	
捷　克	独特指令词输入者对图像生成有显著贡献,视为作者③	
日　本	AIGC的可版权性取决于人类创造性贡献的累积④	
韩　国	只对明显传达人类思想和情感的AIGC予以登记⑤	

（三）侵权纠纷预防之保障：实现行政干预前置化

全球范围内 AIGC 版权侵权诉讼显著增加。究其原因,一是 AIGC 产出的基数远远超过传统创作数量。以图像生成为例,2023 年奥多比（Adobe）公司发布 Adobe Firefly 的首次测试版以来,该工具已被广泛应用于图像生成,累计生成量已超过 130 亿张,使用量亦呈现出显著增长趋势⑥。更有公开数据显示,未来随着人们对 AI 绘画接受度的逐步提高及 AI 绘画生成效能的持续攀升,预计至 2026 年,AI 绘画市场规模将达到 154.66 亿元。二是 AI 创作与多元艺术形式不断融合,其中的版权侵权争议已超越单一媒介限制。从最初的文字 AIGC 侵权,例如"百度诉菲林案""腾讯诉盈科案",到后来的"文生图第一案",再到如今的"文生视频第一案",侵权样态各异并逐渐呈复杂化。可见,随着 AIGC 版权诉讼的增长,仍沿用个案裁量的审判恐难以应对侵权发展之势⑦。

为此,有学者主张有必要完善现有的版权登记规则,将其作为甄别并排除显见侵权的屏障⑧,为后续的司法裁决提供初步的评估及证据基础。整体上而言,AIGC 版权公示前置的优势体现为：一是明确 AIGC 权属。行政登记通过提前确立特殊登记规范,统一对 AIGC 的独创性及其中人类贡献度予以认定,可为 AIGC 版权权属争议的审判予以锚定标准及规

---

① See U.S. Copyright Office, Library of Congress, Copyright Registration Guidance: Works Containing Material Generated by Artificial Intelligence, https://www.federalregister.gov/documents/2023/03/16/2023-05321/copyright-registration-guidance-works-containing-material-generated-by-artificial-intelligence, last visited: 2025-01-03.

② See RAI Radiotelevisione v. Chiara Biancheri, Jan. 16, 2023, No. 1107/2023.

③ 参见朱开鑫：《回归实践：生成式人工智能三大版权问题解析》,https://tisi.org/28537/,最后访问日期：2025年1月3日。

④ 日本文化審議会著作権分科会法制度小委員会：《AI と著作権に関する考え方について》,https://www.bunka.go.jp/seisaku/bunkashingikai/chosakuken/pdf/94037901_01.pdf,最后访问日期：2025年1月3日。

⑤ Ministry of Culture, Sports and Tourism. A Guide on Generative AI and Copyright, https://www.copyright.or.kr/eng/doc/etc_pdf/Guide_on_Generative_AI_and_Copyright.pdf,最后访问日期：2025年1月3日。

⑥ See Cassandra Beck. Adobe Launches Firefly Video Model and Enhances Image, Vector and Design Models, https://news.adobe.com/news/2024/10/101424-adobe-launches-firefly-video-mode, last visited：2025-01-07.

⑦ 参见刘慧：《人工智能生成创作版权权属认定的困境与突破路径——从个案认定到创作者公示》,载《出版广角》2024年第12期。

⑧ 参见余翔、张润哲、张奔等：《适应人工智能快速发展的知识产权制度研究》,载《科研管理》2021年第8期。

范性指引。二是减轻司法重负。相较于司法程序的长周期，行政登记监管部门能够迅速介入并及时采取相应惩处措施，从而在问题升级至需要司法介入前予以解决。三是规范AIGC产业秩序。行政登记的提前可强化AIGC创作者的责任意识，使其主动实施自我监督与内容创新[①]，从源头上引导AIGC产业的市场行为合规。为此，亟须构建以"人类贡献"为理论基石的公示体系，为司法裁决提供一致且可预期的标准。如此，既满足了当前法律实践的紧迫诉求，亦是未来技术革新与法律规范融合发展的必然趋势。

二、AIGC版权公示规则构建的路径检验

（一）版权登记同产业发展相衔接为域外立法的通行经验

自1995年施行至今的《作品自愿登记试行办法》（以下简称《登记办法》）仅提及作品登记的理念是"为维护作者或其他著作权人和作品使用者的合法权益，有助于解决因著作权归属造成的著作权纠纷并为解决著作权纠纷提供初步证据"。相比之下，诸如美国、日本、韩国等国家自版权登记制度诞生之初便确立了与产业发展相衔接的理念。如日本版权登记的目的是为公示著作权关系的法律事实或确保在著作权转让时的交易安全[②]。任何人均可在日本文化厅制作的登记情况检索数据库系统中查阅登记的注册号，并据此注册号在支付1050日元的手续费后申请阅览版权登记原簿[③]。与产业发展相衔接的版权登记理念和措施为日本作品传播、使用者提供了可靠的查阅途径，加速了文化市场的有序流转。再如，考虑到某些特定类型的作品可能在商业发行之前就遭侵权，美国《艺术家权利和阻止盗窃法》制定了版权预注册制度，进一步保障创作者的合法权益[④]。同时，美国《关税法》规定，只有按照版权法进行有效登记才可申请海关备案[⑤]，从而确保其作品能够在合法框架内进行跨境传播、运营。足见，构建同产业发展相衔接的版权登记制度已是国际通行做法，具有实践可行性。我国2020年在对《中华人民共和国著作权法》（简称《著作权法》）进行第三次修正后，首次将作品登记制度明确纳入法律条文，但对与版权产业发展相适应的登记配套措施和管理制度等尚未作出明确规定。

（二）自愿登记原则统筹下的国内版权公示制度变革空间

AIGC的权利固定如何展开以协调新旧版权主体和新旧产业利益至关重要。然而，在

---

① 参见张永忠：《论人工智能透明度原则的法治化实现》，载《政法论丛》2024年第2期。
② 日本文化厅：《初めて登録申請される方へ》，https://www.bunka.go.jp/seisaku/chosakuken/seidokaisetsu/toroku_seido/pdf/93797001_01.pdf，最后访问日期：2025年1月3日。
③ 日本文化厅：《著作権に関する登録制度についてよくある質問》，https://www.bunka.go.jp/seisaku/chosakuken/seidokaisetsu/toroku_seido/faq.html，最后访问日期：2025年1月3日。
④ See Family Entertainment and Copyright, Pub. L. No.109-9, §104, 119 Stat. 218, 221-22(2005).
⑤ See Smoot-Hawley Tariff Act §337, 19 U.S.C. §1337(2018).

最初版权确权设定上，我国秉承《伯尔尼公约》确立的版权"自动保护原则"，没有在法律上确立版权登记制度的公信力，使得作者缺乏参与登记的积极性①。传播、使用者如若想获取作者授权，则需投入相当的时间成本进行沟通协商，有时甚至根本无从联系作品的权利持有者，不利于作品的再利用②。足见，在"自动产生"确权原则下，版权法对价机制自源头出现了失衡③。而随着数字技术的发展，尤其是人工智能成为创作的方式之一，数字版权快速流转和易篡改的特点更加剧了权属关系不明晰的风险，导致各类利益失衡现象频发，传统版权登记制度公示失灵问题日益严峻。对此，有学者建议有必要对登记制度予以立法重构，④从立法层面明确公示原则，适当增加未公示权利人负担⑤。

以公示为前提要件，要求申请人对AIGC中人类贡献的部分进行披露、公示，看似与《伯尔尼公约》所确立的"自愿登记"理念相背离。实际上，公约第五条中提到的所谓无须履行任何前置条件、在先手续就可以行使并享有的"这些权利"的范围仅指向第一条中限定的"作者在作品起源国以外的本同盟成员国中享有……的权利"。对此，美国国内版权法明确作品的权利人须进行作品登记才能提起诉讼，而非美国作品适用《伯尔尼公约》的自动保护原则和最低保护标准⑥。可见，与任何著作权取得有关的在先手续均构成对公约精神的违背不同，该条只向缔约国施加了保护其他缔约国国民作品的义务，至于其如何保护本国国民的作品，则与《伯尔尼公约》无关⑦。尤其一国在对版权人进行救济时可以完全依据本国的法律规定，这为AIGC版权登记公示规则构建留下了可行空间。

（三）AIGC版权公示专门规则构建符合政策导向

综观我国版权公示法律制度体系，现有规范难以满足当前新兴创作保护的现实需求，存在以下问题：一是正向激励缺乏。《登记办法》第一条中仅指出作品登记为解决著作权纠纷提供初步证据，却未进一步将其与纠纷后的赔偿救济直接关联。相对于传统创作而言，AIGC创作者版权权属的举证成本更高，激励机制不足更将导致AIGC创作者缺乏主动登记的动力。二是责任追究不足。《登记办法》第六条指出"登记后发现与事实不相符的"应予撤销，却未明确虚假登记的实际责任与撤销程序，对责任人的威慑不足。即使AIGC创作者自始隐瞒人工智能的实际参与，进而冒充人类创作，亦无任何惩处。三是登记救济缺位。

---

① 参见熊琦：《"视频搬运"现象的著作权法应对》，载《知识产权》2021年第7期。
② 参见万勇：《美国版权法改革方案述评》，载《知识产权》2014年第1期。
③ 参见徐瑄：《著作权对价机制诠释——兼论公众使用权为什么不是民法上的独立请求权》，载《暨南学报（哲学社会科学版）》2023年第2期。
④ 参见刘慧：《数字技术背景下我国著作权登记制度的价值、困境与出路》，载《出版发行研究》2022年第12期。
⑤ 参见张颖：《数字时代著作权公示失灵及其缓解路径》，载《出版发行研究》2023年第8期。
⑥ 参见阮开欣：《知识产权保护的准据法确定——解构被请求保护国原则》，载《华中科技大学学报（社会科学版）》2020年第6期。
⑦ 参见王迁：《"孤儿作品"制度设计简论》，载《中国版权》2013年第1期。

相较于传统作品,AIGC独创性标准界定困难,加之审查机关对AIGC模式的认知受到限制,易引发错误决策致使申请人权益受损。如此,既放任了登记行为的不规范,且不利于营造鼓励创新的现代化法治环境。对此,国家顶层设计逐步认识到了该规范完善的重要性,《知识产权强国建设纲要(2021—2035)》指出"健全著作权登记制度、网络保护和交易规则"。《版权工作"十四五"规划》则进一步明确需制定、修订作品登记等有关著作权行政法规、部门规章和规范性文件。足以可见,我国全面、体系化加强版权登记治理的强烈需求与决心。在此背景下,建立以激励创作者为核心的AIGC版权公示专门规则,能够为AIGC版权治理提供与时俱进的新方略,符合当前我国政策、产业发展的趋势。

三、AIGC版权公示专门规则的内容架构

（一）构建AIGC版权公示实体规则

1. 确立AIGC版权公示的例外情形

一是主体层面应明确禁止将人工智能本身作为权利人进行版权登记,以确保AIGC版权授予法律规定的适格主体[①]。如在"最近的天堂入口"案[②]中,原告泰勒在登记申请中将AI系统列为作者遭拒,即说明了人类作者身份是版权保护的先决条件。尽管我国《著作权法》第十一条第三款规定在特定条件下,法人或者非法人组织因其具有拟制人格而可被视为拟制作者,但人工智能与具有独立意志并作为自然人集合体的法人不同[③]。若承认生成式人工智能"拟制人"身份,则面临着对权利行使、责任承担的挑战[④]。虽然已有国家试图突破AIGC版权认定的主体条件,但也仅限以共同作者为前提。如在"SURYAST"案中,申请人初次将AI程序列为唯一作者提出申请被印度版权局驳回,后在第二次申请中将其与人类创造者列为共同作者方才获批。可见,现今人工智能尚不具备成为独立作者之可能。为确保"创作—保护—激励—再创作"的良性循环[⑤],在AIGC版权公示规则构建之时,首要任务应将人工智能排除在适格主体之外。

二是在客体层面明确纯机械生成的内容应排除在AIGC版权登记之外。"菲林诉百度案"[⑥]即为此典例,作为国内AIGC内容版权首例否定性判决,易致误解认为所有AIGC均不构成作品。实则不然,该判决逻辑在于：AI所输出的"纯机械生成内容",即完全基于既定

[①] 参见王迁:《再论人工智能生成的内容在著作权法中的定性》,载《政法论坛》2023年第4期。
[②] See Thaler v. Perlmutter, No. 22-CV-384-1564-BAH(2023).
[③] 参见史永竞:《人工智能的著作权主体性探析》,载《吉林大学社会科学学报》2019年第4期。
[④] 参见唐一力、牛思晗:《论人工智能生成作品的权利主体及其著作权归属》,载《福建论坛(人文社会科学版)》2023年第11期。
[⑤] 参见刘杰勇:《论人工智能生成内容的著作权保护——基于比较法的视角》,载《比较法研究》2024年第4期。
[⑥] 参见北京知识产权法院(2019)京73民终2030号民事判决书。

程序推导，未融入人类创造性贡献，或仅在生成过程的初期有人类干预（如编写代码、提供算法数据、设定目标等）而输出的内容①，不具可版权性。原因在于，此类智能输出本质上只是 AI 在进行"知识重组"而非"知识创造"②，其所创作生成的内容难免具有"同质性"③。如自小红书平台推出 AI 绘画图片生成模型 Trik 后，其输出图片因与在先画师作品画风和创意元素高度相似而导致"洗稿"争议不断，并引发集体诉讼。数智背景下，若认可纯粹智能输出的内容亦构成作品，或使得人类创意停滞。长此以往，未来恐将出现大量同质化创作，不仅有碍于文化繁荣目标的实现，亦将埋下抄袭和侵权横生遍地的隐患。反之，如果将纯智能输出的内容排除在作品之外，人类创作者为确保 AI 创作内容能获版权保护，必将积极地引导 AI 生成，以增加其独创性贡献④，由此观之，AI 创作中人类创意的介入是打破 AI 创作产出同质化僵局的关键。甚至，若要实现高质量的产出，使用者本身仍需具备一定的美学经验、知识技能及创意洞察与预见力⑤。故而，纯机械性生成的内容因缺乏人类的创造性贡献而应被排除在版权保护范围之外。

2. 明确 AIGC 中"人类贡献度"的认定规则

鉴于 AI 创作系以提示词输入为起点，锚定风格导向，依此生成初步结果，再经由迭代调整、动态优化而渐趋目标，并通过后期编辑补足技术短板，三者协同共筑高质量产出之循环体系。故此，在评定 AIGC"人类贡献度"时，也理应围绕"提示词独创性—迭代调整—后期编辑"此关键三环节分层评估。

一是创作初期提示词独创性的认定。提示词输入被视为一种具有"预见性"的创作行为，而仅借助文本表达、图文转化等智能模型使之实质落地⑥。如"文生图第一案"中，北京互联网法院便认可原告 AIGC 提示词的独创性。故而，应对提示词的独创性认定标准予以辨明：其一，应以提示词数量为尺标。随着 AI 创作中提示词输入的细化与增加，创作者得以具体设定人物、背景等绘制细节，并随之排除不希望出现的风格要素。此过程中，提示词数量本身虽并不直接决定其创作输出的质量水平，却实际反映了创作者对创意方向的把控与对输出内容细节的更高要求。其二，应以提示词的独创性为评估标准。如"文生图第一案"

---

① 参见毕文轩：《生成式人工智能生成内容的版权属性与保护路径》，载《比较法研究》2024 年第 3 期。
② 参见於兴中、郑戈、丁晓东：《生成式人工智能与法律的六大议题：以 ChatGPT 为例》，载《中国法律评论》2023 年第 2 期。
③ 参见王耀国、李慧瑶：《人工智能生成内容的可版权性审思及路向——基于法理与马克思劳动价值论的考量》，载《理论导刊》2024 年第 7 期。
④ 参见丁文杰：《通用人工智能视野下著作权法的逻辑回归——从"工具论"到"贡献论"》，载《东方法学》2023 年第 5 期。
⑤ 参见刘丁勤：《论 AIGC 创作中的因果可预见性》，载《科技与出版》2024 年第 7 期。
⑥ 参见张平：《人工智能生成内容著作权合法性的制度难题及其解决路径》，载《法律科学（西北政法大学学报）》2024 年第 3 期。

中,虽有部分提示词系李某从某论坛分享中借用而来,但法院认定整体构图仍是基于其自身经验并依据"艺术类型+主体+环境+构图+风格"具体框架有所取舍,不仅体现其独特安排与设计,而且最终输出的创作也与在先作品存在可识别的差异。

二是创作中期迭代与选择的独创性认定。以奥多比公司最新发布的文生图模型 Adobe Firefly Image 3 为例,单次生成试验将基于当次的描述性输入产出四张图像样本,用户可以从中挑选出最符合其预设构想的样本作为参考。在此基础上,再通过增加关键词或"垫图"的输入对产出物予以调整、修正,从而启动下一轮生成试验。此过程中,AI 创作需经历"试验、选择、调整"的持续循环方能逐步逼近其创作预设构想。如在"黎明的扎里亚"案中,创作者便提及其创作历经数百次迭代。而在"空间歌剧院"案中,创作者则表示进行了至少 624 次的修改试验。可见,持续的迭代互动凸显了生成者的创作意图。故而,应将生成试验的次数与主观选择纳入"人类贡献"的判定之内,以鼓励创作者积极、主动记录其在创作过程中的试验与反馈,作为其创造性贡献的佐证。在近期"古风卷轴"[1]案中,被诉 AIGC 之所以被认定为作品,也与创作者在创作过程中不断调整参数、光影风格密切相关。

三是创作后期编辑与润色的独创性认定。实际上,即使是在一些对于提示词独创性认定持保守态度的国家,也承认编辑与润色是"人类贡献"最直观的体现。韩国在《生成式人工智能与版权指南》中申明"对于含生成内容的汇编作品,尽管单一元素可能不具有版权,但如果其选择与排列体现出独创性,则可就整体编排进行登记,但 AI 输出的要素本身不享有登记带来的法律推定效力"。在"空间歌剧院"案中,美国版权局认为理论上可考虑对 AIGC 中具有独创性的视觉编辑部分予以单独授权。同样,在"黎明的扎里亚"案中,版权局亦承认创作者对 AIGC 的文本和视觉材料的编排组合享有版权,但 AI 输出内容本身不具有可版权性。由此可见,即便基底素材源自智能生成,人类后期的编辑、修订以及结构调整也可构成其独创性贡献的一部分。总的来说,AIGC 中"人类贡献度"认定规则的具体制定应以"作者的创作意图"为核心,深入地考量创作者的动机及其与作品的受众互动[2]。

3. 制定 AIGC 版权公示激励规则

一是明确 AIGC 版权登记的法律推定效力。版权的无形性特质,致使传统民法中依托交付实现"移转物之唯一占有"以表彰权利变动,在此已不再适用[3]。由是,亟待赋予登记实际效力,以取得可信公示外观。首先,应明确 AIGC 版权登记应具有作者身份推定效力。人工智能时代,在线平台普遍缺乏对作者身份的有效核验,无法防止他人冒用作者身份予以

---

[1] 参见武汉东湖新技术开发区人民法院(2024)鄂 0192 知民初 968 号。
[2] See Christopher Buccafusco. A Theory of Copyright Authorship. Virginia Law Review, Vol.102(2016), pp. 1229-1295.
[3] 参见孙莹:《数据产权登记的基本问题研究》,载《中国法学》2025 年第 1 期。

"署名"①。加之,跨平台传播中AIGC上署名水印的持续叠加更加剧了版权持有者的追溯难度,从而使传统"署名推定"丧失其原有权属认定效用。鉴于此,有必要将AIGC版权登记的创作者认定为其作者。其次,确立AIGC版权登记应具有第三人对抗效力。作品登记作为保障版权交易安全的关键举措,在维护既存许可秩序的同时,旨在通过较低的登记成本来降低后续受让人的交易风险②,该制度效用一直被美国、日本和韩国等国家重视(详见表2)。而相较下,我国版权登记制度尚未体现对抗效力,考虑到现今AIGC的创作与传播速度快、风险高,为规范AIGC版权交易秩序,可对其先行先试"版权转让未经登记不得对抗第三人"。最后,应明确AIGC版权登记具有证据推定效力。针对已经登记的AIGC,他人侵权行为可直接推定为故意;反之,若未对AIGC进行登记,则创作者须举证证明其所主张的他人侵权事实。同时,可参照美国做法,将登记的证明效力限于AIGC首次发表之日起的五年内,通过赋予创作者适当负担,以此增强创作者及时登记的意识。

表2 美国、日本、韩国版权登记的激励机制

阶段	国家	具体内容	效力措施
确权	日本	以实名进行版权登记的人将被视为该作品的作者。(日本《著作权法》第75条、韩国《版权法》第53条)	作者身份推定
	韩国		
交易	美国	若版权移让基于善意并以充分对价依法先完成登记存证,则该转让行为的效力优先于其他。(《版权法》第205条)	第三人对抗效力推定
	日本	版权及邻接权的转让等,或以版权及邻接权为标的的质权设定等,未经登记不得对抗第三人。(《著作权法》第77、104条)	
	韩国	著作财产权的转让(继承除外)未经登记不具有对抗第三人的效力。(《版权法》第54条)	
维权	美国	只要在作品首次出版五年内登记,登记证书可作为版权有效性的初步证据。(《版权法》第410条)	证据效力推定
	韩国	侵犯已登记版权的作品,推定其侵权行为有过错。(《版权法》第125条)	

二是确立AIGC版权登记为提起法定赔偿主张的前置条件。相较于传统版权争议,AIGC侵权赔偿难以量化的问题更为突出。如在"文生图第一案"中,北京互联网法院指出,被告提交的交易信息截图无法证明其与本案图片在独创性和使用方式上具有可比性,因而不能作为权利使用费的依据,也无法确定权利人的实际损失和侵权人的违法所得。鉴于AIGC版权侵权赔偿问题日益复杂,除受诸如作品价值、侵权情节、地区差异等常规因素影响之外,还需将技术学习成本、创作智力投入等更为抽象的评定纳入考量。此时,若不对法

---

① 参见王迁:《论〈著作权法〉中"署名推定"的适用》,载《法学》2023年第5期。
② 参见张扬欢:《论知识产权转让不破许可规则》,载《电子知识产权》2019年第10期。

定赔偿主张的提起予以限定,完全将此类争议的赔偿判定交由法院处理,将导致司法审查压力过大。为此,可考虑以美国、韩国的救济前置要求为镜鉴(见表3),规定在AIGC权利人实际损失、侵权人非法获利及常规授权费用难以量化时,仅当已完成登记公示,创作者方有权提出法定赔偿的主张。

表3 美国、韩国版权登记法定赔偿前置

国家	具体内容	共性
美国	法定赔偿及律师费主张须以登记为前提。(《版权法》第412条)	赔偿救济前置条件
韩国	法定损害赔偿的提起须以登记为前提。(《版权法》第125条)	

三是缩短AIGC版权保护期限。对于AIGC而言,因人工智能无生命周期限制,其程序可无限期运行,如此将产生海量的AIGC。若沿用同传统创作相同的保护期,将无法兼顾公共利益[①]。一方面,AI创作之高效或导致创意工作者面临就业与收入不稳定,挤压人类创作的市场份额[②]。另一方面,过长保护期限也会抬高公众接触和使用作品的成本[③],使得版权保护激励机制效益弱于社会整体收益[④]。也因此,有学者提出数智时代版权保护的价值重心已从"激励创作"更多转向"促进流通"[⑤],应对AIGC之保护期限予以缩短。但考虑到直接施行此举或导致创作者因担心收益不足而削弱人类利用AI进行创作的积极性,因而,可借鉴美国、日本和韩国之共通经验(见表4),调整未经登记的AIGC保护期限至较短周期。此举,

表4 美国、日本、韩国版权实名登记可延长版权保护期

国家	具体内容	共性
美国	对于匿名作品、假名作品或雇佣作品,其版权有效期为首次出版后95年或创作后120年,以较早者为准。若在此期间内,为该作品进行了登记记录,并揭示了匿名或假名作者的身份,则版权有效期调整为基于该作者终生及其死后70年。(《版权法》第302条)	身份不明作品保护期缩短,可借登记延长
日本	匿名或假名作品,保护期由作者生前及死后70年缩短至发表之日起70年,但以下情况除外:①作者的笔名已广为人知,被视为其所有;②在此期间内已完成实名登记;③在此期间,作者以其实名或广为人知的笔名发表了该作品。(《著作权法》第52条)	
韩国	对于以匿名或不为大众所熟知的笔名发表的作品,其著作财产权的保护期限由作者生前及死后70年缩短至发表之日起70年,除非期间出现以下情况:①作者实名或广为人知的笔名被查明;②作者进行实名登记。(《版权法》第40条)	

---

① 参见李艾真:《美国人工智能生成物著作权保护的探索及启示》,载《电子知识产权》2020年第11期。
② 参见房慧颖:《论人工智能生成内容的法律保护》,载《山东社会科学》2023年第9期。
③ 参见李谢标:《人工智能生成物版权保护路径探析》,载《中国出版》2024年第5期。
④ 参见李晓宇:《博弈论下人工智能生成数据作品中利益冲突及破解》,载《科技与法律(中英文)》2022年第3期。
⑤ 参见黄丽:《人工智能生成内容著作权保护的行为规制模式——以Sora文生视频为例》,载《新闻界》2024年第6期。

一方面,可促使创作者主动登记,以确保其作品获得更长期的版权保护;另一方面,亦可有效规避市场上出现大量身份不明的 AIGC 流通。

(二)形成 AIGC 版权公示程序性规则

1. AIGC 形式审查与第三方实质审查并存

目前,我国作品登记主要进行形式审查,交由国家版权局及各省级行政机构负责审核申请人提交的材料是否齐全和规范。这一制度设计导致实践中登记作品常与在先作品高度相似,引致诸多纠纷。如,在东部某市区法院审理的一起版权侵权案中,原告主张已经登记的毛绒熊公仔版权受侵。然而,法院审理发现该公仔整体形象与"宝马熊"并无二致,不符作品"独创性"要求,而在先行政登记机关因实质审查的缺失未能及时发现以致作出错误认定。由此可见,如果想要确定作品是否符合版权保护条件或是否存在在先侵权行为,仍需司法机关予以个案审查。传统创作尚且如此,于 AIGC 而言,如仍沿用简单的形式审查模式,不仅易引致错误决策使得 AIGC 借助作品登记获取形式上的法律地位[①],而且会进一步加剧司法审查压力。

故而,对于 AIGC 独创性认定,可考量采用综合审查的双规模式,兼顾形式与内容。同时,考虑到人工审核的速度及准确性难以追及机器创作的高效产出,若将其登记审查完全委托诸管理机构,易引致管理层的任务过载及成本增加。鉴于此,可于国家统一审查标准下,采行"登记机构形式审查+第三方实质审查"[②]模式展开。由政府授权专门的第三方机构负责实质审查,判定 AIGC 是否符合登记条件,并于审后报国家版权局,由其决定发证与否,再行通知申请人。例如,实践中有区域为提升版权保护、管理和服务能力,委托专业的第三方机构负责作品登记工作。而至于具体内容审查标准,除基础考量如作品构成、版权人身份确认以及是否存在明显在先侵权行为外,还需重点核验申请材料能否说明其中的人类主要贡献[③]。此过程中,应注意第三方审查机构需严格履行保密义务,谨防信息泄露被他人利用进行虚假登记。若防范下仍出现泄露或审查错误,则需证明已尽合理注意义务,否则将被推定承担过错责任[④]。

2. AIGC 版权登记公示的救济与惩戒机制并存

一是细化异议机制并保留撤销权。正如前述,我国现行《登记办法》中已明确版权登记撤销事项,但对于具体的撤销异议程序却未有详尽规定。鉴于 AIGC 在登记过程中可能出

---

① 参见张惠彬、钱欣怡:《我国人工智能产出物著作权保护规则完善——以美国作品登记审查为镜鉴》,载《东北农业大学学报(社会科学版)》2024 年第 3 期。
② 参见孙湛、郭明军、曾丽:《权益保护视角下全国一体化数据登记体系建设研究》,载《电子政务》2024 年第 10 期。
③ 参见商希雪:《人机交互的模式变革与治理应对——以人形机器人为例》,载《东方法学》2024 年第 3 期。
④ 参见林洹民:《数据产权登记的私法定位与制度设计》,载《法商研究》2024 年第 5 期。

现的信息误报、关键信息隐瞒以及因审查疏漏而引致的错误登记问题,有必要进一步细化异议机制。举例而言,对于初步审定公示的 AIGC,可设立特定的异议期。自公告之日起计,任一利益相关方均可就登记内容的准确性与信息披露的完整性提出异议。在此期间,登记机关应当全面听取异议人与被异议人的陈述说明,经调查核实后,自公告期满起做出最终是否准予登记的决定,并将此决定以书面形式送达所有相关方。同时,鉴于 AIGC 侵权的高度隐匿性,即使公告期满且未遇异议核准登记后,仍应允许在先权利人与利害关系人在知道或应当知道权利被侵犯之日起,于合理期限内行使撤销权。除此外,面对 AIGC 登记受阻之情形,权利人亦享有向上级机关申诉之权利,通过呈递附加资料或新颖证据,促请重审不予登记之理据。在此异议或复审程序期间,登记机关应考虑给予申请人临时性的权利保障措施,例如颁发临时禁止令,以遏制他人未经授权使用其创作。

二是引入失信行为惩戒机制。赋予 AIGC 版权保护之时,创作者在登记过程中应当说明却不予说明或者在说明的过程中对非人类创作部分有所隐瞒的应予以惩戒。具体可参照美国、日本及韩国的相关实践(详见表5),引入惩罚性赔偿机制,并对其中造成重大负面影响或严重后果者,考虑纳入刑事追责范畴。同时,在行政执法层面,对于违反诚实信用原则恶意进行版权登记或滥用版权的,版权管理部门可建立申请人失信惩戒机制,引导申请人在版权登记过程中切实做到诚实守信。

表5 美国、韩国及日本版权登记虚假陈述惩处措施对比

国家	具体内容	共性
美国	在版权登记申请中故意对重要事实作出虚假陈述属刑事犯罪,行为人将被处以不超过2500美元的罚款。(《版权法》第506条)	刑事惩处虚假登记
日本	凡对公职人员提出虚假动议,使其在登记上作假记录,处五年以下有期徒刑或50万日元以下罚金。(《刑法》第157条)	
韩国	以欺诈方式进行虚假登记的,可处以三年以下有期徒刑或3000万韩元以下的罚金,或两者并罚。(《版权法》第136条)	

(三)AIGC 版权公示辅助规则

1. 建立以程序开发者为核心的 AIGC 创作预登记机制

AIGC 创作涉及多方主体,若仅从单一维度要求创作者践行披露义务,易致各方主体权利义务失衡。加之,对于 AIGC 登记时"人类贡献"之确定,仅依靠创作者的自我披露,难以有效遏制潜在的不实陈述。由是,可考虑从共同善理论出发,将焦点从个人(权利人)纬度转向社会或集体面向①,在确立 AIGC 版权公示规则时,强化智能程序开发者诚信责任的同

---

① 参见王籍慧:《需求如何成为权利——共同善权利观的两种论证方式及其限度》,载《法学论坛》2019年第3期。

时引入预先登记制度,要求其在AIGC创作完成前进行登记,以构建AIGC创作登记的共同善。然而,考虑到随着生成创作内容数量、规模与应用场景的不断扩张,此举无疑会加重开发者负担,并不利于产业长期发展。为此,可在算法设计之初即将区块链技术融入其中,对训练数据集予以哈希运算并上链存储形成不可篡改的创作起点标识,实现AIGC创作预登记。具言之,在AIGC内容创作过程中,为应对其动态演化特性,可考虑采用区块链技术对每次修改或演化进行哈希运算,串联形成不可篡改的哈希链,确保内容演变的每一步均被记录在册。此举的优势在于:一是相关数据集的原始权利持有者能够追溯并验证其素材在生成创作中被抓取使用的具体范围和方式①。二是于创作者而言,区块链上的即时权属信息变更亦发挥着公示效用②。通过记录每一次提示输入、优化选择及人工干预,形成不可逆的时间序列,由此追踪其创作从无到有的动态演变历程,可为AIGC原创性判定提供证据支持。三是从监管者角度来说,对于生成创作中可能存在的侵权问题,如利用人工智能进行自动"洗稿"、冒名顶替或者抄袭等行为,区块链系统亦能在AIGC创作时进行全网筛查与对比,从而预警其潜在版权风险。实践中已有相关探索,例如"CPSP-数字版权资产服务平台"既能够对版权登记注册情况进行溯源查证,又能利用"数字资产指纹"技术对数字版权内容予以筛查。

2. 形成AIGC智能辅助登记审核机制

为进一步降低错误登记与生成创作权属争议的风险,在登记时,可引入融合人工智能算法与人工审核的协作式审查架构。通过技术手段与专业判断的互补,构建一个高效且严谨的登记体系。一是技术辅助下的预登记筛查与来源追踪。如在域外,美国《加利福尼亚人工智能透明度法案》中即规定"服务提供商需向用户免费提供AI检测工具以便评估内容的实际来源"。我国国内,以"AIGC-X"为代表的AIGC平台已实现AI生成文本与人类创作文本的快速区分,准确率甚至已超过90%。再者如,2024年最高人民法院启动了"版权AI智审"试点,以数字技术赋能知识产权诉源治理,借助"以图搜图"技术和海量数据底池,实现"图片查重""创新参考""侵权比对"功能,进一步解决涉图片版权案件原创权属认定、相似度比对等难题,以降低权利人维权取证难度、有力打击权利滥用和有效防范虚假诉讼。实践中,已有法院已通过"版权AI智审"溯源查询系统对涉案美术作品检索查重,收效良好。基于此,可将"版权AI智查"提前至版权登记阶段,在作品提交登记之前,即利用人工智能算法对作品实现初步筛查。通过分析作品特征与数据比对,如图像的像素模式、文本的特定用词等,以追溯作品的来源。二是人工审核介入下的协同决策。根据智能识别结果,区分机

---

① 参见李宗辉:《智能时代〈著作权法〉规定诚信原则之必要与展开——由ChatGPT引发的思考》,载《北京联合大学学报(人文社会科学版)》2024年第1期。

② 参见陶乾:《论数字作品非同质代币化交易的法律意涵》,载《东方法学》2022年第2期。

械生成在其中所占比例,可将作品申请分类标识为自然人创作、人工智能辅助创作或纯人工智能机械输出[①],随后交由专业人工审核团队对筛选结果进行针对性的复核[②]。在此阶段,审核人员不仅需核实智能判定的准确度,还需细致比对申请材料中所披露的创作背景信息、技术应用详情以及人类贡献信息,对登记申请的合规性进行综合判断。

3. 搭建专门的AIGC版权登记数据库

统一、完整的版权登记数据库是提供版权登记信息查询及共享服务、满足国家产业发展需求的重要基础。以美国版权登记为例,仅有进行版权登记的作品才会被录入美国作品数据库。此举打通了美国版权确权、行政、司法各环节的信息壁垒,是实现信息实时交互、高效调取之核心。由此,权利人可以查寻作品使用状况,一旦发现侵权即可向海关等行政部门举报或寻求司法保护。海关等行政部门亦可对此进行合法作品进出口的检索,以阻止侵权复制品的进口,提高执法效率。此外,日本也同样重视数据库在版权交易中经济效益的实现。为方便交易流通、减少信息验证成本,使用、传播者只要在版权登记情况检索数据库系统中查阅到登记注册号,即可凭此注册号在登记原簿查阅到诸如转让时间、转让双方等版权流转信息[③]。相较之下,尽管我国已设立"全国作品登记信息数据库管理平台",然而尚未建立起完善的数据库制度体系。加之,当前数据库架构与内容布局也未充分响应AIGC与人类作品的辨明之需,因此,有必要借鉴域外成功经验,在现有数据库下设立基于交易的AIGC版权登记专门查询、管理板块并将其直接接入行政、司法政务信息系统。如北京互联网法院的"版权链—天平链"平台即为典范实例,其利用智能合约实现了版权登记与司法证据的自动关联,据此可一键调取版权链上已登记的作品相关材料,从而在减轻权利人举证负担的同时,有效降低了司法验证难度。需要说明的是,在此并不仅限于版权登记数据的对接,而是致力于实现对AIGC创作及流转轨迹的全面跟踪与实时监测。除作品名称、类别、著作权人与登记时间等基本信息外,该数据库还需涵盖如人工智能算法的模型概览、创作过程的技术描述、人类创作者贡献度等核心数据。这就要求将前述创作预登记数据一并接入此登记数据库。因而,可在前述基础上,再行利用联盟链技术整合预登记数据,融合区块链去中心化特性与联盟链集中管理优势,实现高效查询与对比[④],为AIGC版权确权、流转、维权等提供坚实技术支撑。

---

① 参见曹博:《人工智能辅助生成内容的著作权法规制》,载《比较法研究》2024年第1期。
② 参见马子斌:《AI生成文本对出版者注意义务的影响与重构》,载《科技与出版》2023年第12期。
③ 日本文化厅:《登録状況検索注意事項》,https://www.bunka.go.jp/seisaku/chosakuken/seidokaisetsu/toroku_seido/attention.html,最后访问日期:2025年2月3日。
④ 参见张辉、王柳:《区块链下网络文学版权保护问题研究》,载《法学论坛》2021年第6期。

欧盟法院运用比较法构建欧盟法一般原则的法理困境与出路

范继增 *

摘要：欧盟法一般原则是欧盟法律体系中极为重要的非成文法规范，承担着补充立法空白、解释欧盟法、审查欧盟机构和成员国实施欧盟法措施合法性的功能。现行的欧盟一级立法未能给予欧盟法一般原则明确定义。虽然立法史的资料可以证明《欧洲联盟条约》第 19 条是欧盟法一般原则的宪法基础，但是欧盟法院助裁意见和欧盟法院的判决中通常忽略两者之间的关系。从司法实践中可以发现适用比较法是塑造欧盟法一般原则的关键环节之一。但是，相比于欧盟法院助裁官倾向于演化性解释塑造欧盟法一般原则的模式，欧盟法院判决对欧盟法一般原则的塑造则缺乏连续性、透明性和稳定性，从而冲击了《欧洲联盟条约》确认的法治原则。鉴于此，笔者提倡建立强对话性和强说理性的比较法模式，在不同司法主体间形成透明性的辩论与回应，朝向兼具透明性和说理性的比较法运用方法。同时，成员国和欧盟的司法机构应该时刻检验成员国法律体系和欧盟重要立法目标的变化，以动态方法在类案中连贯性地参与对话和说理，降低运用比较法的恣意性和不透明性。

关键词：欧盟法一般原则　欧盟法院　欧盟法院助裁官　比较法　法治原则

---

* 作者简介：范继增，山东工商学院法学院副教授，四川大学欧洲问题研究中心研究员。

一、引言

欧盟法一般原则(general principles of EU Law)已经成为当下欧盟法研究的核心问题之一。欧盟立法尚未对欧盟法一般原则的概念、内容、适用范围和功能给予明确的定义。现有的英文版权威教科书仅简单列举了欧盟法一般原则的内容和种类,未能有效揭示欧盟法院识别和创造欧盟法一般原则的法理路径[①]。部分教科书将欧盟法一般原则概括为欧盟法优先性(primacy of EU Law)、直接效力(direct effect)、基本权利保障以及比例原则等重要的欧盟法律教义[②]。甚至,部分权威专著将欧盟法一般原则的概念等同于欧盟法重要的法律权利或者制度[③]。

虽然上述的重要原则维护了欧盟法的政治和规范权威,提高了判决的正当性,但是它们仅包含了欧盟法一般原则的部分内容,不能涵盖所有欧盟法一般原则。欧盟法一般原则具有高度的规范复杂性和不确定性。目前,学者们认为欧盟法一般原则的规范性难题体现

[①] 例如,Herwig C. H. Hoffman. General Principles of EU Law and EU Administrative Law, in C. Barnard, S. Peers eds. European Union Law. 2nd edition. Oxford University Press, 2017. 作者局限在欧盟行政法体系内研究欧盟法一般原则的内容和分类,未能阐释识别欧盟法一般原则的司法方法。Margot Horspool, Matthew James Humphreys. European Union Law: Core Text Series. Oxford University Press, 2012; Alina Kaczorowska. European Union Law. Routledge, 2013. 这些教科书尽管以专章形式介绍了欧盟法渊源(source of EU Law),但是未能专门提及欧盟法一般原则的概念、特征和识别方法。Damian Chalmers, Gareth Davies and Giorgio Monti. European Union Law: Cases and Materials. 2nd edition. Oxford University Press, 2010. 这本教科书在欧盟法的制定(Union Law-Making)和司法秩序(judicial order)中都没有提及欧盟法一般原则。

[②] 典型的欧盟法权威教科书版本,请参见Paul Craig, Gráinne de Búrca. EU Law: Text, Cases, and Materials. Oxford University Press, 2020.

[③] Takis Tridimas. General Principle of EU Law. Oxford University Press, 2022. 作者将欧盟法一般原则的范围限定在平等原则、比例原则、法律确定性与信赖保护原则、基本权利、司法保障权、辩护权、透明性与查阅信息权、滥用权利、国内法院有效救济原则以及损害赔偿原则的内容。但是,随着欧盟法院不断发布预先裁决的决定和判决,欧盟法一般原则的内容范围在持续地扩大。例如,合法性原则(legality)、法治(rule of law)和风险预防性原则(precautionary principle)等新的内容已经被纳入欧盟法一般原则之中。参见Alexander Somek. Is Legality a Principle of EU Law? in Stefan Vogenauer, Stephen Weatherill eds. General Principles of Law: European and International Perspectives. Hart Publishing, 2017. 欧盟法院在Les Verts案的判决中将法治原则解释为"合法性原则、司法保障和司法审查"等重要的法律原则。甚至,在解释合法性、司法保障和司法审查内容时,不断添加新的法治要素。参见Laurent Pech. The Rule of Law as a Well Established and Well-Defined Principle of EU Law. Hague Journal on the Rule of Law, Vol. 14 (2022), p.115. 欧盟普通法院在Trenker案的判决中明确将风险预防原则视为欧盟法一般原则。虽然1992年签署的《马斯特里赫特条约》将风险预防原则纳入了当时的《欧洲经济共同体条约》第130条第2款(现在的《欧盟机构运行条约》第191条第2款),但是该原则已经突破了原有的环保领域,进入到了食品生产、健康权和预防病毒领域。欧盟普通法院在Trenker案的判决中,直接宣布"风险预防原则是欧盟法一般原则"。参见Kristel De Smedt, Ellen Vos. The Application of the Precautionary Principle in the EU. Responsibility of Science, Vol. 57 (2022), p.181.

在"缺乏概念清晰性与名称固定性"①、"存在方法论缺陷"②、"欧盟法一般性原则界限不清楚"③、"欧盟法一般原则适用缺乏目的连贯性"④和"与国内法和欧盟条约间的规范效力不明确"⑤等诸多技术性缺陷。甚至,马扎克(Mazak)在 Palacios de la Villa 案的助裁意见中感叹"法律一般原则的存在和实质内容都呈现出不确定性。应该从法律的柏拉图式智慧天堂而非从法律教科书中探寻其存在的秘密"⑥。

欧盟法一般原则通常体现为不成文的法律规范,具有促进欧盟一体化的司法功能。但是,部分学者认为欧盟法一般原则也可以被界定为已经由非成文法转化为实证立法的欧盟法基本原则或者由欧盟法院依据抽象原则推导产生的细致化规范⑦。在司法实践中,欧盟法一般原则有时会成为调和成员国与欧盟法律体系冲突的工具,有时也会成为审查欧盟二级

---

① Päivi J. Neuvonen, Katja S. Ziegler. General Principle in the EU Legal Order: Past, Present and Future Direction, in Katja S. Ziegler, Päivi J. Neuvonen & Violeta Moreno-Lax eds. Research Handbook on General Principles in EU Law. Edward Elgar, 2022, p.9. 实际上,到目前为止,欧盟法院在判决中也会用"一般原则"(general principles)、"基本原则"(fundamental principles)、"特别重要的原则"(particular important principle)、"本质原则"(essential principle)、"法律的基本原则"(basic principle of law)和"权利和原则"(rights and principle)。甚至,在涉及平等权的案件中,也将相关的反歧视规则视为"原则"(principle)。另外,欧盟法院尚未在判决中对欧盟法一般原则裁判的范围予以明确的界定。米歇尔·威摩(Micheal Wimmer)将欧盟法一般原则适用范围分为两大类:(1)与个人和公权力机构(authority)之间相关的重要原则;(2)支持欧盟宪法秩序的结构性原则。Micheal Wimmer. The Dignity Rudder: General Principles of European Union Law through the Lens of Proportionality. European Public Law, Vol. 20(2014), p.334. 塔基斯·特里马蒂斯(Takis Trimadis)指出欧盟法一般原则可以细分为三类:(1)源自于法治的原则;(2)支持欧盟宪法结构的原则;(3)欧盟法的实质性原则。Takis Trimadis. The General Principle of EU Law. 2nd edition. Oxford University Press, 2006, pp.4-5

② Constanze Semmelmann. General Principles of EU Law: The Ghost in the Platonic Heaven in Need of Conceptional Clarification. Pittsburgh Papers on the European Union, Vol. 2(2013), p.1.

③ 参见Armin Cuyvers. General Principle of EU Law, in Emmanuel Ugirashebuja, John Eudes Ruhangisa, Tom Ottervanger and Armin Cuyvers eds. East African Community: Law Institutional, Substantive and Comparative EU Aspects. Brill, 2017, p.219. 部分学者反对欧盟法一般原则在调整私主体领域中适用,请参见Nicole Lazzerini. "Please, Handle with Care": Some Consideration of the European Court of Justice to the Direct Effect of General Principles of European Union Law, in Laura Pineschi ed. General Principles of Law – The Role of the Judiciary. Springer, 2015, p.145.

④ 参见Xavier Groussot, Jörgen Hettne and Gunnar Thor Petursson. General Principles and the Many Faces of Coherence: Between Law and Ideology in the European Union, in Stefan Vogenauer, Stephen Weatherill eds. General Principles of Law: European and Comparative Perspectives. Hart Publishing, 2017, pp.78-79.

⑤ Armin Cuyvers. General Principle of EU Law, in Emmanuel Ugirashebuja, John Eudes Ruhangisa, Tom Ottervanger and Armin Cuyvers eds. East African Community: Law Institutional, Substantive and Comparative EU Aspects. Brill, 2017, p.219. 学者发现欧盟法一般原则呈现出三种效力位阶:第一类将欧盟法一般原则作为欧盟一级立法,具有宪法地位;第二类是具有低于欧盟一级立法,但高于欧盟二级立法和国际条约的地位;第三类是部分情况下具有高于欧盟一级立法的地位。

⑥ Opinion AG Mazàk in Case C-411/05, Félix Palacios de la Villa v. Cortefiel Servicios SA[2007], ECR I-8554, para.86.

⑦ 部分学者指出应该区分欧盟法一般原则和欧盟法重要原则(founding Principle)。前者是指不成文法,而后者是《欧洲联盟条约》第2条明确列举的欧盟法重要原则。但是,不能绝对地割裂两者之间的关系。部分时候欧盟法院会要求欧盟法一般原则必须具有"良好界定"(well-defined)的特征。参见 Case C-189/01, Jippes and Others v. Minister van Landbouw, Natuurbeheer en Visserij [2001] ECR I-5717, para.73. 由于欧盟法一般原则和欧盟法重要原则的内容具有较高的重合性,欧盟法院可能在具体的案件中通过解释欧盟法重要原则的途径,对欧盟法一般原则给予精细化和标准化解释,并将此视为新的欧盟法一般原则。笔者认为萨曼沙·贝松(Samantha Besson)理论就是此路径的典型代表。参见Samantha Besson. General Principles and Customary Law in the EU Legal Order, in Stefan Vogenauer, Stephen Weatherill eds. General Principles of Law: European and Comparative Perspectives. Hart Publishing, 2017, p.112.

立法以及成员国实施欧盟法措施"合宪性"的标准以及弥补欧盟立法空白的关键手段①。

遗憾的是,欧盟一级立法(又称"欧盟宪法")未能对欧盟法一般原则的概念、渊源和识别路径给予明确的定义②。在法律实践中,欧盟立法机构和司法机构习惯将成员国国内法作为加工欧盟法一般原则的比较法依据③。《欧洲联盟条约》(以下简称《欧盟条约》)将欧盟成员国法律体系的共同传统作为欧盟法一般原则的来源。《欧盟条约》第6条第3款规定"源自《欧洲人权公约》和欧盟成员国共同宪法传统保障的基本权利"构成欧盟法一般原则。《欧盟机构运行条约》第340条第2款也规定了欧盟非合同性赔偿责任(non-contractual liability)概念和制度源于"成员国法律共同的一般原则"。甚至,《欧盟基本权利宪章》第43条也确认"依据成员国法律共同的一般原则,任何因欧盟机构或者履行职责的公务员行为受到侵害的个人,都有权利寻求损害赔偿"。在司法实践中,欧盟法院已经将欧盟法一般原则用作保障欧盟权威的工具④。但是,相比于欧盟与成员国的权力分配,欧盟法院更偏重于将其适用于保障基本权利领域⑤。在1970年的Internationale Handelsgesellschaft案与1974年的Nold案中,欧盟法院阐释了欧盟法一般原则的来源:"尊重基本权利是欧盟法院保障一般法律原则的组成部分","欧盟法院需要从成员国共同的宪法传统的启发中汲取其认可的权利"⑥,"为了保障基本权利,欧盟法院有义务从成员国共同的宪法传统中获取灵感"⑦。这些判决都暗示了成员国宪法是欧盟法院塑造欧盟法一般原则所必须参照的比较法来源。

透明性和说理性是评价欧盟法院运用比较法塑造欧盟法一般原则是否符合法治原则的关键要素。同时,提升不同欧盟司法机构之间的对话也是塑造高质量欧盟法一般原则的必经之路。鉴于此,本文首先将从欧盟实证法体系中探究欧盟法一般原则的规范体系,即欧盟法一般原则是否享有欧盟法的宪法地位;其次,展现欧盟法院在司法审判中塑造欧盟法一

---

① 参见 Koen Lenaerts, José Antonio Gutiérrez-Fons. The Constitutional Allocation of Powers and General Principles of EU Law. Common Market Law Review, Vol. 47 (2010), p.1629.

② 参见黄德明,陈珺:《欧盟法一般法律原则初论》,载《广西大学学报(哲学社会科学版)》,2018年第3期,第100页。

③ 需要指出的是,虽然欧盟成员国国内法不是欧盟法所列举出的欧盟法源,但是欧盟法权威渊源是"自下而上"的授权结果。为了证明欧盟立法的正当性,欧盟法院通常会将"成员国共同法律传统"或者"成员国共同的宪法传统"作为标榜立法正当性的依据。在司法领域,欧盟法院是主要塑造"欧盟法一般原则"的欧盟机构。欧盟法院需要援引和运用成员国国内法,寻找和界定"共识"或者"共同特征",作为确认存在"欧盟法一般原则"的法律基础。

④ 参见 Takis Trimadis. The General Principle of EU Law. 2nd edition. Oxford University Press, 2006, p.76. 特里马蒂斯通过经验性和比较性研究后发现欧盟法院会更加严厉地利用欧盟法一般原则约束成员国的权力,却较少地限制欧盟机构行使。

⑤ 参见 Takis Trimadis. Fundamental Rights, General Principles of EU Law, and the Charter. Cambridge Yearbook of European Legal Studies, Vol. 16 (2014), p.363.

⑥ Case C-11/70, International Handelsgesellschaft [1970] ECR I-1125

⑦ Case C-4/73, Nold KG v. Commission [1974] ECR I-503, para.14.

般原则的过程和类型;再次,从探索欧盟法院助裁官(Advocate General)的司法意见中①,寻求其运用比较法塑造欧盟法一般原则的方法和理由;最后,从欧盟法院的判决中展现其识别和界定欧盟法一般原则的困境以及采用司法对话的解决方式。需要指出的是,本文仅聚焦在欧盟司法机构如何借助成员国法律塑造欧盟法一般原则,忽略了国际条约和其他非欧盟国家法律规范的影响。

二、欧盟法一般原则的宪法性地位

虽然《欧盟条约》第6条第3款在基本权利领域、《欧盟基本权利宪章》第43条在良好行政权(good administration)以及《欧盟机构运行条约》第340条第2款皆规定了成员国共同的宪法传统和法律一般原则是欧盟法一般原则的来源,但是特殊的立法条款不足以证明欧盟法一般原则具有普遍和正当的规范性地位。需要从欧盟法发展实践中寻找其正当性基础。

(一)欧盟习惯法概念无法应对合法性原则的挑战

当欧盟法院的判决缺乏透明性、连续性、可预测性或者无法得到实证法条款支持时,学者或者成员国政府便会质疑由司法机构塑造的欧盟法一般原则存在的客观性与正当性。亚历山大·索麦克(Alexander Somek)认为欧盟法院只能依据欧盟实证法作出裁决②。虽然索麦克承认欧盟法一般原则的存在,但是否认诸多的法律原则可以共存于同一法律体系之中。不同法律原则之间具有相互排斥性,无法形成统一的法秩序。尽管可以通过权衡的途径调解不同法律原则的冲突性③,但是原则性规范依旧存在不可剥夺的核心范围和权利的本质④。在合法性原则(legality)成为欧盟法治根基的前提下,欧盟法院不应在缺乏欧盟实体法

---

① 欧盟法院助裁官(Advocate General)是依据《欧盟条约》第19条所设置的欧盟司法裁判中的重要角色。依据《欧盟机构运行条约》第253条之要求,欧盟法院助裁官必须具备担任其所在国最高司法机构职务的能力或者具备提供司法意见的条件。依据第252条之要求,助裁官需要维持独立和公平的立场,履行公开地向欧盟法院提交助裁意见的职责。虽然助裁意见本身不具有司法裁决的效力,但是多数助裁官都具备大学教授和法学学者的背景,倾向于在识别欧盟法一般原则过程中运用比较法和国际条约,提供清楚的论证说理,因此其意见受到了高度关注。甚至,欧盟法院部分判决结果也受到了助裁意见的启发和影响。请参见Takis Trimadis. The Role of Advocate General in the Development of Community Law: Some Reflections. Common Market Law Review, Vol. 34 (1997), p.1349. 助裁官制度源于法国的司法制度,欧盟法院的助裁官制度体现了欧盟法的建构者(framer)、监督者(controller)、研究者(researcher)、创新者(innovator)、测试者(tester)、解释者与异议者(dissenter)的功能。请参见Michal Bobek. A Fourth in the Court: Why are there Advocates General in the Court of Justice. Cambridge Yearbook of European Legal Studies, Vol. 14 (2012), p.529.

② 参见Alexander Somek. Is Legality a Principle of EU Law? in Stefan Vogenauer, Stephen Weatherill eds. General Principles of Law: European and International Perspectives. London: Hart Publishing, 2017, p.54. 索麦克认为欧盟法院通过司法途径塑造欧盟法一般原则的做法违反了《欧盟条约》合法性原则。

③ 参见Robert Alexy. Rights and Liberties as Concepts, in Michel Rosenfeld, Andras Sajó eds. Oxford Handbook of Comparative Constitutional Law. Oxford University Press, 2012, p.294.

④ 参见K. L. Scheppele L. Pech. Is the Rule of Law Too Vague a Notion?. VerfBlog, 1 March 2018, https:// verfassungsblog. de/ the-eus-responsibility-to-defend-the-rule-of-law-in-10-questions-answers, Last Visited: 2025-02-01.

规则或者未能掌握完善的比较法运用规则时,为成员国和欧盟机构设置新的法律义务。

面对索麦克提出的合法性难题,萨曼沙·贝松(Samantha Besson)提出了解决之道,即在欧盟法体系纳入新的法源——欧盟习惯法。贝松认为习惯法是欧盟法的固有法源。一方面,从欧盟法诞生之日起,判例法就成为欧盟法院推动和发展欧盟法的普遍习惯;另一方面,欧盟法院自身也确信其受到先例的约束,欧盟法院形成的判决成为解释欧盟法内容、填补欧盟法空白和保障判例法连续性的规范①。贝松认为"欧盟法一般原则"的本质是"欧盟习惯法"。由于欧盟法院惧怕在判决过程中面对烦琐的司法论证过程,因此会避免提及和论证"欧盟习惯法",进而"欧盟法一般原则"成为其替代品。欧盟法一般原则的来源是各成员国间和欧盟机构间的实践以及法律意见。贝松认为这些内容已经在主观和客观上体现于成员国和欧盟机构之间的分权②。

但是,这些理由无法完全解决可证明性与结构性难题。首先,欧盟是超国家与多层级治理结合而成的政治实体,缺乏民族国家的历史传统和身份特征。虽然贝松不断强调欧盟习惯法具有"普遍、连贯和规制"的法律特征③,但是其极少能够从心理确信和反复适用的主客观层面上证明欧盟习惯法的存在。其次,贝松也未能论证频繁适用欧盟习惯法是否符合欧盟多层级治理的结构。欧盟法院已经在其判决中阐释了欧盟法与国际法的差异性。例如,在 Van Gend & Loo 案中,欧盟法院宣布欧盟法是"限制各成员国在特定领域中主权权利而形成的一个全新国际法秩序"④。相比于传统国际法,欧盟法不仅存在的时间较短,而且在客观上也存在成员国之间以及欧盟与成员国之间的法律对抗。所以,难以相信欧盟法律体系存在较为固定的习惯法。最后,欧盟法院的判例已经确认不成文的欧盟法源不得违反欧盟一级立法规范⑤。甚至,欧盟法院助裁官马杜罗公开指出欧盟一级立法的程序是修改实质规范的权威⑥。倘若欧盟法院试图在判例法中形成新的规范,那么就可能触碰到修改欧盟一级立法的问题。

倘若欧盟法院不能从现有的《欧盟条约》条款中获得支持,那么欧盟法院创制或者界定欧盟法一般原则就会面临成员国宪法法院和政府抵制的风险。缺乏明确界定欧盟法一般

---

① Samantha Besson. General Principles and Customary Law in the EU Legal Order, in Stefan Vogenauer, Stephen Weatherill eds. General Principles of Law: European and Comparative Perspectives. Hart Publishing, 2017, p.123.

② Samantha Besson. General Principles and Customary Law in the EU Legal Order, in Stefan Vogenauer, Stephen Weatherill eds. General Principles of Law: European and Comparative Perspectives. Hart Publishing, 2017, p.123.

③ Samantha Besson. General Principles and Customary Law in the EU Legal Order, in Stefan Vogenauer, Stephen Weatherill eds. General Principles of Law: European and Comparative Perspectives. Hart Publishing, 2017, p.115.

④ Case C-26/62, Van Gend & Loo v. Netherlands Inland Revenue Administration [1963] ECR-I 12.

⑤ 例如,Case C-68/86, United Kingdom of Great Britain and Northern Ireland v. Council of the European Communities [1988] ECR-I 898, para.24.

⑥ Opinion AG Maduro in Case C-133/06 European Parliament v. Council of the European Union, Delivered 27 September 2007, paras.27-29.

原则的标准导致成员国怀疑欧盟法院裁决结果是否恪守欧盟与成员国的权力划分①。甚至，部分学者认为欧盟法院适用欧盟法一般原则属于暗中行使一级立法权，建议本国宪法法院对欧盟法院实施违宪审查②。在公共部门收购计划（PSPP）案后，德国联邦宪法法院逐渐提高了对欧盟法院判决的审查力度。尽管成员国宪法法院尚未对欧盟法院适用欧盟法一般原则进行违宪审查，但是凭借德国联邦宪法法院在欧盟成员国的影响力，"越权无效"（ultra vires）原则和特征性审查（identity review）将成为对抗欧盟法院的技术手段③。

（二）从欧洲煤钢共同体立法历史文件中寻找"欧盟法一般原则"的正当性基础

目前，《欧盟条约》第19条结合《欧盟机构运行条约》第263条的解释路径可以为欧盟法一般原则提供潜在的正当性根基。《欧盟条约》第19条规定"欧盟法院必须保证在解释和适用条约的过程中遵守法律"。《欧盟机构运行条约》第263条赋予欧盟法院审查欧盟机构立法和行政行为"合法性"的权力，该过程也包括审查"损害诸欧盟基础条约和任何与实施条约相关的法律规则（rules of law）"。由此产生的突破口是：《欧盟条约》第19条和《欧盟机构运行条约》第263条文本中的"法律"是否涵盖"一般法律原则"？

现行《欧盟条约》第19条和《欧盟机构运行条约》第263条完全复制了先前的《欧洲经济共同体条约》第173条的内容。但是，《欧洲经济共同体条约》第173条未能明确地界定"法律"的范围。因此，特拉马蒂斯认为《欧洲经济共同体条约》第173条本身无法为揭示"法律"的范围提供有价值的参考④。但是，也不能排除《欧盟条约》第19条依旧存在开放性解释的可能，即将"法律"的范围理解为欧盟基础条约规定以外的法律形式（渊源）范围。诚然，两个欧盟宪法性条约构建了欧盟法秩序的基础，但是不应解释为完全排除其他有效性法源⑤。有效的欧盟法规范也应该包含欧盟法院动态性解释⑥。例如，现任欧盟法院院长科恩·莱纳茨（Koen Lenaerts）就提倡用反映欧洲自由民主社会基本价值和特定公共道德的欧盟法一

---

① Vassilis Hatzopoulos, "Why the Open Method of Coordination is Bad for You: A Letter to the EU.", European Law Journal, Vol. 13 (2007), p.337.

② Roman Herzog, Lüder Gerken. [Comment] Stop the European Court of Justice, https://euobserver.com/opinion/26714, Last Visited: 2025-02-01.

③ 早在2012年时候，捷克共和国宪法法院就已经利用"越权无效"原则对抗欧盟法院的判决。参见Pl. ÚS 5/12, https://www.usoud.cz/en/decisions/20120131-pl-us-512-slovak-pensions, Last Visited: 2025-02-01.

④ Takis Trimadis. The General Principle of EU Law. Oxford University Press, 2006, p.20.

⑤ 参见Thijmen Koopmans. The Birth of European Law at the CrossRoads of Legal Traditions. American Journal of Comparative Law, Vol. 39 (1991), p.495.

⑥ 部分学者和欧盟法院的法官认为《欧洲经济共同体条约》第173条中的"法律"应该包括欧盟基础条约、欧盟二级立法、欧盟规章以及相关的法律文件。同时，"法律"也应该包含由欧盟法院判决中创制的法律规则。参见Koen Lenaerts, Dirk Arts, Ignace Maselis and Robert Bray. Procedural Law of European Union. Sweet & Maxwell, 2006, pp.7-8. 部分学者认为早期欧盟法院对于法律概念的理解、判决书撰写模式以及司法审查的方法都深受法国法律思想的影响。法国的司法教义中"法律的一般原则"（principes généraux du droit）是法律渊源之一。参见Jurgen Schwarze. European Administrative Law. Revised Edition. Sweet & Maxwell, 2006, p.40.

般原则发展和完善现有的欧盟法秩序①。

先前的《欧洲经济共同体条约》第 173 条的内容可以进一步追溯到 1952 年生效的《欧洲煤炭和钢铁共同体条约》(简称《欧洲煤钢共同体条约》)第 33 条的规定。《欧洲煤钢共同体条约》第 33 条正式文本与最初草案有着较大的差异性。最初的版本仅是规定了当时欧洲煤钢共同体法院(以下简称"煤钢共同体法院")对"违反《欧洲煤钢共同体条约》和滥用法律(abus du droit)"行为的司法审查。此后,在条约草案的第二稿中将"滥用法律"改为"法律的所有规范"(toute règle de droit)。鉴于"règle de droit"在法国法概念中特指法院有义务使用的一切裁判规范(la norme juridiquement obligatoire),所以此概念包括了实体法律规则(règle legale)和不成文的习惯法②。法国法律理论体系中的"客观法"(Le droit objectif)概念主要指用于调整个人社会生活的一切法律规范的集合,公权力机构可以依据相关规范对违法者予以处罚。由此得知,"règle de droit"在学术通说中既包括一切形式的制定法,也包含习惯法、法院判例以及自然法之规范③。

欧洲一体化之父让·莫内(Jean Monnet)发布的法律备忘录也可以证明《欧洲煤钢共同体条约》第二稿中"règle de droit"应允许煤钢共同体法院依据一般法律原则、委员会制定的指令以及其他有约束力的规范审查欧洲煤钢机构行为的合法性④。曾经参与起草《欧洲煤钢共同体条约》并担任煤钢共同体法院助裁官的莫里斯·拉格朗日(Maurice Lagrange)向法国议会提交了《欧洲煤钢共同体条约》草案文本,在其"解释性备忘录"(exposé de motif)中明确按照莫内的观点承认条约第 33 条包含法律一般原则⑤。

三、欧盟司法审判中塑造欧盟法一般原则的过程与类型

《欧洲煤钢共同体条约》第 33 条所涵盖的法律一般原则能否完全等同于当下的欧盟法一般原则呢?实际上,欧盟法院从未将《欧洲煤钢共同体条约》第 33 条、先前的《欧洲经济共同体条约》第 173 条和现在生效的《欧盟机构运行条约》第 263 条作为创制欧盟法一般原

---

① Koen Lenaerts and José Antonio Gutiérrez-Fons. The Constitutional Allocation of Powers and General Principles of EU Law. Common Market Law Review, Vol. 47(2010), p.1632.
② Gérard Cornu(dir.) et Association Henri Capitant, Vocabulaire juridique. Paris Presses universitaires de France, coll. Quadridge, 2005, 7e éd., p.970.
③ 参见 Mehdi Abdelatif. Règle de droit. définition, caractéristiques, effets, Juris Logic, https://jurislogic.fr/regle-de-droit/ Last Visited: 2025-02-01.
④ Note sur Law Competence de la Cour de Justice(Article 33 du projet de Traite), 22 December 1950.
⑤ 转引自 Paul Craig. General Principle of Law: Treaty, Historical and Normative Foundation, in Katja S. Ziegler, Päivi J. Neuvonen and Violeta Moreno-Lax eds. Research Handbook on General Principles in EU Law. Edward Elgar, 2022, p.29.

则的法律基础①。在 Lucchini 案的判决中,原告认为欧共体委员会的决定违反《欧洲经济共同体条约》具体法律规则和信赖保护原则(法律一般原则)。虽然欧共体法院支持了原告观点,但是主审法官分别审理了违反欧共体实体法规则和法律一般原则的指控②。这种判决进路隐含地表达了其在具体案件中不会将法律一般原则视为《欧洲经济共同体条约》第173条"法律规则"(règle de droit)所涵摄的类型。此外,现有的历史研究尚无法证明《欧洲煤钢共同体条约》的制定者对法律一般原则的解释与当下我们熟知的欧盟法一般原则概念相同。当下学界对法律一般原则的认知通常包含三个层面:首先,法律一般原则应该包含价值元素,且在实然层面普遍被欧盟成员国的法律秩序接受;其次,法律一般原则可能体现为在特定法律体系中普遍实施的非成文法规范;最后,法律一般原则暗含了与法律规则不同的普遍性和抽象性含义。这三点特性并非彼此递进或者补充而存在。即便欧盟法院可以论证特定法律原则已经在欧盟法体系中获得普遍的遵守,那么也无法表明 27 个欧盟成员国的法律体系都已经接受了特定的一般原则,更不能证明所有成员国都采用相同或者近似的解决措施。相反,欧盟法院始终处于判断欧盟法一般原则的主导地位,通过简单的比较后确认存在欧盟法一般原则,或者将抽象的原则加以细化。

研究欧盟法院适用法律一般原则的典型案例和法理变迁为我们提供了探索欧盟法一般原则生成和发展的可行性路径。相比于欧盟法院的法官,欧盟法院助裁官发布的意见具有完整性和创新性。在欧洲煤钢共同体时代,助裁官们就经常运用法律一般原则,将其作为审查和控制欧洲煤钢共同体机构和成员国的法律根据。但是,这种路径也面临相同的问题。几乎所有的助裁意见都未公开地将《欧洲煤钢共同体条约》第 33 条作为审查依据,甚至忽视了法律一般原则与第 33 条之间的规范关系③。

从经验事实角度分析,欧洲煤钢共同体时代的助裁意见中的法律一般原则通常有三个来源。首先,法律一般原则源于重要的成员国法律体系,通过助裁官们的加工,用以弥补共同体立法或行政措施中所缺乏的共同利益内容或者细化共同体基础条约的实体法原则。在比利时高炉和钢铁协会案的助裁意见中,助裁官拉格朗日通过类比法国和德国的立法后,认

---

① 欧洲经济共同体法院在早期通常回避法律一般原则是否隶属于《欧洲经济共同体条约》第173条所规定的"法律规则"(règle de droit)。参见, Case C-54/65 Compagnie des forges de Châtillon, Commentry & Neuves-Maisons v. High Authority [1966] ECR Spec. Ed. 185; Case 57/69 ACNA SpA v. Commission [1972] ECR-I 935; Case 19/70 Almini v. Commission [1971] ECR-I 632, AG Dutheillet de Lamothe; Case 10/69 S.A. Portelange v. S. A. Smith Corona Marchant International [1969] ECR-I 318.

② Case C-1252/79, SpA Acciaierie e Ferriere Lucchini v. Commission of the European Communities [1980], ECR-I 3763, paras 8-10.

③ 典型的案件判决,请参见 Opinion of AG Langrange in Case C-11/57, Chambre syndicale de la sidérurgie française v. High Authority of the European Coal and Steel Community [1958], https://eur-lex.europa.eu/legal-content/EN/TXT/HTML/?uri=CELEX:61957CC0013&from=EN, Last Visited: 2025-02-01.

可了平等权具有法律一般原则的地位，并建议欧洲煤钢共同体法院"有权并且应该在适当的案件中加以考虑"①。Wirtschaftsvereinigung Eisen案的原告认为煤钢共同体的行政机构在具体制度中忽视了平等原则的共同利益（common interest）属性，应该将其作为煤钢共同体的一般原则加以保障。拉格朗日虽然接受了该建议，却将《欧洲煤钢共同体条约》第3条所要求的煤钢共同体机构追求的"共同利益"作为接纳法律一般原则的基础，而非依据本条约第33条的内容进行司法审查②。此后，拉格朗日在Pont-à-Mousson案的助裁意见中表明共同体的目标和目的是塑造法律一般原则的条约基础，禁止共同体公权力机关恣意行使权力乃是法治原则的根本要求。但是，拉格朗日坚持认为抽象的法律一般原则不能成为原告提起诉讼的直接理由，需要煤钢共同体法院在具体的情境中加以审查③。

第二类欧盟法一般原则类似国际公法体系中的不成文法规范，欧盟法院的助裁官通过援引国际法规范或者国际条约的方式证明在特定领域中已经存在国际共识或者普遍认同的不成文规范。利用国际法规范塑造法律一般原则的司法目的是弥补既有的煤钢共同体法律体系的空白以及确认成员国依旧需要在共同体法律秩序内履行国际法责任。例如，助裁官勒默尔（Roemer）在Mannesmann案的助裁意见中指出，虽然欧洲煤钢共同体行政机构未能在实证法中获得要求相关废品回收公司返还其错误发放的资金的权利，但是依据国际条约或者法律确立的规范，煤钢共同体的行政机构可以保留该项权利。所以，欧共体行政机构要求相关企业返还错误发放的资金的权利是欧共体的法律一般原则④。但是，这类法律一般原则的主要功能是补充解释煤钢共同体机构的职权范围。

第三类欧盟法一般原则与第一类的界定方式相似，其目标是定义特定的欧洲煤钢共同体法律概念范围。助裁官们通常会从成员国的法律体系中识别特定的法律概念是否存在法律共识，并将法律共识作为解释煤钢共同体法律概念和具体化抽象的法律原则内容的规范基础。例如，通过比较相关国内法规范后，欧盟法院助裁官确认了礼拜日不能计入重要文件送达的时间段⑤和原告有权获得非合同关系的债务赔偿等尚未明确写入欧盟实体法的内容

---

① 请参见Opinion of AG Langrange in Case C-8-13/57, Groupement des hauts fourneaux et aciéries belges v. High Authority of the European Coal and Steel Community [1958], https://eur-lex.europa.eu/legal-content/EN/TXT/HTML/? uri=CELEX：61957CC0013&from=EN, Last Visited：2025-02-01.

② 请参见Opinion of AG Langrange in Case C-13/57, Wirtschaftsvereinigung Eisen-und Stahlindustrie, Gußstahlwerk Carl Bönnhoff, Gußstahlwerk Witten, Ruhrstahl and Eisenwerk Annahütte Alfred Zeller v. High Authority of the European Coal and Steel Community [1958], https://eur-lex.europa.eu/legal-content/EN/TXT/HTML/? uri=CELEX：61957CC0013&from=EN, Last Visited：2025-02-01.

③ Opinion of AG Langrange in Case C-14/59, Société des fonderies de Pont-à-Mousson v. High Authority [1959] ECR I-244.

④ Opinion of AG Roemer in Case C-4-13/59, Mannesmann AG v. High Authority [1960] ECR-I 141.

⑤ Joined opinion of Mr Advocate General Lagrange in Cases C-3-18, 25-26/58, Erzbergbau AG v. High Authority [1960] ECR-I 204-205.

属于法律一般原则①。非成文的法律一般原则可以在后续的欧盟立法中转化为欧盟实体法规范。

此后,欧盟法院助裁官塑造、解释和适用欧盟法一般原则的做法也逐渐影响到了欧盟法院的判决。从20世纪60年代开始,欧盟法院也逐渐将未写入《欧洲煤钢共同体条约》或者后续的《欧洲经济共同体条约》的重要权利和制度统称为"法律一般原则",作为解释法律和审查相关机构行为合法性的规范基础。与助裁官的论证模式相似,欧盟法院在判决中回避了法律一般原则作为欧盟法律渊源的问题。究其原因是法律一般原则并非独立地发挥作用,而是与其他欧盟法规范共同行使司法审查功能②。

例如,在20世纪70年代前,欧盟法院极少适用比例原则、正当性期待原则、公平审判原则和平等原则。即便偶尔提及这些原则,欧盟法院也会通过援引相关具体的立法条款,用于证明法律适用的基础③。但是,欧盟权力的扩大和有限的公民基本权利保障形成了矛盾,欧盟法秩序缺乏限制欧盟机构和审查成员国政府实施欧盟措施的基本权利规范。皮埃尔·佩斯卡托雷(Pierre Pescatore)为代表的欧盟法官担忧欧盟法会丧失社会正当性和权威,导致民众和成员国政府利用本国宪法对抗欧盟法的优先性和直接效力④。倘若成员国宪法法院拒绝降低基本权利的宪法保障标准,那么必然会阻碍欧盟法规范在成员国内部的实施⑤。

因此,弥补欧盟立法缺陷和融贯欧盟与成员国之间的宪法规范就成为欧盟法院的重要课题。Stauder案和Internationale Handelsgesellschaft案开启了欧盟法一般原则的新时代。在Stauder案的判决中,欧盟法院发现欧盟向特定低收入的群体发放印有个人姓名的救济券侵犯了德国基本法保障的尊严原则。但是,相关《欧洲经济共同体条约》第7条和第40条第3款无法在此情境下成为保障个人尊严的欧盟法基础。欧盟法院在判决中指出"不应该以践踏欧洲经济共同体法一般原则所涵盖基本权利的方式解释法律条文"⑥。尽管未能确切说明欧盟法一般原则所包含的基本权利的内容,但是欧盟法院暗示了成员国重要的宪法

---

① Opinion of Mr Advocate General Roemer in Case C-25/62 Plaumann v. Commission[1963]ECR-I 120.
② 参见Case C-26/63, Pistoj v. Commission[1963]ECR I-343; Case C-78/63, Huber v. Commission[1964]ECR-I 367.
③ 例如,提及比例原则的案件,Case C-73/69, Firma H. Oehlmann & Co. v. Hauptzollamt Münster[1970]ECR I-467, para.4; Opinion of Mr Advocate General Roemer in Case C-73/69, Firma H. Oehlmann & Co. v. Hauptzollamt Münster[1970] ECR I-482 & 483. 隐晦地提及信赖保护原则的内容,请参见Joined cases 9/60 and 12/60, Belgium v. Vloeberghs & High Authority[1961]ECR I-182 & 183. 平等权和禁止歧视等欧盟法一般原则也较多地出现在欧共体法院的早期判决中。欧共体法院通常援引《欧洲煤钢共同体条约》第4条,将其作为一项实体权利,或者结合具体的权利规范证明平等权的存在。
④ Pierre Pescatore. Les Droit de l'homme et l'intégration européenne. Cahier du droit européenne, 4(1968), p.657.
⑤ 在20世纪70年代,德国宪法法院在Solange I案和意大利宪法法院在Frontini案中确立了由宪法法院审查欧盟法是否符合本国宪法的判例。《里斯本条约》生效后,欧盟成员国以维护"国家特征"(national identity)或者"宪法特征"为理由,拒绝实施欧盟法。参见范继增:《多元结构下欧洲基本权利保障体系:欧盟法与欧洲人权公约间交互式发展与影响》,载《厦门大学法律评论》,2016年第1期,第114-116页。
⑥ Case C-29/69, Erich Stauder v. City of Ulm – Sozialamt[1969]ECR-I 425, para.7.

权利是欧盟法一般原则的来源,具有审查欧盟二级立法的效力。

在 Internationale Handelsgellschaft 案的预先裁决中,德国行政法庭(Verwaltungsgericht)警告欧盟法院,其裁决结果可能遭到德国联邦宪法法院的违宪审查。为了确保欧盟法的优先性,欧盟法院策略性宣布"对基本权利的尊重构成了欧盟法院保障的法律一般原则的组成部分",并且将法律一般原则所确认的基本权利来源限定在"成员国共同的宪法传统"[①]。显然,将基本权利纳入欧盟法一般原则的解释弥补了缺乏基本权利法典的缺陷,完善了欧盟法律秩序,也暂时解除了成员国宪法法院推翻欧盟法院决定的威胁。在 Solange II 的裁决中,鉴于含有保障基本权利的欧盟法一般原则已经具有审查欧盟二级立法的地位,所以德国联邦宪法法院推定欧盟法与德国基本法具有相同的基本权利保障标准[②]。但是,欧盟法院始终掌控着塑造基本权利的程度和适用范围的主动权。在 Internationale Handelsgellschaft 的裁决中,欧盟法院指出由欧盟法一般原则保障的基本权利必须与欧盟法的目的与目标相一致[③]。从此,奠定了欧盟法院塑造和适用欧盟法一般原则的方法基础。此后,《马斯特里赫特条约》的起草者将源自各国宪法传统保障的基本权利,作为欧盟法一般原则正式写入现今《欧盟条约》第6条第3款之中。

四、欧盟法院助裁官运用比较法塑造欧盟法一般原则的路径

运用比较法是塑造和改革欧盟法律体系的重要路径。例如,《欧盟基本权利宪章》前言已经表明了欧盟基本权利范围源于"成员国共同的宪法传统与承担的国际责任"。甚至,《欧盟基本权利宪章》第52条第4款要求必须以符合成员国宪法传统的方式解释宪章所承认的源自成员国传统的基本权利。从成员国宪法规范中提炼出共同的传统特征是欧盟法院解释欧盟法和保障基本权利的必经之路[④]。

此外,鉴于欧盟法院需要在超国家层面上建立统一的法律解释和适用,比较法成为解决法律争议的重要方法。虽然欧盟法院极力避免提及更多的域外法源,但是运用比较法已经成为欧盟法院解释法律概念和动态性推动欧盟法律变革的关键途径[⑤]。自《马斯特里赫特条

---

① Case C-11/70, Internationale Handelsgesellschaft mbH v. Einfuhr-und Vorratsstelle für Getreide und Futtermittel [1970] ECR I-1125, para.4.

② 有关德国联邦宪法法院对 Solange II 案的英文版裁决意见,请参见 https://law.utexas.edu/transnational/foreign-law-translations/german/case.php?id=572.

③ Case C-11/70, Internationale Handelsgesellschaft mbH v. Einfuhr-und Vorratsstelle für Getreide und Futtermittel [1970] ECR I-1125, para.4.

④ Stelio Mangiameli. The Constitutional Tradition Common to the Member States in European Law, as A Legal Tool for the Comparison among the MS Legal Order in the Construction of European Fundamental Rights. Caderndo de Relações Internacionais, Vol. 13 (2016), p.33.

⑤ Koen Lenaerts. The European Court of Justice and the Comparative Law Method. European Review of Private Law, Vol. 25 (2016), p.297.

约》生效以来,欧盟与成员国之间的法律体系形成了互动的开放关系。欧盟法院需要从成员国的法律体系中获得启发,而成员国法律体系必然会因为欧盟法院决定的变化而改变①。在此背景下,欧盟法院运用比较法从成员国法律体系中提炼出解释欧盟法的新规范,成为欧盟法院必须履行的基本任务②。

相比于欧盟法院法官,欧盟法院助裁官在公开适用比较法识别和界定欧盟法一般原则的过程中享有明显的优势。助裁官在欧盟司法体系中担负独立提供司法意见的任务。虽然助裁意见本身不具有约束力,但是高质量的助裁意见需要全面分析案件和为处理案件的方法提供详细的说理。因此,助裁官必须关注成员国国内法的发展动态或者援引成员国的法律规范,确保助裁意见的全面性和说理性。在具体案件的司法意见中,助裁官可以通过比较或者列举不同成员国的法律措施,分析其形成的原因和产生的后果,并且判断欧盟法能否采纳相关的措施。比较分析的过程不仅可以展现欧盟成员国的法律制度状况和特定法律措施的独特性,也可以展现欧盟法的特殊性和发展方向③。此外,助裁官通常需要在助裁意见中关注上诉人或者预先裁决申请人依据比较法所提出的法律诉求的有效性和正当性。欧盟委员会和其他欧盟机构也会在制定欧盟法规时参照比较法。鉴于此,欧盟助裁官亟须独立地运用比较法方法分析相关的法律问题并且作出相应的助裁意见④。

欧盟法院适用比较法方法缺乏连贯性和透明性,由此带给我们诸多疑问。例如,欧盟法院是否有义务参考所有欧盟成员国的法律秩序?是否所有成员国的法律规范都可以成为塑造欧盟法一般原则的来源?在界定"共同的宪法传统"中,是否需要所有的欧盟成员国法律体系对特定的规范达成无争议性法律共识?欧盟法院助裁官排除了"欧盟法一般原则"等于所有的欧盟成员国达成一致。马杜罗在 FIAMM 案的助裁意见中明确指出"成员国法律共同拥有的一般性原则"不是每个成员国法律体系"机械性强加给欧盟法的结果",也"无须所有的元素内容都保持完全一致"⑤。 早在 1962 年,拉格朗日就在 Hoogovens 案的助裁

---

① C. N. Kakouris. Use of the Comparative Method by the Court of Justice of the European Communities. Pace International Law Review, Vol.6(1994), pp.282-283;具体的欧盟法院判决请参见 Case C-46 and 48/93 Brasserie du Pecheur and Factortame[1996]ECR I-1029.

② Peter Häberle. Dallo Stato nazionale all Unione europea: evoluzioni dello Stato costituzionale. Il Grundgesetz come Costituzione parziale nel contesto della Unione europea: aspetti di un problema. Diritto pubblico comparato ed europeo, 2002, p.455.

③ 典型的助裁意见包括 Opinion of AG Jacobs in Case C-148/02, Carlos Garcia Avello v. Belgian State[2003]ECR I-11616, paras.5-22; Opinion of AG in Case C-34/09, Gerardo Ruiz Zambrano v. Office national de l' emploi(ONEm), Delivered on 30 September 2010, paras.163-173.

④ 参见 Thomas Perroud, The CJEU and Comparative law in the Creation of New Jurisprudential Principles. A Case of Judicial Manipulation? Available at https://hal.science/hal-03818337/document.

⑤ Opinion of AG Maduro Case C-120/06 P & Case C-121/06, FIAMM and FIAMM Technologies v. Commission and Council, Delivered on 20 February 2008, para.55.

意见中指出成员国法律体系中的"最低标准"不能单独成为决定因素。相反,比较法是欧盟法院识别解决法律问题"最好选项"的媒介,用于发展欧盟法规范和精神①。此后,勒默尔在 Wilhelm Werhahn Hansamühle 案的助裁意见中指出,源于《欧洲经济共同体条约》第 215 条第 2 段所规定的一般原则不要求所有成员国形成一致性,多数成员国法律选择的结果也不具有优先性。欧盟法院应站在演化性解释的立场适用比较法,应该在特定的领域关注某些成员国的法律选择②。

显然,两位助裁官皆选择以功能主义为导向适用比较法。比较法的功能不是简单地区分出多数和少数选项,而是寻找更好处理法律问题方法的工具。当比较法成为塑造欧盟法一般原则的方法时,即便《欧盟条约》第 6 条第 3 款规定了部分欧盟法一般原则源于"成员国共同的宪法传统",也不意味着欧盟法院需要承担证明欧盟成员国已经达成共识的责任。曾担任欧盟法院法官的汉斯·库切尔(Hans Kutscher)曾提到,欧盟法院没有在欧盟成员国法律体系中寻找共同性"最低标准"的义务,或者无须采用数学模式将多数成员国的法律选择作为优先选项。欧盟法院的核心任务是权衡特定的法律问题,并且在符合欧盟目标和基本原则的基础上,寻找解决问题"最优"和"最适合"的方法③。所以,助裁官斯林(Slynn)指出欧盟法一般原则不是"向欧盟法体系内注入国内法,而是将其作为发现欧盟不成文法的方法"④。

马杜罗在 FIAMM 案的助裁意见中更加细致地阐述了为何成员国最低标准无法成为欧盟法一般原则的理由。首先,欧盟法一般原则不是自上而下形成的机械性规范,欧盟法院无须证明欧盟法一般原则与成员国法具有完全相同的要素。其次,成员国共同的最低标准通常会阻碍受害人获得赔偿的机会。显然,这不符合扩大基本权利保障范围的司法精神。最后,尽管欧盟法院在识别欧盟法一般原则的过程中需要关注成员国的法律规定,但是欧盟法一般原则的结果必须与欧盟法特定目标相符合。在提取欧盟法一般原则过程中,欧盟法院必须兼顾成员国共同的宪法传统和欧盟法目标,从中寻找解决问题的答案。鉴于此,尽管仅有少数成员国选择解决法律问题的特定措施,但是当该措施能够最好地适合欧盟法律体系和符合欧盟法目标时,那么也可以被确认为欧盟法一般原则⑤。

---

① Opinion of AG Lagrange Case C-14/61 Hoogovens v. High Authority[1962], ECR-I 283-284.
② Opinion of AG Roemer in Joined Cases C-63/72 to 69/72 Wilhelm Werhahn Hansamühle and others v. Council of the European Communities EU[1973], ECR-I 1259-1260.
③ Hans Kutscher. Methods of Interpretation as Seen by a Judge at the Court of Justice, in Reports of a Judicial and Academic Conference held in Luxemburg on 27-28 September 1976, http://aei.pitt.edu/41812/1/A5955.pdf, p.1, Last Visited: 2025-02-01.
④ Opinion of AG Slynn in C-155/79 AM & S Europe v. Commission[1982] ECR-I 1649.
⑤ Opinion of AG Maduro in Joined Cases C-120/06 P and C-121/06 P FIAMM & FIAMM Technologies v. Council & Commission of the European Communities, delivered on 20 February 2008, para.55.

事实上，马杜罗发布的助裁意见暗示了成员国国内法和宪法对欧盟法一般原则的塑造仅具有启发性的作用，欧盟法的目标则是塑造欧盟法一般原则的核心要素。特里马蒂斯将这个司法过程形象地描述为"欧盟法一般原则是成员国的孩子。当他们被带到欧盟法院面前时，立刻被塑造为不受成员国控制的孩子"[1]。特里马蒂的描述也反映出欧盟法院始终用"自治性解释"（autonomous interpretation）路径标榜欧盟法的独立性。欧盟法目标主导着法律解释，并可能与重要成员国法律产生冲突。例如，源自德国法的比例原则已经成为公认的欧盟法一般原则。然而，欧盟法院在 Weiss 案[2]适用比例原则的方法遭到了德国联邦宪法法院的挑战和批评[3]。尽管呈现出适用的差异性，欧盟法院通常为了维护自身的特征，要求成员国必须尊重欧盟法院的选择。马杜罗在 Arcelor 案的助裁意见中表明，尽管成员国法律和欧盟法院在基本价值领域具有相似性和重合性，但是"这些结构性重合仅能在欧盟的组织制度下得以保障"，否则依据成员国宪法实施欧盟法会导致片面性和歧视性结果。成员国共同的宪法传统将成为扭曲欧盟法一致性的根源[4]。

特尔斯泰尼亚克（Trstenjak）则试图在 Audiolux 案的助裁意见中通过区分欧盟法一般原则的类型限制比较法的影响。特尔斯泰尼亚克认为存在两类欧盟法一般原则。第一类是自治性一般原则（autonomous principle），属于《欧盟条约》和欧盟法相关的法律体系和精神生成的不成文法规则。欧盟法院可以排他性地塑造这类不成文的法律规范，无须参考任何比较法来源；另一类是隶属性一般原则（heteronomous principle），即与成员国法律或者宪法秩序具有高度相似性的一般法律原则。只有后者才具备批判性运用比较法的条件。即便如此，欧盟法院也不必从所有成员国的法律共识中寻找最低共识[5]。

相应地，助裁官朱利安·科克特（Julian Kokkot）也在 Akzo Nobel 案的助裁意见中对比较法和共同宪法传统之间的关系作出了阐释。科克特延续了此前欧盟法院助裁官们采用的功能性路径，认为"提及共同的宪法传统和法律原则不意味着欧盟成员国已经在特定事项上形成统一共识，也不意味着欧盟法院具有支持多数成员国选择的倾向。相反，欧盟法院需要在不同成员国的法律体系之间采用演化性比较方法发展欧盟法规范。不仅需要考量欧盟

---

[1] Takis Tridimas. General Principle of EU Law. Oxford University Press, 2006, 2nd edition, p.4.

[2] Case C-493/17, Weiss and Others [2018] ECR I-1000.

[3] 2 BvR 859/15, para. 127, https://www.bundesverfassungsgericht.de/SharedDocs/Entscheidungen/EN/2020/05/rs20200505_2bvr0 85915en.html;jsessionid=F892FE5330900A9A29FDCBEF992814FE.2_cid392. 相关的内容，请参见 Toni Marzal、Is the BVerfG PSPP Decision Simply not Comrehensible? A Critique of the Judgment's Reasoning on proportionality, 2020, https://verfassungsblog.de/is-the-bverfg-pspp-decision-simply-notcomprehensible/#, Last Visited: 2025-02-01.

[4] Opinion of AG Maduro in Case C-127/07, Société Arcelor Atlantique et Lorraine and Others v. Premier ministre, Ministre de l'Écologie et du Développement durable and Ministre de l'Économie, des Finances et de l'Industrie, delivered on 21 May 2008, para.16.

[5] Opinion of AG Trstenjak in Case C-101/08, Audiolux SA e.a v. Groupe Bruxelles Lambert SA (GBL) and Others, delivered on 30 June 2009, para.69.

法的任务和目标,也必须思考欧盟一体化和欧盟法的特殊性质"①。

上述标志性的欧盟法院助裁意见可以证明,除了自治性欧盟法一般原则无须依靠比较法加以正当化,比较法和目标性解释(teleological interpretation)共同影响隶属性欧盟法一般原则②。尽管欧盟法院在特定领域中可以运用比较法证明欧盟成员国共识的存在,或者存在多数欧盟成员国的法律选择,但是其不能成为影响识别欧盟法一般原则的唯一因素。欧盟法院助裁官支持采用演化性解释路径适用比较法,主张欧盟法院在享有自治性解释的基础上,选择符合欧盟法发展方向和精神的措施作为欧盟法一般原则。即便仅有少数成员国与欧盟法院的选择结果相同,其依旧可以构成欧盟法一般原则。

五、欧盟法院运用比较法塑造欧盟法一般原则的方法困境

法治原则是《欧盟条约》第2条所确立的欧盟基本原则,其含义为欧盟法院必须在其管辖权的范围内解决法律问题。在裁判的过程中,欧盟法院担负着寻找和解释法律的职责。现任欧盟法院院长莱纳茨曾指出《欧盟条约》第19条赋予了比较法方法宪法权威。该条款要求欧盟法院在解释和适用《欧盟条约》条款时,必须遵守包含欧盟法院判例在内的相关"法律"③。1957年,欧盟法院在Algera案的判决中就指出"除非(欧盟法院)拒绝裁判,否则就有义务通过援引成员国的立法规范、学识丰富的著作(learned writing)和成员国法院的判例解决问题"④。此后,《欧盟条约》第6条第3款和《欧盟基本权利宪章》第52条第4款分别要求欧盟遵守源自"成员国共同的宪法传统"的基本权利以及"欧盟法院在解释源自成员国共同宪法传统的宪章权利时,应该确保符合这些共同传统"。成员国法律体系成为欧盟法院运用比较法的权威来源。

正如上文所说,现有的比较法实践方法缺乏连续性和可预测性。一方面,莱纳茨院长曾指出欧盟法院适用比较法方法与欧洲人权法院界定欧洲共识的方法相同。倘若成员国法律体系形成了较高的趋同性,那么欧盟法院愿意遵循成员国的步伐,按照成员国的法律共识解释相关的欧盟法概念。如果欧盟成员国尚未完全形成趋同性的共识,但是多数成员国法律

---

① Opinion of AG Kokkot in Case C-550/07 P Akzo Nobel Chemicals and Akcros Chemicals v. Commission [2010] ECR I-8301, para.94.

② 参见Päivi J. Neuvonen, Katja S. Ziegler. General Principle in the EU Legal Order: Past, Present and Future Direction, in Katja S. Ziegler, Päivi J. Neuvonen and Violeta Moreno-Lax eds. Research Handbook on General Principles in EU Law. Edward Elgar, 2022, p.16.

③ Koen Lenaerts. Interlocking Legal Orders in the European Union and Comparative Law. International and Comparative Law Quarterly, Vol.52 (2003), p.873; Koen Lenaerts and Kathleen Gutman. The Comparative Law Method and Court of Justice of European Union: Interlocking Legal Order Revisited, in M. Andenas & D. Fairgrieve (eds.), Courts and Comparative Law. Oxford University Press, 2015, p.141.

④ Joined Cases C-7/56 and C-3-7/57, Algera and Others v. Assemblée commune [1957] ECR-I 55.

体系已经对特定的方法形成共识，那么欧盟法院通常会遵循这种方法，并在欧盟情境中使其得到调整和发展①。然而，与欧洲人权法院相比，欧盟法院尚未形成利用比较法界定成员国共识的标准。欧洲人权法院前院长卢齐厄斯·维尔德哈贝尔（Luzius Wildhaber）等人发现"当人权法院发现有6—10个缔约国与多数国家法律规定不同，就不会承认欧洲共识的存在"。1998年欧洲人权法院成为常设法院后，在58%适用共识性标准的案件中，审查了60%—70%的缔约国国内法状况②。相反，欧盟法院在适用比较法的过程中极少关注国内法的数量和预计目标所占比重。尽管在Hauer案判决中，欧盟法院声明其有义务参考所有欧盟成员国的相关立法，但是最终的判决书中却仅列出三个成员国立法作为比较法依据③。此外，比利安娜·佩特科娃（Bilyana Petkova）发现"欧盟成员国共识仅是欧盟法院说理过程中的辅助性要素，不会成为法院裁决所依赖的唯一因素和逻辑结构"④。这两种情形皆存在于欧盟法院的判决中。

Berlusconi案就是欧盟法院依赖成员国共识的典型案例。在助裁官科克特指出"优先适用轻刑几乎已经存在于所有欧盟成员国的法律体系中"⑤后，欧盟法院宣布"轻刑溯及力原则已经成为成员国共同的宪法传统"和"所有成员国应该尊重的欧盟法一般原则"⑥。有时，在缺乏成员国法律共识的案件中，欧盟法院无法在缺乏具体的欧盟法规则的情况下支持上诉人的决定。例如，在FIAMM案的判决中，上诉人援引当时的《欧洲经济共同体条约》第288条（现《欧盟机构运行条约》第340条），要求行使欧共体立法权的部长理事会和欧共体委员会承担赔偿责任。虽然《欧洲经济共同体条约》第288条第2款确认了履行职权的欧盟机构和公务员对个人和企业造成损害时应承担赔偿责任，但是未能明确表达相关职权机构合法作为或者不作为之活动能否纳入赔偿范围。鉴于《欧洲经济共同体条约》第288条第2款明确表达了职权机构的非合同性责任源于成员国的一般法律原则，欧盟法院据此可以通过比较法途径审查欧盟成员国的相关规定，并以此作为决定上诉人能否实际获得赔

---

① Koen Lenaerts. The European Court of Justice and the Comparative Law Method. European Review of Private Law, Vol.25(2017), p.304.

② Luzius Wildhaber, Arnaldur Hjartarson and Stephen Donnelly. No Consensus on Consensus? The Practice of the European Court of Human Rights. Human Rights Law Journal, Vol.33(2013), p.258.

③ Case C-44/79, Hauer v. Land Rheinland-Pfalz[1979], ECR I-3760, para.20. 欧盟法院仅列举了德国、意大利和爱尔兰的法律条文作为例证。

④ Bilyana Petkova. The Notion of Consensus as a Route to Democratic Adjudication? Cambridge Yearbook of European Legal Studies, Vol.14(2012), pp.693-695.

⑤ Opinion of AG Kokkot in Joined Case C-387/02, C391/02 and C403/02, Berlusconi and Others[2004], ECR-I 3617, para.156.

⑥ Joined Cases C-387/02, C391/02 and C403/02, Berlusconi and Others[2005], ECR-I 3653, paras.68-69.

偿权的依据①。而在 Gascogne 案的裁决中,由于欧盟普通法院审判案件持续的时间较长,因此上诉人依据《欧盟机构运行条约》第340条,要求欧盟普通法院应该担负延迟判决的责任。助裁官沙普斯顿(Sharpston)遂即审查了欧盟成员国相关立法,未发现成员国法律体系存在共识性的救济措施②。欧盟法院采纳了助裁官得出的事实,根据具体情境为受害人提供受偿途径。

在部分领域,成员国共识对欧盟法院界定欧盟法律概念范围有决定性影响。以家庭法为例,成员国法律体系保留着修改和设定家庭成员身份的权力,欧盟法院只能依据比较法途径审查欧盟成员国是否已经形成新的共识,以此决定能否扩大欧盟立法的保障范围。虽然很多具体的欧盟指令(EU directives)都确认保障欧盟公民配偶的权利,但是欧盟立法本身并未对"配偶"范围给予明确的定义。在1986年Reed案的判决中,欧共体法院必须就未婚但处于稳定的同居关系的男女双方能否获得配偶身份予以裁决。由于成员国法律体系尚未达成共识,因此欧盟法院拒绝给予同居男女相应的身份保障③。而在2001年的 D. & Sweden 案中,欧盟法院需要确认《欧盟公务员规章》中的"已婚官员"是否也包括合法婚姻登记的同性伴侣。欧盟法院通过比较法研究发现,绝大多数欧盟成员国对于婚姻的定义是"男女双方的结合",所以拒绝承认同性婚姻的欧盟公务员获得"已婚官员"的身份④。然而,社会道德和科技发展影响了婚姻家庭法的变迁。成员国对民事身份立法的变化也会改变欧盟法院的判决。随着欧盟成员国立法普遍接受稳定的同居关系构成家庭的方式以及平等对待婚姻关系和稳定同性伴侣的同居关系,欧盟法院宣布在就业领域剥夺同性和异性同居者权利将构成基于性取向的歧视行为⑤。

然而,在部分家庭法的判决中,比较法仅担负着界定是否存在成员国共识的功能,无法成为决定是否存在欧盟法一般原则的唯一因素。尤其在确认不存在成员国共识的情况下,欧盟法院也会辅助性运用目的解释和权衡原则。在 Mayr 案的裁决中,欧盟法院运用比较法发现成员国并未对女性怀孕的时间起点形成伦理和医学的共识,所以只能以目的性解释途径探究申请人的权利诉求是否符合欧盟第92/85号指令所保护的法益⑥。这种裁判路径也出现在 Z. 案和 C. D. 案的判决中。两个案件争议焦点是购买代孕服务的女性能否获得欧盟第92/85号指令中"母亲"身份以及休产假的权利。两位欧盟法院助裁官皆认为欧盟成

---

① Case C-120/06 P FIAMM and Others v. Council and Commission, Judgment 9 September 2018, para.175. 欧盟法院最终因欧盟成员国未能形成共识,不支持上诉人获得赔偿的权利。

② Opinion of AG Sharpston in Case C-58/12 P, Groupe Gascogne SA v. European Commission, delivered on 30 May 2013, para.118.

③ Case C-59/85, Netherlands v. Reed[1986]ECR I-1300, para.11.

④ Joined Cases C-122/99 P and C-125/99 P, D. & Sweden v. Council[2001], ECR-I 4353, para.34.

⑤ 参见 Case C-267/06, Tadao Maruko v. Versorgungsanstalt der deutschen Bühnen, judgment 1 April 2008, para. 72.

⑥ Case C-506/06, Sabine Mayr v. Bäckerei und Konditorei Gerhard Flöckner OHG, 26 February 2008, para.38.

员国对代孕法律规制没有形成共识,部分国家立法限制代孕行为①。在缺乏欧盟共识的情况下,欧盟法院只能依据第 92/85 号指令的立法目的与法益保障内容决定只有产妇才能享有"母亲的产假权"②。

相比于复杂的家庭法领域,欧盟法院在塑造和界定欧盟法一般原则的过程中普遍不愿意公开援引成员国法或者阐释援引的成员国法与判决结果间的关联性。这种缺陷导致欧盟适用比较法的不连续性和模糊性。在部分案件的判决中,欧盟法院会选择绝大多数成员国的法律措施,作为证明欧盟法一般原则是否存在的依据。例如,欧盟法院在 Akzo Nobel 案中就根据多数成员国的法律规定,决定公司或者企业内部提供服务的法务律师不享有通信秘密的法律职业特权③。相反,欧盟法院会在部分案件情境中选择适合自身目标的少数成员国法律措施,作为欧盟法一般原则。例如,在 Mangold 案的裁决中,欧盟法院需要裁决成员国私营企业设置年龄限制是否违反欧盟法④。虽然欧盟第 2000/78 号指令第 6 条明确禁止年龄歧视,但是尚未达到转化期的欧盟指令能否直接用于私主体间的民事争议?倘若不能,那么欧盟法院能否在私法领域单方面创制和适用欧盟法一般原则呢?

欧盟指令的本质是要求成员国实现特定的欧盟法目标。成员国是欧盟指令的直接客体。欧盟指令会给予成员国转化指令要求的自由裁量空间和特定的期限。成员国通过制定国内法措施的途径实施欧盟指令的要求。如果成员国立法或者行政机构未能有效转化欧盟指令相关条款,国家和个人都不能直接依据欧盟指令对抗其他法律主体⑤。鉴于 Mangold 案的被告是私营企业,欧盟法院不应在尚未期满前直接适用欧盟第 2000/78 号指令。

在不能直接适用欧盟指令的情况下,欧盟法一般原则可否作为民事诉讼过程中的替代性保障规范呢?在 Bostock 案和 Otto 案的裁决中,欧盟法院皆拒绝将欧盟法一般原则适用于民事争议之中⑥。沙普斯顿在 Bartsch 案的助裁意见就明确指出"欧盟法一般原则可以适用于对抗成员国的公法案件"⑦。但是,莱纳茨院长却认为应该区分欧盟指令和欧盟法一般

---

① Opinion of AG Wahl in Case C-363/12, Z. v A Government department and The Board of management of a community school, delivered on 26 September 2013, para.1; Opinion of AG Kokkot in Case C-167/12, C. D. v. S. T., delivered on 26 September 2013, para.3.

② Case C-363/12, Z. v. A Government department and The Board of management of a community school, judgment 18 March 2014, para.58; Case C-167/12, C. D. v. S. T., judgment 18 March 2014, para.36.

③ Case C-550/07 P, Akzo Nobel Chemicals Ltd and Akcros Chemicals Ltd v. European Commission, judgment 14 September 2010, paras.69-71.

④ Case C-144/04, Werner Mangold v. Rüdiger Helm [2005] ECR-I 10013.

⑤ Kieran St C. Bradley. Legislating in the European Union, in C. Barnard and S. Peers eds. European Union Law, 2nd edition. Oxford University Press, 2017, p.100.

⑥ Case C-2/92, The Queen v. Ministry of Agriculture, Fisheries and Food, ex parte Dennis Clifford Bostock [1994], ECR I-955; Case C-60/92, Otto BV v. Postbank NV [1993], ECR I-5683.

⑦ Opinion of AG Sharpston in Case C-427/06, Birgit Bartsch v. Bosch und Siemens Hausgeräte (BSH) Altersfürsorge GmbH [2008], ECR-I 7245, para.79.

原则所产生的法律效果。欧盟指令仅具有优先实施效果（the principle of primacy），即不得实施与欧盟指令相冲突的国内法。而欧盟法一般原则属于欧盟法范畴内的实质性规范，可以直接为欧盟公民设置权利和义务，产生直接效力①。鉴于欧盟指令包含了许多实质性规范并且上述规范已经纳入《欧盟基本权利宪章》之中，所以莱纳茨院长认为这些规范构成欧盟法一般原则，且在欧盟法院管辖范围之内。在这种情况下，仅适用于公法领域的欧盟指令不能成为阻碍在民事领域中实施欧盟法一般原则的理由②。

但是，欧盟法院对 Mangold 案的具体判决似乎并未按照莱纳茨设计的思路进行。欧盟法院并未表明欧盟第 2000/78 号指令中所包含的实质性权利原则可以直接转化为欧盟法一般原则。相反，欧盟法院暗示了成员国共同的宪法传统和国际条约是塑造欧盟法一般原则的根源③。欧盟法院在 Kücükdeveci 案中明确指出了这点。欧盟第 2000/78 号指令自身不是确立禁止年龄歧视作为欧盟法一般原则的基础，成员国共同的宪法传统和国际条约使禁止年龄歧视拥有法律一般原则的地位④。值得注意的是，欧盟法院未能真正审查成员国立法状况。当时，仅有两个欧盟成员国（葡萄牙和瑞典）的法律体系禁止年龄歧视，且不存在禁止年龄歧视的国际公约⑤。所以，马尔科·达尼（Marco Dani）批评欧盟法院在 Mangold 案中用虚构方法创制了欧盟法一般原则，扩展了自身的司法管辖权空间⑥。但是，便欧盟法院坚持认为选择少数国家法律体系创制欧盟法一般原则属于演化性解释，不拘泥于欧盟成员国的最低标准，欧盟法院也不能不适当地拓展欧盟法院管辖范围。这必然会引起成员国法院与欧盟法院之间的冲突和欧盟法的不稳定性⑦。例如，丹麦最高法院在 Dansk Industri 案的判决中以越权无效原则决定不实施欧盟法院对 Mangold 案和 Kücükdeveci 案的判决，反对欧盟法一般原则具有直接适用于民事争议的水平效力⑧。

因此，Mangold 案和 Akzo Nobel 案形成了两种截然对立的适用比较法模式。前者是选

---

① Koen Lenaerts, José Antonio Gutiérrez-Fons, The Constitutional Allocation of Powers and General Principles of EU Law. Common Market Law Review Vol.47(2010), p.1640.

② Koen Lenaerts, José Antonio Gutiérrez-Fons, The Constitutional Allocation of Powers and General Principles of EU Law. Common Market Law Review, Vol.47(2010), p.1641.

③ Case C-144/04, Werner Mangold v. Rüdiger Helm [2005] ECR-I 10013, paras.74-75.

④ Case C-555/07, Seda Kücükdeveci v. Swedex GmbH & Co. KG [2010] ECR-I 407, para.20

⑤ Roman Herzog, Lüder Gerken. [Comment] Stop the European Court of Justice, https://euobserver.com/opinion/26714, Last Visited: 2025-02-01.

⑥ Marco Dani. Tracking Judicial Dialogue: The Scope for Preliminary Rulings from Italian Constitutional Courts. Maastricht Journal of European and Comparative Law, Vol.16(2009), p.149.

⑦ Opinion of AG Mazak in Case C-411/05, Félix Palacios de la Villa v. Cortefiel Servicios SA [2005] ECR I-8564, para.138.

⑧ Giovanni Zaccaroni. Is the horizontal application of general principles ultra vires? Dialogue and conflict between supreme European courts in Dansk Industri, https://orbilu.uni.lu/bitstream/10993/35547/1/Zaccaroni_Federalismi.pdf, Last Visited: 2025-02-01.

择了少数国家的法律措施,以符合欧盟目标的名义进行演化性解释。相反,后者则是将多数成员国的法律选择作为确立欧盟法一般原则的基础,忽视了欧盟成员国立法正在赋予公司法务律师和公司职能部门通信秘密的立法趋势,拒绝采用演化性路径解释欧盟法[①]。遗憾的是,欧盟法院在后续的判决中未能对这个问题提供明确的指向。

比较法应用的路径问题充分体现在 Palacios de la Villa 案的判决中。申诉人认为企业强制与达到退休年龄的被雇佣者解除劳动合同构成了欧盟第 2000/78 号指令规定的年龄歧视。申诉人要求延续 Mangold 案的判决,认定企业解约行为违反欧盟法一般原则。虽然马扎克在助裁意见中支持"基本权利和高度发展的欧盟法良好行政和程序原则"成为私法争议中的欧盟法一般原则[②],但是明确反对给予禁止年龄歧视欧盟法一般原则的地位。马扎克认为具体的禁止年龄歧视与抽象的维护就业平等原则不同。后者源于成员国共同的宪法传统和国际条约,而成员国国内法极少禁止前者。在就业领域形成成员国的原则性共识不意味着欧盟成员国或者国际法在所有领域已经达成具体共识[③]。欧盟法院虽然在最终判决中采纳了助裁结论,但是并未直接回应马扎克对 Mangold 案判决正当性的挑战。相反,欧盟法院在 Kücükdeveci 案中直接援引 Mangold 案和《欧盟基本权利宪章》第 21 条第 1 款,重申了禁止年龄歧视原则在私法领域中具有直接适用性。

六、司法对话作为改善运用比较法塑造欧盟法一般原则的路径

通过上述经验性视角研究欧盟法院的判例法,可以觉察出欧盟法院适用比较法塑造欧盟法一般原则的过程缺乏连贯性、透明性和说理性。甚至,部分学者发现欧盟法院即便在判决中提及"成员国共同的宪法传统是启发欧盟法一般原则的来源",也很少援引相关成员国实体法或者作出细致的比较法分析[④]。这严重违背了《欧盟条约》第 2 条设立的法治原则。完善欧盟法院运用比较法的方法和增强说理的透明性就成为亟待解决的问题。

莱纳茨院长总结出了欧盟法院适用比较法界定欧盟法一般原则的两个相互关联的维度:(1)站在欧盟立场上,需要在欧盟法秩序的特殊性和适当的需求性中找到适合解决相关

---

① Case C-550/07 P, Akzo Nobel Chemicals Ltd and Akcros Chemicals Ltd v. European Commission, judgment 14 September 2010, para.71. 欧盟法院在判决中承认自 AM & S Europe v. Commission 判决后,越来越多的成员国逐渐承认公司法务律师和公司部门的通信秘密权利,但是这未能在 27 个成员国中占据主流地位,也不构成发展的趋势,所以认定主张的通信秘密不构成欧盟法一般原则。

② Opinion of AG Mazak in Case C-411/05, Félix Palacios de la Villa v. Cortefiel Servicios SA[2005] ECR I-8564, para.134.

③ Opinion of AG Mazak in Case C-411/05, Félix Palacios de la Villa v. Cortefiel Servicios SA[2005]ECR I-8564,para.94.

④ Michele Graziadei, Riccardo De Caria. The "Constitutional Traditions Common to the Member States" in the Case-Law of the European Court of Justice. Rivista Trimestrali di Diritto Pubblico, Vol.6(2017), p.962.欧盟法院虽然在许多案件中都会援引"成员国共同的宪法传统"作为"欧盟法一般原则的启发性来源",但是,欧盟法院在一半以上的案件中都只是简单地提及"成员国共同的宪法传统",没有进行细致的比较法分析。

问题的答案；(2)站在成员国立场上，欧盟的解决方案应该最大程度尊重相关国家的规则、原则和传统。①这两个维度既有联系性，也存在排斥力。最大程度尊重缔约国的规则意味着欧盟法院适用比较法塑造欧盟法一般原则时必须关注相关成员国法律体系能否存有共识或者构成明显多数。多数国家法律选择为欧盟法院提炼成员国共同宪法传统提供正当性基础。但是，这种选择的代价是破坏欧盟法的自治性。自治性是欧盟法院独立解释欧盟法和维护欧盟法统一秩序的权威基础。失去了自治权威等于失去保障欧盟一体化的屏障，成员国可以任意利用本国立法冲击欧盟法的优先性或者破坏欧盟法保障的法益。

但是，过度强调欧盟法自治性最终会破坏欧盟法院和成员国宪法法院的合作关系。宪法多元主义（constitutional pluralism）成为准确描述欧盟法与成员国法之间关系的隐喻，即欧盟法和成员国宪法都宣布自身在其管辖范围内享有最高效力，不存在更高位阶法律规范调解两者之间的冲突。从成员国法视角出发，欧盟法是成员国法律体系主权让渡的结果，自上而下的授权创制了欧盟法。依欧盟法秩序而言，欧盟法为了维护自身权威必须建构优先适用性和最高权威性的司法教义，确保欧盟法统一实施不受成员国立法或者宪法的影响。但是，随着欧盟职权范围扩大和自主性增强，欧盟法院逐渐追求不受成员国影响的独立性、自治性和统一性的法律解释和适用。欧盟法院在第 2/13 号意见中对"自治性"的定义为在欧盟目标和结构的框架下解释与成员国和国际条约相关联的欧盟法律。欧盟法院有义务确保这些法律能够在所有成员国范围内统一且连贯实施。但是，欧盟法院单方面追求自治性只会激起欧盟成员国更加激进的多元主义倾向，也面临着《欧盟条约》第 4 条第 2 款确立的"尊重民族国家特征"（national identity）困境。

如何打破激进的多元主义倾向对欧盟法院权威性的挑战呢？毛罗·卡佩莱蒂（Mauro Cappelletti）从欧盟法院与成员国法院交互关系的实证研究中发现"声望、智识和判决的道德性"奠定了欧盟法院的权威性②。约瑟夫·H.韦勒（Joseph H. Weiler）发现彼此不隶属的欧盟多层级司法制度创造出以"裁判说理"和"司法说服与对话"为核心的判决模式，即成员国对欧盟法院判决的服从不是建立在任何司法教义之上，而是"自愿接受每次欧盟法院在解释法律过程中所阐释的成员国法院为何需要服从欧盟法的新观点"③。

朱塞佩·曼奇尼（Giuseppe Mancini）担任欧盟法院院长期间孕育的判决风格可以为现代欧盟法院运用比较法塑造欧盟法一般原则提供经验。曼奇尼的成功之道在于"解释法律

---

① Koen Lenaerts, Kathleen Gutman. The Comparative Law Method and Court of Justice of European Union: Interlocking Legal Order Revisited, in M. Andenas, D. Fairgrieve eds. Courts and Comparative Law. Oxford University Press, 2015, p.152.

② Mauro Cappelletti, David Golay. Judicial Branch in the Federal and Transnational Union, in M Cappelletti, JHH Weiler, and M Seccombe eds. Integration Through Law. Dr Gruyter, 1986, p.333.

③ Joseph H. Weiler. Federalism and Constitutionalism: Europe's Sonderweg, https://jeanmonnetprogram.org/archive/papers/00/001001.html, Last Visited: 2025-02-01.

过程中发展司法程序"[1],突出司法论证中的说服力和可信服性的风格,培育了成员国法院对欧盟法院判决的"宪法宽容"[2]。欧盟法院不仅可以在具体的判决中教育成员国法院,也可以在具体目标和共同价值领域与成员国法院达成合作性共识,从而消除对抗性风险[3]。权衡欧盟自治性和欧盟成员国维护自身宪法特征是确保成员国接受判决结果的关键环节。

援引成员国法律和公开评价成员国法律是欧盟法院运用比较法塑造欧盟法一般原则的不可省略的步骤。受到曼奇尼司法经验的启发,运用比较法必须朝向说服力和可信服性风格发展,具体而言就是增强欧盟法院使用比较法的可预测性和稳定性。比较视角的多样性和技术的复杂性决定了欧盟法院必须在借助比较法塑造欧盟法一般原则的过程中界定比较法的功能。即便锁定相同的比较对象,改变比较内容和比较视角也会导致比较结果的差异。需要指出的是,比较结果不能简单决定最终结果。多数和少数国家的法律措施以及是否存在成员国共识仅反映了初步结果,需要在具体的情境中权衡欧盟法目标和多数成员国所选择的法律措施,以决定欧盟法一般原则能否存在。这些不确定的因素增强了欧盟法院要运用比较法的恣意性,也必然会导致欧盟框架下不同层级法院产生冲突。所以,欧盟法院在审判过程中突出比较法应用的阐释性和选择结果的说理性,尤其需要着重阐释欧盟法院选择不同于欧盟普通法院和助裁官应用比较法结果的理由。鼓励不同层级法院展开说理性司法对话和塑造完整且有力地运用比较法的风格是解决比较法应用不连续的关键环节。不仅应该加强成员国法院和欧盟法院在预先裁决程序中运用比较法对话,欧盟法院也应该在判决中积极回应欧盟普通法院判决和欧盟法院助裁官运用比较法的结论,确保权衡过程的动态性和判决的反思性。不同层级的法院在司法对话中突出细致性说理和明确地展示比较法规范的解释和应用有助于回应其他法院提出的问题和展现比较法领域的发展趋势和新现状,确保欧盟法院可以从数量和性质两个层面动态地了解比较法全貌,以此帮助成员国法院了解欧盟立法的目的和目标。

就技术层面而言,欧盟法院的研究部门需要辅助欧盟法院助裁官的工作,研究所有欧盟成员国就相关事项的宪法和立法规范,以及标志性司法判决。助裁官需要在助裁意见中详细列举比较法的现状、运用比较法的路径与选择比较法的理由。欧盟法院和欧盟普通法院在判决过程中需要对助裁官所展现的比较法事实进行回应,详细展现其权衡欧盟法目标和

---

[1] Giuseppe Federico Mancini. Attivismo e autocontrollo nella giurisprudenza della Corte di giustizia. Rivista di Diritto Europeo(1990),p.233.

[2] 关于"宪法宽容原则"的概念和论述,请参见 Joseph H. Weiler. The Constitutional Architecture of the European Union: The Principle of Constituional Tolerance, https://vbn.aau.dk/ws/portalfiles/portal/40336373/No17SpiritDiscussionPaper_JosephHWeiler_.pdf,Last Visited:2025-02-01.

[3] Giuseppe Martinico, Oreste Pollicino. Use and Abuse of a Promising Concept: What Has Happened to National Constitutional Identity? Yearbook of European Law. Vol.39(2020),p.233.

多数国家法律选择的说理过程。欧盟法院需要在界定案件情境和关键要素的情况下，展现明确的理性权衡结果。该司法判决具有规范性约束力，为指导欧盟普通法院和欧盟法院助裁官运用比较法识别欧盟法一般原则提供先例。欧盟法院即便将欧盟法目的和目标置于需优先满足的法律地位，也必须表明比较法运用对判决结果的影响程度。这种模式有助于构建稳定和可预测的欧盟法一般原则的识别路径。在欧盟法框架下，成员国法院也是实施欧盟法的司法机构。成员国法院也担负回应欧盟法院助裁官或者欧盟法院运用比较法的义务，尤其是回应其是否错误地认知了相关的本国立法和其发现的比较法发展动态。这种关系网结构组成了不同层级法院开展司法对话的平台。

FIAMM案就是良好的对话案例。原告认为欧盟立法机构（理事会和欧盟委员会）实施WTO规则的立法行为导致美国实施了针对欧盟的报复性措施，引起了欧洲企业的亏损，由此依据《欧洲经济共同体条约》第288条（现《欧盟机构运行条约》第340条）向欧盟普通法院申请欧盟赔偿。依据《欧洲经济共同体条约》第288条第2段之规定，"依据成员国共同的一般法律原则，由欧盟机构及其公务员造成损害的行为，欧盟担负非合同性责任"。但是，该条款并未具体规定欧盟机构对其合法行为导致的损害后果能否承担赔偿责任。为了解决此问题，欧盟普通法院根据第288条的"依据成员国共同的一般法律原则"之要求，对欧盟成员国的法律体系进行了比较研究后发现"尽管程度不同，但是成员国关于非合同赔偿责任的法律制度允许个人在特定领域和根据不同的规则，在法律程序中针对特定的损害获得赔偿，即便这些损害并非源于不法损害"[①]。倘若原告满足申请无过错赔偿的特殊条件，那么就应理应获得欧盟赔偿。

相较于欧盟普通法院广泛地比较分析成员国相关法律制度，马杜罗在助裁意见中依据FIAMM案的情境，将比较范围限缩在针对"立法活动"申请国家赔偿。他发现仅有法国和西班牙两国的法律体系允许针对合法的立法活动申请国家赔偿。但是，马杜罗认为多数或者少数国家的法律选择不应成为塑造欧盟法一般原则的唯一标准。相反，应该从比较法分析中抽象出成员国共同的法律传统，以便寻找出既尊重这些传统又符合欧盟法需求和特殊性的解决措施。只要达到上述标准，少数成员国的法律措施也可以成为欧盟法一般原则[②]。

欧盟法院在最终判决中选择了不同于马杜罗和欧盟普通法院的路径。欧盟法院赞同马杜罗将比较法研究范围局限在立法活动领域，也赞同仅有少数国家采用了无过错赔偿责任的结论，但否定了欧盟普通法院不区分立法和行政领域的比较方法。欧盟法院发现即便是在存在允许立法和行政机构承担无过错责任的法律制度中，这些成员国也都将该责任严格

---

① Case T-69/00, FIAMM and FIAMM Technologies v. Council and Commission [2005] ECR-II 5442, para.159.
② Opinion of AG Maduro in Joined Cases C-120/06 and C-121/06, FIAMM and FIAMM Technologies v. Council and Commission, Delivered on 20 February 2008, para.55.

地限制在特殊情况和例外情形上面。又加之欧盟法院在既有判例中从未承认无过错责任能够作为欧盟赔偿的原因，所以完全否决了欧盟普通法院决定的申请人获得无过错赔偿的可能性[①]。此外，欧盟法院未支持马杜罗采纳少数成员国法律措施且结合欧盟目的和目标，塑造出欧盟法一般原则的路径。尽管欧盟法院在判决中并未解释具体原因，但是从其判决说理中可以揣测出在尚未形成欧盟法共识、缺乏欧盟法院判决以及《欧盟基本权利宪章》支持的情况下，欧盟法院不愿担负倾向少数选择的风险。

但是，FIAMM案仅是欧盟法院与其他欧盟司法机构互动的过程。鉴于成员国国内法的变化、欧盟普通法院的压力以及宪章权利的影响，欧盟法院也会调整其适用非合同责任的前提条件。在Masdar案的判决中，欧盟普通法院需要认定欧盟机构的不当得利行为是否应引起其承担非合同性赔偿责任。普通法院发现多数成员国之立法皆将不当得利行为作为引起非合同性赔偿之缘由，且不以被告主观过错为前提条件[②]。在上诉审判中，欧盟法院虽然坚持认为无过错责任不属于实施非合同责任的严格条件，但是也认为倘若将《欧盟基本权利宪章》第47条作为欧盟司法制度的保障目标，那么就不得实施任何阻碍实现该目标的法律解释。鉴于欧盟行为已构成不当得利，且严格适用非合同性赔偿责任会导致上诉方失去司法救济的机会，加之多数成员国已经认可其作为无过错责任的来源，所以欧盟法院认可了欧盟普通法院的解释，承认此情境中无过错责任依旧引起欧盟非合同性赔偿[③]。

七、结论

欧盟法一般原则在欧盟法秩序中有重要的功能和地位。从历史的解读中可以发现《欧盟条约》第19条为欧盟法一般原则提供了宪法性基础。但是，欧盟法院的态度则非常暧昧。欧盟法院虽然经常运用比较法路径从成员国立法中抽象出欧盟法一般原则，但是从未公开承认《欧盟条约》第19条和欧盟法一般原则的关系。

相比于诸多欧盟法院助裁官支持用演化性比较法模式塑造欧盟法一般原则，欧盟法院适用比较法塑造则呈现出不连续性和不透明性的特征。有时，欧盟法院会采用多数国家法律措施作为解释欧盟法的基础。在缺乏成员国共识时，欧盟法院会立刻否认存在欧盟法一般原则。有时，欧盟法院会选择演化性的解释模式，将少数国家的法律措施与欧盟目标相结合，将其塑造为欧盟法一般原则。欧盟法院在判决中通常不会具体阐释选择的具体理由。

面对这种司法缺陷，强调不同欧盟司法主体建构对话性框架和加强司法说理成为抑制

---

① Joined Cases C-120/06 and C-121/06, FIAMM and FIAMM Technologies v. Council and Commission, Judgment 9 September 2008, paras.141,149-152,156,175.
② Case T-333/03, Masdar(UK) v. Commission [2006] ECR-II 4405, para.91.
③ Case C-47/04, Masdar(UK) v. Commission, judgment 16 December 2008, paras.47-49,52-61.

欧盟法院随意运用比较法塑造欧盟法一般原则的出路。在对话中,不同司法主体应该承担运用比较法的不同任务。欧盟法院助裁官和欧盟法院的研究机构应该成为比较法资料的搜集者和运用比较法的初步建议者。尤其是欧盟法院助裁官需要展示比较法的现状,也需要提出明确的权衡欧盟法目标和多数成员国选择措施的建议。欧盟法院和欧盟普通法院需要公开回应助裁官作出的结论。尤其是在发生分歧的情况下,欧盟法院需要具体阐释运用比较法分析的具体理由和选择比较法的原因,或者详细展现其利用比较法识别和塑造欧盟法一般原则的方法和路径。强化说理性成为控制欧盟法院滥用比较法的有效措施。欧盟法院是解释欧盟法的最高权威机构。它在特定领域中对比较法的加工和运用将产生先例约束的规范地位,以此巩固和加强欧盟法的稳定性和可预见性。

诚然,不同层级的法院因关注焦点不同而导致比较分析结果的差异,但是司法对话本质是渐进性发展的过程,不随着特定案件的终结而停止。成员国法院作为欧盟法实施的重要机构,也需要参与到司法对话的框架中,完善比较法的运用。成员国法院有义务在相似的案件中回应欧盟法院和欧盟法院助裁官对源于其本国的比较法来源,纠正其错误或者展示新的发展趋势。这有助于提醒欧盟法院及其助裁官更新比较法知识,反思其依赖比较法说理所建构的欧盟法一般原则的正当性。

撤销和变更判决具有执行力的理据与要件*

刘海宇**

摘要：撤销和变更判决是否以及何时具有执行力，是一个在理论和实践上具有重要意义却一直未获有效解决的问题。在判决性质层面，能够当然推出被告负有恢复原状义务的撤销判决属于形成与给付判决的结合，变更判决原则上都是须根据行政行为新旧内容的差异恢复权利应有状态的判决，因而原则上都属于形成与给付判决的结合。作为执行力基础的给付义务，除来源于判决内容外，还可能来源于判决效力。基于判决既判力，撤销判决中被告负有不得继续执行、不得作出重复行政行为等给付义务，变更判决中被告负有不得继续执行的给付义务。具体到司法实践，撤销判决在满足行政行为已执行、仅靠撤销行政行为无法实现判决效果，以及被告所负恢复原状义务具有必然性等要件时，变更判决在满足行政行为已执行、被变更的行政行为内容性质上属于可在事实上直接恢复权利应有状态的要件时，具有可执行性；基于判决效力被告负有不得作出重复行政行为、不得继续执行等给付义务时撤销和变更判决具有可执行性。

关键词：撤销判决　变更判决　形成判决　给付判决　执行力

"判决的效力，是法律上赋予法院生效判决拘束当事人和其他主体的强制力，其目的旨在确立判决的终局性，从而定纷止争。"[①] 诉讼目的与功能的有效实现，很大程度上依赖于判决的效力及其制度保障。撤销和变更判决是否有执行力，如果有执行力，何种情形有执行

---

* **基金项目**：全国教育科学十三五规划2020年度教育部重点课题"高校研究生教育中导师和学生的法律关系研究"（项目号：DIA200353）。

** **作者简介**：刘海宇，福州大学法学院副教授，法学博士。

① 马立群：《论行政撤销诉讼的性质——基于传统诉讼类型"三分说"之思考》，载《当代法学》2013年第1期，第74页。

力,是一个在理论和实务上均具有重要意义却未获足够关注,也尚未在理论上得到有效解决的问题。须首先说明的是,本文研究的是单纯的撤销判决的情形,不包括撤销判决附带重作判决或配合赔偿判决的情形。后两种情形中,重作判决和赔偿判决作为给付判决具有执行力是没有疑义的。从现行法来看,《中华人民共和国行政诉讼法》(以下简称《行政诉讼法》)第九十四条规定:当事人必须履行人民法院发生法律效力的判决、裁定、调解书。《最高人民法院关于适用〈中华人民共和国行政诉讼法〉的解释》(以下简称《行诉法解释》)第一百五十二条第一款规定:对发生法律效力的行政判决书、行政裁定书、行政赔偿决定书和行政调解书,负有义务的一方当事人拒绝履行的,对方当事人可以依法申请人民法院强制执行。可以发现,对于判决中确定义务的任意履行和强制执行,现行法并未对判决类型作出任何限制。在此背景下,撤销与变更判决是否以及何种情形具有执行力的问题,很大程度上便依赖于理论分析与司法实践探索。

从现有研究来看,撤销和变更判决是否具有执行力的问题主要有两种相互对立的观点。肯定观认为,"撤销判决是否具有执行力取决于其内容是否包含了可执行的内容。如果仅仅是单纯的撤销判决,并无行政机关需要作出一定给付的判决内容,则没有执行力。"① 变更判决确定之后,一方当事人不履行义务时,他方以判决为根据,可以申请法院强制执行,或者由行政机关依法强制执行,以国家强制力保证判决的内容实现②。肯定观是行政法学中的主流观点③。否定观则认为,"行政撤销诉讼作为形成诉讼的一种,并不具有执行力……对于形成判决所衍生的给付请求权,属于附随于判决所形成的法律关系,其并非形成之诉的效果和目的。形成判决的效力并不因随后产生的给付请求权是否得到履行而改变。"④ 有学者进一步提出,撤销判决有执行力是一个伪命题。撤销判决作为形成判决本身并无"可执行性",即便有必要采取措施确保撤销判决对有关行政机关的拘束力发生实效,这种"措施"也有着完全不同于行政的内容——法院以实力将撤销判决所表达的意志强加于行政机关是不可想象的,也是不必要的。撤销判决的实现依赖于公务员法、行政组织法,如果二者并不奏效,则只能期待民主政治的发展、完善⑤。

问题在于,持肯定观的学者,并没有进一步说明具体哪些情形具有执行力以及为何具有执行力;而且也没有否认撤销和变更判决的形成判决性质及形成判决不具有执行力这一主

---

① 江必新、梁凤云:《行政诉讼法理论与实务》(下)(第3版),法律出版社2016年版,第1781页。
② 参见姜明安:《行政法与行政诉讼法》(第8版),北京大学出版社2024年版,第540-541页(江必新撰写)。
③ 除江必新教授和梁凤云法官外,林莉红教授和张锋教授也认为,撤销、变更行政行为的判决是具有执行内容的判决。参见林莉红:《行政诉讼法学》(第5版),武汉大学出版社2020年版,第246页;马怀德主编:《行政诉讼法学》(第5版),北京大学出版社2019年版,第264页(张锋撰写)。
④ 马立群:《论行政撤销诉讼的性质——基于传统诉讼类型"三分说"之思考》,载《当代法学》2013年第1期,第74-75页。
⑤ 参见王天华:《行政诉讼的构造:日本行政诉讼法研究》,法律出版社2010年版,第187页。

张。持否定观的学者，则对于司法实践中客观存在的撤销和变更判决可能具有执行力的现实难以有效回应。本文将首先分别从判决性质和判决效力两个层面，对撤销与变更判决为何可能具有执行力展开分析，即其理据问题；然后进一步分析满足何种要件时撤销与变更判决具有执行力，即其要件问题。通过对撤销和变更判决具有执行力的理据与要件的分析，希望能弥合两种对立观点之间的"沟壑"，为司法实践提供参考。

一、判决性质：具有恢复义务内容的撤销和变更判决隐含一个给付判决

撤销与变更判决不具有执行力的判断是基于形成判决不具有执行力的判断得出的结论。其逻辑是，判决类型意义上的形成判决不具有执行力，撤销与变更判决属于且仅属于形成判决，因此撤销与变更判决不具有执行力。对于撤销与变更判决具有执行力的论证，须正本清源地从"撤销与变更判决是且仅是形成判决"这一似乎不可动摇的前提性问题开始检讨。问题的根源在于：制度意义上的撤销与变更判决是否完整对应于判决类型意义上的形成判决？撤销与变更判决中除了包含一个形成判决外，是否可能隐含着一个给付判决？如果这一假设成立，那么撤销与变更判决在判决内容意义上不具有执行力的观点便不攻自破。

（一）撤销与变更判决的单一性质定位及其检讨

一般认为，给付诉讼、确认诉讼和形成诉讼三种诉讼类型及其对应的判决类型，是诉讼和判决的基本类型，即制度意义上的诉讼和判决类型性质上总是可以归属于这三种诉讼和判决类型。给付诉讼、确认诉讼与形成诉讼，"是一种按照当请求获得承认时的判决效果或者判决内容不同作出的分类。这种分类的差异表现为当事人要求法院作出承认请求判决的形式不同（纠纷解决方式的不同）"[①]。相应地，不同的判决类型是对原告诉讼请求和所要达到的判决目的的针对性回应，正是这种回应的针对性确保判决能够有效保障权益，解决行政争议。在这一框架下，形成诉讼指的是原告基于一定的形成权或形成要件，出于使法律关系发生变动的目的，请求法院以判决的形式宣告法律关系发生变动的诉讼形式。与之相对应，形成判决即法院作出的使法律关系发生变动的判决，包括创设、变更和消灭法律关系等情形。

理论上一般认为：撤销诉讼和变更诉讼属于形成之诉；撤销判决和变更判决属于形成判决，具有形成力。从判决对诉讼请求的针对性回应来看，撤销与变更判决是通过判决撤销或者变更行政行为以及判决所具有的形成力，使行政法律关系溯及既往地恢复到行政行为未曾作出的状态（消灭法律关系），或是将行政行为内容进行变更以形成新内容的行政法律关系（变更法律关系）。因此，理论上几乎毫无争议地将撤销和变更判决认定为形成判决，

[①] [日]高桥宏志：《民事诉讼法重点讲义》（导读版），林剑锋译，法律出版社2023年版，第68页。

而且仅被定位为形成判决。这是因为判决主文中的判决内容,被视为判断判决性质的唯一根据。在撤销和变更判决的判决主文中,判决内容仅限于撤销某行政行为或是将某行政行为变更为另一内容的行政行为,因此自然而然地得出撤销和变更判决属于且仅属于形成判决的结论。

在将撤销与变更判决定位为形成判决的前提下,基于形成判决不具有执行力的认识,进而得出了撤销与变更判决原则上不具有执行力的结论。形成诉讼将原告的诉讼请求定位为变动法律关系,形成判决在判决生效时即产生形成力,不需要强制执行就自动发生法律关系变动的效果。而法律关系的变动,被视为原告诉讼目的得以实现的标志,因而认为形成判决的形成力便可直接实现原告诉讼目的。

然而,将撤销与变更判决单一地对应于形成判决存在如下问题。一方面,撤销判决的情形非常复杂,将其做统一化处理,会忽略不同情形的特殊性。行政行为已经执行完毕和尚未执行的情形之间,前者需要对被侵害的权益进行恢复原状才能实现对原告的完整救济,而后者则不需要。而对于需要恢复原状的情形,如果法律另外设置专门的权利恢复性判决,如重作判决或行政赔偿判决,则原告可以通过该判决实现救济;若法律并未设置专门的权利恢复判决且有恢复原状的必要时,则可能需要通过对撤销判决进行解释以实现恢复原状的目的。将这些相互之间存在较大区别的情形做统一化处理,难以照顾各自的特殊性。

另一方面,仅仅变动法律关系常常并不能完整实现对原告的权利救济。"在一些案件中,被诉具体行政行为被认定为违法而予以撤销,被告似乎败诉,但不一定意味着原告胜诉,原告可能只是得到了被诉具体行政行为被撤销的结果,实质权益无法得到有效保护,甚至行政机关还会作出相同或相似的行政行为。"[①] 或许正因如此,日本学者藤田宙靖指出,"撤销诉讼的目的或对象不仅是排除该行政行为自身,还在于排除由该行政处分所具体表现出的行政活动的'违法状态'"[②]。这种违法状态的排除并非在所有情形均可依靠形成力实现。"要让请求撤销该处分的私人获得实效性、实质性的权利救济,往往就要超越该判决的直接效果,行政厅方面要采取种种措施。"[③] 这些措施的采取,对于行政机关来说本质上就是一种需要对原告履行的给付义务,如果行政机关不主动履行,原告自然需要且只能依赖强制执行来实现。由是观之,对于撤销和变更判决,应根据具体情形分析其是否在形成判决之外隐含了一个给付判决性质的判决,只是这一判决并未在判决主文中得以直观体现,却实质性地存在于判决当中。

---

① 杨伟东:《行政诉讼架构分析——行政行为中心主义安排的反思》,载《华东政法大学学报》2012年第2期,第115页。
② [日]藤田宙靖:《行政法总论》(下卷),王贵松译,中国政法大学出版社2023年版,第465-466页。
③ [日]藤田宙靖:《行政法总论》(下卷),王贵松译,中国政法大学出版社2023年版,第463页。

（二）具有恢复原状义务内容的撤销判决隐含一个给付判决

诉讼制度和判决制度的设置最终都是为了有效回应原告的诉讼目的。回到撤销诉讼的源头，原告提起撤销诉讼，最终目的在于恢复权利被侵害之前的法律和事实状态，而不仅仅是撤销行政行为。在很多情形下，仅作出撤销判决并不能有效实现对原告权利的完整救济。正因如此，法律设置了用以配合撤销判决的，单独或补充地对原告权利进行恢复性救济的判决制度。根据设置与否以及所设置判决的性质的不同，可以分为如下三种情形。其一，以重作判决补充撤销判决。根据《行政诉讼法》第七十条，法院判决撤销或者部分撤销行政行为的，可以同时判决被告重新作出行政行为。"要求重新作出行政行为判决是撤销判决的补充……行政行为被判决撤销后，如有原告的权利或者义务尚需确定等情况，法院应当在判决撤销的同时，判决被告重新作出行政行为"①。其二，以独立的行政赔偿判决配合撤销判决。《中华人民共和国国家赔偿法》第三条、第四条分别针对行政机关及其工作人员在行使行政职权时违法侵犯人身权和财产权的情形进行了规定。同时，根据《行诉法解释》第六十八条，"请求判决行政机关予以赔偿或者补偿"属于"有具体的诉讼请求"的情形之一。行政赔偿请求既可以单独提出，也可以一并提出。若被撤销的行政行为对原告的权利侵害符合国家赔偿法所规定的构成要件，则法院会在撤销判决之外，一并或单独作出赔偿判决。二者相互配合才能实现对原告权益的完整保护。其三，单独的撤销判决，即既没有重作判决做补充，也没有赔偿判决相配合的情形。这种情形下，根据判决所能达到的效果的不同，可以进一步分为两种情况：一是仅依靠形成力即可实现原告实质目的，如被撤销的行政行为尚未执行，并未对原告的权益状态造成实质损害；二是仅依靠形成力尚不足以实现原告实质目的，而需要行政机关采取权利恢复性措施。

在没有单独设置权利恢复判决制度的情形下，撤销诉讼和撤销判决的设置，与原告的实质目的和权益保护之间，并未实现完整的对应。在满足一定要件时，被告基于撤销判决负有恢复权利原状的义务。在对应的原告实体权利上，这一义务属于行政法上结果除去请求权的作用范围。"所谓公法上'结果除去请求权'，系指对于公权力行政行为所造成的、且仍持续存在的不法结果，受害人民得请求行政机关排除此一不法事实状态的行政法上实体权利。结果除去请求权所欲追求的，是回复到侵害行为发生之前的原状。"②那么，行政机关恢复权利原状的义务的基础是什么？这里有两种可能，即基于判决内容或判决效力。本文的基本观点是，行政机关恢复权利原状的义务并非基于判决效力而是基于判决内容。下一部分将

---

① 全国人大常委会法制工作委员会行政法室：《〈中华人民共和国行政诉讼法〉解读与适用》，法律出版社2015年版，第158-159页。
② 林三钦：《公法上"结果除去请求权"之研究》，载翁岳生教授祝寿论文编辑委员会编：《翁岳生教授七秩诞辰祝寿论文集——当代公法新论》（下），元照出版有限公司2002年版，第239页。

专门针对判决效力实现中的给付内容进行分析，因此这一问题留待下面回答。这里先从判决内容角度进行解释。

一种可能的假设是，被告恢复权利原状的义务来源于一个"隐而未现"却能必然推论出来的给付判决。在通过对整体判决进行解释必然能够推论出被告负有恢复权利原状义务的情形，撤销判决并非一个纯粹的形成判决，而是在形成判决之外隐含着一个给付判决，只是其并未在判决主文中直观体现。这个"隐而未现"却必然存在的给付判决，正是行政机关恢复权利原状义务的基础。

撤销诉讼是为了消灭行政行为的法效果而创设的制度[①]，而消灭行政行为的法效果，从权利保护角度来看就是使权利状态恢复原状，而非仅仅使行政行为的状态恢复原状。然而，受行政行为中心主义的思维定式影响，整个撤销诉讼和撤销判决制度都是以行政行为为中心建构的。这种思维惯性导致比起原告权利的恢复而言，制度上更侧重于从对行政行为的处理出发进行设计，由此忽略了对原告结果除去请求权的回应，或是将希望寄托于行政机关对判决的尊重和实现判决效果的自觉。无论是补充设置重作判决还是单独设置国家赔偿判决制度，其最终目的都在于在权利状态上恢复原状。倘若可以从判决中必然地推论出被告负有恢复权利原状的义务，那么这一义务应当被视为隐含在撤销判决中的给付义务，给付义务的基础是一个"隐而未现"的给付判决，这一给付判决并未在判决主文中宣示。此时，原告的诉讼请求和判决的实质内容，均应当是"撤销行政行为 + 被告履行恢复权利原状的义务"。只是由于制度设计的原因，被告恢复原状义务并未被规定在原告的诉讼请求和判决主文必须明确的内容当中。

这种逻辑与原告的实体权利也能够完全对应。在撤销判决的情形，原告存在两个请求权，即撤销请求权和权利恢复原状请求权。后者可能体现为重作行政行为请求权、国家赔偿请求权或结果除去请求权等；前者对应于撤销判决，后者则要么对应于处于补充地位的重作判决，要么对应于处于配合地位的赔偿判决，要么则是从判决中推论出的"隐而未现"的给付判决；前者的效力内容是溯及既往地消灭行政行为，对应于判决的形成力，后者的效力内容是要求行政机关为一定内容的给付，对应于判决的执行力。从理论上看，应当允许原告在撤销行政行为的请求之外，提出除去行政行为后果的请求。德国和我国台湾地区行政诉讼相关规定中已有相应的制度安排。德国《行政法院法》第113条第4款便明确规定："如果在请求撤销具体行政行为时还可以一并请求作出给付的话，那么在同一诉讼程序中也可以就给付作出裁判。"[②] 对此，德国学者胡芬认为，"要求消除后果的判决也是给付判决，根据

---

① 参见[日]盐野宏：《行政救济法》（第4版），杨建顺译，北京大学出版社2008年版，第70页。
② 何海波：《中外行政诉讼法汇编》，商务印书馆2018年版，第710页（刘飞译）。

行政法院法第113条第4款,除撤销行政行为以外,同时也判决给付"①。我国台湾地区所谓"行政诉讼法"第196条亦明确规定:"行政处分已执行完毕,行政法院为撤销行政处分判决时,经原告声请,并认为适当者,得于判决中命行政机关为回复原状之必要处置。""此一回复原状,即公法上违法结果除去请求权,乃原告对已执行之违法行政处分,于行政法院判决予以撤销时,赋予处分相对人得请求除去该行政处分执行之结果,使之回复未执行前之状态。"②然而,在法律从诉讼请求到判决制度均没有针对性规定原告此处的给付诉讼请求和回应性的判决制度的情况下,对于可以必然推论出被告负有恢复权利原状义务的撤销判决,应当认为这样的撤销判决实质上在形成判决之外隐含了一个给付判决。只有如此理解,才能在诉讼目的、诉讼请求、诉讼类型与判决类型的对应性上补全原告的实质目的内容,使诉讼能够完整对应和实现原告的实质目的。据此,可以将判决制度、原告的实体权利、判决性质、判决内容、判决效力及其所实现的法律效果之间的对应关系如表1所示:

表1 判决制度、实体权利、判决性质、判决内容、判决效力、法律效果的对应关系

判决制度	实体权利	判决性质	判决内容	判决效力	法律效果
撤销判决	撤销请求权	形成判决	消灭行政行为	形成力	消灭行政行为效力
+重作判决	重作请求权	给付判决	履行重作义务	执行力	恢复被违法行政行为侵害的权利
+国家赔偿判决	国家赔偿请求权		履行赔偿义务		
+(推论的恢复原状判决)	结果除去请求权		履行恢复原状义务		

(三)具有恢复权利应有状态内容的变更判决隐含一个给付判决

以往的理论认为,"变更判决的最大特征在于其直接性。'直接'是指在变更判决作出后,不需要被告依据法院的见解重新作出一个行政行为,该判决即可对权利义务产生形成效果"③。然而,与撤销判决一样,这一形成效果只是在观念上将行政行为的内容进行了变更,并不能直接恢复原告被侵害的权利,后者需要依赖被告履行恢复权利应有状态的义务才能实现。正因如此,已有学者注意到,"履行法定职责的实体重做判决是'撤销判决'的从判决……'变更判决'是'履行法定职责实体重做判决'的分流,本质上就是'撤销判决+实体重做判决'"④。换言之,变更判决相当于一个撤销原行政行为并要求被告根据变更后的行政行为内容履行义务的判决。与撤销诉讼的情形一样,受行政行为中心主义的影响,原告只能

---

① [德]弗里德赫尔穆·胡芬:《行政诉讼法》(第5版),莫光华译,法律出版社2003年版,第592页。
② 陈清秀:《行政诉讼法》(第10版),元照出版有限公司2021年版,第683页。
③ 王贵松:《中国行政救济法》,中国人民大学出版社2024年版,第244页。
④ 于洋:《行政诉讼履行法定职责实体判决论——以"尹荷玲案"为核心》,载《北京理工大学学报(社会科学版)》2018年第2期,第139页。

根据《行诉法解释》第六十八条,将诉讼请求确定为"请求变更行政行为",而不能直接提出"变更行政行为并要求行政机关根据变更后的行政行为履行恢复权利应有状态的义务"的诉讼请求。在变更判决的判决内容中,也没有针对性地回应原告所享有的恢复权利应有状态的请求权。这里之所以称为"恢复权利应有状态"而非"恢复原状",是因为在变更判决中,所恢复的权利状态并不一定是变更前的原状,而是原告依法应当享有的权利状态。这种应有的权利状态因为被告的行政行为而受到侵害,变更判决的法律效果即将权利状态变动至法律上的应有状态。

变更诉讼中,原告的实质目的,可以表述为"请求变更行政行为 + 根据行政行为新旧内容的差异恢复权利应有状态",而后者正是根据变更判决必然能够推论而来的一个给付判决性质的判决内容。当然,在事实上无法直接恢复权利应有状态且满足国家赔偿要件的情形下,则须通过行政赔偿对原告进行回复性救济,如行政拘留畸重但已经执行完毕。在"方林富炒货店诉西湖区市场监督管理局广告行政处罚案"中,法院将行政行为的内容从"处以罚款 20 万元"变更为"处以罚款 10 万元"[①]。这一判决的实质内容应当表述为,"将罚款从 20 万元变更为 10 万元","并根据 10 万元与 20 万元的差异恢复权利应有状态"。前者为判决主文所明确,后者则是根据判决内容推论而来;前者性质上为形成判决,后者则是一个给付判决。只有如此理解,变更判决才能完整回应原告实质目的、保障原告合法权益,同时为被告所负有的恢复权利应有状态的义务找到恰当的"安身之所"。

综上所述,在特定情形下,制度层面上的撤销判决和变更判决并不完整对应于理论分类层面的形成判决,而是可能隐含了一个给付判决。只是受行政行为中心主义制度理念的影响,这一判决并未在判决主文中明确。而给付判决的内容便是被告应当履行恢复权利原状或应有状态的义务,所具有的效力就是判决内容意义上的执行力,效果则是将权利状态恢复到被违法行政行为侵害之前的状态(撤销判决)或是法律上应有的状态(变更判决)。

二、判决效力:既判力中被告所负部分给付义务构成执行力来源

产生"撤销与变更判决(原则上)不具有执行力"这一认识的根源,不仅在于对部分撤销与变更判决在性质上存在认识不足,还在于对执行力来源的认识存在不完整之处。澄清被告负有恢复权利原状或应有状态的撤销判决和变更判决中隐含一个给付判决,只能解决判决内容意义上是否具有给付义务的问题。对于如行政机关负有不得作出重复行政行为的义务等判决效力意义上的给付义务而言,则须重新认识判决效力实现中的给付义务及其中部分义务可能成为执行力来源的问题。另外,判决效力的内容非常复杂。行政判决哪些内

---

① 参见浙江省高级人民法院(2019)浙行申 64 号行政裁定书。

容具有效力、具有哪些效力以及这些效力的具体内容如何,尚未形成理论共识。本文选取具有理论共识的既判力来展开分析。

撤销和变更判决的形成力也具有理论共识,但形成力的约束事项为另一个独立的法律关系,决定了难以通过强制执行来保障其实现。形成力的"特质乃任何人皆可主张该行政处分或决定被撤销或变更之事实,其后任何法律关系,包括当事人与第三人间,甚至第三人与第三人间之法律关系,皆须以该行政处分或决定被撤销或变更之事实为基础。因此,形成判决之'形成效力',为一种对世效力"①。这种对世效力,虽然意味着所有主体负有尊重义务,但是这种尊重义务由于在另一个独立的法律关系当中才能体现出来,因此原则上只能在针对另一个独立的法律关系的诉讼中,当事人才能主张某个行政行为已经被生效判决撤销或变更的事实,而不能直接提出强制执行申请要求法院介入一个完全独立的行政法律关系,这有违司法的被动性和谦抑性,还可能导致司法权对行政权的不当介入。

(一)脱离判决性质后执行力的基础在于是否有给付内容

在展开后续分析之前,须首先澄清前提性问题:执行力的基础是什么?执行力的有无是否取决于判决性质?以往的理论中,无论是否认可撤销与变更判决可能具有执行力,执行力的有无时常都与判决性质绑定在一起。江必新教授和梁凤云法官在认为撤销与变更判决是形成判决且可能具有执行力的同时,将是否具有执行力作为给付判决和形成判决、确认判决之间的不同之处②。而对于认为只有给付判决才具有执行力的观点而言,则是将判决性质作为判断判决是否具备执行力的唯一根据。在德国和我国台湾地区的行政法学中,将执行力与判决性质完全勾连起来,认为各类判决中只有给付判决具有执行力,是理论上的普遍认识③。应该说,"只有给付判决具有执行力"的观点并非错误,但这一观点有其特定的思维路径和语境限制。进言之,只有从判决类型出发思考执行力问题,且将其限定在"理论上判决类型三分"这一语境之下,这一观点才是正确的。超出这一语境或换一种思维路径,这一判断就不完全成立。

跳出从判决性质出发的思维路径,对于执行力的基础与概念的思考,应当从执行力自身出发。从这个角度来看,"判决是否具有执行力并不取决于判决的法律属性,而是取决于判决是否具有需要通过强制执行予以保障实现的权利义务内容"④。在强制执行语境下,判决

---

① 彭凤至:《行政诉讼制度·裁判》,载翁岳生主编:《行政法》(下)(增订4版),元照出版有限公司2020年版,第475-476页。
② 参见江必新、梁凤云:《行政诉讼法理论与实务》(下)(第3版),法律出版社2016年版,第1588页。
③ 参见[德]弗里德赫尔穆·胡芬:《行政诉讼法》(第5版),莫光华译,法律出版社2003年版,第592页;陈敏:《行政法总论》(第10版),新学林出版股份有限公司2019年版,第1603-1604页;吴东都:《行政诉讼制度·强制执行》,载翁岳生主编:《行政法》(下)(增订4版),元照出版有限公司2020年版,第598页。
④ 刘海宇:《行政机关重复行为司法应对的路径转换》,载《北京理工大学学报(社会科学版)》2023年第6期,第148页。

是否具有执行力取决于判决是否赋予一方当事人乃至相关主体特定内容的给付义务,同时赋予另一方当事人相应的权利。"并非只有涉及单纯的给付判决时才探讨判决执行力的问题。只要各类行政诉讼判决的内容涉及给付内容即可具备执行力。"[1] 也就是说,判决是否具有执行力,取决于判决中是否具有给付内容,而非取决于判决是否为给付判决。

从给付内容的来源来看,其既可能源自判决所确定的判决内容,还可能源于判决效力。以往的观点认为,"执行力附着于生效法律文书,并与既判力一样,受到法律文书记载内容的限制"[2],而这种记载内容被认为仅限于判决内容中的记载内容。然而,判决效力同样可能赋予当事人相应的给付义务,这些给付义务中的部分内容,如不得作出重复行政行为的义务,同样依赖于强制执行的保障,并因此具有可执行性。据此,执行力的概念可以界定为,确定判决所具有的通过强制执行使判决中确定的权利义务内容得以实现的效力。享有权利的一方有权申请法院以强制执行的方式要求负有义务的一方履行给付义务。

（二）被告所负部分基于既判力的给付义务构成执行力来源

不同的判决效力,可以强制不同对象受到不同内容的作出或不作出某种行为的限制[3]。既判力拘束法院、当事人以及相关主体,并且赋予了不同主体特定内容的义务。既判力指的是"法院确定的终局判决所裁判的事项(即诉讼标的),对双方当事人和法院所产生的强制性的约束力、通用力"[4]。这种约束力具体表现为法院和当事人具有不同内容的尊重确定判决的义务。"对于法院而言,不能就同一诉讼标的再行审理和裁判,也不得作出与确定判决的内容相抵触的判断;对于行政相对人而言,不得就同一诉讼标的再行起诉或者在其他诉讼中提出与确定判决相反的主张;对于行政主体而言,不仅不得在其他诉讼中提出与确定判决相反的主张,而且也不得在行政程序中实施与确定判决相矛盾的行政行为。"[5] 不同主体所负有的尊重义务,性质上属于不作为的给付义务。

既判力赋予了不同主体特定的给付义务,这些给付义务的实现方式很大程度上取决于主体的性质以及关联性制度的设置。"既判力最重要的功能作用就在于通过判决终局性地达成,来帮助在观念上确立一种规范的秩序并使其相对地固定下来,进而诱导社会空间内的秩序形成。"[6] 这种秩序的现实形成,必须依赖于制度的有效保障。民事诉讼中,既判力约束的是法院与当事人在后诉中的行为和主张,因此这种约束主要通过诉讼机制实现。"当法院

---

[1] 江必新、梁凤云:《行政诉讼法理论与实务》(下)(第3版),法律出版社2016年版,第1598页。
[2] 陈杭平:《中国民事强制执行法重点讲义》,法律出版社2023年版,第6页。
[3] 刘宗德、赖恒盈:《行政诉讼制度》,载翁岳生主编:《行政法》(下)(增订4版),元照出版有限公司2020年版,第397页。
[4] 汪汉斌:《行政判决既判力研究》,法律出版社2009年版,第22页。
[5] 向忠诚:《行政判决既判力本质论》,载《吉首大学学报(社会科学版)》2010年第1期,第129页。
[6] 王亚新:《对抗与判定——日本民事诉讼的基本结构》(第2版),清华大学出版社2010年版,第262页。

作出与前述判决的既判力相反或者相抵触的判决时,当事人可以通过上诉,请求撤销该判决。"① 当事人提起的诉讼构成重复起诉时,法院应当不予立案,已经立案的,应当裁定驳回起诉。"行政判决的既判力,不仅包括对诉讼程序的确定力,而且包括对行政程序的确定力。它不仅在后诉的诉讼程序中表现出来,而且原则上也适用于以后的行政程序。行政主体不仅不得在其他诉讼中提出与确定判决相反的主张,也不能在以后的行政程序中实施与产生既判力的判决相矛盾的行政行为。"② 也就是说,行政诉讼中既判力约束的是法院、作为私主体的原告和作为行政主体的被告在后续诉讼程序或行政程序中的行为和主张。基于原告的私主体地位,既判力对原告以及法院的约束,在民事诉讼和行政诉讼中并没有本质区别,均是通过诉讼机制予以实现。

行政机关违反了既判力所要求其履行的义务,则应根据行为性质予以区别对待。行政机关在诉讼程序中提出与确定判决相反的主张,其法律约束机制与原告没有本质区别,此时其法律地位是诉讼中的当事人。然而,行政机关在行政程序中实施与确定判决相矛盾的行为,属于不履行生效判决的行为,且其法律地位并非诉讼中的当事人,而是行使行政权的主体,应当通过强制执行程序约束。此时,在实现既判力过程中被告所负有的给付义务,便成为执行力的来源。与前述作为执行力来源的判决内容中的给付义务不同的是,判决内容中的给付义务本身就是判决内容的组成部分,但判决效力实现中的给付义务却并非判决效力本身,而是为实现判决效力而必须赋予相关主体的一种工具性义务。

就既判力实现而言,在撤销判决中,被告主要负有停止执行义务、不重复义务和后续行政行为撤销义务等可以通过强制执行实现的给付义务。其一,撤销判决终止功能中的停止执行义务。在判决生效后,若被告的执行行为尚未终结,则负有停止继续执行的义务,否则违背判决既判力的约束力。这一点在日本行政法学中也有明确体现。盐野宏教授提道:"在违法建筑物的拆除命令的撤销诉讼中,一旦作出撤销判决,作为行政厅,便不能继续进行处分的执行……这样,撤销诉讼在行政过程中发挥着停止功能或曰终止功能(撤销诉讼的终止功能)。"③ 其二,禁止重复功能中的不得作出重复行政行为义务。这一点在理论上已是共识,在此不赘。其三,后续行政行为撤销义务。这主要发生在行政行为相互之间存在违法性继承的情形中。也就是说,"先行处分与后续处分处于违法性承继关系的,如果先行处分被判决撤销,那么作出后续处分的行政机关负有将后续处分撤销的义务"④。而就变更判决来看,被告则主要负有停止执行义务,即不得继续执行原行政行为。前述源自判决效力中的被

---

① 杨建顺:《论行政诉讼判决的既判力》,载《中国人民大学学报》2005年第5期,第21页。
② 向忠诚:《行政判决既判力本质论》,载《吉首大学学报(社会科学版)》2010年第1期,第128页。
③ [日]盐野宏:《行政救济法》(第4版),杨建顺译,北京大学出版社2008年版,第59-60页。
④ 王天华:《行政诉讼的构造:日本行政诉讼法研究》,法律出版社2008年版,第165-166页。

告所负有的给付义务,与判决内容中的给付义务一样,均依赖于强制执行的最终保障。换言之,在前述给付义务范围内,既判力是执行力的前提①,执行力构成实现既判力效果的最终保障。

（三）恢复权利原状或应有状态义务的基础不是判决效力

与前文相呼应,仍然留存的一个疑问是:撤销和变更判决中恢复权利原状或应有状态的义务,是否并非来源于一个"隐而未现"的给付判决,而是来源于判决效力本身?答案是否定的。

首先,被告恢复权利原状或应有状态的义务,不可能来源于既判力或者形成力。一方面,形成力作为一种导致法律关系变动的效力,不可能包含一项恢复原状义务,这一点是较为明显的。另一方面,既判力主要是针对诉讼程序和行政程序对当事人产生禁止矛盾主张和行为、对法院产生禁止重复裁判或矛盾判断的效力,不包括要求行政机关以积极作为的方式恢复权利原状或应有状态的义务的内容。

其次,日本行政法中的判决拘束力,与我们所说的既判力没有本质区别,而且也缺乏实定法的特别规定和理论上的承认。日本行政法在既判力和形成力之外,单独提出了撤销判决的拘束力。"行政诉讼判决的拘束力是指判决要求案件的相关行政机关尊重法院判决的判断、按照判决意旨采取行动的效力……拘束力既可产生禁止反复的消极效果,还可以产生撤销矛盾行为义务、重新处理义务等积极效果。"②这些义务在我国基本都被放在既判力的效力内容当中,或者就是为一个重作判决所约束。因此其内容并没有相对于既判力的独特性。正因如此,即便在日本,这一效力也存在广泛争议。另外,日本行政法中的拘束力,"现在一般不是说判决自身的效力,而是为实质性地保障撤销判决的效果而由《行政案件诉讼法》特别赋予的特别效力"③。我国实定法中也缺乏这样的特别规定。

最后,或许也是最重要的是,某种类型的判决具有某种效力,该效力以及效力的具体内容,在该判决类型中应当具有普遍适用性,即所有该类型的判决均应当具备该效力。所有确认判决都具有既判力,所有形成判决都具有形成力,不应当存在例外,否则该效力就不是某种判决必然具备的效力。然而,恢复权利原状或应有状态的义务,并非为所有撤销和变更判决所具备,而只有在满足特定要件的前提下才能推导出来。如果这一义务来源于判决效力,应当是所有撤销和变更判决都包含恢复权利原状或应有状态的义务,而不是其中某一部分判决才包含这些义务。

---

① 参见汪汉斌:《行政判决既判力研究》,法律出版社2009年版,第34页。
② 王贵松:《行政诉讼判决对行政机关的拘束力——以撤销判决为中心》,载《清华法学》2017年第4期,第83页。
③ [日]藤田宙靖:《行政法总论》(下卷),王贵松译,中国政法大学出版社2023年版,第463页。

三、撤销和变更判决具有执行力的要件

通过前面的分析可以发现,不仅撤销判决和变更判决可能具有执行力,而且作为执行力基础的给付内容既可能来源于判决内容,也可能来源于判决效力。具体到司法实务中,撤销与变更判决满足何种要件时具有执行力,是另一个亟待解决的关联问题。

（一）撤销判决具有执行力的要件

通过对司法裁判和诉讼法理的分析,就判决内容而言,撤销判决具有执行力一般应当具备如下三个要件。

其一,行政行为已经执行,包括全部或部分执行。"撤销诉讼首要的功能就是'恢复原状',即使因行政行为的作出而形成的社会关系复归到该行为作出之前的状态。"[①] 行政行为尚未执行,则依靠撤销行政行为便可以直接实现恢复权利原状的效果。然而,若存在行政罚款作出后已经执行,或行政登记行为已经完成等情形,则仅依靠撤销行政行为并不能使社会关系复归到行政行为作出之前的状态。

其二,仅撤销行政行为无法实现撤销判决所欲实现的权利恢复效果。这一要件在司法裁判中体现得最为明显,尤其是在行政登记类案件中。此类案件中,法院作出撤销行政机关登记行为的判决后,行政机关未履行撤销登记、恢复原状的义务,原告因此申请强制执行的,法院可能会受理并执行。对于撤销股东变更登记行为或核发不动产权证行为的判决内容,判决的可执行性在多个案件中获得法院认可[②]。行政登记行为被撤销,撤销判决所欲实现的效果应当是恢复被撤销前的登记状态,这种效果仅依靠法院作出撤销判决无法直接实现,而必须依赖于被告履行撤销登记并恢复原登记的义务。须进一步说明的是,不动产登记类案件中,撤销判决只是撤销了行政机关的登记行为,并未直接在判决中针对某项物权予以创设或变动,因此并不属于《中华人民共和国民法典》第二百二十九条规定的直接导致物权设立、变更、转让或者消灭的判决。更何况,法院的判决所针对的只是具体当事人而非一般人,对当事人以外的第三人来说公示力和公信力较弱,当事人无法根据判决进行权利处分[③]。正因如此,最高人民法院在行政诉讼法司法解释释义书中提道:"对于单独判决撤销行政行为,如果存在诉讼期间行政机关未停止执行等情形,其后需要恢复性救济,有时也可视为具

---

① 章志远:《行政诉讼类型构造论》,法律出版社2021年版,第98页。
② 参见湖南省长沙市中级人民法院(2015)长中行终字第00718号行政判决书;湖南省长沙市天心区人民法院(2016)湘0103执908号执行裁定书;安徽省六安市金安区人民法院(2020)皖1502行初61号行政判决书;安徽省六安市金安区人民法院(2021)皖1502执723号执行裁定书;北京市西城区人民法院(2017)京0102行初843号行政判决书;北京市西城区人民法院(2018)京0102执5697执行裁定书;辽宁省抚顺市中级人民法院(2017)辽04行初11号行政判决书;辽宁省抚顺市中级人民法院(2021)辽04执451号执行裁定书。
③ 参见黄薇:《中华人民共和国民法典释义》(上),法律出版社2020年版,第439页。

有可执行性。"①

其三,行政行为对权利的侵害属于在事实上可以恢复原状的情形,且根据判决主文能够当然地得出被告负有恢复原状的给付义务。撤销判决所欲实现的法律效果是恢复权利的原状。只有在事实上具备恢复原状的条件,才能直接基于撤销判决恢复原状。事实上无法恢复原状的情形,则应通过行政赔偿等途径进行恢复性救济。由于在这类撤销判决中,判决主文并没有明确恢复原状的具体义务,因此,对于被告所负恢复原状义务的判断,必须基于判决主文,同时结合案件事实、判决理由等内容,体系性地进行分析。而且,必须确保所推论得出的判决内容具有必然性。在"许某忠诉舒城县不动产登记中心、第三人许某林注销房屋登记行政行为案"中,法院的判决内容为:"撤销被告舒城县不动产登记中心于2001年4月25日注销原告许某忠名下房屋所有权证的行政行为。"②后因被告未履行义务,原告申请强制执行。生效执行裁定中,法院针对作为案件争议焦点的"本案生效行政判决书的主文是否有明确的给付内容"的问题,明确论述道:"本案判决撤销了舒城县不动产登记中心注销许某忠名下房屋所有权证的行政行为,相应的法律后果为在不动产登记簿上恢复涉案房屋所有权证被注销前的原状。恢复房屋所有权证被注销前的原状属于履行行为义务……故本案生效行政判决书的主文具有明确的给付内容,舒城县不动产登记中心应当履行相应的行为义务,其未能主动履行的,许某忠作为权利人申请人民法院强制执行,符合法律规定。"③本案中,根据撤销被告注销原告房屋所有权证的行政行为这一判项,结合判决中的案件事实和判决理由,是能够当然地推出被告负有恢复注销前的登记状态的义务的。而且,这一结论具有必然性,因为该判决中不可能有任何影响这一判决结果的内容。

除前述基于判决内容的给付义务外,行政机关还可能基于判决效力负有可强制执行的给付义务。这种情形下,撤销判决具有执行力的唯一要件就是被告基于判决效力负有一项具体的给付义务。最具典型意义的是撤销判决的禁止重复行为效力。全国人大常委会法制工作委员会行政法室在其主编的行政诉讼法释义书中提道:"不仅法院判决重做的行政行为要受撤销判决的约束,法院未判决重做但行政机关自己重做的行政行为也要受撤销判决的约束。"④最高人民法院在行政诉讼法司法解释释义书中进一步明确,"行政机关重新作出的行政行为与被撤销的行政行为仍无实质区别,实际上是变相对抗生效判决、拒不执行生效判决的行为……对行政机关拒不履行生效判决义务的行为,可以依照行政诉讼法第九十六

---

① 最高人民法院行政审判庭:《最高人民法院行政诉讼法司法解释理解与适用》(下),人民法院出版社2018年版,第715页。
② 安徽省六安市舒城县人民法院(2019)皖1523行初18号行政判决书。
③ 安徽省六安市中级人民法院(2020)皖15执复7号执行裁定书。
④ 全国人大常委会法制工作委员会行政法室:《〈中华人民共和国行政诉讼法〉解读与适用》,法律出版社2015年版,第160页。

条规定采取强制措施。"① 也就是说,撤销判决具有禁止重复行为效力,根据此效力,行政机关负有不得作出重复行政行为的给付义务,而且这一给付义务具备可执行性。在被告基于判决效力负有停止执行义务和后续行政行为撤销义务等给付义务时情形与此相同。

(二)变更判决具有执行力的要件

如前所述,从变更判决的特征来看,在原行政行为得以全部或部分执行的情况下,除行为性质需要通过行政赔偿才能恢复权利应有状态的情形外,变更判决原则上都是当事人基于行政行为的新旧内容差异负有特定给付义务的判决。变更判决是法院将内容为 A 的行政行为变更为内容为 B 的行政行为。用一个比喻来说,变更判决属于"旧瓶装新酒"。"新酒"和"旧酒"之间的差异,就是需要恢复权利应有状态的内容。因此,变更判决具有执行力一般需要具备两个要件。其一,被诉行政行为已经执行,包括全部或部分执行,这与撤销判决相同。其二,被变更的行政行为内容性质上属于事实上可以直接恢复至变更判决所欲实现的权利应有状态的内容。

根据变更的对象是负担行政行为还是给付行政行为,是否可以在事实上直接恢复权利应有状态存在一定的差异。在变更对象为负担行政行为的情形,根据《行政诉讼法》第七十七条,结合《中华人民共和国行政处罚法》第九条,行政处罚中的"罚款、没收违法所得、没收非法财物""暂扣许可证件、降低资质等级、吊销许可证件""限制开展生产经营活动、责令停产停业、责令关闭、限制从业"等处罚,在性质上均属于事实上可以直接恢复至权利应有状态的情形。例如,将数额较大的罚款变更为数额较小的罚款,将吊销许可证件的处罚变更为罚款的处罚等情形,行政行为已经执行的,被告当然地负有通过返还罚款差额、恢复原许可证件等给付义务使权利变动至应有状态。而在行政处罚行为中,行政拘留若执行完毕,则无法在事实上直接恢复权利应有状态,只能通过行政赔偿的方式进行恢复性救济②。变更对象为给付行政行为的,变更判决在给付行政行为中一般涉及的是款额的确定、认定。从判决执行角度来看,变更判决中变更后的内容本身就是一项给付性质的内容,原则上都是在事实上可以恢复权利应有状态的内容。不过,恢复权利应有状态的内容,同样需要根据变更前

---

① 最高人民法院行政审判庭:《最高人民法院行政诉讼法司法解释理解与适用》(上),人民法院出版社2018年版,第422、423页。

② 在周某香诉沧州市公安局运河分局行政处罚决定案中,判决内容为:"将被告沧州市公安局运河分局所作沧公运(市)行罚字〔2023〕0597号行政处罚决定中'对周某香行政拘留十三日,并处罚款伍佰元整'变更为对周某香处以'警告'的行政处罚。"由于行政拘留已经执行,无法恢复原状,原告只能通过提出行政赔偿的方式寻求恢复性救济。参见河北省沧州市运河区人民法院(2023)冀0903行初277号行政判决书。

后给付行政行为内容的差异,并结合执行情况来进行特定化①。

另外,与撤销判决中一般仅有被告负有给付义务不同的是,变更判决中,原告也可能负有具备可执行性的给付义务。例如,变更判决将吊销许可证件的处罚变更为罚款的处罚,被告当然地负有恢复许可证件原状的义务,原告则负有缴纳罚款的义务。与撤销判决相同的是,在判决效力层面,变更判决具有执行力的唯一要件就是被告负有特定内容的给付义务,如不得继续执行的义务。

四、结语

对撤销判决与变更判决为何以及满足何种要件时具有执行力的说明,在理论上能够弥合肯定观和否定观之间的理论"沟壑",在实践上能够为撤销与变更判决的可执行性提供逻辑说明,以在撤销和变更诉讼中更加完整地保障公民、法人和其他组织的合法权益。在撤销与变更诉讼中,无论是缺乏对判决内容意义上给付义务的强制执行,还是缺乏对判决效力意义上给付义务的强制执行,行政诉讼法为原告实体权利所提供的保护都是"残缺"的。当前的司法实践中,不认可撤销判决具有执行力的裁判非常普遍。这种系统性的权利保护不足,与现代社会中国家垄断强制力的同时负有保障公民合法权益不受行政权侵害的宪法义务不相符合。未来应当先转变认知观念,系统认可撤销和变更判决具有执行力,从法解释的角度为具备可执行性的撤销与变更判决提供基础,以保障公民合法权益,最后应当在法律层面明确撤销和变更判决的执行要件。

---

① 在王某某诉彰武县人民政府房屋征收补偿纠纷案中,被诉行政行为的内容为:"给予王永军被征收房屋价值的补偿448 349.02元。"变更判决的判项内容为:变更被告彰武县人民政府彰政高〔2016〕第2号房屋征收补偿安置决定书中被征收人王永军应获得的补偿内容为:(一)被征收房屋价值的补偿448 349.02元;(二)搬迁运输费1000元、租房费4800元;(三)停产停业损失27 255元。若房屋价值的补偿尚未执行,给付内容变更后的所有给付义务;若房屋价值的补偿已经执行,给付内容则是应当是变更后增加的第二项和第三项给付义务。参见辽宁省阜新市中级人民法院(2017)辽09行初15号行政判决书。

新《公司法》视域下公司决议诉讼的程序逻辑[*]

王贵彬　蒋丽华[**]

摘要： 立法对公司决议诉讼的原告采用了二元分化模式，公司决议无效和不成立诉讼的原告范围相同，异于公司决议撤销诉讼。公司决议无效和不成立诉讼的原告范围应当克制，除股东、董事和监事外，其他主体原则上不得作为该诉讼的原告。公司决议撤销诉讼的原告范围应当适度宽松，无表决权股东、未表决股东和未出席会议股东也应享有诉权。公司决议诉讼的被告仅且应当是公司，《公司法解释四》第三条中的第三人包括有独立请求权的第三人和无独立请求权的第三人两种类型。考虑到公司的团体属性和对公司自治的尊重，对公司决议瑕疵的审查应当采形式审查模式，从《民法典》《公司法》等立法及其司法解释协同的视角，对公司决议效力无效、不成立和撤销作出审慎的认定。公司决议诉讼判决应具有对世效力，及于未参加诉讼者。公司决议诉讼判决的客观范围应与诉讼标的的界限保持一致，法官对公司决议无效、不成立和撤销的判定以当事人请求为限，并应在案件审理过程中向当事人进行充分的释明。公司决议诉讼判决既判力的标准时是事实审口头辩论终结时，若在诉讼过程中公司内部通过积极行为治愈原瑕疵决议的，法院可驳回原告诉请。

关键词： 决议瑕疵　决议无效　决议可撤销　决议不成立　公司决议诉讼　当事人　形式审查　判决效力

一、问题的提出

公司是社会经济活动的主体，良好的营商环境有助于保持公司的活力，推动经济稳定健

---

[*] 基金项目：2020年中国博士后科学基金第68批面上资助"股东会决议瑕疵诉讼研究"（项目号：2020M683702XB）。

[**] 作者简介：王贵彬，西北政法大学民商法学院讲师，法学博士；蒋丽华，西北政法大学民商法学院副教授，法学博士、博士后。

康发展。党的二十届三中全会指出,法治是中国式现代化的重要保障要协同推进立法、执法、司法、守法各环节改革,健全公正执法司法体制机制。公司法是中国特色社会主义法治体系的重要组成部分,其贯彻实施有助于公司在法治轨道上更好地运行。正确审理和裁判公司纠纷,依法加强股东权利保护,协调公司内部各种主体之间的利益关系,促进公司治理规范化,有助于保护各类市场主体的产权和合法权益,为改善营商环境提供司法保障①。

2005年修订的《中华人民共和国公司法》(以下简称《公司法》)首次规定了普遍适用于有限公司和股份公司的公司决议无效和可撤销规则,搭建了我国公司决议诉讼制度的雏形②。2017年施行并于2020年修正的《最高人民法院关于适用〈中华人民共和国公司法〉若干问题的规定(四)》(法释〔2017〕16号、法释〔2020〕18号,以下简称《公司法解释四》)以司法解释的方式,增加了公司决议不成立形态,通过第一条至第六条搭建了公司决议诉讼的基本脉络。至此,以股东会或董事会决议无效、可撤销、不成立为内容的公司决议诉讼架构成型。2024年7月1日施行的新《公司法》对公司决议可撤销内容进行了实质性修改并引入《公司法解释四》中的公司决议不成立形态,在公司法层面正式确立了公司决议瑕疵"三分法"。然而,作为公司决议瑕疵内部治愈无效的救济手段,公司决议诉讼制度在我国确立数年,虽广受关注却完善不足。不够明朗的体系规则使得司法实践中在当事人、决议瑕疵类型的审查判断、既判力作用范围等方面疑惑众多。因此,公司决议诉讼制度虽广受关注,却未形成一以贯之的理论和体系化的裁判思路,制约了公司决议诉讼制度预设功能的发挥和良性运转。

新《公司法》对公司决议诉讼进行了一定程度的修改,有助于优化司法实践,但仍未终结多年以来的讨论,对公司决议诉讼判决的既判力问题亦未作明确回应。基于公司决议诉讼规则供给不足的现实境遇,本文旨在对公司决议诉讼相关规则进行梳理和解读,首先从公司决议诉讼的当事人角度进行切入,结合司法实践中的众多精选案例,明晰公司决议诉讼的当事人范围,在综合公司团体属性、尊重公司自治、公司决议诉讼救济目标的基础上,理清法院审查和认定公司决议瑕疵存否与类型的应循规则。在此基础上,围绕公司决议诉讼实务中面临的难点与重点,提出公司决议诉讼判决既判力规则的设计思路。

二、公司决议诉讼的当事人

当事人是诉讼程序中的主体,原告是诉讼程序的开启者,也是诉权保障的对象和诉的利益的归属者。公司决议诉讼的当事人范围,尤其是适格原告范围的确定涉及多重利益的衡

---

① 参见刘俊海:《推动公司法现代化,优化营商法律环境》,载《法律适用》2020年第1期,第75页。
② 参见李建伟:《公司法评注》,法律出版社2024年版,第96页。

量。新《公司法》第二十五条和《公司法解释四》第一至第三条作为公司决议诉讼制度的中枢,发挥着保护中小股东合法权益与矫正公司内部治理的多重功效。

(一) 公司决议诉讼的原告

公司决议诉讼的原告范围属二元立法模式,公司决议无效和不成立诉讼的原告范围相同,异于公司决议撤销诉讼。本部分结合新《公司法》、相关司法解释以及典型案例框定公司决议诉讼的原告范围。

1. 公司决议无效和不成立诉讼的原告

新《公司法》第二十六条对于公司决议无效的规定沿用了旧法第二十二条第一款的规定,在内容上无实质性修订,并未规定何人可作为公司决议无效诉讼的原告。新《公司法》第27条只是增加了公司决议不成立的情形,也未直接规定何人可作为公司决议不成立诉讼的原告。对此,还应继续按照《公司法解释四》第一条的规定,解读公司决议无效和不成立诉讼的原告范围。

第一,公司股东是公司决议无效和不成立诉讼的原告。首先,非股东不得作为原告[1]。适格股东仅限于显名股东,以工商登记为准。股东应提交工商登记、股东名册等用以证明其股东身份。当股东名册和工商登记出现不一致时,考虑到对善意第三人利益的保护,应以工商登记为准。只要能够证明股东身份即可作为适格原告,出资义务履行完毕与否并不能成为剥夺其诉权的借口。对于未办理过户手续但能确定股东资格的也应当具有原告资格。对于股东的身份,应采"形式说"的观点,隐名股东不具有形式意义上的股东身份,不能提起公司决议诉讼[2]。其次,起诉时丧失股东资格的原股东诉请剥夺其股东资格的公司决议无效或不成立,法院应当受理。相关立法并未要求股东在提起公司决议无效和不成立诉讼时应当具有原告资格,司法实践中也并未一律要求股东在提起诉讼时仍是形式上的公司股东[3]。考虑到对股东利益的保护,应当给予被公司决议剥夺股东资格的原股东原告资格。

第二,公司董事和监事是公司决议无效和不成立诉讼的原告。董事和监事对公司负有勤勉和信义义务,独立董事更是肩负维护中小股东利益的责任。信义义务以信托为缘起,以忠实义务为核心,目的在于维护公司的团体利益[4]。根据新《公司法》第一百八十条的规定,董事和监事对公司具有信义义务。赋予董事、监事提起公司决议无效和不成立诉讼的诉权,

---

[1] 参见最高人民法院(2017)最高法民终18号民事裁定书。
[2] 参见蒋丽华:《股东会决议瑕疵诉讼研究》,山东大学出版社2023年版,第81页。
[3] 在张艳娟诉江苏万华工贸发展有限公司、万华、吴亮亮、毛建伟股权纠纷一案中,张艳娟在提起股东会决议诉讼时已经不是形式意义上的股东,但由于转让股权的股东会决议是在其不知情的情况下作出的,法院受理了案件并最终判决股东会决议不成立,参见《中华人民共和国最高人民法院公报》2007年第9期。持相同观点的案例参见上海市浦东新区人民法院(2021)沪0115民初76906号民事判决书。
[4] 参见徐化耿:《信义义务的一般理论及其在中国法上的展开》,载《中外法学》2020年第6期,第1581页。

是其履行信义义务的正当表达。但是,已经卸任的前董事、监事一般不应作为公司决议诉讼的原告。类比对股东起诉时资格要求的限制,对董事、监事也应一视同仁。董事、监事的信义义务源于其董事、监事的身份,卸任后的前董监事已不是公司内部成员,也不应再干涉公司内部事务。对于前董事、监事因公司决议被迫卸任的特殊情形,由于立法并未明确排除,可例外给予其提起请求确认决议无效或不成立诉讼的诉权①。

第三,其他主体一般不可作为公司决议无效和不成立诉讼的原告。《公司法解释四》第一条中"公司股东、董事、监事等"的"等"字引发了学术界对"等内"和"等外"的争论。"等内"论认为公司决议无效和不成立诉讼的原告仅限于《公司法解释四》第一条明文规定的股东、董事和监事②。"等外"论认为,立足于第三人权利和利益会因决议无效或不成立受到侵害或影响,与决议具有利害关系之人,均应享有诉权③。对此,应当作如下理解:

公司高级管理人员和职工一般不应作为公司决议无效和不成立诉讼的原告④。其一,公司高管的信义义务性质和董事、监事不同。高管的本质是董事会下设的执行者,其身份标签是雇员⑤。高管信义义务的主旨在于执行决议,对于决议本身的违法与否不负审查义务,也无需对此产生的损失承担个人责任。其二,高管、职工和公司之间的关系本质上是劳动关系。公司章程与决议通过劳动合同的连接对高管与职工发生约束力,高管和职工与公司之间因公司决议内容产生的矛盾纠纷可以通过劳动关系诉讼得到解决。

债权人一般不应作为公司决议无效和不成立诉讼的原告。其一,债权人是公司外部人员,不得染指公司内部关系。对于公司决议事项,债权人与公司或股东的利益往往存在冲突,其对公司内部治理的介入会为公司正常经营埋下巨大隐患。要方便债权人进行权利救济,不应以牺牲公司内部自治和人格独立为代价,外部法律关系争议应当通过提起违约或侵权之诉解决⑥。其二,立足于对交易安全和善意第三人的保护,《中华人民共和国民法典》(简称《民法典》)第八十五条和《公司法解释四》第六条确立了善意相对人与公司之间的法律关

---

① 参见杜万华:《最高人民法院公司法司法解释(四)理解与适用》,人民法院出版社2017年版,第30页。司法实践中持此观点的案例参见江苏省盐城市中级人民法院(2024)苏09民终328号民事判决书、河南省郑州市高新技术产业开发区人民法院(2024)豫0191民初8179号民事判决书、北京市丰台区人民法院(2021)京0106民初19232号民事判决书。

② 参见丁勇:《组织法的诉讼构造:公司决议纠纷诉讼规则重构》,载《中国法学》2019年第5期,第103页。司法实践中也有法院持此观点,参见上海市第二中级人民法院(2018)沪02民终2510号民事裁定书、北京市房山区人民法院(2022)京0111民初12004号民事裁定书。

③ 参见赵旭东:《新公司法重点热点问题解读:新旧公司法比较分析》,法律出版社2024年版,第375页;钱玉林:《股东大会决议瑕疵研究》,法律出版社2005年版,第296页。司法实践中也有法院持此观点,参见北京市第二中级人民法院(2024)京02民终14455号民事裁定书、四川省成都市中级人民法院(2023)川01民终1660号民事判决书。另有法院将隐名股东归入"利害关系人"范畴,赋予其原告资格,参见山东省青岛市黄岛区人民法院(2019)鲁0211民初10041号民事判决书。

④ 此处的公司高级管理人员("高管")即是狭义上的公司高管,特指不具有股东、董事和监事身份的高级管理人员。

⑤ 参见谢增毅:《公司高管的劳动者身份判定及其法律规则》,载《法学》2016年第7期,第95页。

⑥ 参见丁勇:《公司决议瑕疵诉讼:历史、功能与规则改进》,上海人民出版社2020年版,第99页。

系并不因公司决议效力的瑕疵而受到影响的规则,此时再赋予债权人提起公司决议诉讼的诉权便显得多此一举。

在例外情况下,公司高级管理人员、职工、债权人等主体可以作为公司决议无效和不成立诉讼的原告。在理论上具有诉的利益之人均可提起确认决议无效或不成立诉讼,但为了防止滥诉以及维持公司经营的稳定性,只有当股东会决议、董事会决议直接侵害公司高级管理人员、职工、债权人等主体的利益时,其提起的公司决议无效或不成立诉讼才能被受理①。对于此例外的适用,当从严把握,应将一般合同争议及其他救济渠道者排除在外②。

2.公司决议撤销诉讼的原告

股东诉权具有二元性。观股东之维,股东提起公司决议诉讼在于对自我权利的保护,因此有观点认为对于公司决议撤销诉讼,应当扩张原告范围,并完善程序制度③。观公司之维,股东诉权的行使具有改善公司治理的功效,但需取得股东与公司、其他股东之间权利义务的动态平衡,因此应限缩股东提起决议撤销诉讼的诉权④。董事会或监事会等公司内部组织负责公司的对外意思表示,股东意志和公司意志具有相对独立性,在公司决议诉讼中应采股东诉权有限性逻辑,在限缩适格股东范围时,适用对股东资格或表决进行要求的规则策略,而非笼统的"权益受到损害"的标准策略。新《公司法》第二十六条将提起公司决议撤销诉讼的权利赋予了股东,《公司法解释四》第二条将该股东范围限于起诉时应具有股东资格的股东。对此,应作如下理解:

第一,仅股东享有提起公司决议撤销诉讼的诉权⑤。股东之外的其他主体,如董事和监事,均不可扩张作为该诉讼的原告⑥。新《公司法》第二十六条将公司决议撤销诉讼原告限定为股东的立法例被称为"单纯股东主义",与公司决议无效和不成立诉讼原告范围实行二元立法模式。由于董事、监事在公司决议中扮演的主体角色和信义义务,理论上存在借鉴德国、日本等国家的"利害关系人主义"的观点,认为将董事、监事纳入公司决议撤销诉讼原告范围具有合理性⑦。但考虑到公司决议撤销诉讼是由立法明确规定的形成之诉,只有法定主体

---

① 在司法实践中,有法院认为该"等"字应理解为与公司股东、董事等同等类型的公司人员或依据《公司法》、公司章程或者合同约定享有参与或者监督公司经营管理权的人员,参见北京市大兴区人民法院(2024)京0115民初5537号民事裁定书。

② 参见最高人民法院民事审判第二庭:《中华人民共和国公司法理解与适用(上)》,人民法院出版社2024年版,第96-97页。相关司法实践案例参见广东省广州市中级人民法院(2021)粤01民终4167号民事裁定书、四川省成都市中级人民法院(2018)川01民终1906号民事裁定书。

③ 参见衣小慧:《可撤销决议诉讼救济之检视与完善——以决议撤销之诉的主体和程序为对象》,载《山东社会科学》2021年第1期,第156页。

④ 参见王湘淳:《股东会决议撤销诉讼:功能重校与规则再造》,载《法学论坛》2018年第1期,第141页。

⑤ 参见最高人民法院(2020)最高法民申1255号民事裁定书。

⑥ 参见黄绍坤:《公司决议撤销权主体范围的规范重构》,载《法商研究》2023年第5期,第124页。

⑦ 参见李志刚:《公司股东会撤销决议之诉的当事人:规范、法理与实践》,载《法学家》2018年第4期,第88页。

才可以通过诉讼的方式变更原来的法律关系,故原告范围应严格遵循新《公司法》第二十六条规定的股东,不应对此进行扩张解释或者类推适用[①]。

第二,股东应在起诉时具有股东资格。基于股东主义的外观,应认为只要起诉时具有股东资格者均可作为适格原告提起公司决议瑕疵诉讼[②],起诉时不具有股东资格的前股东不得提起相关诉讼。作出决议时具有股东资格,后因各种原因丧失股东资格的,但不得提起公司决议撤销诉讼。公司通过剥夺股东职务的决议时,原股东可提起公司决议无效和不成立诉讼,不得提起公司决议撤销诉讼。股东在诉讼过程中转让股权的,不影响原股东的原告地位,可以参照当事人恒定原则处理。根据《最高人民法院关于适用〈中华人民共和国民事诉讼法〉的解释》第二百四十九条和第二百五十条,诉讼仍在原当事人之间进行,但受让人申请替代原股东进行诉讼的,在不损害国家、集体和第三人利益的情况下,应当准许[③]。

第三,无表决权股东具有原告资格。通说认为无表决权股东应具有原告资格,公司决议诉讼诉权的有无并不以是否享有表决权为基础,其属于社员权的内容而非表决权的内容[④]。无表决权股东虽无表决权,但并非一律未出席公司决议会议,其对公司决议存在符合法定与章程规定的合理期待,且受公司决议的约束并承担决议带来的不利后果。此诉权作为公司股东矫正公司内部治理瑕疵的共益权,应当从宽把握。

第四,未出席会议或未对决议提出异议的股东具有原告资格。其一,不应当以是否出席会议限制股东原告资格。无论是新《公司法》第二十六条第二款规定的未被通知参加公司决议的股东,还是被通知后未出席公司决议会议的股东,其诉权均不应受到限制[⑤]。其二,不应当因赞成票限制股东原告资格。投赞成票的股东在表决时未必知晓公司决议在内容和程序上的瑕疵,应当从共益权的角度从宽解释,尽可能保障股东提起公司决议撤销诉讼的诉权[⑥]。

第五,股东不得以公司对其他股东存在召集程序瑕疵为由,提起公司决议撤销诉讼。肯定说认为股东投票的走向和发言内容有可能影响决议的结果,且公司法对公司违反召集程序召开股东会、董事会的制裁手段有限,因而有必要利用公司决议撤销诉讼这一严格制裁的

---

① 此处的股东应是显名股东,隐名股东不享有提起公司决议撤销诉讼的诉权,参见上海市奉贤区人民法院(2023)沪0120民初8929号民事裁定书。
② 原告起诉后因公司原因丧失股东资格的,并不影响原诉讼的进行,法院不应以此为由驳回起诉。
③ 参见最高人民法院民事审判第二庭:《中华人民共和国公司法理解与适用(上)》,人民法院出版社2024年版,第106页。
④ 参见赵心泽:《股东会决议瑕疵诉讼制度研究》,法律出版社2017年版,第143页。
⑤ 参见蔡立东、杨宗仁:《论股东会决议撤销权的主体及其行使》,载《当代法学》2008年第5期,第83页。
⑥ 参见最高人民法院民事审判第二庭:《中华人民共和国公司法理解与适用(上)》,人民法院出版社2024年版,第105-106页。司法实践中有法院认为原告起诉时持有公司股权或股份即可,无须考虑是否出席了公司决议会议、行使了表决权等因素,参见上海市奉贤区人民法院(2021)沪0120民初6082号民事判决书。

方式使公司遵守法律。由于公司决议撤销诉讼的本质是促使公司进行合法经营,即便决议的瑕疵不影响特定股东的利益,其也可提起该诉。否定说认为公司决议撤销诉讼是保护股东个人利益的诉讼,因此仅利益受到损害的股东本人可以提起[①]。笔者认为公司决议撤销诉讼的主要目的应是股东对自身权益的保护,股东也并非其他股东利益的代表,因此股东不应享有以公司对其他股东存在召集程序瑕疵为由,提起公司决议撤销诉讼的诉权。

公司决议诉讼为其他具有原告资格者提供了"加入"通道,使其成为该诉讼的共同原告。根据《公司法解释四》第三条第二款,须同时满足两个要件:其一,应当在一审法庭辩论终结前申请加入公司决议诉讼;其二,诉讼请求与原告诉讼请求相同。更多具有原告资格者加入诉讼,有助于尽可能一次性解决纠纷,使判决结果更具有可接受性。但此种扩充并非无限度,而应考虑利益涵射的范围、另案救济的可能性,以避免诉讼的过分复杂化和诉权滥用。若对是否具有股东资格存有争议,应当先提起股东资格确认之诉,确认具有股东资格后,再提起公司决议诉讼。

(二)公司决议诉讼的被告和第三人

1.公司决议诉讼的被告

公司决议诉讼的被告应且仅应当是公司。针对公司决议诉讼的被告范围,通说认为公司是该诉讼的被告,不过也存在公司非正当被告说、公司第一被告说、公司第二被告说、法人判决名义当事人说、固有共同诉讼说、片面类似必要共同诉讼说等多种观点[②]。在立法层面,国内外均将公司作为公司决议诉讼的唯一被告。经过决议程序,公司决议脱离个体的意思表示,在多数决基础上形成团体意思,以公司的名义作出。在司法实践中,法院应当遵循《公司法解释四》第三条第一款,公司应是公司决议诉讼的唯一被告,案件由公司住所地法院管辖[③]。若原告将其他主体作为共同被告,法院应当告知原告将其变更为第三人,拒绝变更的应当驳回原告对其他主体的起诉。

2.公司决议诉讼的第三人

《公司法解释四》第三条第一款规定"对决议涉及的其他利害关系人,可以依法列为第三人",此处的第三人包括有独立请求权的第三人和无独立请求权的第三人两种类型。由于公司决议诉讼分为决议无效、不成立和撤销诉讼三种独立的子诉讼形态,对于已经进行的某子类公司决议诉讼(例如公司决议撤销诉讼),其他享有诉权者主张该决议具有其他瑕疵(例

---

① 参见张凝:《日本股东大会制度的立法、理论与实践》,法律出版社2009年版,第285页。
② 参见[日]高桥宏志:《重点讲义民事诉讼法(上)》(第二版补订版),有斐阁2013年版,第310-319页。
③ 在《公司法解释四》出台以前,由于《公司法》并未明确公司决议诉讼的适格被告,故司法实践中存在将公司与其他主体作为共同被告的情形,参见浙江省宁波市中级人民法院(2012)甬仑商外初字第250号民事判决书。自2017年9月1日《公司法解释四》施行以来,仍存在个别将其他主体与公司一起作为共同被告的案件,参见河北省鹿泉市人民法院(2019)冀0110民初197号民事判决书,对此应当予以纠正。

如提起公司决议无效或不成立诉讼），并参加到正在进行的诉讼的，此时应是有独立请求权的第三人。在司法实践中也出现了将其他股东认定为有独立请求权的第三人的情形[①]。因此，《公司法解释四》第三条第一款所指的第三人应当包括有独立请求权的第三人。公司决议诉讼无独立请求权的第三人基于以下情形而产生：其一，主张决议有效的利害关系人作为无独立请求权的第三人申请或法院通知其参加诉讼[②]；其二，诉讼中原告股东转让股权，受让人申请以无独立请求权第三人身份参加诉讼，或者申请替代原当事人，法院不予准许时追加其为无独立请求权的第三人。

三、公司决议瑕疵的审查判断

法官在审查公司决议是否存在无效、可撤销和不成立情形时，应当进行实质审查还是形式审查？审查方式的不同将直接影响法官对公司决议瑕疵存否的判定[③]。本部分将对法院审查公司决议的规则和具体判断标准予以澄清。

（一）审查规则：实质审查或形式审查

基于公司的团体属性和自治性，法官审查公司决议效力应仅限于决议本身的内容或程序是否符合规定，不应过度干预公司内部法律关系。在协同《民法典》《公司法》及其相关司法解释的基础上，审慎认定公司决议的效力。

1. 实质审查的不恰当性

实质审查与公司团体属性相悖。经济学上一般认为，团体生产问题源于生产活动要求两人、多人或全体的共同投资和协调努力。公司决议行为是团体自治行为，旨在追求更具效率的团体生活[④]。团体之下，利益多元化和分歧必然存在，宽容与妥协是常态，为了团体目标的实现往往需要容忍公司意志与单个团体成员意志相违背[⑤]。我国公司法是典型的团体法，实质审查意味着法官应当深入判断作出公司决议所依据基础事实的对错，这是对公司团体意志的不尊重，因为此种基础事实的判断已经在团体层面通过公司决议的方式得到了肯定。

实质审查容易造成对公司自治的不当干预。在我国公司制度的变迁中，国家发挥着持

[①] 参见辽宁省大连市中级人民法院（2022）辽02民终3883号民事判决书、北京市第三中级人民法院（2020）京03民终5134号民事判决书、北京市第四中级人民法院（2020）京04民初518号民事判决书。

[②] 参见上海市徐汇区人民法院（2023）沪0104民初22925号民事判决书、海南省定安县人民法院（2020）琼9021民初1299号民事裁定书。

[③] 司法实践中对此存在不同观点。有法院认为应当对公司决议依据的事实进行实质性审查，参见上海市黄浦区人民法院（2009）黄民二（商）初字第4569号民事判决书；也有法院认为仅进行形式审查即可，参见上海市第二中级人民法院（2010）沪二中民四（商）终字第436号民事判决书、云南省保山市（地区）中级人民法院（2023）云05民终1815号民事判决书。

[④] 参见吴飞飞：《决议行为归属与团体法"私法评价体系"构建研究》，载《政治与法律》2016年第6期，第9页。

[⑤] 参见李志刚：《公司股东大会决议问题研究——团体法的视角》，中国法制出版社2012年版，第74页。

续性作用①。但放眼公司立法的沿革,公司自治空间呈不断扩大之势,司法强制作为国家强制的一部分应当审慎适用②。聚焦到公司决议诉讼中,面对公司自治和国家强制这对互动因子,法官应当合理把握公司自治和司法干预的边界③,不应在合法性之外,代替公司进行合理性和商业判断。实质审查意味着法官需要对决议作出所依据的基础事实的对错作出判断,这对置身公司日常经营之外的法官存在难度,稍有不慎便会影响公司的正常经营,造成公司自治与司法干预之间的失衡。

2. 形式审查具有相称性

形式审查能够满足监管公司行为的要求。无论是基于国家管理还是公司文化,公司及其内部成员均应遵守基本的行为规范。这其中既有法律规范的领域,亦有公司自治规范的领域。在公司自治失灵的情况下,需要通过诉讼的方式对此种失灵作出裁判以解决纠纷④。公司决议诉讼有利于弥补公司内部对决议瑕疵非讼救济的局限性,规范公司行为。但此种外部救济不应超越法治的边界干涉公司内部流程和组织分配,法官对公司决议内容进行形式审查,已然满足公司法层面对公司监管的要求。

形式审查符合公司自治的理念。公司的团体属性使作为团体成员的股东、作为团体内部机关的股东会、董事会,以及作为团体的公司三个层次的主体争议交织,实体法律关系和诉讼法律关系十分复杂。例如由股东提起公司决议诉讼的直接原因往往并非其与公司有争议,而是对公司决议的内容或程序不满,此种不满的直接原因在于股东之间的矛盾。当众多主体均以经济人心态参与公司活动时,利益冲突无法避免,此时公司的共同利益应优先于个体利益⑤。新《公司法》尊重和贯彻公司自治,公司内部事务和法律关系应当由公司自治调整,司法机关一般不应介入。决议依据的事实和理由是否属实与成立,不属于司法审查范围。

(二)公司决议无效的判定

1. 应谨慎对公司决议作出无效的认定。与《德国股份法》将决议无效的事由以列举方式呈现不同,我国新《公司法》第二十五条并未具体列明公司决议无效的具体情形,而是笼统表述为"决议内容违反法律、行政法规的无效"。公司决议无效是对决议效力的彻底否定,为防止决议无效对公司经营的稳定性和利害关系人的权益产生冲击,法官对公司决议无效与否的判定应当秉持谦抑性原则,尽量缩小公司决议无效的范围⑥。决议无效的认定应当将

---

① 参见甘培忠、周游:《我国公司法建构中的国家角色》,载《当代法学》2014年第2期,第56页。
② 参见岳冰:《公司自治与国家强制关系范式论》,载《河南大学学报(社会科学版)》2023年第2期,第50页。
③ 参见刘俊海:《公司自治与司法干预的平衡艺术:〈公司法解释四〉的创新、缺憾与再解释》,载《法学杂志》2017年第12期,第35页。
④ 参见陈群峰:《审判视野下的公司诉讼研究》,法律出版社2013年版,第34页。
⑤ 参见赵万一、赵吟:《中国自治型公司法的理论证成及制度实现》,载《中国社会科学》2015年第12期,第170页。
⑥ 参见张雪娥:《公司股东大会决议效力研究》,法律出版社2018年版,第268页。

公司利益的保护放在首位，以违法性标准为主，辅之以损害性标准①。程序性瑕疵和意思表示瑕疵均不构成决议无效事由。

2. 应从《公司法》规范的特殊立场判定决议内容是否无效。对于公司决议无效与否，应当首先根据公司法的规定和精神作出判断②。在公司法中既存在强制性规范，也存在任意性规范，两种规范的界分是理论界众说纷纭的难题。在团体法视角下，强化自治、弱化强制应当是裁判过程中依循的基本思路。例如，违反法定职权的公司决议并不当然无效：一是违反法律规定的股东会或董事会职权；二是违反公司章程为股东会或董事会设定的职权。新《公司法》第五十九条、第六十七条对股东会、董事会职权的划分应当被理解为一种示范规则，公司决议违反上述条款设定的股东会、董事会职权范围的，不构成决议的无效③。当股东会或董事会决议的事项违反了公司章程为其设定的职权时，若达到了变更公司章程的表决权比例，则决议有效，否则决议无效④。

3. 应从《民法典》和其他法律法规的一般立场，补充判定决议内容是否无效。根据《民法典》第一百三十四条第二款，决议行为是法律行为的一种，因此民事法律行为的效力规则同样适用于公司决议的效力。公司决议无效包括两种情形：其一，违反法律、行政法规强制性规定的公司决议无效，但该强制性规定不导致公司行为无效的除外。这里的强制性规定不仅包括公法上的效力性强制性规定，还包括私法上的效力性强制性规定。在具体适用过程中，法官应当综合考察规范对象以确定其是否违反了效力性强制性规定，并进行法益的衡量⑤。其二，违背公序良俗的公司决议无效。这里的公序良俗包括基本权力维护、经济社会管理秩序之维护等⑥，应以决议内容而非决议目的是否违反公序良俗作为判断标准。

（三）公司决议可撤销的判定

1. 公司决议可撤销与否应从程序和内容两个方面进行判定。根据新《公司法》第二十六条，决议程序违法或违反公司章程可撤销，决议内容违反公司章程可撤销。决议程序违法包括召集程序违反法律、行政法规和表决方式违反法律、行政法规两个方面。召集程序方面的瑕疵包括召集人召集权瑕疵和召集通知程序瑕疵两种，表决方式方面的瑕疵包括表

---

① 参见吴英霞：《组织法视角下股东会决议无效规则重构》，载《安徽大学学报（哲学社会科学版）》2023年第3期，第110页。
② 参见叶林：《股东会决议无效的公司法解释》，载《法学研究》2020年第3期，第69页。
③ 参见最高人民法院(2017)最高法民申1794号民事裁定书。
④ 参见吴英霞：《组织法视角下股东会决议无效规则重构》，载《安徽大学学报（哲学社会科学版）》2023年第3期，第111页。
⑤ 参见最高人民法院民法典贯彻实施工作领导小组：《中华人民共和国民法典总则编理解与适用（下）》，人民法院出版社2020年版，第754-760页。
⑥ 参见最高人民法院民事审判第二庭编著：《〈全国法院民商事审判工作会议纪要〉理解与适用》，人民法院出版社2019年版，第252-258页。

决权瑕疵、主持权瑕疵、表决事项瑕疵、表决权计算瑕疵等①。对于原告主张决议程序或内容违反公司章程的情形，为体现对公司自治和股东自治的尊重，裁判过程中应结合决议程序、决议内容和公司章程进行综合判定②。

2. 裁判应当具有一定限度的容错机制。首先，会议召集程序或表决方式仅具有轻微瑕疵、对决议未产生实质性影响的，法院应当裁量驳回撤销决议的诉请。其次，在公司决议撤销诉讼过程中，若当事人积极治愈决议可撤销事由，应当予以允许。公司通过自力解决内部冲突，通过形成新的决议消除原有瑕疵后，将无再判决撤销原决议的必要③。最后，决议撤销事由、无效事由和不成立事由之间存在难以界分的情形，对于本应提起撤销诉讼的股东却提起无效诉讼或不成立诉讼的，法官应当积极进行诉讼类型的释明，防止因除斥期间经过而丧失撤销诉讼的诉权，兼顾股东权利保护和处分权④。

3. 应当体系性把握裁量驳回的要件。裁量驳回制度有利于避免瑕疵决议的过度救济，兼顾决议救济与决议稳定性⑤。只有决议同时满足"会议召集程序或表决方式""轻微瑕疵""未产生实质影响"三个要件，法官才可驳回原告的诉请。法官在裁判过程中要兼顾程序和实体，合理把握轻微程序瑕疵和未产生实质影响之间的体系关联⑥。唯结果论的观点应当摈除⑦，程序瑕疵只要损害了决议人参与表决的权利，即便原告反对也会作出同样的决议，依旧构成产生实质影响，不得裁量驳回。

（四）公司决议不成立的判定

1. 应限定公司决议不成立的事由，不得扩张和泛化认定⑧。公司决议不成立的情形应以

---

① 参见李建伟：《论公司决议可撤销的适用事由——基于司法适用立场的立法解释》，载《浙江社会科学》2009年第8期，第44-46页。

② 参见最高人民法院（2016）最高法民终582号民事判决书、最高人民法院（2017）最高法民再172号民事判决书。

③ 参见江苏省无锡市中级人民法院（2017）苏02民终2736号民事判决书。

④ 参见最高人民法院民事审判第二庭：《中华人民共和国公司法理解与适用（上）》，人民法院出版社2024年版，第103页。与公司决议撤销诉讼适用"60日、1年"的除斥期间组合不同，司法实践中还有法院认为确认公司决议无效和不成立诉讼不属于债权请求权范围，亦不受3年诉讼时效的限制，参见重庆市高级人民法院（2017）渝民再11号民事判决书、湖北省高级人民法院（2017）鄂民终3277号民事判决书、辽宁省高级人民法院（2018）辽民终920号民事判决书、河南省高级人民法院（2015）豫法民提字第00098号民事判决书、黑龙江省高级人民法院（2018）黑民申2235号民事裁定书、江苏省盐城市中级人民法院（2024）苏09民终1852号民事判决书、江苏省海安市人民法院（2023）苏0685民初7385号民事判决书；但也有法院认为其属于请求权范围，应当适用诉讼时效的规定，参见广东省中山市中级人民法院（2023）粤20民终6317号民事判决书。

⑤ 参见南玉梅：《公司瑕疵决议诉讼中裁量驳回规则的建构与适用——兼评法释[2017]16号第4条》，载《法学评论》2018年第6期，第180页。

⑥ 参见李建伟：《论公司决议轻微程序瑕疵的司法认定》，载《政治与法律》2023年第1期，第157页。

⑦ 司法实践中有法院以结果为导向来判定是否适用裁量驳回，认为若原告的表决权不足以动摇决议结果，则决议的合法性不容置疑，参见北京市海淀区人民法院（2018）京0108民初47604号民事判决书、山西省长治市中级人民法院（2020）晋04民终879号民事判决书。

⑧ 参见殷秋实：《法律行为视角下的决议不成立》，载《中外法学》2019年第1期，第168页。

新《公司法》第二十七条作为判定依据。新《公司法》第二十七条以列举的方式规定了公司决议不成立的情形，删除了《公司法解释四》第五条（五）项"导致决议不成立的其他情形"的兜底条款。根据上位法优于下位法、新法优于旧法的原则，应当以新《公司法》第二十七条作为裁判的依据，仅四种情形可认定为公司决议不成立。

2. 未召开股东会、董事会的，公司决议不成立。此项指向无会而决的情形。实际召开会议是作出决议的前提条件，股东会或董事会决议在特定的时间和地点召开，股东和董事才有可能议事和表决。在未召开决议的情况下伪造签名和决议的，因欠缺决议的成立要件而存在严重程序瑕疵，故不成立。除非存在新《公司法》第五十九条第三款规定的股东以书面形式一致同意、全体股东在决定文件上签名或盖章的特殊情形，才可以形成无会议的股东会决议。根据"一人不成会议"原则①，仅一名成员出席的会议，应视为未召开会议。未依法召开，由控股股东单方召开或虚构的会议作出的公司决议，应认定为决议不存在。②

3. 股东会、董事会会议未对决议事项进行表决的，公司决议不成立。虽在形式上召开了股东会或董事会，但股东或董事未对决议事项进行表决，不存在股东意思表示的事实，则构成决议不成立③。

4. 不足出席会议定足数的，决议不成立。④ 出席会议的人数或者所持表决权数未达到公司法或公司章程规定的人数或者所持表决权数的，无法满足决议所需的多数决要求，视为未召开会议。由于新《公司法》未对股东会的法定出席比例进行规定，应当通过公司章程加以判定。董事会有法定出席比例过半的要求，但公司章程可提高该标准，应当根据公司章程和《公司法》第七十三条、第一百二十四条进行综合判定。

5. 未达多数决比例的，决议不成立。同意决议事项的人数或者所持表决权数未达到公司法或公司章程规定的人数或者所持表决权数，即赞成票未达到多数决比例。公司章程可提高或细化法定比例，但不得降低。应根据新《公司法》第六十六条、第一百一十六条判定股东会会议的多数决，根据新《公司法》第七十三条、第一百二十四条判定董事会会议的多数决。在公司决议会议实际召开且符合程序要求的情况下，公司决议权主体的表意瑕疵并不必然导致公司决议瑕疵⑤。即便股东在表决时存在受胁迫、重大误解、签名被伪造等情形，只要剔除该瑕疵表决权后决议仍满足多数决原则的要求，决议依然有效。若剔除后不满足

---

① 参见林少伟：《英国现代公司法》，中国法制出版社2015年版，第168-169页。
② 参见最高人民法院(2016)最高法民申300号民事裁定书。
③ 参见重庆市第一中级人民法院(2020)渝01民终1903号民事判决书。
④ 参见最高人民法院(2022)最高法民再215号民事判决书。
⑤ 参见马强：《论决议行为适用意思表示瑕疵的规则——以公司决议中表决人意思瑕疵为考察重点》，载《华东政法大学学报》2021年第1期，第124页。

多数决要求,则决议不成立①。

四、公司决议诉讼判决的既判力

既判力是指确定判决对后诉的拘束力,包含主观范围、客观范围和时间范围三个方面②。公司决议诉讼判决既判力问题,与当事人、诉讼标的之确定相互印证,是判定重复诉讼不可回避的话题。

(一)公司决议诉讼判决的主观范围

既判力原则上只约束对立的当事人,为防止显失公平,一般不扩张至未获得充分程序保障的第三人。但在公司诉讼中,由于公司的团体属性和对统一划定法律关系的要求,应当扩张公司决议诉讼判决的主观范围,赋予其对世效力③。

1. 相对扩张说的淘汰

相对扩张说认为,公司决议诉讼判决不具有对世效力。公司决议只约束公司股东、董事和监事,对外部第三人不产生法律拘束力,判决对公司决议效力的否定无异于公司自主否定该决议,故决议判决效力不能超出决议主体自治行为的效力,在原告胜诉的情况下扩张至全体股东、董事、监事④。

相对扩张说混淆了既判力的主观范围与溯及力。相对扩张说其实是站在决议溯及力的角度框定决议的既判力主观范围,将两者相混淆。既判力的主观范围关注的是生效裁判对后诉的效力,应依照民事诉讼程序主体的维度判定对哪些主体产生阻却再次请求的效力⑤。《民法典》第八十五条、新《公司法》第二十八条第二款语境下的溯及力特指判决是否具有溯及既往的效力,应依照民法上法律行为被判定无效、不成立或撤销的法理,对作为合同相对方的善意第三人进行保护。相对扩张说的观点立足于法律行为视域下对决议溯及力的判断,而非立足于确定力视域下前诉对后诉的影响。

相对扩张说误用了内外区分原则。内外区分原则认为,决议行为和决议实施行为是两个不同的行为,前者与后者虽相互关联,涉及组织法与行为法之间的互动,但公司决议涉及

---

① 参见王雷:《公司决议行为瑕疵制度的解释与完善:兼评公司法司法解释四(征求意见稿)第4~9条规定》,载《清华法学》2016年第5期,第173页。
② 参见江伟:《民事诉讼法(第五版)》,高等教育出版社2016年版,第309-315页。
③ 本文认为公司决议撤销诉讼是形成诉讼,法院作出的撤销公司决议的判决是形成判决,具有对世效力。对于形成判决的对世效力,存在"形成力对世"和"既判力对世"两种观点,具体内容参见宋史超:《形成判决对世效:溯源与省思》,载《中外法学》2024年第6期,第1640页。本文采"既判力对世"的观点,故在既判力视域下,对公司决议撤销诉讼判决和其他公司决议诉讼判决一并进行讨论。
④ 参见丁勇:《组织法的诉讼构造:公司决议纠纷诉讼规则重构》,载《中国法学》2019年第5期,第115页。
⑤ 参见丁宝同:《民事判决既判力研究》,法律出版社2012年版,第240页。

的法律关系毕竟不同于依据该决议与公司外相对人建立的法律关系,彼此具有独立性①。在司法实践中,最高人民法院也基于内外区分原则认为决议瑕疵不影响外部行为效力②。《民法典》第八十五条和新《公司法》第二十八条第二款对内外区分原则进行了有限扩张,公司决议被法院否定后对外部相对人效力采"善恶二分法"的立法逻辑。即便如此,其也不应成为评判公司决议诉讼判决主观范围的衡量依据,公司决议诉讼判决是对公司决议组织法上效力在诉讼层面的评判,不应植入实体法上内外部法律关系的评判标准。

2. 片面对世效力说的摈弃

片面对世效力说认为,对于公司决议诉讼,原告胜诉判决效力及于当事人和第三人,具有对世效力。原告败诉判决是确定判决,无对世效力,仅约束本案当事人,享有诉权的第三人可重新起诉③。对世效力不区分原告胜诉和败诉的情形,会剥夺适格当事人再行争讼的权利。

片面对世效力说不利于纠纷的一次性解决。纠纷一次性解决理念致力于寻求降低权益保护的成本,既可减轻当事人讼累,又可节约司法资源并维护司法权威,实现民事审判的"案结事了"④。商事机遇稍纵即逝,对于公司的经营稳定和蓬勃发展而言,公司决议纠纷的一次性解决尤为重要。当原告胜诉时,片面对世效力说兼顾了纠纷的一次性解决,但当原告败诉时,却在此处遇到了瓶颈。片面对世效力说认为原告败诉的公司决议诉讼判决仅约束案件当事人,未能阻断其他享有诉权者再次针对同一公司决议效力瑕疵进行争执,"外溢"出了另外的诉讼。虽可通过程序保障的方式加入原告和第三人,尽可能防止针对公司决议的再次争讼,但终究治标不治本。

片面对世效力说无法避免矛盾判决。公司决议撤销诉讼是形成之诉,原告胜诉时法院所作判决是形成判决,具有对世效力。原告败诉判决是确认判决,仅在当事人之间发生效力⑤。以此类推到公司决议无效和不成立诉讼,有观点将两者解释为形成之诉⑥,或者将两者看成判决扩张至第三人的特殊的确认诉讼⑦。但是,在片面对世效力说的理论体系之下,对于原告败诉的判决,其他诉权享有者依旧可以提起同一种类的公司决议诉讼。虽然针对公司决议撤销之诉,由于规定有除斥期间的限制,第一次诉讼结束后往往除斥期间已过,其他

---

① 参见蒋大兴:《公司组织意思表示之特殊构造——不完全代表/代理与公司内部决议之外部效力》,载《比较法研究》2020年第3期,第2页。
② 参见最高人民法院(2017)最高法民终310号民事判决书、最高人民法院(2010)民提字第48号民事判决书。
③ 参见谢文哲:《股东会决议撤销之诉研究》,载《金陵法律评论》2007年第1卷,第25页。
④ 参见北京市第一中级人民法院课题组:《关于建立民事审判"纠纷一次性解决机制"的调研报告》,载《法律适用》2013年第1期,第98页。
⑤ 参见姚其圣:《民事诉讼法论(下册)》,新学林出版股份有限公司2016年版,第205页。
⑥ 参见[韩]李哲松:《韩国公司法》,吴日焕译,中国政法大学出版社2000年版,第423-424页。
⑦ 参见[日]谷口安平:《程序的正义与诉讼(增补本)》,王亚新、刘荣军译,中国政法大学出版社2002年版,第271页。

适格原告再行提起诉讼的可能性不大。但公司决议无效诉讼和不成立诉讼无除斥期间限制，其他享有诉权者依旧有充足的时间起诉。针对后诉，若法院基于不同原告的起诉事由判决其胜诉，则会产生针对公司决议效力前后相互矛盾的两个判决。

3. 对世效力说的认同

对世效力说认为，无论是公司决议无效诉讼、不成立诉讼还是撤销诉讼，无论公司决议诉讼判决结果是原告胜诉还是败诉，均对当事人及其以外的第三人产生效力。公司决议诉讼是对一定事实关系的认定，不会因当事人不同而存在差异[①]。判决确定后，其他具有原告资格者不得就同一诉讼标的再行起诉。

对世效力说符合公司决议诉讼类似必要共同诉讼的性质。类似必要共同诉讼指数人对作为诉讼标的的法律关系，有权选择一同或分别起诉或应诉，但一旦共同起诉或应诉，则要求判决就全体共同诉讼人合一确定。公司决议诉讼是典型的类似必要共同诉讼[②]。类似必要共同诉讼在解决公司诉讼上具有优越性，当多个适格当事人就同一股东会决议提起诉讼时，法院应当对所有当事人的权利义务一并审理，并对全体共同诉讼人作出合一确定的判决[③]。无论原告是否胜诉，公司决议诉讼判决均应具有对世效力，判决效力应及于所有人。

赋予公司决议诉讼判决对世效力有助于维护公司经营的稳定。公司决议诉讼涉及多方利益主体，公司、股东、董监事、公司继承人、受让人等多方主体之间利益错综复杂，如前文所述，有资格提起公司决议诉讼者众多。公司决议诉讼诉权滥用问题长期困扰理论和实务界，在德国，个别中小股东成为通过公司决议诉讼制度牟利的"职业反对者"，通过该诉讼的方式给公司造成不便，迫使公司支付可观的和解补偿[④]。若公司决议诉讼不具有对世效力，易导致在法院对决议作出原告胜诉或败诉判决后，其他主体再次提起诉讼。对世效力说禁止有原告资格者针对同一诉讼标的的再次起诉，有助于一次性解决纠纷，避免公司决议长期处于不稳定状态，影响公司的正常经营。

赋予公司决议诉讼判决对世效力难以真正损害第三人的权益[⑤]。其一，即便公司决议效力被法院否定，基于溯及力条款，善意第三人的权利仍得到保护。赋予公司决议判决对世效力并未与《民法典》《公司法》及其司法解释对第三人权利的保障相冲突。其二，在诉讼过程中，还可以通过原告"号召"、利害关系人"加盟"等方式，使更多适格原告和第三人加入诉讼，从而使具有对世效力的判决更具有可接受性。法院应在综合考量当事人加入诉讼的目

---

① 参见邓辉辉：《民事诉讼既判力理论研究》，中国政法大学出版社2014年版，第251页。
② 参见张卫平：《民事诉讼法（第六版）》，法律出版社2023年版，第164页。
③ 参见蒲一苇：《诉讼法与实体法交互视域下的必要共同诉讼》，载《环球法律评论》2018年第1期，第44页。
④ 参见丁勇：《德国公司决议瑕疵诉讼滥用问题研究及启示》，载《比较法研究》2013年第4期，第37页。
⑤ 参见刘哲玮：《论公司决议诉讼的裁判效力范围》，载《山东大学学报（哲学社会科学版）》2018年第3期，第97页。

的、是否具有法律上的利益、是否因权利长久不行使应归于无效等因素后,作出审慎的判断。其三,未参加诉讼者还可以在判决确定后,通过第三人撤销之诉进行救济。在给予第三人更为充分和精细化程序保障的前提下,无论原告胜诉与否,判决均应具有对世效力①。

（二）公司决议诉讼判决的客观范围

既判力的客观范围主要解决确定判决的内容在多大范围内产生遮断纠纷的作用。对公司决议诉讼客观范围的讨论,主要围绕无效、撤销或不成立之中的一种公司决议被提起并经法院作出裁判后,享有诉权者能否再提起其他种类的公司决议诉讼。

1. 公司决议诉讼判决的客观范围应与诉讼标的界限保持一致

按照大陆法系传统观点,既判力的客观范围＝判决主文的判断范围＝诉讼标的的界限②。对公司决议诉讼判决客观范围的讨论,绕不开公司决议诉讼标的为何这个话题。有观点认为,公司决议诉讼的诉讼标的应当是特定决议的效力,无论原告提起三类公司决议诉讼中的哪一种,其目的均是请求法院判决否定该公司决议的效力。决议效力获得确定后,当事人不得对该决议再提起其他类型的公司决议诉讼③。有观点认为,基于撤销之诉和确认之诉的差别,公司决议诉讼应当延续撤销公司决议的形成之诉和确认决议效力的确认之诉两种类型,两者之间判决效力互不影响④。新《公司法》将公司决议无效诉讼、不成立诉讼和撤销诉讼进行三分化,2020年《民事案件案由规定》（法〔2020〕346号）有公司决议效力确认纠纷和公司决议撤销纠纷两类案由,虽尚未增加公司决议不成立案由,但也体现出了区分化的样态。公司决议无效、不成立和撤销诉讼分别具有不同的诉讼标的,这和实体法上对公司决议瑕疵的分类一脉相承,也有助于保障当事人诉权⑤。因此,对于公司决议诉讼的既判力客观范围,也应当根据原告提起的具体的公司决议诉讼类型而定,不应扩张到整个决议的效力,阻断原告提起其他类型的公司决议诉讼⑥。

2. 法官应进行充分的释明

---

① 参见陈鹏光：《股东会决议争讼事件之确认利益、被告适格及判决对世效——着重于探讨其相关审判实务应如何依循修正民事诉讼法之意旨处理及今后残留之课题》,载民事诉讼法研究基金会：《民事诉讼法之研讨（十六）》,三民书局有限公司2009年版,第29-30页。

② 参见林剑锋：《民事判决既判力客观范围研究》,厦门大学出版社2006年版,第59页。

③ 参见周翠：《公司决议诉讼的功能定位与程序机制》,载《中外法学》2019年第3期,第745页。司法实践中有法院采纳此观点,参见广东省高级人民法院（2019）粤民申12583号民事裁定书、西藏自治区高级人民法院（2021）藏民终135号民事裁定书、江苏省徐州市中级人民法院（2017）苏03民终8397号民事裁定书、江苏省淮安市中级人民法院（2024）苏08民终2321号民事裁定书、福建省福州市中级人民法院（2013）榕民初字第183号民事判决书。

④ 刘哲玮：《论公司决议诉讼的裁判效力范围》,载《山东大学学报（哲学社会科学版）》2018年第3期,第95页。

⑤ 参见蒋丽华：《优化营商环境下股东会决议瑕疵诉讼之诉讼标的》,载《河南财经政法大学学报》2023年第2期,第141页。

⑥ 参见最高人民法院（2017）最高法民申3772号民事裁定书、陕西省西安市中级人民法院（2022）陕01民终7562号民事裁定书、云南省贡山独龙族怒族自治县人民法院（2023）云3324民初230号民事判决书。

由于公司决议无效、不成立和撤销三种类型的诉讼均源自同一"生活事实",原告在提起诉讼时可能会因区分不当选择错误的诉讼类型。为推动纠纷的一次性解决,在公司决议诉讼审理的过程中,法官可依职权审查原告请求以外的其他瑕疵,若当事人主张的决议瑕疵类型与法官根据案件事实作出的认定不一致,法官应当向当事人释明。例如,若原告提起公司决议无效诉讼,法院经审查后认定决议可撤销或不成立的,应当释明,当事人变更诉讼请求后,将其作为焦点问题进行审理。

3. 法院作出的判决应以当事人请求为限

在公司决议诉讼中,法官对于判决主文的判断范围,应当与诉讼标的的界限保持一致。在经法院释明后原告不变更诉讼请求的,不应直接根据认定的案件事实作出裁判,而应驳回原告诉讼请求,享有诉权者可再提起其他种类的公司决议诉讼。为防止同一决议效力出现不同的裁判结果,对于针对同一公司决议提起的无效诉讼、撤销诉讼和不成立诉讼,法院当进行合并审理,在查明瑕疵事由的基础上对决议效力作出认定。对于仅否定决议效力难以真正达到救济效果的,例如,对于利润分配决议违反公司章程的,仅撤销决议难以达到救济中小股东权利的,法院可以根据原告的请求,判令公司依据公司章程就利润分配重新作出决议[①]。

(三)公司决议诉讼判决的时间范围

对于既判力的判断,应当明确是针对什么时间点上法律关系作出的判断,这个时间点被称为既判力的标准时。一般认为,既判力的标准时是事实审口头辩论终结时[②]。具体而言,法院审理和裁判的对象限于在标准时之前形成的实体法律关系状态,相关的实体权利和主张受确定判决既判力的约束。在标准时之后因法律事实变动产生的新的实体权利和主张不属于前诉判决既判力作用的范围,当事人可再行诉讼。

公司决议诉讼确认的对象是既有决议的无效、不成立或撤销。由于决议已经作出,通常情况下即便有新的事实发生,也不影响原决议效力。但如前文所述,若公司内部通过积极行为治愈原瑕疵决议,在事实审口头辩论终结时瑕疵已经不存在,法院可驳回原告诉请。对于标准时后发生的事实,不得作为诉由再次起诉否定原决议的效力。

五、结语

公司决议诉讼是《民法典》《公司法》《中华人民共和国民事诉讼法》(简称《民事诉讼法》)等法律共同作用的场域,需要在实体法与程序法双重视域下进行完善的制度设计和协

[①] 参见刘贵祥:《关于新公司法适用中的若干问题》,载《法律适用》2024年第6期,第23-24页。
[②] 参见[日]新堂幸司:《新民事诉讼法》(第6版),弘文堂2019年版,第693页。

同实施。应当突破实体或程序单一视角下的藩篱,立足于实体法视角下公司的团体属性,以公司正常经营稳定为基调,在兼顾程序法视角下当事人权利保障的基础上,统一划定各种法律关系。如此,方能化解公司决议诉讼当事人界定难、决议类型认定难、既判力界限不清等问题,推动该诉讼的适用和预期效果的发挥。

· 青年法苑 ·

帮助信息网络犯罪活动罪的整体归责

郭谭浩 *

摘要： 帮助信息网络犯罪活动罪（下文简称"帮信罪"）的设立使共同犯罪中对参与行为与结果之间因果性进行"个别认定"的归责路径发生了动摇。不应采纳帮信罪处罚独立性说，应坚持帮信罪对上游犯罪具有从属性的命题，摒弃个别归责而采取整体归责的路径。为此，应肯定区分制理论和行为共同说的妥当性。行为共同是指参与人通过对他人行为的相互认识形成意思联络，并基于意思联络形成相互补充、利用关系。参与人通过相互补充、利用使行为计划中的危险在结果中实现，应将处于这种"相互惹起"关系中的全部参与行为作为整体，判断其可归责性。整体归责路径下，上游犯罪的共犯与帮信罪具有相同的处罚范围，在能证明结果或具体危险时应以上游犯罪的共犯论处。帮信罪的规定同时拟制了上游犯罪的抽象危险犯，仅在上游犯罪成立抽象危险犯的情况下才应肯定帮信罪的处罚。

关键词： 帮助信息网络犯罪活动罪　整体归责　相互补充、利用关系　抽象危险犯反证

一、问题的提出

电信网络诈骗案件在近年来呈多发趋势。两高一部于2016年[①]、2021年[②]分别通过规范性文件，明确了以诈骗罪、金融诈骗罪等犯罪为上游犯罪，以 "帮信罪"掩饰、隐瞒犯罪所得罪（下文简称"掩隐罪"）等犯罪为下游犯罪的治理框架。

---

* 作者简介：郭谭浩，中国人民大学法学院刑事法律科学研究中心博士研究生，日本东京大学法学政治学研究科博士研究生。

① 《最高人民法院 最高人民检察院 公安部关于办理电信网络诈骗等刑事案件适用法律若干问题的意见》（法发〔2016〕32号），2016年12月19日发布。下文简称"电诈意见（一）"。

② 《最高人民法院 最高人民检察院 公安部关于办理电信网络诈骗等刑事案件适用法律若干问题的意见（二）》（法发〔2021〕22号），2021年6月17日发布。下文简称"电诈意见（二）"。

"帮信罪"的设立使电信网络诈骗行为的处罚范围发生了变动。在"帮信罪"设立前,结合《中华人民共和国刑法》(下文简称《刑法》)第二十五条、第二十六条、第二十七条的规定,可以明确在参与人之间存在事前通谋的情况下,只要是在犯罪既遂前加入的,就能根据其所起到的作用成立上游犯罪的共同正犯或帮助犯。相反,在事前无通谋且犯罪既遂后才加入犯罪的情形下,则应成立掩隐罪①。这一框架下,参与行为的归责路径依赖于事后视角下以结果为中心的因果性判断。即,财产损害构成诈骗罪不法的结果,与其具备因果关系的参与行为成立共同正犯,仅仅具备惹起关系的参与行为成立帮助犯;在财产损害结果发生后,没有惹起这一结果的参与行为成立掩隐罪。

"帮信罪"设立后,这种以结果为中心、以因果性判断为内容的归责路径发生了动摇。"帮信罪"的构成要件是,"明知他人利用信息网络实施犯罪,为其犯罪提供互联网接入、服务器托管、网络存储、通讯传输等技术支持,或者提供广告推广、支付结算等帮助,情节严重的";并未明确提供广告推广、支付结算等帮助行为参与的时间。照此规定,在电信网络诈骗案件中,欺诈行为实施完成后才共谋加入实施取财等帮助行为的人就同样可能以本罪进行处罚。但问题是,如果在诈骗既遂问题上采取"损害说",那么取财等帮助行为就与财产损害结果之间并无因果关系而无法成立诈骗罪的共犯。即使退一步采取"取得说"或"损害-取得说",取财等帮助行为的实施者也只能在与财产损害之间存在惹起关系的范围内承担责任,而不应就被害人陷入错误认识这一中间结果承担帮助的责任。与此类似,在网络赌博犯罪、色情犯罪、信用卡犯罪等案件中,中途才共谋加入的帮助行为同样可能对其并未参与的先行为所造成的后果承担责任。在这些场景中,以因果性判断为内容的归责路径将难以说明"帮信"行为的处罚根据。

"帮信罪"对共犯归责路径问题的挑战可以通过两种路径得到消解。第一种路径主张修正"因果性"判断、扩张因果性成立的范围来实现归责。其中,量刑规则说在主张参与行为只要与最终结果之间具备因果性就足够的基础上,认为"帮信罪"仅仅只是基于上游犯罪做出的独立量刑规则,排除刑法总则中帮助犯规定的运用②。不作为犯说则认为因果共犯论不必修正,并主张"帮信罪"的实行行为属于不作为的共犯参与行为,并且是一种无明确犯罪指向型的不作为犯③。两说的共通之处是,承认帮助行为并不具有构成要件的定型性,认

---

① 张明楷:《掩饰、隐瞒犯罪所得罪与相关犯罪的关系》,载《中国刑事法杂志》2024年第4期,第110页。
② 参见张明楷:《论帮助信息网络犯罪活动罪》,载《政治与法律》2016年第2期,第5页。帮助犯的量刑规则是指帮助犯没有被提升为正犯,帮助犯依然是帮助犯,只是因为分则条文对其规定了独立的法定刑,而不再适用刑法总则关于帮助犯(从犯)的处罚规定的情形。
③ 参见阎二鹏:《帮助信息网络犯罪活动罪:不作为视角下的教义学证成》,载《社会科学战线》2018年第6期,第210页。

为"帮信罪"的不法最终来源于上游犯罪①,不排除共犯从属性原理在帮信罪中的适用②。与此相对,另一种路径则认为对"因果性"判断的修正不足以说明"帮信罪"中独立处罚的情景,必须采取独立于上游犯罪的归责路径。其中,累积犯说认为,被帮助对象未着手实行危害行为或者危害行为尚未达到刑事可罚性的时候,网络帮助行为由于多次累积而达到了独立可罚的程度,可以单独成立犯罪③。帮助犯正犯化说认为,"帮信罪"是对帮助犯的正犯化,将帮助行为规定为独立的构成要件,并为此设置独立法定刑④。同时,也存在观点主张,"帮信罪"原则上应成立片面帮助犯并采取第一种归责路径,同时不排除"本罪优先适用"而例外地采取第二种路径的情形⑤。

两种路径面临的共同挑战是,帮助行为缺乏定型性的特征导致"帮信罪"难以获得确定的处罚范围。当前有规范性法律文件对帮助行为的具体类型做出了列举⑥,但其"内涵依然过于宽泛,并影响了司法实践……帮助行为的边界无限扩张"⑦。为了解决这一问题,第一种路径的支持者提出,只要"合理运用因果共犯论"就能完成对"帮信罪"的实质限缩⑧。具体而言,"帮信罪"的客观帮助行为必须限定在以"利用信息网络实施犯罪"的正犯为对象的范围内,而主观明知则必须限定为"明确知道",不可能包含可能知道或应当知道⑨。与此相反,第二种路径下的帮助行为"具有独立的保护法益、具有独立的行为结构、具有完整的刑罚条款"⑩。因而,通过法益侵害及其危险程度的限定就能明确实行行为的范围,"明知"的范围就可能扩大到一般犯罪故意的程度,即"应当知道"和"可能知道"。

---

① 参见黎宏:《论"帮助信息网络犯罪活动罪"的性质及其适用》,载《法律适用》2017年第21期,第36页。明知包括明确知道和可能知道,其中"可能知道"的认定需要结合我国当前主观推定的具体实践确定。此处的"犯罪"是广义的犯罪,应当对其做实质性理解,只要客观上引起了侵害法益的结果,符合客观犯罪构成的行为就归属于此,不要求受到刑罚处罚。
② 参见于冲:《帮助信息网络犯罪活动罪的独立性与依附性》,载《国家检察官学院学报》2023年第1期,第113页。
③ 参见皮勇:《论新型网络犯罪立法及其适用》,载《中国社会科学》2018年第10期,第138页。
④ 参见阎二鹏:《法教义学视角下帮助行为正犯化的省思——以〈中华人民共和国刑法修正案(九)〉为视角》,载《社会科学辑刊》2016年第4期,第77页;另参见刘宪权、房慧颖:《帮助信息网络犯罪活动罪的认定疑难》,载《人民检察》2017年第19期,第10页。
⑤ 参见欧阳本祺、刘梦:《帮助信息网络犯罪活动罪的适用方法:从本罪优先到共犯优先》,载《中国应用法学》2022年第1期,第116页。
⑥ 例如,《中华人民共和国反电信网络诈骗法》第二十五条和"电诈意见(二)"第七条。
⑦ 刘艳红:《帮助信息网络犯罪活动罪的司法扩张趋势与实质限缩》,载《中国法律评论》2023年第3期,第64页。论者认为,在正犯行为"符合构成要件且违法"、帮助行为"对正犯结果起到了促进作用",且帮助者"明知上述事实"的情况下,就以上游犯罪的共犯处罚而排除"帮信罪"的运用。
⑧ 参见张明楷:《帮助信息网络犯罪活动罪的再探讨》,载《法商研究》2024年第1期,第31页。
⑨ 参见刘艳红:《帮助信息网络犯罪活动罪的司法扩张趋势与实质限缩》,载《中国法律评论》2023年第3期,第67页。
⑩ 参见王肃之:《论网络犯罪参与行为的正犯性——基于帮助信息网络犯罪活动罪的反思》,《比较法研究》2020年第1期,第183页。

但问题是，由于当前的司法实践在"帮信罪"认定中采取了"本罪优先"的范式①，两种路径下的"实质限定"就都未能发挥作用，这导致本罪"案多"的困境并未得到解决②。就严格认定明知的限制路径而言，司法实践中同时存在以"明知""明知可能""应当明知"③"可能明知"④认定"帮信罪"成立的案件⑤，这表明在"主观明知难以查明"时存在以本罪兜底的刑事政策需求⑥。在不承认"帮信罪"独立性的前提下，对其采取比一般帮助犯还高的"明知"标准就缺乏实质理由。相反，就实行行为的实质解释路径而言，"帮信罪"规定的构成要件行为实际上都是中立行为，缺乏独自惹起法益侵害的危险性。这种行为在该当于构成要件的意义上具备了实行行为的形式，但其实质仍旧来源于"对于完成犯罪起着越来越大的决定性作用，社会危害性凸显"⑦。在此基础上，累积犯说将这一危害的内容具体表述为"为传统网络犯罪提供了至关重要的环境条件和技术支持"，而这一表述仍以惹起上游犯罪的结果为核心。这意味着无法通过"帮信罪"独立的不法内涵来限定其行为。

当前"帮信罪"的实质限缩无法对其立法扩张做出有效的衡平，症结在于"帮信罪"扩张了上游犯罪的可归责范围，但"帮信罪"的归责方式却并未得到明确。第一种归责路径认为上游犯罪的不法是"帮信罪"归责的起点，但论者没有正面阐明在行为对上游犯罪中已经发生的结果不具备惹起关系的情况下仍能肯定归责的理由⑧。第二种归责路径通过政策上的处罚必要性即"立法现实"将"间接惹起"关系纳入可罚范围，但在个人责任原则的要求

---

① 参见欧阳本祺、刘梦：《帮助信息网络犯罪活动罪的适用方法：从本罪优先到共犯优先》，载《中国应用法学》2022年第1期，第118页。
② 参见最高人民检察院：《2023年全国检察机关主要办案数据》，https://www.spp.gov.cn/xwfbh/wsfbt/202403/t20240310_648482.shtml，最后访问日期：2025年3月5日。在会后的答记者问中，最高检案管办负责人指出："起诉电信网络诈骗5.1万人、帮助信息网络犯罪活动罪14.7万人"。
③ 参见江西省萍乡市芦溪县人民法院发布五起打击电信网络诈骗及其关联犯罪典型案例之五：曹某等帮助信息网络犯罪活动案（2022年12月28日）。本案法院指出："对于单纯出卖自己银行卡的行为，只要其主观上知道或可能知道他人利用信息网络实施犯罪……就可以依照《刑法》第二百八十七条之二所规定的罪名论处"。法院还认为，"帮信罪的主观明知应限于行为人知道或应当知道他人利用信息网络实施犯罪"。
④ 参见吉林省长春市二道区人民法院(2021)吉0105刑初256号刑事判决书。本案法院指出："刘孟兰可能明知他人利用信息网络实施犯罪的情况下，在长春市二道区银行网点办理中国工商银行卡一张，在长春市经开区办理中国农业银行卡一张……"
⑤ 参见周振杰、赵春阳：《帮助信息网络犯罪活动罪实证研究——以1081份判决书为样本》，载《法律适用》2022年第6期，第87页。
⑥ 参见欧阳本祺、刘梦：《帮助信息网络犯罪活动罪的适用方法：从本罪优先到共犯优先》，载《中国应用法学》2022年第1期，第119页。
⑦ 王爱立：《中华人民共和国刑法：条文说明、立法理由及相关规定》，北京大学出版社2021年版，第1119页。
⑧ 参见张明楷：《论帮助信息网络犯罪活动罪》，载《政治与法律》2016年第2期，第12页。论者认为，"只要行为人明知他人犯罪而为其提供任何帮助，该帮助与正犯结果具有因果性的，都应当以共犯论处"。这仅仅明确了参与行为应对最终结果承担责任，却并未明确参与行为对中间结果也应承担责任的理由。例如，该论者在教科书中也主张，在行为人杀死被害人并夺取部分财物后第三人取走尸体上财物的场景中，即使认为第三人应当对抢劫罪（正犯结果）这一正犯结果承担责任，也不应认为第三人应对其加入前就已经发生的死亡结果（中间结果）承担责任。参见张明楷：《刑法学（第六版）》，法律出版社2021年版，第586页。

下,"间接惹起"历来都处于中立行为的范围内而不具可罚性。论者虽然提出"明知"是处罚的根据所在,但并未进一步明确这种范围。就此,本文尝试在归纳共犯归责原理的基础上,明确"帮信罪"中"间接惹起"的归责路径,确定其处罚范围和构成要件的解释方法。

二、"帮信罪"归责问题的转化

(一)帮助行为正犯化说的否定:帮助行为不应独立归责

独立正犯说的立场无法阐明"帮信罪"的不法内容,无助于明确本罪的归责方式。

"帮助行为正犯化说"认为,"在帮助行为正犯化的情况下,立法机关将帮助行为设置为独立罪名,在一定程度上切断了与其所帮助的正犯的从属性,获得了定罪量刑的独立性"[1]。学者认为这种情况下的正犯只是"拟制的正犯",并不改变其"帮助行为的自然属性",因而有学者将本说理解为"基于共犯论的解释路径"[2]。但是,这一学说的支持者同时也认为"在立法直接规定正犯化后的独立的实行行为,在主观上只要求帮助行为人的单方明知,在客观上实现了帮助行为的独立化,只要求他人实施的是符合构成要件该当性的犯罪行为即可"[3]。这一意义上,帮助行为在经历了立法的正犯化后就不必遵循从属性的原理,不再是帮助犯而是独立的正犯,其归责的对象也并不是上游犯罪造成的损害结果。但问题是,论者仅仅指出这种情况下帮助行为的"危害性远远大于传统犯罪的帮助行为。因为传统犯罪的帮助是个别性的帮助,而网络犯罪的帮助是产业化的帮助"[4],却没有明确作为归责对象的结果的具体内容,并未明示本罪应以事实为基础采取共犯的归责路径,还是以规范为准绳采取正犯的归责路径。

有学者基于对共犯正犯化的肯定,指出"帮助行为具备了独立的法益侵害性"而值得正犯化,是因为这些本身只是网络行政违法行为的帮助行为由于网络空间的独特属性而产生了严重的社会危害性[5]。照此理解,"帮助行为正犯化说"下"帮信罪"的保护法益应是互联网空间中的社会秩序。这一理解的最有力支持是立法理由上的确认,即"刑法之所以将其规定为独立的罪名,是为了更加便利、准确、有效地打击各种网络犯罪帮助行为,保护公民人身权利、财产权利和社会公共利益,维护信息网络秩序,保障信息网络健康发展"[6]。这样,只要行为符合"明知他人利用信息网络实施犯罪"和"为其犯罪提供互联网接入、服务器托管、

---

[1] 陈兴良:《共犯行为的正犯化:以帮助信息网络犯罪活动罪为视角》,载《比较法研究》2022年第2期,第52页。
[2] 薛铁成:《帮助信息网络犯罪活动罪的解释路径:共犯论与非共犯论》,载《山东社会科学》2023年第10期,第176页。
[3] 陈兴良:《共犯行为的正犯化:以帮助信息网络犯罪活动罪为视角》,载《比较法研究》2022年第2期,第54页。
[4] 陈兴良:《共犯行为的正犯化:以帮助信息网络犯罪活动罪为视角》,载《比较法研究》2022年第2期,第55页。
[5] 参见于冲:《网络犯罪帮助行为正犯化的规范解读与理论省思》,载《中国刑事法杂志》2017年第1期,第10页。
[6] 雷建斌、全国人大常委会法制工作委员会刑法室:《〈中华人民共和国刑法修正案(九)〉解释与适用》,人民法院出版社2015年版,第165页。

网络存储、通讯传输等技术支持,或者提供广告推广、支付结算等帮助"的构成要件,造成了网络空间中社会秩序扰乱的结果,就能完成归责。

这一观点面临的问题是,"帮信罪"构成要件中规定的帮助行为是常见的业务行为,因而具有中立性,所以即使行为人明知他人实施犯罪而提供帮助行为,也因为这类帮助行为的高度可替代性而无法肯定其增大了结果危险①。就此而言,认为这种行为同时也就扰乱了社会秩序的观点,本质上是塑造了"禁止一般业务行为"的行为规范②,这在一般业务行为的层面上"走向了全面可罚化的道路,不利于社会稳定和新型网络技术的发展"③。即使采取严格的解释"明知"要件,排除未必故意场景中的可罚性,只处罚"明确知道"而通过帮助增大了结果危险的场景④,也在如何通过"明知"要件证成行为的社会危害性的问题上有待进一步说明⑤。相比之下,认为本罪具有"海量积数 × 低量损害"特征的"累积犯说"解决了本罪实行行为本身难以征表严重的社会危害性的问题⑥。但问题是,"帮信罪"构成要件通过规定"明知他人利用信息网络实施犯罪"的要件,将"帮助"的对象限定在特定的利用信息网络实施犯罪的行为内。这意味着"帮信罪"并不是"无特定指向的帮助行为",在帮助行为与上游犯罪之间缺乏指向性,如上游犯罪不存在等情况下,单纯基于错误认识而提供帮助的行为就不具备构成要件该当性而排除行为不法,不能成立未遂犯。这有悖于累积犯说"独立构罪"的表述。

在"帮信罪"的成立以上游犯罪成立为前提的基础上,即使认为"帮信罪"的保护法益是网络空间中的社会秩序,也必须承认其从属于上游犯罪的不法。理由在于,帮助行为必须有确定的行为指向⑦,这种指向性并不因网络犯罪中"金字塔式的阶层犯罪参与结构"逐渐转向了"链式的扁平化犯罪参与结构"的变化⑧而消失,而是在"帮信罪"和"掩隐罪"之间的界限上得到了体现。例如,在洗钱罪等所谓"协作性参与"的场景中,洗钱行为与上游犯罪之间并不存在这种指向性,因而洗钱行为既可能发生在上游犯罪实行终了之前,也可能发生在上游犯罪实行终了之后;并不要求洗钱行为与上游犯罪结果之间存在因果性。这是

---

① 島田聡一郎:《広義の共犯の一般の成立要件——いわゆる『中立的行為による幇助』に関する近時の議論を手がかりとして——》,载《立教法学》2001年第57号,第76页及以下。
② 松生光正:《中立の行為による幇助(1)》,载《姬路法学》1999年第27与28合并号,第204页及以下。
③ 刘艳红:《网络中立帮助行为可罚性的流变及批判——以德日的理论和实务为比较基准》,载《法学评论》2016年第5期,第49页。
④ 曲田统:《日常の行為と従犯——ドイツにおける議論を素材にして——》,载《法学新报》2004年第111卷第3与4号合并号,第141页及以下。
⑤ 山中敬一:《刑法総論(第3版)》,信山社2015年版,第972页。
⑥ 皮勇:《论新型网络犯罪立法及其适用》,载《中国社会科学(西北政法学院学报)》2018年第10期,第138页。
⑦ 参见刘守芬、丁鹏:《网络共同犯罪之我见》,载《法律科学》2005年第5期,第106页。
⑧ 王肃之:《论网络犯罪参与行为的正犯性——基于帮助信息网络犯罪活动罪的反思》,载《比较法研究》2020年第5期,第170页。

因为洗钱罪归根到底是"掩隐罪"的一种特殊类型,其行为对象指向的是上游犯罪的赃物而非上游犯罪本身①。相反,"帮信罪"场景中的实行行为的内容并非对特定结果进行"掩饰隐瞒",而是"为其犯罪提供互联网接入、服务器托管、网络存储、通讯传输等技术支持,或者提供广告推广、支付结算等"指向上游犯罪结果实现的帮助行为。在上游犯罪全部实行终了后才加入犯罪的情况下,将因为无论如何都不可能对上游犯罪的施行造成影响,而称不上是"帮助"行为,只能成立"掩隐罪"。相反,只有在"帮信罪"的实行行为有可能对上游犯罪结果的实现造成影响的范围内,即至少有可能惹起上游犯罪结果的范围内才能肯定犯罪的成立。这一意义上,即使采取"独立正犯"的表述,也不能掩盖本罪规则上的共犯特征。

(二)量刑规则说与不作为犯说辩谬:从属归责受限于个别认定框架

因果共犯论视角下,承认"帮信罪"从属性的"量刑规则说"与"不作为犯说"在归责问题上面临的困境,与因果共犯论在承继共同正犯问题中的归责困境具有相同的面向。即,个人责任原则下,单独犯罪中的实行人仅就由自己实施的行为所造成的法益侵害结果承担责任。同样,共同犯罪中的"行为人只在与其参与行为具有因果关系的结果的范围内承担责任"②。因而,不论是中途加入的承继共同正犯的实行行为,还是部分实行结束后参与的支付结算等"帮信罪"的实行行为,都无法对已经发生的结果造成影响,不可能满足事实上的因果性要求而无法归责。这一意义上,即使采取危险累积升高的理论,只要无法查明侵害结果发生在后行为人参与之后,就应按照有利于被告人的原则否定行为与结果之间的因果关系③,即使存在明知甚至积极利用的意思④,也不能认定行为对先行为已经造成的结果承担责任。这种承继共同正犯问题上的"完全否定说"被认为是"因果共犯论的必然归结"⑤。而认为"帮信罪"首先是共犯的观点,在中途参与的支付结算等行为不应就上游犯罪已经造成的结果承担责任这一点上,就面临与承继共同正犯相同的困境。基于此,"帮信罪"中的"量刑规则说"和"不作为犯说"同样能够在承继共同正犯问题的解决中找到对应观点。

1. "量刑规则说"忽视了"人的联系"

量刑规则说的基本主张是:"只要行为人明知他人犯罪而为其提供任何帮助,该帮助与

---

① 张明楷:《洗钱罪的争议问题》,载《政法论坛》2025年第1期,第1页。
② 山口厚:《新判例から見た刑法(第3版)》,有斐阁2015年版,第92页、第120页;另参见佐伯仁志:《刑法総論の考え方・楽しみ方》,有斐阁2013年版,第387页。
③ 日本最高裁判所:"平成二十四年(2012年)11月6日決定",载《最高裁判所刑事判例集》2012年第66卷第11号,第1281页。本案中,甲与乙共同对丙和丁实施了暴力行为,在造成了一定程度的伤害后果之后又打电话联系了与丙和丁素有仇怨的戊;戊在明知甲和乙已经对丙和丁造成一定程度的伤害后果的情况下来到行为现场,与甲和乙共同对丙和丁实施了暴力行为,使丙和丁遭受的伤害结果进一步恶化。
④ 日本大阪高等裁判所:"昭和六十二年(1987年)7月10日判决",载《高等裁判所刑事判例集》1987年第40卷第3号,第720页。
⑤ 陈洪兵:《承继共犯否定论:从因果共犯论视角的论证》,载陈兴良主编:《刑事法评论(第25卷)》,北京大学出版社2009年版,第415页;另参见王兵兵:《承继共犯否定论》,载《牡丹江大学学报》2015年9月,第48页。

正犯结果具有因果性的,都应当以共犯论处。"① 在因果性的判断对象问题上,这种观点采取了"正犯结果说",认为在"行为与正犯结果之间存在因果性"时就能"使帮助犯承担既遂的责任"②。与此类似,承继的共同正犯问题上也存在观点认为,"完全否定说"在要求参与行为与正犯行为之间也具备因果性这一点上过于严格,在结果无价值论的视角下参与行为只要引起了法益侵害或危险就具有可罚性③。根据这种观点,参与行为不必与构成要件中的"附随结果"和其他要素之间具备因果性,而只要与犯罪的保护法益所对应的最终结果即"最重要的结果"之间具有因果性就足以完成归责④。根据这种"正犯结果说"或"因果性对象(结果)缓和说","帮信罪"中的参与行为就同时能够成立上游犯罪的共犯,而本罪只有在帮助行为人具有抽象的认识错误或无法查明正犯实施了何种犯罪等少数情况下才能成立,因而"帮信罪只是一种具有补充性质的犯罪"⑤。

承继共同正犯场景中的"因果性对象(结果)缓和说"因对日本最高裁判例具有较高的解释力而获得了支持⑥。但是,这种观点下"将谋议、共同策划意义上的通谋作为成立共犯的前提,并不妥当"⑦,这一论断导致了如下批判:这种观点忽视了共同犯罪中参与人之间"相互了解"和"积极利用"的"人的联系",忽视了共犯中的"促进关系"以正犯行为为对象的本质特征⑧。在行为人仅仅提供了心理的帮助等场景中,参与行为值得处罚的理由并不在于其与结果具有物理的因果性,而在于其对正犯造成的心理上的影响,即使得正犯"感到安心"而更为大胆容易地实施了犯罪行为⑨,或"对正犯的精神造成影响,强化了其实行之意图"⑩。这种情况下,"不能因为帮助行为与由正犯行为造成的结果之间不具备以条件关系判断为核心的因果性就否定帮助犯的成立,帮助行为只要促进了正犯行为的实施",就足以成立共同犯罪⑪。这一意义上,"因果性对象(结果)缓和说"作为共犯的处罚根据并不妥当。

---

① 张明楷:《论帮助信息网络犯罪活动罪》,载《政治与法律》2016年第2期,第12页。
② 张明楷:《共同犯罪的认定方法》,载《法学研究》2014年第3期,第20页。
③ 橋爪隆:《特殊詐欺の「受け子」の罪責について》,载《研修》2017年第827号,第11页。
④ 十河太朗:《承継の共犯の一考察》,载《同志社法学》2012年第64卷第3号,第345页。
⑤ 张明楷:《帮助信息网络犯罪活动罪再探讨》,载《法商研究》2024年第1期,第36页。
⑥ 日本最高裁判所:"平成二十四年(2012年)11月6日决定",载《最高裁判所刑事判例集》2012年第66卷第11号,第1281页。千叶胜美裁判官在基本肯定因果共犯论的妥当性的基础上,指出"在抢劫、敲诈勒索、诈骗等犯罪中……仍应肯定有承继共同正犯成立的余地。"
⑦ 张明楷:《帮助信息网络犯罪活动罪的再探讨》,载《法商研究》2024年第1期,第30页。
⑧ 佐久間修:《共犯の因果性について——承継的共犯と共犯関係の解消》,《法学新報》2015年第121卷11与12号合并号,第191页。
⑨ 日本东京地方裁判所:"平成元年(1989年)3月27日判决",载《判例タイムズ》1989年第708号、第284页。另外,对于X教唆Y对A的家实施入室盗窃,Y等人却并未成功侵入A家,而是进入B家实施了抢劫行为的情形,日本最高裁判所也认为只有消解了心理上的因果性,才能否定处罚。另参见日本最高裁判所"昭和二十五年(1950年)7月11日判决",载《最高裁判所刑事判例集》1950年第4卷第7号,第1251页。
⑩ 日本東京高等裁判所:"平成二年(1990年)2月21日判决",载《判例タイムズ》1990年第733号,第232页。
⑪ Mezger, Strafrecht. Ein Lehrbuch, 3. Aufl., München/Leipzig, 1949, S. 112.

这种批判并非没有实践意义。正如"因果性对象(结果)缓和说"的支持者所主张的那样,为了在缺乏共谋的情况下也能认定"明知",就必须认为"难以相信行为人向他人提供银行卡、对公账户是不明知他人可能利用它们实施电信诈骗行为"①。但是,如果认为这种"应当知道"或者"可能知道"的情形也属于"明知",将导致"仅依靠推定则认知过于模糊,存在突破罪刑法定原则的嫌疑"②。例如,在行为人发现银行卡被盗后并未及时挂失的情形中,抑或是行为人偶然发现并取得了被害人由于网络欺诈行为而置于快递站的财物的情形中,如果不能因为行为人缺乏"明确知道"程度的明知而出罪,将导致依据行为与最终结果之间的因果性就足以认定其成立上游犯罪的共犯或"帮信罪"的结论。而事实上,是否对遗失的信用卡采取挂失手段处于被害人自由决定的权利处分范围内,偶然拾得的财物也仅仅成立盗窃罪或侵占罪。这一意义上,"因果性对象(结果)缓和说"虽然给出了后行为也能成立共犯的理由,但无法如其理论预设一样通过"明知"的实质限缩限定"帮信罪"的处罚范围,无法防止在"案多"趋势下这一罪名被不当运用。

2. "不作为犯类似说"无法说明"共犯性"

承继的共同正犯问题上还存在"不作为犯类似说"。例如,山口厚在认为基于因果共犯论的完全否定说基本妥当的基础上,主张中途加入的行为人通过对构成要件的部分行为或单纯帮助行为的施行,就与先行为人共享了保障人地位,获得了防止损害结果发生的作为义务。这样,中途加入的行为能够被评价为是"不作为"的实行行为,而成立共同正犯或帮助犯③。基于这种理解,"帮信罪"问题上也可能存在"不作为处罚说"。例如,有学者认为"帮信罪"中规定的行为类型虽然是中立帮助行为,但在行为人知晓上游犯罪而仍未停止帮助时,其就获得了停止帮助并制止犯罪的作为义务,帮助犯被转换为了一种"无明确犯罪指向"的不作为犯④。

基于因果共犯论的"不作为犯类似说"被认为存在许多方面的问题。第一,这种观点中行为人获得保障人地位的依据与不作为犯理论中的学说有所差异,但学者并未对此做出充分说明⑤。在认为惹起结果是共犯的处罚根据的基础上,"明知"只不过是证明故意存在的根据,不仅无法成为行为与结果之间因果性的说明,也无法成为不作为犯的成立根据。而如果参考《反电信网络诈骗法》确定义务来源,将导致参与行为因为义务违反而单独成立正犯,实质上放弃了对上游犯罪的从属⑥。第二,这种观点导致处罚范围过度扩张。例如,在先行

---

① 张明楷:《帮助信息网络犯罪活动罪的再探讨》,载《法商研究》2024年第1期,第31页。
② 刘艳红:《帮助信息网络犯罪活动罪的司法扩张趋势与实质限缩》,载《中国法律评论》2023年第3期,第63页。
③ 山口厚:《刑法総論(第3版)》,有斐閣2016年版,第373页。
④ 参见阎二鹏:《帮助信息网络犯罪活动罪:不作为视角下的教义学证成》,载《社会科学战线》2018第6期,第212页。
⑤ 小林憲太郎:《承継の共犯・再論》,载《研修》第820号(2016年),第13页。
⑥ 李子良:《帮助信息网络犯罪活动罪的从属性否定与独立性证成》,载《河南政法大学学报》2024年第2期,第116页。

为人同时实施了过剩行为的情况下，这种观点将导致中途加入的参与人仅仅因为存在抽象认识就负有阻止最终犯罪结果发生的不作为义务的推论，并进一步引出参与人应对过剩结果承担责任的不当结论①。又如，在上游行为已经造成欺诈结果，或通过暴力胁迫使被害人无法反抗的情况下，"中途加入实施取财行为的人事实上缺乏合适的手段消解被害人的错误或恢复被害人的自由"②而欠缺作为可能性。即使其知晓上游犯罪行为，也不应对其课以采取避免风险扩大行为的义务。

正如"独立性说"的支持者所主张的那样，"不作为犯类似说"本质上是说明"正犯性"的理论，而并非说明"共犯性"的理论。一旦认为在"帮信罪"的场景中"立法层面通过设立专门的法条，就网络领域常见犯罪的帮助行为作出例外的禁止性规定"③，那么在上游犯罪的共犯场景中中途加入的参与行为也将处于从属性与独立性之外的第三条道路上，无法在坚持"从属性说"的基础上将帮助行为限定为对正犯的帮助来对"帮信罪"做出实质限缩。

3. 个别认定阻碍了从属性说下的归责

因果共犯论的核心命题是，参与行为必须至少与结果之间具备因果性才值得处罚④。如果在共同犯罪中也彻底贯彻这一原理，那么不仅所有的参与行为都必须与全部构成要件结果具备因果关系，个别参与行为也必须与个别结果之间具备因果关系或惹起关系。这一意义上，因果共犯论下的"共同"是指实行的共同，即实行的认定先于共同的认定。但问题在于，即使具有"惹起构成要件上结果的危险"的实质实行行为概念，也无法将全部参与人的行为都纳入"实行"的范围内。在有组织犯罪或共谋支配型共同犯罪中，仅仅参与组织策划或共谋的行为人并未参与实行行为的实施；而在分工合作或累积成立型共同犯罪的场景中，也很难说个别参与人的实行行为惹起了构成要件的结果。因而在承继的共同正犯和"帮信罪"等难以认定惹起关系的问题中，不论是采取"因果性对象（结果）缓和说"还是"不作为犯类似说"都违背了共犯规定中重视"人的联系"的本质特征，难以得出妥当的结论。

事实上，因果共犯论与共犯独立性说之间具有理论上的亲和性⑤。理由在于，因果共犯论要求个别行为与个别结果之间也具备因果关系，如果无法在"从属性"的要求下将因果关

---

① 内海朋子：《共犯における危険創出と危険実現について》，载高橋則夫、山口厚、井田良编：《日高義博先生古稀祝賀論文集（上卷）》，成文堂2018年，第436页。
② 橋爪隆：《特殊詐欺の「受け子」の罪責について》，载《研修》2017年第827号，第2页。
③ 劳东燕：《首例微信号解封入罪案的刑法分析》，载《人民检察》2021年第6期，第43页。
④ 山口厚：《新判例から見た刑法（第3版）》，有斐阁2015年版，第120页。
⑤ 中山研一、浅田和茂、松宫孝明：《レヴィジオン刑法1共犯論》，成文堂1997年版，第24页。学者认为，存在行为共同说＝因果共犯论＝单一制（统一的正犯概念）的理论联系。在单一制的因果等价看来，所有参与人都是正犯，与结果之间具有同等的因果关系；共同犯罪的成立要件与单独犯罪没有区别，对不同参与行为的因果性进行个别认定就理所当然。因果共犯论逐渐融入从属性说的历史，参见高橋則夫：《共犯体系と共犯理論》，成文堂1988年版第11-16页，特别是第12页。

系缓和为惹起关系,那么对个别参与人的不法评价都将是互相独立的,共同犯罪实际上成为一种多个同时实施的互相独立的不法行为。这样,在对参与行为进行个别评价的范围内,对共犯独立性说的批判就同样可能适用于因果共犯论。即,个别评价导致在择一的共同正犯等无法证明个别参与行为与侵害结果之间的因果关系的情况下,将只能肯定未遂的责任而造成处罚漏洞[1]。如果为了填补处罚漏洞将部分参与行为理解为其他参与行为的一环,将导致本不该当于构成要件的准备工具、制造条件等行为被纳入构成要件该当的评价范围内。而在共犯场景中放弃构成要件的定型性虽然能"使得刑法适用简便化"[2],却导致"教唆犯被共谋的共同正犯所取代、帮助犯被共同正犯所取代的实务现象"[3],使刑法适用突破罪刑法定的界限,不应得到支持[4]。

因果共犯论与共犯独立性说之间的亲和性,导致因果修正说具有"转而支持共犯独立性说"的特征[5]。这是因为在因果共犯论所采取的个别认定思路下,参与行为与结果之间具备因果性的判断不包含对其共同关系的判断,因而行为或犯罪的"共同性"就只能在因果性判断之后做出。这一意义上,不论是认为参与行为是因为共同实施了一个犯罪而获得共同性的犯罪共同说中[6],还是认为参与行为是因为共同实施了惹起结果的行为而获得共同性的行为共同说中[7],对"共同性"的判断都独立于行为与结果之间惹起关系的判断之外。即使在共犯从属性的要求下,因果共犯论中行为与结果之间的因果性被扩张为惹起关系,也并未改变因果共犯论个别认定说的本质,并不意味着惹起关系中必定内在地包含了对共同性的判断。但是,惹起关系毕竟包含了直接惹起和间接惹起两种类型,其中以惹起正犯行为的间接惹起在一定程度上阐明了参与行为之间的共同性,缓和了因果共犯论的个别认定要求[8]。但是,因果修正说进一步明确了惹起的对象是正犯结果,排除了惹起正犯行为的间接惹起成为归责基础的余地[9],进一步坚定了对行为与结果之间的惹起关系进行个别认定的要求,在一定程度上表现出对共犯独立性说的支持态势,导致"帮信罪"的归责问题陷入困境。

---

[1] 张明楷:《刑法学(上)》(第6版),法律出版社2021年版,第542页。
[2] Rene Bloy. Neuere Entwicklungstendenzen der Einheitstaterlehre in Deutschland und Osterreich. Festschrift fur Rudolf Schmitt, 1992, S. 33.
[3] 松泽伸:《共犯と正犯の区別について——裁判官の思考と共犯理論——》,载高橋則夫、寺崎嘉博、甲斐克則编:《曽根威彦先生·田口守一先生古稀祝賀論文集(上卷)》,成文堂2014年版,第819页。
[4] 何庆仁:《归责视野下共同犯罪的区分制与单一制》,载《法学研究》2016年第3期,第144页。
[5] 劳东燕:《首例"微信号解封"入罪案的刑法分析》,载《人民检察》2021年第6期,第44页。
[6] 参见刘明祥:《单一正犯视角下的共同正犯问题》,载《中外法学》2018年第1期,第125页。
[7] 张明楷:《刑法学(上)》(第6版),法律出版社2021年版,第539页。
[8] 松宫孝明:《『共犯の処罰根拠』について》,载《立命館法学》1998年第256号,第76页。
[9] 橋爪隆:《『殊詐欺の『受け子』の罪責について》,载《研修》2017年第827号,第11页。

三、共同犯罪整体归责的判断框架

（一）整体判断的共犯论基础

1. 应采取区分制体系

因果共犯论下对参与行为与结果之间因果性的个别认定是"帮信罪"面临归责困境的原因所在。如果认为我国采取了单一制的共犯体系，支持独立正犯说、对因果性进行个别认定将不可避免[①]，"帮信罪"的归责问题就难以解决。

事实上，从我国的共犯规定中无法必然地得出我国采取了单一制共犯体系的解释，从规范上也无法推出必须对参与行为与结果之间的因果性进行个别认定的命题。诚然，能够找出我国《刑法》第二十九条第二款、日本刑法第六十条、德国刑法第二十五条第二款等规范根据说明共犯具有一定的独立性[②]。但是，从因果修正说出发也能使这些规定得到解释，对共犯体系的理论选择也必须在体系的视角下进行讨论[③]。在并非所有共犯处罚都能落在独立处罚的条文射程之内的意义上，不应得出我国刑法采取了单一制的共犯体系的结论。事实上，即使是在德国和日本这样明显采取了区分制共犯体系的国家，也存在主张单一制和处罚独立性说的学者。这是因为基于任何刑法文本，都能做出有利于单一制和处罚独立性说的解释[④]，没有理由仅仅因为条文中规定的共犯类型就对共犯体系作出判断。

"共犯规定本身只是基于一个客观归因原则的事实"[⑤]，刑法的共同犯罪规定中参与行为是否存在归责类型的差异，决定了应当对共犯规定做单一制还是区分制的解释。我国刑法中规定的共同犯罪条款并非仅仅旨在解决量刑问题，而是被规定在"犯罪"一章，主要解决的是定罪问题即构成要件问题。同时，我国刑法在主犯和从犯等不同参与类型的规定中，分别设置了相对独立且各不相同的法定刑幅度，这意味着我国刑法中的共犯规定并不是单一制论者所主张的"单纯的量刑情节"，而是与德国、日本刑法中对正犯和从犯的规定高度一致，应当对我国刑法中的共犯规定做出区分制的解释[⑥]。

为了在客观上区别共犯参与人的不法和罪责以实现合理归责，单一制的学说中也出现了"机能的单一制"和"限缩的单一制"的观点，提出了在适用"同一法定刑"的基础上区别

[①] 刘明祥：《论我国刑法不采取共犯从属说及利弊》，载《中国法学》2015年第2期，第294页。刘明祥教授指出，"违法性的判断也是一种具体的价值判断……价值判断的结论完全可能因人而异"，因而"共犯不具有违法的从属性"。在共犯归责问题上明确支持了个别认定的观点。

[②] 刘明祥：《论我国刑法不采取共犯从属说及利弊》，载《中国法学》2015年第2期，第288页。

[③] 参见张明楷：《共同犯罪的认定方法》，载《法学研究》2014年第3期，第20页。

[④] 高桥则夫：《共犯体系と共犯理论》，成文堂1988年版，第27页。

[⑤] 黎宏：《共同犯罪行为共同说的合理性及其应用》，载《法学》2012年第11期，第114页。

[⑥] 参见何庆仁：《归责视野下共同犯罪的区分制与单一制》，载《法学研究》2016年第3期，第156页。

不法类型和归责类型的修正理论①。在我国也存在支持处罚独立性说的同时对归责类型做出区分以实现处罚合理化的观点②。这意味着即使采取单一制,支持处罚独立性说,也必须将共同犯罪理解为区别于单独犯罪的可罚类型,在归责类型上对正犯与共犯做出区别。这一意义上,这类修正的单一制的主张已经与区分制并无区别。

基于区分制的观点,刑法中共同犯罪的规定就应当理解为政策性的处罚扩张事由,其目的在于使并未单独惹起结果的行为也受到处罚,其本质是一种扩张侵害结果的可归责范围的事实要件③。据此,共同犯罪的成立要件就与单独犯有所区别,不必要求对个别参与行为与正犯结果之间的因果性进行个别判断④。只有基于这种区分制的理解,才能避免"帮信罪"场景中也对因果性进行个别认定,从而实现从属性前提下的归责。

2. 应支持行为共同说

对参与行为与结果之间的因果性进行个别认定,将导致"帮信罪"面临归责困境。但是,要对全部参与行为与结果之间的因果性进行整体认定,就必须在因果性判断之前明确作为归责对象的"整体行为"的范围。显然,犯罪共同说无法确定"整体行为"的范围。理由在于,犯罪共同说下共同犯罪的共同性来源于"同一犯罪在数人的有责行为配合下得以实现",其本质在于参与人就同一犯罪承担共同责任。这种以责任为对象的归责是主观归责而并非客观归责,因而通过"犯罪共同"的判断只能明确主观归责的对象。相反,结果归责的对象则在黑暗中淹没在了"犯罪共同"的判断之中,而犯罪共同说对此并未提供判断的方法。

与此相对,行为共同说的主张则具有参考性。例如,有学者认为参与的共同性来源于"数人共同行为、实现犯罪"的自然行为的共同⑤,主张参与人在"将他人的犯罪事实的全部或一部纳入自己犯罪的实行之中"的意义上"通过他人实现自己的犯罪"而具备共同性⑥。根据这种观点,参与行为的归责就应"首先确定共同参与的事实,在此之后才对犯罪成立与否的问题进行讨论"⑦。这种以事实上行为的共同为中心的行为共同说在归责对象的划定问题上脱离了构成要件该当性的判断,这导致共犯参与人可能因为共谋或意思联络即"人的联系"而就构成要件之外的事实承担责任,这种主观的责任显然无法在行为刑法和个人责任的原理下得到正当化⑧。为了保证刑事责任不超过该当于构成要件的范围,有学者提出应当将事实的行为共同修正为"该当于构成要件的实行行为"的共同,主张"只要共同实施了

---

① Vgl. Kienapfel. Der Einheitstäter im Strafrecht. Klostermann, 1971, S. 29.
② 参见王华伟:《犯罪参与模式之比较研究——从分立走向融合》,载《法学论坛》2017年第6期,第154页。
③ Simone Kamm. Die fahrlässige Mittäterschaft. Berlin, 1999, S. 107.
④ Daniel Häring. Die Mittaeterschaft beim Fahrlaessigkeitsdelikt. Helbing & Lichtenhahn, 2005, S. 140.
⑤ 牧野英一:《刑法総論下卷(全訂版)》,有斐閣1959年版,第678页。
⑥ 宮本英脩:《刑法大綱》,弘文堂書房1934年版,第521页。
⑦ 牧野英一:《刑法総論下卷(全訂版)》,有斐閣1959年版,第679页。
⑧ 陈子平:《刑法总论(第3版)》,元照出版有限公司2015年版,第489页。

同一构成要件的行为,就足以成立共同犯罪"①。

修正的行为共同说的旨趣在于,即使参与人没有共同实施所有的犯罪行为,也能就部分犯罪的共同行为成立共同正犯,因而在结论上与部分犯罪共同说的主张并无差别②。但是,部分犯罪共同说的基本要求是"不仅在属于同一犯罪的构成要件范围内,也在不同犯罪的构成要件范围内……在构成要件存在重合的情况下,肯定共同正犯的成立"③。这意味着在共同参与的事实确定之前,就已经对个别的行为是否成立犯罪、是否该当于构成要件的问题做出了判断。就此而言,部分犯罪共同说虽然将犯罪成立的要求缓和为构成要件该当的要求,但仍未在归责判断之前明确其对象。

有学者指出,我国《刑法》第二十五条第一款不可能解释为"共同去故意犯罪"或"共同的故意犯正犯",因而在我国"行为共同说的解释路径行不通"④。但问题是,提出这一问题的学者在对我国刑法做出单一制解释的基础上,主张应当区别参与共同和犯罪共同,在后者意义上支持"犯罪共同说",并在犯罪共同的判断中"对各参与者的行为之间是否具有共同性进行事先考察"⑤。即,在"犯罪共同"的意义上将所有参与者的行为视为一个有机结合的行为整体,来考察其与结果之间有无因果关系⑥。这意味着其在参与共同性问题上仍然立足于行为共同说,只不过基于我国的刑法规定,在行为共同的基础上"嵌套"了犯罪共同的判断作为其限定。不论这种嵌套是否必要,为了实现参与行为与结果之间因果性的整体判断,都必须支持在归责判断之前就确定好归责对象的行为共同说。

(二)整体行为的归责方法

1.行为共同是事前的意思联络判断

区分制和行为共同说的采纳使《刑法》第二十五条第一款"共同故意犯罪"应当在"共同故意去犯罪"即共同故意实施犯罪行为的意义上得到理解⑦。行为共同说要求在归责判断之前就确定好归责对象即"行为",因而必须首先确定共同行为的范围。

参与行为的可归责范围问题是所谓"共同犯罪的外部的界限"问题⑧。在构成要件概念得到明确之前,费尔巴哈就已经在"增加了权利侵害的危险性"的范围内定义了"惹起行

---

① 中野次雄:《刑法總論概要(第3版)》,有斐閣1992年版,第155页。
② 平野龍一:《犯罪論の諸問題(上)総論》,有斐閣1981年版,第130页。
③ 福田平:《全訂刑法総論(第5版)》,有斐閣2011年版,第327页。
④ 刘明祥:《不能用行为共同说解释我国刑法中的共同犯罪》,载《法律科学(西北政法大学学报)》2017年第1期,第62页。
⑤ 刘明祥:《论犯罪参与的共同性:以单一正犯体系为中心》,载《中国法学》2021年第6期,第225页。
⑥ 参见黄明儒:《二元的形式单一正犯体系之提倡:犯罪参与体系问题二元论研究的新思考》,载《法学》2019年第7期,第104页。
⑦ 张明楷:《共同犯罪的认定方法》,载《法学研究》2014年第3期,第20页。
⑧ 亀井源太郎:《正犯と共犯を区別すると言うこと》,弘文堂2005年版,第27页。

为",指出"惹起者的行为中包含的权利侵害的现实化根据越多,其可罚性就越大",因而"心理的惹起者比物理的惹起者具有更高的可罚性",其可罚性大小按照"胁迫＞命令＞提议＞嘱托"的顺序排列①。但是,由于并不存在明确的构成要件概念和因果关系的条件说,因而费尔巴哈的"惹起行为"不仅与基于从属性说的因果共犯论存在差别,也与共犯独立性说下以条件说为基础的因果等价说存在区别,不能认为这种观点划定了归责对象。

构成要件概念被引入刑法后,共同犯罪的"实行"最先在与单独犯罪相同的意义上被理解为部分构成要件行为的实施②。这种形式客观的理解在"第一次的归责类型"即正犯的确定问题上提供了明确的标准,却使作为"第二次的归责类型"的教唆犯和帮助犯完全脱离了构成要件该当的评价,而仅仅在从属于正犯不法的意义上获得不法评价。这种"连带的不法和责任"的视角下,参与行为之间是否具有共同性的判断发生在正犯的归责全部完成之后,因而在参与行为的共同性问题上表现出"极端从属性"的倾向,对应着"完全犯罪共同说"。

即使不考虑犯罪共同说在共同性的说明问题上存在缺失的问题,形式的构成要件概念在"第一次的归责类型"的确定上也面临困境。即在提供了重要的帮助、做出决定性的共谋、利用他人实施犯罪等情况下,依据该当于构成要件的行为标准将无法肯定第一次的归责③。这种情况下,"即使采取整体考察的视角,也不能将构成要件该当的评价赋予本不符合这一条件的行为",因而必须对"实行"要件进行实质化理解,将与构成要件的实行具有"等价性"的行为也纳入"实行"的范围内④。

实质客观说的核心命题是,参与行为"在价值上与构成要件行为的实施相同"⑤。在"共犯内部的界限"即正犯与狭义共犯的区别问题上,"实行"的实质化理解要求判断行为是否对构成要件结果的实现起到了重要作用⑥,或"行为所造成的危险对于结果实现的因果流程来说重要"⑦。就此而言,实质客观说仅仅调整了"第一次的归责类型"和"第二次的归责类型"的范围,肯定了行为在不该当于构成要件的情况下也能成为第一次的归责类型,将"完全犯罪共同说"软化为了"部分犯罪共同说"。而在"共犯外部的界限"即参与行为的归责

---

① Paul Johann Anselm Von Feuerbach. Revision der Grundsätze und Grundbegriffe despositiven peinlichen Rechts,1800, Zweiter Theil,Achtes Kapital,S. 255.
② 浅田和茂:《刑法総論(補正版)》,成文堂2007年版,第405页。
③ 平野龍一:《刑法総論Ⅱ》,有斐閣1975年版,第398页。
④ 平野龍一:《刑法総論Ⅱ》,有斐閣1975年版,第398页。
⑤ 川端博:《刑法総論講義(第3版)》,成文堂2013年版,第558页。
⑥ 西田典之:《共謀共同正犯について》,载内藤謙、松尾浩也、田宮裕、芝原邦爾編:《平野龍一先生古稀祝賀論文集(上卷)》,有斐閣1990年版,第366页。
⑦ 甲斐克則:《正犯と共犯の区別》,载山口厚、甲斐克則編:《21世紀日中刑事法の重要課題》,成文堂2014年版,第29页。

范围问题上,实质的客观说仍然坚持了与形式的客观说相同的立场,在归责判断之前无法对共同参与的范围做出判断。

实质客观说在教唆犯和正犯的划定问题上面临困境,无法说明具有重要作用的教唆行为却不是共谋共同正犯的问题[1]。这是因为直接正犯、间接正犯、共同正犯具有不同的归责结构,无法以一种统一的实质标准对不同的参与类型进行归责。在先进行归责、后判断共同的路径下,就不可能在归责判断之前对归责类型作出说明。而在"重要作用"的基础上进一步要求间接正犯和共谋共同正犯中的行为人必须具备"优越的地位"[2],实际上已经提出了必须对归责类型进行区别的观点,应当被归类为行为支配说[3]。

行为支配说基于三种不同的归责类型分别提出了行为支配、意思支配和功能性支配的标准,主张在行为"对于构成要件实现的事实来说具有支配性"的情况下就能完成"第一次的归责"[4]。这种判断中蕴含的问题点是,在确定"第一次的归责类型"的支配判断之前,就已经对作为判断基础的"该当于构成要件的事实"做出了判断,而这使"构成要件该当性的判断成为一种暗箱操作"[5]。对此问题,行为支配论者进一步补充了论证,认为可以在预备阶段就对意思联络进行考察,在"基于优越的知识对犯罪的细节做出了策定"的情况下,以心理的因果性为基础肯定行为具备功能支配[6]。而这种判断在"通过心理的因果性确定归属的最低限度的要件时,以事前的意思联络为基础"[7]。

2. 意思联络形成相互补充、利用关系

事前判断的意思联络具有使个别的参与行为"结合"成共同的参与行为,成立共同正犯并因"部分实行"承担"全部责任"的机能。但是意思联络的内容却未必明确,存在多种观点。这导致"意思联络"未必能实现结合机能。

在构成要件被引入刑法之前,学者就已经对共同正犯的成立以实行和意思联络为要件达成了共识,并将意思联络表述为"实现自己犯罪目的的意图"[8]"为了自己而实施犯罪的意

---

[1] 照沼亮介:《体系的共犯論と刑事不法論》,成文堂2005年版,第138页及以下。
[2] 大塚仁《刑法概説(総論)(第4版)》,有斐閣2008年版,第307页。
[3] 橋本正博:《共同正犯の行為支配的構造と共謀共同正犯について》,載《一橋論叢》1990年第104卷1号,第63页。桥本正博还指出,"优越的地位说能解决利用、支配场景中的共同正犯问题,但在处理对等关系的共同正犯问题时仍然存在缺陷"。
[4] 橋本正博:《「行為支配論」と正犯理論》,有斐閣2000年版,第166-168页。
[5] 西田典之:《共謀共同正犯について》,載内藤謙、松尾浩也、田宮裕、芝原邦爾編:《平野龍一先生古稀祝賀論文集(上卷)》,有斐閣1990年版,第366页。
[6] 井田良:《刑法総論の理論構造》,成文堂2005年版,第357-358页。
[7] 照沼亮介:《体系的共犯論と刑事不法論》,成文堂2005年版,第143页。
[8] 江木衷:《訂正増補現行刑法汎論全(第四版)》,有斐閣1891年版,第222页。

图"①"对自己参与了犯罪的认识"②"对犯罪事实的认识"③。这类表述在意思联络是"行为人实施犯罪的个人意图"这一点上存在共识。而在要求参与人必须具备同一犯罪的故意的犯罪共同说得到支持的大背景下,这种共识也在相当长的时间中保持了其影响力④。当前我国仍有学者认为,"意思联络,强调的是下游帮助行为人对上游网络犯罪者实施实行行为的认识……下游帮助行为人至少要对上游网络犯罪者的实行行为有认识"⑤。

这种主观的意思联络与故意犯罪所要求的犯罪故意即"明知"具有完全相同的内容。但是,如果认为只要参与人对同一犯罪具有相同的故意就能满足共犯成立的主观要件,就无法排除同时伤害等参与人偶然加入犯罪的情形⑥。并且在"帮信罪"的场景中,"既然只要帮助者提供帮助时对正犯者的实行行为'有认识'(即明知)即可,就没有必要使用犯意联络或者意思联络的概念"⑦。因而根据犯罪共同说、认为意思联络是行为人主观上"实施犯罪的意图"的观点不能实现意思联络的"结合"机能,也无法为"帮信罪"的从属归责划定对象。

事实上,也存在将意思联络理解为"为了其他参与人实施犯罪的目的"⑧"知晓其他参与人实施的犯罪"⑨"对共同实施特定犯罪的认识"⑩"互相配合实现犯罪的认识"⑪的观点。在认为意思联络是"对其他参与人实施犯罪的事实存在认识"的理解上,这种观点要求"参与人之间对犯罪事实存在相互的认识",这意味着"参与人不仅对自己亲手实施犯罪具有认识,而且对通过他人实施犯罪也有所认识;这种相互认识并非偶然形成的,而是基于相互利用、相互补充的意思才得以形成"⑫,避免了将偶然参与的情形纳入共犯处罚的范围。

但问题是,如果要将意思联络理解为"相互补充、利用的意思",就不得不对犯罪事实进行客观判断。理由在于,"紧密的意思联络并非一蹴而就,而是在谋议过程中一步一步形成的。只有在无法从客观上认定谋议行为发生的时间、场所,即无法证明谋议的具体过程的情况下",才能仅通过"就犯罪的实现达成了合意"即存在共谋来在最小限度上肯定共同正犯的主观要件。而在一般的情况下,意思联络的存在都必须结合实际发生的犯罪事实、行为的

---

① 宫城浩蔵:《日本刑法講義(第一册)》,明治法律学校講法會1891年版,第746-747页。
② 古賀廉造:《刑法講義(総論)》,明治法律学校講法會1901年版,第487页。
③ 参见亀山貞義:《刑法(明治十三年)講義 卷之一》(1898年版),载《日本立法资料全集别卷251》,信山社2002年版,第402页。
④ 木村亀二:《共同正犯と共謀》,载《法学セミナー》1959年第45号,第55页。
⑤ 刘仁文、汪恭政:《网络犯罪帮助行为的刑法认定》,载《法治研究》2023年第2期,第133页。
⑥ 小林充:《共同正犯と狭義の共犯の区別》,载《法曹時報》第51卷第8号(1999年),第1页及以下。
⑦ 张明楷:《帮助信息网络犯罪活动罪的再探讨》,载《法商研究》2024年第1期刊,第29页。
⑧ 織田純一郎:《刑法註釋》(1881年版),载《日本立法资料全集别卷690》,信山社2011年版,第131页。
⑨ 宫城浩蔵:《日本刑法講義(第一册)》,明治法律学校講法会1891年版,第746-747页。
⑩ 岡田朝太郎:《日本刑法論(訂正増補再版)》,有斐閣書房1895年版,第1052页。
⑪ 小疇伝:《日本刑法論総則》,日本大学1904年版,第322页。
⑫ 藤木英雄:《可罰的違法性の理論》,有信堂1967年版,第293页及以下。

具体样态、与其他参与人的谋议等客观事实进行具体判断。这样，才能"在参与了谋议行为却并不赞同犯罪计划，又或者仅仅知晓犯罪计划的存在等情况下，都否定共同正犯的主观要件"①。

客观理解下的意思联络能够在参与人之间形成"相互补充、利用关系"，并在这一关系存在的意义上证成行为的共同性，实现意思联络的"结合"机能。具体而言，参与人只要具备了"相互补充、利用的意思"，就能在构成要件的实现过程中同时也"将意思付诸实现"，从而将这种意思现实化为"相互补充、利用关系"②。这种相互补充、利用关系的形成使得参与人互相认识到有他人在积极地追求犯罪实现的事实，从而至少在心理的因果性的意义上"在参与人之间起到了互相促进犯罪不法实现"的作用③，"导致参与人无法凭一己之力使犯罪终止"，并导致结果实现的危险得到了"飞跃性的提高"④。通过相互补充、利用的关系，参与行为即使对最终结果没有物理上的因果性，也至少在对其他参与人起到了心理上的影响的意义上，"通过他人"对结果起到了心理上的因果作用。

3. 相互补充、利用关系是结果相互惹起

有学者将基于意思联络形成相互补充、利用关系而对行为进行整体归责的理论理解为"共同意思主体说"，认为这违背了个人责任原则⑤。整体行为的归责虽然具有"集团犯的归责"的一面，却并不违背个人责任原则，因而这种批判并不能成立。

共同意思主体说的基本观点是，"参与人就实施特定的犯罪达成协议、进行通谋，由此构筑了'共同'关系，形成了共同意思主体"⑥。根据这种观点，参与人的行为同时也是"共同意思主体"的行为，参与人在属于共同意思主体的范围内，就应当为共同意思主体的行为承担责任⑦。由于这种理论"天马行空地设定了超越个人的责任主体，却并未说明这一主体承担责任的根据，也并未明确个人就这一主体甘受刑罚的理由"⑧，因此在参与人并非因为自己的参与事实，而是仅仅在"共同意思主体"成立的范围内就其他参与人的参与事实承担责

---

① 小林充：《共同正犯と狭義の共犯の区別》，载《法曹時報》1999年第51卷第8号，第1页及以下。
② 日本最高裁判所"昭和三十三年（1958年）5月28日判决"，载《最高裁判所刑事判例集》第12卷第8号，第1718页；另参见小野清一郎：《新訂 刑法講義 総論（第5版）》，有斐閣1951年版，第203页。在这一被称作"练马事件"的判决中，日本最高裁判所指出，参与人因为"基于共同意思，相互利用他人的行为，使得行为成为一个整体，最终在行为中使意思付诸实现"，而成立共同正犯。小野清一郎教授的教科书在判决作出前就对这一认定进行了理论上的前瞻。
③ 小林憲太郎：《共犯関係の解消について》，载川端博、浅田和茂、山口厚、井田良编：《理論刑法学の探究⑨》，成文堂2016年版，第195页。
④ 藤木英雄：《可罰的違法性の理論》，有信堂1967年版，第334页。
⑤ 尾棹司：《共同正犯の共同実行意思について》，载《法学研究論集》2021年第54号，第52页。
⑥ 草野豹一郎：《刑法改正草案と共犯の従属性》，载《法学協会雑誌》1932年第50卷第6号，第21页。
⑦ 草野豹一郎：《刑法総則講義 第一分冊》，勁草書房1951年版，第50页。
⑧ 平野龍一：《刑法総論Ⅱ》，有斐閣1975年版，第401页。

任的情况下,该理论就面临违背了个人责任原则的批判[①]。

事实上,即使主张共同意思主体说,也有学者认为"只要在强调整体认定的同时也强调参与人仅仅就其参与事实承担责任,就不至于违背个人责任原则"[②]。这是因为"违背个人责任原则的并非团体责任的承担本身,而是仅仅因为行为人属于某一团体而使其承担责任"[③]。只要认为"在参与人分别实施部分构成要件行为时,相互补充、利用各自的行为,从而在犯罪实现的基础上形成了协作关系"的情况下,对团体责任的承认就被限制在参与行为造成心理影响并共同惹起了结果的范围内,而不至于违背个人责任原则[④]。

但是,这种说明显然还不够充分。理由在于,责任主义要求刑罚以责任存在为基础,而行为主义要求仅对侵害行为承担责任,两者综合下得出了行为人仅对与自己的行为具有因果性的侵害事实承担责任的要求,即个人责任原则[⑤]。这一点上,即使认为共犯规定是处罚扩张事由,也必须坚持与侵害事实之间的因果性是处罚的最低限度要件。这意味着如果从法益侵害结果出发理解侵害事实,那么心理上的因果性就仍然停留在以他人行为为对象的"间接惹起"的范围内,区别于以结果危险为对象的直接惹起,而无法彻底回避违背个人责任原则的批判。

有学者认为基于结果不法的立场将无法回避这种批判,并基于规范违反说的不法立场提出了解决方案。即,意思联络下的相互补充、利用关系能使"行为人在行为时相互做出调整",这意味着对规范违反行为起到促进作用的调整行为本身也应当受到刑法的禁止,应当将其认定为同等的规范违反[⑥]。但是,在规范违反说的视角下实行行为就应当是"在犯罪实现意思中最终的作为行为"[⑦],而对他人的行为做出调整的行为显然并非计划中的最终作为而难以获得实行性。而认为这种场景中的行为人成立共谋共同正犯的观点虽然与日本的刑事司法实践相契合[⑧],却面临"使得全部共同犯罪都能够作为共谋共同正犯受到处罚"的批

---

① 牧野英一:《刑事判例研究》,载《法学志林》1925年第27卷第9号,第81-82页。
② 植松正:《再訂 刑法概論Ⅰ総論》,劲草书房1974年版,第369页。
③ 大塚仁:《共同正犯の本質》,载《法学教室》1989年第109号,第29页。
④ 大塚仁:《共同正犯の本質》,载《法学教室》1989年109号,第30页。近年来,也存在主张意思联络能促成参与人形成对同一犯罪的目的的"特殊的社会心理现象",尝试在造成心理影响、形成协作关系的意义上说明"共同意思主体"下的责任分担的理论。但这种理论在认为共同意思主体"并不是一种现实存在的主体,而仅仅是规范上的社会观念"的意义上,仅仅在对共同行为的整体归责完成之后,又将承担责任的参与人归纳为一个责任主体而已,这已经脱离了共同意思主体说以主体的塑造为归责根据的基本观点。参见曲田统:《共犯の本質と可罰性》,成文堂2019年版,第24页以下。
⑤ 生田勝義:《行為原理と刑事違法論》,信山社2002年版,第53页。
⑥ 樋口亮介:《実行共同正犯》,载酒卷匡、大澤裕、川出敏裕编:《井上正仁先生古稀祝賀論文集》,有斐閣2019年版,第133页及以下。
⑦ 樋口亮介:《実行行為概念について》,载山口厚、佐伯仁志、今井猛嘉、橋爪隆编:《西田典之先生献呈論文集》,有斐閣2017年版,第25页及以下。
⑧ 樋口亮介:《共謀共同正犯における共謀の意義》,载《研修》2018年第844号,第3页及以下。

判而难以获得支持①。

在缺乏对结果的直接惹起这一点上,整体认定说面临的批判与心理的帮助犯和共谋的共同正犯所面临的批判具有相同的面向②。但是,同样以心理的因果性为归责基础的教唆犯和间接正犯却能够回避这种批判,这是因为教唆犯和间接正犯是"使他人决意犯罪"的行为,这意味着如果不存在教唆犯和间接正犯就不可能发生结果,这满足了行为与结果之间的条件关系而能够称得上是一种直接惹起。基于教唆的这种结构,普珀认为参与行为本质上都是为他人"赋予想法"的教唆。按照她的观点,即使是已经形成犯意的人也"可能并未形成一种强固的心理状态,而是有待于进一步做出决断",因而其仍然可能受到教唆、诱导,并进一步按照计划实行犯罪③。而不论是直接惹起者还是间接惹起者,都"因为互相承诺为犯罪的实现做出贡献而决定参与犯罪,并按照行为计划使得犯罪得以实现"④。普珀的这种观点虽然在导致"所有的物理因果性全部沦为心理因果性"的意义上存在疑问,却在统一直接惹起和间接惹起的意义上具有借鉴意义。

在强调物理因果性的视角下,也能借鉴相互教唆说中的"按照行为计划使犯罪得以实现"标准,认为"相互帮助"也能在使行为计划得以按照预定的方式实现的意义上增大结果危险。具体而言,单独犯的构成要件中规定的结果实现,在共同犯罪的场景中对应着多个参与人以实现同一个犯罪结果为目标,共同地操纵因果法则的事实。参与人通过意思联络形成相互补充、利用关系之时,就已经处于在同一个行为计划之下,共同操纵因果法则导致结果实现的过程中了。这时,参与人只要按照计划中确定的职责实施了行为,即使行为的内容是以其他参与人为对象的间接惹起,也为按照计划实行犯罪提供了不可或缺的条件,使其同时也能被认定为直接增大结果实现的危险性的直接惹起⑤。相反,在参与人并未通过意思联络就行为计划的实施形成相互补充、利用关系的情况下,单纯参与行为中个别的举动和个别结果就并不具有直接惹起结果的意义。这一点上,"相互惹起"使得以"人的联系"为中心的归责路径也能满足个人原则所要求的因果性要件⑥。

四、"帮信罪"归责范围的确定

从我国刑法的共犯规定中能找出共犯的成立以意思联络为必要的根据。即,不论对我国《刑法》第二十五条"共同故意犯罪"的规定做何种理解,其都是对第二十六条"在共同犯

---

① 村井敏邦:《共謀共同正犯―否定説の立場から―》,载《刑法雜誌》1991年第31卷3号,第335页。
② Schonke/Schroder/Eisele, Strafgesetzbuch Kommentar, 29.Aufl., 2014, Vor § § 13ff. Rn.101.
③ Ingeborg Puppe, Der gemeinsame Tatplan der Mittäter, ZIS, 6/2007, S. 236.
④ Ingeborg Puppe, Der gemeinsame Tatplan der Mittäter, ZIS, 6/2007, S. 236.
⑤ 阿部力也:《共同正犯の構造》,成文堂2023年版,第85页。
⑥ 高桥则夫:《论承继的共同正犯》,王昭武译,载《东南法学》2022年秋季卷,第256页。

罪中起主要作用的"和第二十七条"在共同犯罪中起次要作用的"中"共同犯罪"的定义性表述。而我国刑法中的"共同犯罪"概念来源于日本刑法第六十条"二人以上共同实行犯罪"的表述,以"共同"和"犯罪"为要件。在支持行为共同说、将"犯罪"理解为"实行犯罪"的基础上,为了使偶然的共犯不至于被处罚,将"共同"理解为"共谋"或至少理解为是"意思联络"是合理且必要的①。如果认为"帮信罪"也属于这种整体归责的路径,就必须明确"帮信罪"中整体归责的判断方式和构成要件的解释方法。

(一)"帮信罪"整体归责的根据

"意思联络"要件要求参与人之间对犯罪事实存在相互的认识,这在"帮信罪"中表现为"明知他人利用信息网络实施犯罪"。存在观点认为,由于"帮信罪"的场景中并没有规定上游犯罪的人明知帮助行为,因此帮信罪实际上是处罚片面帮助犯的规定。②但问题是,这种理解导致在中途才加入的提供支付结算等帮助的场景中,承继加入的行为与已经由上游犯罪造成的结果之间既不存在心理的因果性,也不存在物理的因果性,而不可能归责。事实上,"一般来说'明知'就是通谋",而"双方是否有共同商量、策划等情节,对共犯的认定都是多余的"③。司法机关以"没有证据证明其与商家有共同诈骗的意思联络"④"不能证明⋯⋯有事前通谋的行为"⑤为由而否定诈骗罪共犯的成立、肯定帮信罪成立的判决,实际上都仅仅否定了事前的、明示的意思联络的存在,而并未明确认定是否存在事中的、默示的意思联络。在行为人对正在发生的违法行为具备认识和认同,且仍积极加入并共同完成犯罪的情况下,就应当肯定事中的、默示的意思联络⑥。在"帮信罪"的场景中,法院对行为人"主观上应当知道转卖资金支付结算账户可能被用于实施电信网络诈骗等犯罪行为,仍为他人实施犯罪提

---

① 在《暂行新刑律》和《大清新刑律》之前,我国刑法中并不存在"共同犯罪"的概念。日本学者冈田朝太郎在协助立法工作时,遵照日本旧刑法第114条和现行刑法第60条的规定,引入了"共犯罪"的概念,将其表述为"共同实施犯罪"。参见冈田朝太郎:《刑法总论讲义》,明治大学出版部1917年版,第197页。随后,"共犯罪"概念在我国的立法中发展为了"共同犯罪"的概念,表述为"共同实行犯罪"。这一历史过程表明,我国刑法中使用的"共同犯罪"概念和"共同实行犯罪"的表述均参考了日本《刑法》中关于共同犯罪的规定,两者具有相同的含义。这一历史梳理详见陈子平:《共同正犯与共犯论:继受日本之轨迹及其变迁》,五南图书出版社2001年版,第9页。而日本刑法在立法的过程中,曾存在认为应当将"共同"替换为"共谋"的建议,政府委员石渡敏一以"共同本来就包含了共谋的意思,因而没有必要进行修改"为由进行了反驳。高桥治俊、小谷二郎:《増補 刑法沿革総覧(日本立法資料全集別卷2)》,仓富勇三郎等监修,信山社1990年版(原著:1923年),第923页。这样,在将"共同犯罪"理解为"共同实行犯罪"或"共同实施犯罪"的前提下,认为"共同"的语义中也自然包含了"共谋"的含义,就具有语源上的合理性。

② 参见王兵兵:《共犯正犯化立法质疑——以帮助信息网络犯罪活动罪的增设为视角》,《苏州大学学报(法学版)》2017年第1期,第104页。

③ 张明楷:《帮助信息网络犯罪活动罪的再探讨》,载《法商研究》2023年第1期,第31页。

④ 河南省永城市人民法院(2021)豫1481刑初786号一审刑事判决书。

⑤ 河南省汝阳县人民法院(2019)豫0326刑初420号刑事判决书。

⑥ 前田雅英:《危険運転と黙示の共謀共同正犯~最二小決平成三十年10月23日危険運転致死傷、道路交通法違反被告事件》,载《WLJ判例コラム臨時号第152号(2018WLJCC028)》,https://www.westlawjapan.com/column-law/2018/181114/,最后访问日期:2025年1月27日。

供了帮助"①的认定，正说明了这种事中的、默示的意思联络。

事中的、默示的意思联络需要通过推定的方式进行认定。规范上，2016年"电诈意见（一）"规定了"明知"的认定应当结合主客观两方面进行综合考察的认定方法②。在这之后，2019年《最高人民法院 最高人民检察院关于办理非法利用信息网络、帮助信息网络犯罪活动等刑事案件适用法律若干问题的解释》（下文简称"信息网络犯罪解释"）具体确定了能够以此推定"明知"的七种情形③。随后，2021年"电诈意见（二）"第八条进一步对"收购、出租、出售"情形中明知的推定做出了规定，明确了应当结合"数额（收购、出售、出租的数量、次数）""手段（认知能力、既往经历、交易对象、与他人的关系）""情节（时间、方式、获利情况）"进行判断的认定方法④。随后在2022年《最高人民法院刑事审判第三庭 最高人民检察院第四检察厅 公安部刑事侦查局关于"断卡"行动中有关法律适用问题的会议纪要》（下文简称"断卡纪要"）中具体规定了能够以此推定"明知"的七种情形⑤。这样，就形成了4类14种推定"明知"的判断框架。

"信息网络犯罪解释"的第一、二种和"断卡纪要"的第二、三、四、七种均涉及经过先前处罚、先前告知而推定本次行为具有"明知"的认定。有学者认为，这可能导致"主观上存在犯罪的故意的证据不足"的问题，因为这种"事前行为实际上涉及当事人品格在后续行为中

---

① 河南省三门峡市中级人民法院（2020）豫12刑终224号刑事裁定书。
② "电诈意见（一）"第四条第（三）款规定："上述规定的'明知他人实施电信网络诈骗犯罪'，应当结合被告人的认知能力，既往经历，行为次数和手段，与他人关系，获利情况，是否曾因电信网络诈骗受过处罚，是否故意规避调查等主客观因素进行综合分析认定。"
③ 《最高人民法院 最高人民检察院关于办理非法利用信息网络、帮助信息网络犯罪活动等刑事案件适用法律若干问题的解释》（法释〔2019〕15号），2019年10月21日发布。"信息网络犯罪解释"第十一条规定，在"（一）经监管部门告知后仍然实施有关行为的""（二）接到举报后不履行法定管理职责的""（三）交易价格或者方式明显异常的""（四）提供专门用于违法犯罪的程序、工具或者其他技术支持、帮助的""（五）频繁采用隐蔽上网、加密通信、销毁数据等措施或者使用虚假身份，逃避监管或者规避调查的""（六）为他人逃避监管或者规避调查提供技术支持、帮助的""（七）其他足以认定行为人明知的"情况下能够推定行为人"明知"。
④ "电诈意见（二）"第八条规定："应当根据行为人收购、出售、出租前述第七条规定的信用卡、银行账户、非银行支付账户、具有支付结算功能的互联网账号密码、网络支付接口、网上银行数字证书，或者他人手机卡、流量卡、物联网卡等的次数、张数、个数，并结合行为人的认知能力、既往经历、交易对象、与实施信息网络犯罪的行为人的关系、提供技术支持或者帮助的时间和方式，获利情况以及行为人的供述等主客观因素，予以综合认定。"
⑤ 《最高人民法院刑事审判第三庭 最高人民检察院第四检察厅 公安部刑事侦查局关于"断卡"行动中有关法律适用问题的会议纪要》，2022年3月22日发布。"断卡纪要"第一条规定："（一）跨省或多人结伙批量办理、收购、贩卖'两卡'的""（二）出租、出售'两卡'后，收到公安机关、银行业金融机构、非银行支付机构、电信服务提供者等相关单位部门的口头或书面通知，告知其所出租、出售的'两卡'涉嫌诈骗、洗钱等违法犯罪，行为人未采取补救措施，反而继续出租、出售的""（三）出租、出售的'两卡'因涉嫌诈骗、洗钱等违法犯罪被冻结，又帮助解冻，或者注销旧卡，办理新卡，继续出租、出售的""（四）出租、出售的具有支付结算功能的网络账号因涉嫌诈骗、洗钱等违法犯罪被查封，又帮助解封，继续提供给他人使用的""（五）频繁使用隐蔽上网、加密通信、销毁数据等措施或者使用虚假身份，逃避监管或者规避调查的""（六）事先串通设计应对调查的话术口径的""（七）曾因非法交易'两卡'受过处罚或者信用惩戒，训诫谈话，又收购、出售、出租'两卡'的"。

的评价……原则上是不可适用的"①。但这种批判没有根据,因为"明知"的对象不是帮助行为的事实,而是他人实施犯罪的事实,"推定"的对象并不是行为人存在犯罪故意,而是行为人了解、知晓他人犯罪的事实。这种对既往违法行为或犯罪事实的知晓,使得行为人再次实施相同的帮助行为时,存在对他人利用帮助实施犯罪的预期或信赖。因而在上游犯罪的行为人事实上利用了这种帮助的情况下,就在客观上证成了"共同的行为决议和行为计划(der gemeinsame Tatentschluss oder Tatplan)"的存在②,证成了事中的、默示的意思联络和由此形成的相互补充、利用关系③,由此成为整体归责的事实基础④。

"信息网络犯罪解释"的第五、六种与"断卡纪要"的第五、六种均涉及采取手段逃避监管的情况下"明知"的推定。但是,逃避监管的行为只能说明行为人对自己实施行为的违法性具有概括的认识,无法直接说明其对上游犯罪的"明知"。这一点上,行为人的认识状况与"信息网络犯罪解释"的第三、四种中"交易价格或者方式明显异常"或"提供专门用于违法犯罪的程序、工具或者其他技术支持、帮助"的情形相似。但是,在"信息网络犯罪解释"的第三种情形中,帮助行为通过接受报酬与上游犯罪产生关联,因而行为人在认识到存在给付报酬的违法行为人的意义上可以说对上游犯罪存在明知;在"信息网络犯罪解释"的第四种情形中,帮助行为通过其能够支持、帮助的违法犯罪活动与上游犯罪产生关联,因而行为人在认识到其帮助行为的功能、作用的意义上对上游犯罪也存在明知。就此而言,如果无法使"逃避监管"的行为与上游犯罪产生关联,并在认识到这种关联性的意义上认定行为的明知,就不应在采取手段逃避监管的情况下认定"帮信罪"的整体归责。例如,行为人单纯利用VPN(虚拟专用网络)在互联网上购买虚拟货币的行为,虽然可能被认定为隐藏行为,但仍然无法据此认定为"帮信罪"的明知⑤。

(二)"帮信罪"归责范围的确定

在肯定了整体认定中的结果相互惹起关系、肯定参与人之间通过意思联络在同一行为

---

① 邵等弟:《帮助信息网络犯罪活动罪"明知"证明的掣肘点和突破口》,载《甘肃政法大学学报》2024年第2期,第131页。

② BGHSt 6, 248, ; BGGHSt 24, 286, ; Seelmann, Mittaeterschaft im Strafrecht, JuS 1980, S. 571 ff. ; Roxin, Die Mittaeterschaft im Strafrecht, JA 1979, S. 519 ff.

③ 阿部力也:《黙示の意思連絡について》,载《法律論叢》1997年第70卷第2与3号合并号,第120页。

④ 参见内蒙古自治区包头市东河区人民法院(2022)内0202刑初4号刑事判决书。对于经监管部门告知后仍实施帮助行为的情形,法院判决认为,"被告人在知晓应当依法规使用本单位账户的情况下,为他人实时信息网络犯罪活动提供支付结算的帮助,被告人具有犯本罪的主观故意"。

⑤ 参见何兴驰、青文婷:《"帮信罪"中主观条件的实务认定》,https://www.allbrightlaw.com/CN/10475/84e0c95615914c85.aspx,最后访问日期:2025年1月27日。"被不起诉人宋某于2019年10月份左右开始在'OKEX'平台注册账号进行虚拟货币交易。交易期间,本案被害人闫某某部分被骗财物经洗钱犯罪团伙之手与宋某某进行了交易,并进入宋某支付宝账号。本案现有证据无法证明被不起诉人宋某在交易过程中明知对方资金系违法犯罪所得,也无证据证明宋某在与对方交易时有明显异常的操作或其他帮助行为。"

计划中形成了相互补充、利用关系的前提下,上游犯罪的共同正犯、帮助犯和"帮信罪"就无法通过"意思联络"的要件得到区别。同时,由于三者在"共犯的外部界限"上没有区别,必须通过讨论"共犯的内部界限"问题,在成立广义共同犯罪的前提下进一步明确"帮信罪"的可归责范围。

1. 应对上游犯罪结果归责的场景

如前所述,从属性的归责路径中,"帮信罪"的归责问题实际上是承继的共同正犯问题。有学者认为,我国司法实践在中途加入犯罪的人的责任承担问题上采取了承继共同正犯处罚否定说,并举出"刘某甲等非法拘禁案"①等判决试图说明其主张。按照其观点,这一案件中,法院对中途加入的刘某甲进行减轻处罚的根据在于,其仅"应对自己所参与的行为及其结果承担责任",这不仅是对个人责任原则和个别认定说的支持,还表明了对因果共犯论和处罚肯定说的支持态度②。

但事实上,在前述学者所举出的案例中,法院不仅明确先后行为人之间"成立承继的共犯",还在认定被告人都是从犯且"均承担了一定的'管理'职责"的基础上,分别对参与时间最长和最短的刘某甲与杨某判处了相同的刑罚,驳回了辩护人以"参与非法拘禁被害人的时间较其他被告人短"为由提出的罪轻辩护。加之,判决书并未对行为人参与前后的犯罪事实分别做出具体认定,而是仅仅将"中途加入犯罪"作为量刑情节进行考虑。这恰恰说明,我国法院在"中途加入犯罪"的承继共同正犯场景中采取了整体认定说和处罚肯定说,仅仅在量刑的层面考虑了"中途加入犯罪"的事实。

同时,我国司法实践中也明确了承继的共同正犯应进行整体归责。如,在"何海南非法拘禁、伤害案"③中,法院在伤害罪中肯定了承继的责任,却在非法拘禁罪中否定了承继的责任。这是因为在非法拘禁罪的判断中,后行为人加入时被害人已经因为先行为人的暴力而陷入"人人可打"的境遇,即先行为已经既遂。相反在伤害罪的判断中,后行为人对前行为的犯罪行为存在明知而符合"共同故意",后行为人积极地加入犯罪、共同实施了剩余的犯罪行为、共同导致了最终的犯罪结果发生而符合"共同实行",因而 10 名参与人先后实施的

---

① 浙江省杭州市中级人民法院(2014)浙杭刑终字第 126 号刑事裁定书。本案中,被告人刘某甲、杨某、佑某、臧某通过上网交流,先后被他人引诱加入传销组织并从事传销活动。受该传销窝点"主任"安排,杨某负责保管钥匙、刘某甲负责管理被控制人员的手机,非法限制租房内的董某、丁某、李某丙、蒙某等人的人身自由。法院判决认为,在先行为人已经实施了一部分实行行为之后,后行为人在行为继续期间以共同的故意参与犯罪的,成立承继的共犯,应对自己所参与的行为及其结果承担责任。四原审被告人均应当对自己参与以后的非法拘禁行为承担责任。

② 姚培培:《承继共犯论的展开》,载陈兴良主编:《刑事法评论(第 40 卷)》,北京大学出版社 2017 年版,第 111 页。

③ 北京市高级人民法院(2016)京 03 刑初 12 号刑事判决书。本案中,何海南等 3 名被告人在对被害人实施非法拘禁和殴打的过程中,另外 4 名行为人中途加入,与何海南等 3 人分别多次共同对被害人实施了殴打、伤害行为,最终导致被害人死亡。法院判决认为,后行为加入时被害人已经完全失去了人身自由,处于人人可打的境遇,后行为未对拘禁本身起到实际的作用,故不成立非法拘禁罪。但是,后行为人殴打被害人显然构成共同故意伤害的事中参与,应依据部分参与全部责任原则追究其故意伤害罪的刑事责任,与中途退出的前行为人就故意伤害罪成立共同犯罪。

伤害行为符合《刑法》第二十五条的规定，应当共同就所造成的伤害犯罪结果承担主犯的责任。

这种整体认定的思路在行为人仅仅实施了"帮信罪"构成要件行为的场景中同样适用。虽然"帮信罪"的构成要件行为处于上游犯罪的构成要件范围之外，但这仅仅意味着"帮信"行为的实行人不可能成立直接正犯。在参与人明知他人犯罪而实施"帮信"行为时，其就与上游犯罪行为人形成了默示的意思联络，这促成了参与人之间的相互补充、利用关系，为共同犯罪的成立提供了根据。在此基础上，当相互补充、利用关系引起上游犯罪的"实行担当者受到行为计划的拘束，而无法任由自己的意思对实行的方式做出决定，也无法仅凭自己的想法就放弃犯罪"①的情况下，就形成了对上游犯罪的功能性支配而足以成立共同正犯。

这种情况下，"帮信"行为的参与就不仅仅是对已经存在的行为计划的促进，而是通过默示的意思联络深入地参与了行为计划的制定、实施和现实化。这一意义上，与其说是从旁实施了辅助行为，不如说是"积极参与了犯罪"。例如，在"唐某某诈骗案"②中，法院认定"在明知他人实施电信网络诈骗犯罪的情况下，先后加入多个电信网络诈骗窝点，纠集、组织境内'跑分'人员和'卡农'，为电信网络诈骗活动转移资金提供帮助"的唐某某成立诈骗罪，并以其"积极主动实施犯罪"为由肯定了主犯的责任。

在通过意思联络形成相互补充、利用关系的基础上，"帮信罪"的实行使"实行担当人受到行为计划的约束"，这使得参与人为了实施犯罪而事实上形成了相对固定的组织形式，在三人以上的情况下将符合《刑法》第二十六条对"犯罪集团"的规定。据此，在参与人的行为造成的拘束力不足以使其成为"犯罪集团的首要分子"的情况下，就不应认定功能性支配而只能肯定从犯的责任。例如，在"李某某等人跨境电信网络诈骗案"③中，行为人傅某某虽然参与了在"卡部"受领财物、转移财产的行为，但"卡部"的设立、运营均受到"金主"李某某等骨干成员的控制。虽然足以通过默示的、事中的意思联络肯定包含傅某某在内的"卡部"成员成立诈骗罪共同犯罪，却难以肯定"卡部"成员的参与行为对"金主"李某某等成员的行为形成了拘束力，无法肯定其对整体犯罪形成了功能性支配。法院最终以无法认定傅某某在犯罪集团中处于"首要分子"的地位为由，认定其应当就诈骗罪承担从犯的责任。相反，在中途加入的参与人仅仅提供了片面的帮助的情况下，将由于不存在基于意思联络的相

---

① 橋本正博：《『行為支配論』の構造と展開》，载《一橋大学研究年報·法学研究》第18号（1988年），第172页。
② 最高人民检察院网上发布厅：《依法惩治跨境电信网络诈骗及其关联犯罪典型案例》案例九（2024年7月26日发布），https://www.spp.gov.cn/xwfbh/wsfbh/202407/t20240726_661524.shtml，最后访问日期：2025年1月27日。
③ 最高人民检察院网上发布厅：《依法惩治跨境电信网络诈骗及其关联犯罪典型案例》案例三（2024年7月26日发布），https://www.spp.gov.cn/xwfbh/wsfbh/202407/t20240726_661524.shtml，最后访问日期：2025年1月27日。

互归属,而无法成立共同正犯或帮助犯。但是,在中途加入的场景之外仍然存在成立片面共犯的可能性①。

2."帮信罪"对上游犯罪的抽象危险归责

"帮信"行为成立诈骗罪的共同犯罪,要求存在实害结果或具体危险,否则会因不存在可证明的结果而只能成立犯罪未遂。"电诈意见(一)"规定,"诈骗数额难以查证,但具有下列情形之一的,应当认定为刑法第二百六十六条规定的"其他严重情节",以诈骗罪(未遂)定罪处罚"②。这样,根据"同时构成其他犯罪的,依照处罚较重的规定定罪处罚"③的规定,在上游犯罪的结果或具体危险出现的情况下,就应当按照想象竞合的原理以上游犯罪的共犯定罪处罚,而不应以"帮信罪"论处。

但是,如果认为想象竞合的运用导致"帮信罪是一种具有补充性质的犯罪",那么将导致其只在对上游犯罪具有抽象认识错误等场景中才能成立。诚然,论者提出在上游犯罪无法查证的场景中,事实上存在的上游犯罪的事实和不法同样能为"从属于正犯的犯罪行为"提供根据④。但问题是,"没有确实、充分的证据不得认定犯罪事实"⑤,"未经人民法院依法判决,对任何人都不得确定有罪"⑥,因而未经查证的犯罪事实对于刑法没有意义,无法通过这一事实确定正犯不法。这意味着如果认为"帮信"行为也必须对不法结果归责,将不可能对"帮信罪"不存在可查证的正犯结果时也处罚的规定⑦作出解释。

事实上,"帮信罪"的立法理由即在于:"一是要对信息网络犯罪'打早打小',防止其'坐大成势';二是要解决在线下罪行难以查明的情况下对线上罪行进行相对独立的处罚"。这意味着"要查明电信诈骗的正犯,因为只有查明了正犯才能判断正犯是否实际控制了赃款"的认定方法将"与信息网络立法目的相左,不利于电信诈骗关联犯罪的认定"⑧。就此而言,"帮信罪"在立法目的上就不要求其帮助上游犯罪实际上实现了实害结果,而是在行为具有能够推定上游犯罪结果发生的情况下就进行处罚。例如,"电诈意见(二)"规定,"收购、出售、出租信用卡、银行账户、非银行支付账户、具有支付结算功能的互联网账号密码、网络支

---

① 参见欧阳本祺、刘梦:《帮助信息网络犯罪活动罪的适用方法:从本罪优先到共犯优先》,载《中国应用法学》2022年第1期,第109页。
② "电诈意见(一)"第二条第(四)款。
③ "电诈意见(二)"第十条。
④ 张明楷:《帮助信息网络犯罪活动罪的再探讨》,载《法商研究》2024年第1期,第37页。
⑤ 《最高人民检察院 公安部关于公安机关办理经济犯罪案件的若干规定》(公通字〔2017〕25号)2017年11月24日发布,第七条。
⑥ 《中华人民共和国刑事诉讼法》第十二条。
⑦ "信息网络犯罪解释"第十二条第二款规定:"确因客观条件限制无法查证被帮助对象是否达到犯罪的程度……应当以帮助信息网络犯罪活动罪追究行为人的刑事责任。"
⑧ 王永、安琪:《支付结算型帮助信息网络犯罪活动罪与掩饰、隐瞒犯罪所得罪界分中的几个问题》,载《人民法院报》2024年2月8日第6版。

付接口、网上银行数字证书的"和"收购、出售、出租他人手机卡、流量卡、物联网卡的"都是足以成立"帮信罪"的帮助行为，这种行为只要"为他人利用信息网络实施犯罪而实施"就足够，并不以他人实际利用了这些帮助行为造成损害结果为成立要件。

仅仅在能够推定上游犯罪结果发生的情况下就肯定"帮信罪"的处罚，实际上在"帮信罪"的处罚中拟制了上游犯罪的抽象危险犯。理由在于，刑法中的"实害犯大多是根据行为来推定损害的，这是因为推定实害结果的存在只是为了便宜行事而非一个绝对可靠的认定"[1]。在上游犯罪的结果不法难以通过证据证实的情况下，这种抽象危险犯的拟制有利于在仅仅存在足以推定结果发生的事实就肯定"帮信罪"的从属归责。例如，"电诈意见（二）"第三条即规定，有证据证明行为人参与了犯罪团伙，在境外针对境内居民实施电信网络诈骗犯罪行为的情况下，只要其在"一年内出境赴境外诈骗犯罪窝点累计时间30日以上"或"多次出境赴境外犯罪窝点"，就能在"诈骗数额难以查证"的情况下也推定其对犯罪集团或诈骗行为起到了重要作用，能够"认定为刑法第二百六十六条规定的'其他严重情节'，以诈骗罪依法追究刑事责任"。

但是，"抽象危险犯中的未显示推定的危险而并非拟制的危险，因此应当允许反证危险不存在而出罪"[2]。例如，"电诈意见（二）"第三条在推定结果的条款最后一句，规定了"有证据证明其出境从事正当活动的除外"。在成立"帮信罪"的场景中，这种抽象危险犯的"反证"同样成立。按照这一原理，在证据无法证明上游犯罪的抽象危险的情况下就应当排除犯罪成立。例如，在"李某某涉嫌帮助信息网络犯罪活动罪案"[3]中，检察院即指出"由于李某某帮助办理的对公账户未查询到涉案资金，无法确认被帮助对象是否实施犯罪行为，当前证据不符合起诉条件"。与此类似，在"金某某掩饰隐瞒犯罪所得和帮助信息网络犯罪活动罪案"[4]中，检察院以"现有证据证实被不起诉人金某某利用'拼多多'店铺为网络犯罪活动支付结算，但上游犯罪金额未查实"为由，在肯定了上游犯罪存在的基础上，认为尚不足以证明上游犯罪的抽象危险而否定了"帮信罪"的成立。

五、结论

网络犯罪特别是电信网络诈骗行为的出现使得犯罪参与行为变得复杂化、系统化，这导

---

[1] 付立庆：《应否允许抽象危险犯反证问题研究》，载《法商研究》2015年第6期，第80页。
[2] 付立庆：《应否允许抽象危险犯反证问题研究》，载《法商研究》2015年第6期，第76页。
[3] 河南省信阳市光山县检察院光检刑不诉〔2021〕26号不起诉决定书。与此类似，在"郑某某涉嫌帮助信息网络犯罪活动罪案"中，检察院以"被不起诉人郑某某办理的三张银行卡内的结算资金均未查到上游犯罪，现有证据不能证明这三张银行卡是用于为犯罪提供支付结算帮助"为由做出了不起诉决定。后者参见吉林省四平市梨树县梨检一部刑不诉〔2021〕18号不起诉决定书。
[4] 浙江省台州市温岭市检察院台温检刑不诉〔2021〕20120号不起诉决定书。

致传统刑法理论中以"实行"为中心认定正犯、以"因果性"为中心认定共犯的"个别归责"路径面临重大挑战。立法上,拒不履行信息网络安全管理义务罪、非法利用信息网络罪和帮助信息网络犯罪活动罪的新设使得上游犯罪的边缘参与行为得到了处罚,但同时也引发了处罚溢出效应,导致犯罪数量的激增而发生了口袋化倾向。为了在满足网络犯罪治理需求的同时避免这种倾向,对上游犯罪共同犯罪的可归责范围做出扩张就具有理论上的必要性。

帮助行为本身不具有定型性,因而处罚独立性说难以明确犯罪的保护法益,无助于划定合理的处罚范围。处罚从属性说在归责路径上具有合理性,但其局限于对参与行为与结果之间的因果性进行个别认定的方法。这种先判断实行、后判断共同的方法忽视了共同犯罪的本质特征,而要求在实行性判断之前先进行共同性判断的整体认定说则具有妥当性。整体认定要求坚持区分制共犯体系,同时采取实行行为共同说。整体认定下的"行为共同"要求采取事实支配标准,并在预备阶段对意思联络进行判断,在心理因果性上保证了归责所必要的的最低限度要件。意思联络是指对他人的犯罪行为的相互明知,这证成了参与人之间的相互补充、利用的关系,说明了行为的共同性,并使个别行为结合成整体。这种关系下,参与人通过相互帮助使行为计划中的风险在结果中实现,证成了相互归责。

帮信罪的成立至少要求参与人存在事中的、默示的意思联络。其"积极主动实施犯罪"证成了功能性支配,应成立上游犯罪的主犯;在无法认定参与人是犯罪集团的首要分子的情况下,则仅成立上游犯罪的从犯。帮信罪归根到底是具有补充性质的犯罪,其拟制了上游犯罪的抽象危险犯,仅在帮信行为促进了这一拟制犯罪的情况下肯定处罚。在能推定上游犯罪结果存在的情况下,无法对上游犯罪定罪处罚不影响帮信罪的从属归责。相反,能反证上游犯罪抽象危险时,则应否定帮信罪的成立。

传统共同犯罪理论中"个别认定"的归责路径是在自然主义的因果行为论的基础上,在完全犯罪共同说与事实的行为共同说激烈对立的背景下得到展开的。社会发展使刑法向目的主义演进,刑法理论本身的发展使共犯的共同性问题转向部分犯罪共同说与实行行为共同说之间的对立。既然承认这些变动使单一制和区分制相互吸纳借鉴、共犯从属性说产生了转向共犯独立性说的倾向,就应看到这种转向的本质所在而承认整体认定的共同归责路径。

未成年人罪错行为分级处遇规则续造*

刘 凡**

摘要：我国现行法律将未成年人的罪错行为分为不良行为、严重不良行为和犯罪行为三大类，这在实践中存在立法冗繁且分级衔接不足，以及早期干预、专门矫治教育等保护处分措施未发挥应有的矫治功能等问题，从而影响未成年人罪错行为的法律治理成效。域外国家对罪错未成年人的处遇经验，尤其是对教育措施的强调和罪错行为分级的明确，对我国进一步完善罪错未成年人法律治理具有参考价值。对此，应当建立更为清晰的未成年人罪错行为分级标准，坚持不良行为、触法行为、违法行为、触刑行为、犯罪行为"五分法"。并基于此分级标准，在保护处分方面逐级完善矫治教育的实践适用，即加强各方主体对罪错未成年人的预防、教育措施，以及重视专门矫治教育机构和社会化矫治机构建设。

关键词：未成年人　罪错行为　分级处遇　保护处分　专门矫治教育

一、问题的缘起

2019年10月20日，辽宁省13岁男孩蔡某某在家中将10岁女孩王某杀害。蔡某某因案发时未达刑事责任年龄，公安机关对其收容教养三年①。该案引起国内广泛关注，直接引发《中华人民共和国刑法修正案（十一）》（以下简称《刑法修正案》（十一））将刑事责任年龄从14周岁下调至12周岁。然而，2024年3月10日，河北邯郸市发生的3名未满14周岁

---

* 基金项目：司法部国家法治与法学理论研究项目（项目号：19SFB3020）；安徽高校人文社会科学研究项目"数字化支付场景下财产犯罪的认定"（项目号：SK2021A0529）。

** 作者简介：刘凡，海南大学法学院刑法学博士研究生，皖西学院法学院讲师。

① 参见侯艳芳：《未成年人保护处分制度的反思与改进》，载《法学论坛》2022年第4期。

未成年人故意杀人案件,经新闻媒体报道后,再一次激起"民愤",引发舆论热潮①。由此可见,针对未成年罪错行为的预防,单纯依赖刑法的强力介入效果不彰。

据国家统计局于2023年12月31日发布的《2022年〈中国儿童发展纲要(2021—2030年)〉统计监测报告》,未成年人犯罪人数和占比均有所下降:2022年,全国未成年人犯罪人数为2.8万人,比2021年减少0.7万人;占同期犯罪人数的比重为1.94%,下降0.08个百分点②。总体来看,我国未成年人犯罪治理形势稳中向好,但从制度设计的层面上看,对于低龄未成年人,尤其是不满最低刑事责任年龄的未成年人恶性犯罪案件处理,无论是《中华人民共和国刑法》(以下简称《刑法》)还是《中华人民共和国治安管理处罚法》(以下简称《治安管理处罚法》)、《中华人民共和国未成年人保护法》(以下简称《未保法》)、《中华人民共和国预防未成年人犯罪法》(以下简称《预防法》)等法律,目前均未能从根本上解决此类犯罪人的惩罚、矫治、教育等问题。近些年,低龄未成年人恶劣犯罪现象频发,却因为刑事责任年龄不足而不能被《刑法》规制。部分低龄未成年人犯罪确实具有相当的社会危害性,如若放任将造成更严重的后果。但与此同时,这些低龄未成年人不满足最低刑事责任年龄的要求,并且其相较于成年人仍具有矫治教育的可能性,如果盲目施以刑罚的话不仅不利于犯罪预防,而且也不符合对未成年人保护、教育的目的③。

刑事责任年龄制度是自由意志论和法律拟制论二者与社会实践相结合的产物。就设立刑事责任年龄的必要性而言,立法者依据自由意志为判断理由;但就年龄区间和犯罪类型的规定而言,出于司法实践的刚性需求,立法者便采取法律拟制的形式将其明确④。早期学界就刑事责任年龄的调整存在降低论、维持论和弹性论等争议,甚至有学者认为可以引进英美法系中"恶意补足年龄"规则对不满足最低刑事责任年龄的低龄未成年犯罪人追责,直至《刑法修正案(十一)》增设《刑法》第十七条第三款后,关于刑事责任年龄制度的争议才逐渐偃旗息鼓。更多的学者意识到,无论如何调整最低刑事责任年龄,所谓的"漏网之鱼"仍会出现,与其将越来越多的低龄未成年犯罪人纳入刑罚范围,不如完善非刑罚的处遇措施,从而在报应主义和预防主义之间达成平衡。

一般情况下,学界将上述青少年犯罪行为和违反《未保法》《预防法》要求和精神的行为统称为"未成年人罪错行为"。2020年,新《未保法》《预防法》相继颁布,对未成年人罪错

---

① 参见姜敏、时雪涵:《最低刑龄制度应对未成年人犯罪的困境与出路——由"邯郸13岁男孩被害案"引发的思考》,载《重庆大学学报(社会科学版)》2024年第4期。

② 参见《2022年〈中国儿童发展纲要(2021—2030年)〉统计监测报告》,https://www.stats.gov.cn/xxgk/sjfb/zxfb2020/202312/t20231231_1946120.html,最后访问日期:2025年1月22日。

③ 参见刘宪权、石雄:《对刑法修正案调整最低刑事责任年龄的商榷》,载《青少年犯罪问题》2021年第1期。

④ 参见刘扬、虞浔:《论未成年人恶性犯罪追责机制之完善——以恶意补足年龄规则为鉴》,载《当代青年研究》2020年第2期。

行为的治理作出回应,为未成年人的罪错行为处遇,乃至非刑罚的处遇措施提供了制度上的支持。《预防法》将未成年人罪错行为分为不良行为、严重不良行为和犯罪行为三大类,并分级设置干预措施,回应了实践中对未成年行为人分层治理的需求。然而,即便如此,仍未完全解决部分问题:一是在法律体系层面,《刑法》《治安管理处罚法》《未保法》《预防法》等主要调整未成年人犯罪问题的法律之间缺乏衔接性;二是在早期干预层面,对未成年行为人的分层执行程序规定不够完备,只有专门学校可以教育罪错未成年人,缺乏早期干预的保护处分措施容易致使出现"一放了之"或者"一罚了之"的局面,这可能导致罪错少年得不到有效感化教育[①];三是在专门矫治教育层面,目前我国未有成体系化的专门矫治教育规定,对于专门学校的建设,以及对罪错未成年人在专门学校内的具体矫治教育措施尚未明确,难以如同强制医疗程序般构建实践可操作性强的程序。

2024年3月1日,最高人民检察院表示,拟联合有关职能部门共同出台《关于加强未成年人罪错行为分级干预矫治的意见》。因此,顺应政策方针,研究探索科学的、可操作性强的未成年人罪错行为分级处遇措施变得必要和迫切。

二、我国未成年人罪错行为分级处遇之困局

对于未成年人罪错行为的处遇,我国《未保法》第一百一十三条从刑事政策角度明确了"教育、感化、挽救"的方针和"教育为主、惩罚为辅"的原则。基于以上具象化的刑事政策,《预防法》将未成年人的罪错行为分为不良行为、严重不良行为和犯罪行为三类。其中不良行为又可以概括为两类:一是与社会公德相违背的行为;二是容易导致未成年人产生犯罪倾向的行为。严重不良行为可分为以下两类:一是未成年人实施的具有严重社会危害性的行为;二是行为已经符合刑法某些犯罪的构成要件,但因为不满最低刑事责任年龄这一事由而阻却刑事责任。对"处遇"的理解包含两层内涵:"处"含有处理、对待的意思;"遇"则是指待遇、治疗。所以处遇相较于对成年人的"处罚"措施而言是更为轻缓的一种干预措施,侧重表达对未成年人行为的宽容预防和希望通过处遇措施感化教育、矫正的愿景。因此,分级处遇是指针对罪错未成年人的主观恶性和对社会的危害程度这两个方面的差异而选择对行为人采取不同的干预措施。这样一方面既照顾到了未成年人的特殊情况,也起到了预防和警醒作用,以达到减少未成年人罪错行为的目的。然而事实上,在《刑法》难以通过刑罚干涉的部分未成年人罪错行为中,《预防法》对不良行为、严重不良行为和犯罪行为的界定存在交叉,同时对适用的相关法律、处遇程序、责任主体等规定存在重合,致使概念含糊不清,为实践中如何正确适用对应处遇措施带来困惑。因此,明确科学的、可操作性强的未成

---

① 参见姚建龙:《未成年人法的困境与出路》,载《社会科学文摘》2019年第11期。

年人罪错行为分级处遇措施的前提便是系统归纳未成年人罪错行为相关理论，从而在此基础上理清未成年人罪错行为分级处遇的实践问题困境。

（一）立法设想：《预防法》下的三分标准

基于《预防法》中未成年人罪错行为的三分标准，我国形成了对罪错未成年人的分级处遇规则，为司法实践中罪错未成年人的刑罚及非刑罚处遇措施提供法律指引。然而，相关法律条文规定冗杂重复、处遇责任主体界定不清等问题仍未得到充分解决，在收容教养制度废除后的当下，专门矫治教育等保护处分措施也未发挥出应有的矫治功能。在我国现行的法律规范当中，主要由《刑法》《未保法》《预防法》规定了未成年人罪错行为。以未成年人的责任年龄及罪错行为为标准，形成了国内未成年人罪错行为三分标准，并在三分标准的基础上形成了不同级别的处遇措施：第一，不良行为，即未成年人实施的不利于其健康成长的行为，主要由学校和家庭采取管理教育措施。第二，严重不良行为，即未成年人实施的有刑法规定、因不满法定刑事责任年龄不予刑事处罚的行为，以及由《预防法》第三十八条所规定的行为，由公安机关适用矫治教育措施；符合法定情形并经法定程序的，可以送至专门学校接受专门教育。第三，犯罪行为，已达刑事责任年龄的，需要承担刑事责任的，依据刑法和刑事诉讼法，被判处实刑、社区矫正或在未成年犯管教所服刑。基于国家亲权理论以及在我国自古以来的恤幼传统的影响下，我国对未成年人罪错行为的相关处遇措施在司法实践中形成了保护处分和刑事处罚双轨运行的机制，并呈现"以保护处分优先、刑事处罚为辅"的特征。这种机制设计衔接了未成年人的罪错行为与犯罪行为，形成保护处分与刑事处罚的二元干预结构。但在实际运行当中，该分级处遇机制面临一定困境。

（二）理论困境：立法冗繁且罪错行为分级不清

首先，从现行的法律制度看，2020年新修订的《预防法》将未成年人罪错行为具体阐述为"不良行为""严重不良行为""犯罪行为"。从行为性质来看，"不良行为"被界定为对未成年人健康成长不利的行为，是从道德评价的范畴对未成年人罪错行为的评价；基于法律评价的范畴，"严重不良行为"被界定为未成年人实施的违反《刑法》规定、因不满法定年龄而不予刑事处罚的行为以及部分严重危害社会的行为；"犯罪行为"则为未成年人实施的符合《刑法》第十七条规定的行为。此外，对于未成年人触法行为，即未成年人实施的违反《治安管理处罚法》、因不满责任年龄而不予处分的行为，未成年人的违法行为，即未成年人实施的违反《治安管理处罚法》的行为，则未完全纳入上述的三分标准中。这表明对未成年人罪错行为的分级呈现出部分立法空白且衔接不足的问题[①]。其次，"不良行为"所列举的"参与

---

① 参见何挺、王力达：《论未成年人保护处分与刑事司法的适用关系——基于需罚性与刑法补充性的本土模式构建》，载《新疆社会科学》2023年第4期。

赌博、变相赌博"的行为,"严重不良行为"中所列举的"寻衅滋事行为""殴打、辱骂、恐吓或者故意伤害他人身体""吸食、注射毒品,向他人提供毒品"的行为同时为《刑法》和《治安管理处罚法》明文禁止。最后,"严重不良行为"列举的部分严重危害社会的行为,无论从法益侵害程度还是从社会危害性的角度看,并非完全对等,比如"非法携带枪支、弹药"的行为属于非法持有、私藏枪支、弹药罪的构成要件,而嫖娼仅是违反《治安管理处罚法》,其行为危害程度较之前者显然畸轻。因此,"不良行为""严重不良行为""犯罪行为"在概念界定方面出现逻辑矛盾、重复立法的问题。制定界限清晰的法律规定、厘清相关概念,有效地利用法律资源规制未成年人的行为,以避免条文冗杂重复,这对于未成年人罪错行为分级处遇规则的完善尤为重要。

（三）实践困局:早期干预难以发挥矫治功能

针对未成年人罪错行为的保护处分措施,主要包括训诫、管教、督促矫治、专门矫治教育、社区服务等,但在具体的司法实践过程中,相关处遇措施并未发挥应有的作用。在保护处分措施中,除了最为严重的专门矫治教育外,其他措施的本质均为在未成年人尚未铸下大错时,对其进行教育性的改造。针对未成年人的"不良行为",因其未达到必须限制自由的程度,故而由学校和家庭采取管理教育措施,在理论界通常被称为早期干预[①]。但在具体的司法实践中,考察未成年人犯罪案件中的未成年人的家庭背景与犯罪成因,来自流动家庭、离异家庭、留守家庭、单亲家庭、再婚家庭的未成年人在未成年犯罪案件中占有相当比例,部分家庭缺乏科学的教育理念和方法,无法有效配合早期干预措施的实施。家长的教育水平和意识参差不齐,影响了早期干预效果。原生家庭教育缺失、监管不足是未成年人实施罪错行为的重要成因之一。

此外,尽管国家出台了一系列政策和法规,但在地方层面,由于缺乏有效的监督和评估机制,政策的落实往往不到位。并且不同地区的经济发展水平和资源分配不均,导致早期干预措施的执行效果差异较大。发达地区可能拥有更多的资源和专业人员,而欠发达地区则可能面临资源匮乏的问题。作为社会资源的具现,社区和社会组织在未成年人早期干预中的作用尚未充分发挥,致使对于未成年人的保护处分措施缺乏系统化的社会支持,社会力量介入变得无所适从。

（四）政策困局:专门矫治教育缺乏程序标准

在早期干预尚有欠缺的同时,针对"严重不良行为"的专门矫治教育,比如将未成年人投入专门学校进行矫治,在实践过程中也因缺乏明确性标准而难以为继。专门学校的前身是"工读学校",接收的往往是成绩不理想、师生矛盾严重的学生,而因"严重不良行为"而进

---

① 参见高维俭:《论少年越轨分级干预制度的基本原理》,载《中国青年社会科学》2024年第6期。

入工读学校的学生占比极低,工读学校被普遍认为是差生、坏学生的聚集地,社会评价不高,其具有的矫治、教育功能并未发挥出来①。从标签理论的角度考量,难以确保专门矫治教育对未成年人的成长作用完全积极正面。并且,国家尚未明确专门学校的整体布局,仅凭《预防法》第四十五条的规定过于笼统,地区之间专门学校的办学规模差异较大、经费投入不够,师资水平也存在参差不齐的情况②。另外,专门学校带有一定限制人身自由的性质,其管教方式的合理性、程序的正当性、矫治结果的有效性都需要进一步规范和完善③。

三、域外未成年人罪错行为分级处遇措施考察

从比较法的视域看待,对于未成年人的罪错分级处遇规则构建始于英美法系,近年来也为主流大陆法系国家所借鉴完善,经过长期演变发展后,已基本形成比较完备的体系。针对我国未成年人罪错分级处遇出现的法律冗杂且衔接不足、干预机制繁多以及主体责任界定不明等问题,可以从域外国家的制度发展中得到立法和司法上的经验启示。

(一) 英美法系中的罪错分级规则

1. 英国"恶意补足年龄"和分类处遇措施

在过去的英国普通法中,最低刑事责任的年龄是7周岁,而1933年《儿童和青少年法》第16条将其确定为8周岁,该法案历经多次修改,于1963年修改为10周岁④。英国坚持教育矫正理念,认为10周岁以下的儿童不具有认识和控制自己行为的能力,故不用负刑事责任,而对于10周岁以上不满14周岁的未成年犯罪人,推定其不具有刑事责任能力,但是如果控方有相关证据证明其有责任能力,且能够达到排除合理怀疑的程度,则该未成年犯罪人应对其犯罪行为承担刑事责任,此即"恶意补足年龄"(Malice Supplies the Age)规则⑤。英国对未成年人行为的管控主要包括三个层面:一是收养无人抚养监护的少年;二是监护案件;三是违反刑法规定的犯罪行为。其实英国的未成年罪错行为分类与美国大体相似,只是英国将需要照顾的无人监护的少年单独分列出来,不难看出英国和美国一样也强调罪错行为的"偏差",以便与成年人的犯罪标准做区分。对未成年人罪错问题,英国主要有两种处理办法:拘禁判决和社区判决。前者是指对罪错少年判处剥夺自由的监禁刑;后者主要包括社区矫正、移交令、补偿令、有条件释放、罚款等内容。除此之外,英国还注重对未成年人进

---

① 参见尤伟琼:《演变与推进:专门学校教育制度的困境与重构》,载《云南师范大学学报(哲学社会科学版)》2022年第6期。

② 参见肖姗姗:《国家责任理论指导下专门矫治教育制度的基本构思——以〈刑法〉与〈预防未成年人犯罪法〉的修订为基础》,载《湖南师范大学社会科学学报》2022年第4期。

③ 参见吴静:《制度与出路:专门矫治教育制度困境与重构》,载《重庆社会科学》2021年第8期。

④ Children and Young Persons Act, § 16(a)(1963).

⑤ See Bryan A. Garner. Black's Law Dictionary Ninth Edition. West Publishing Corporation, 2009, p.1380.

行事前防御并强调社会工作的作用和影响：英国司法部下设立了专门监督罪错未成年人的部门，对罪错未成年人矫正工作进行每三个月一次的评估，以便精准化地安排对应措施，这不仅仅蕴含了英国强调"偏差"的特点，也体现了个别化处遇理论，有利于分层次地对不同罪错行为人进行教育矫正。

2. 美国"双轨制"少年司法制度

在美国的实体法和程序法层面，未成年人犯罪（Juvenile delinquency）均明确地与成年人犯罪（crime）分开。其中需要管控的少年行为主要包括两种：一是违反刑法规范的未成年人罪错行为和身份过错的内容；二是对被忽视儿童、无人抚养儿童（十六周岁以下的）和被虐待儿童的少年保护案件。美国在司法实践中较为注重罪错未成年人的个体差异，形成了少年司法和普通司法的"双轨制"模式。同时在程序法层面上建立专门管理罪错未成年人的少年法院，该法院独立于普通法院，故有利于避免将未成年行为人投入普通法院审判或者关入监狱场所等现象的出现，以及避免对罪错未成年人轻易地打上"犯罪"的标签。美国根据未成年行为人对社会的危害程度，划分了机构内处遇和社区处遇两种执行方式。机构内处遇是指将造成严重社会危害性的罪错未成年人判处监禁刑并于监狱执行的方式，而被宣告缓刑、裁定假释、监外执行或判处其他刑罚的未成年人则是社区处遇的适用对象。其矫治措施层次性与可操作性高，一方面有严重社会危害性的未成年行为人得到了相应的惩罚，另一方面也将社会危害性较小的未成年行为人与社会危害性较大的未成年行为人分开于不同场所执行，避免被"污染"现象的出现，从而提高社会危害性较小的未成年行为人的矫正可能性。然而美国联邦法律和各州法律对于刑事责任年龄以及罪错行为的处遇规则各不相同，相较于在实体法层面制定明确的规范，联邦和各州更倾向于依托少年法庭从程序法层面进行处遇，除非刑处分或矫正以外，还包括适用反证未成年犯罪人具备刑事责任能力的"恶意补足年龄"规则，这一点美国的司法实践与英国一致[①]。

（二）大陆法系罪错行为处遇立法例考察

1. 德国《少年法庭法》的处遇措施分类规定

德国最早的《少年法庭法》可溯源至1923年，现行德国1974年《少年法庭法》继受了教育矫治这一立法特征，对于罪错"少年"的处遇措施分成矫正及保安处分、教育处分、惩戒处分、少年刑罚四类。其中矫正及保安处分、少年刑罚的适用主要依托德国《刑法典》之规定，按照轻罪、重罪分类，相较成年人刑罚在刑罚程度和处分程序上趋向轻缓化，以《少年法庭法》为原则，以《刑法典》为例外；教育处分包括给予指示（调整和规范犯罪少年生活的各

---

① 参见郭自力：《英美刑法》，北京大学出版社2018年版，第247-248页。

项要求和禁令)①和教育帮助;而惩戒处分则包括警告、规定义务和少年禁闭②。以上数种处遇措施之间可叠加适用,同种处遇措施内的不同方式也可叠加适用,对于适用何种处遇措施的必要性判断则交由少年法官判断。对于少年违法行为,尚无需判处少年刑罚,但又必须使行为人认识其行为的违法性的,少年法官可依实际需要判处上述处遇措施,同时少年福利局、少年帮助协会也是少年法庭适用处遇措施的重要参与组织③。另外,德国罪错未成年人的分级处遇还体现在审前转处措施和刑事处罚令制度上,即区分罪错未成年人与成年犯罪人,从程序法的角度以比例原则适用不同处遇措施、保护未成年人权益以及限制公权力的滥用④。

2. 日本《少年法》的罪错行为和处遇程序分级

1922年,日本制定第一部《少年法》,罪错未成年人分级处遇规则开始建立。虽然日本属于大陆法系国家,但其受美国影响而逐渐完善未成年罪错分级处遇规则,这一点在现行1948年《少年法》中得以充分体现。日本将罪错未成年人称为"少年非行",并按照非行少年的行为社会危害程度和年龄将其分为三类:犯罪少年、触法少年和虞犯少年。其罪错行为的判断标准主要有客观上的非行事实和主观方面的需保护性。"非行事实"即上述三种分类所实施的行为,"需保护性"则是考虑少年反复非行的可能性、矫正性和保护相当性。其中,犯罪少年是指有犯罪行为且在14周岁以上不满20周岁的未成年人,触法少年是指触犯了刑罚但是未满14周岁的少年,虞犯少年是程度最轻的,是指虽然没有犯罪,但是其行为违反社会公德的少年(主要是社会对少年的品德要求),此分类标准界限清楚⑤。日本对未成年人罪错行为分级处遇措施主要有两大特色:一是科学的分流转处程序。被指控的非行少年由司法机关负责取证,如果决定不送至检察院,则需调查清楚后送回家事裁判所。裁判所收到案件后,经由社会调查的犯罪少年若被决定审判,就会出现不处分决定、保护处分决定和移送决定几种处理结果。二是日本采取积极措施加大对受害人的保护。如矫正局颁布了《受害者同理教育教化方针》,规定"加害人学习课程"制度,以期罪错少年积极主动理解受害人,促使其真诚地向受害人忏悔。此制度暗含恢复性司法理念,极大地发挥了分级处遇的功能⑥。

---

① § 9 JGG.
② § 13 II JGG.
③ 参见徐久生:《德国刑法典》,北京大学出版社2019年版,第254、263页。
④ 参见王译:《罪错未成年人分级处遇规则的体系建构》,载《中国刑事法杂志》2022年第5期。
⑤ 参见姚建龙:《未成年人罪错"四分说"的考量与立场——兼评新修订〈预防未成年人犯罪法〉》,载《内蒙古社会科学》2021年第2期。
⑥ 参见[日]山口厚:《刑法总论》,付立庆译,中国人民大学出版社2018年版,第271页。

（三）域外罪错未成年人分级处遇规则述评

应当看到，上述国家在对非刑罚的处遇措施适用方面更依赖于司法实务操作，而非由实定法加以穷举入微，少年法院具有相当的自由裁量权，这一点与我国国情和司法实务现状难以契合。但其立法层面仍有许多思路值得借鉴，尤其是罪错行为和对应处遇措施的分级。与两大法系的立法特点类似，英美法系对于未成年人罪错行为的分级处遇措施主要强调未成年犯罪人个体处遇的"偏差"，而大陆法系则主要强调罪错行为的"不当"。另外，在对罪错未成年人分级处遇的立法例考察中可以发现，单独的少年法律基本都是同时结合实体法与程序法，从罪错行为的分类、处遇措施的分级，到少年法庭的组成、相关诉讼或审理程序的流程均总括于一法。

从立法角度看，对罪错行为的分类将决定罪错未成年人行为的定性问题，而定性问题则关乎惩罚和刑罚问题，因此明确罪错行为分类标准显得尤为重要。以日本非行少年分类为例，可以发现，虞犯少年的行为没有触犯法令，全是属于违背社会公德的行为，也是所有分类中对社会危害性程度最低的，与其他分类（触法少年和犯罪少年）界限清晰，没有重复内容。而如前文所述，在我国《预防法》的分类中，严重不良行为又可细分为两大类行为，有些行为容易与刑法产生交叉。例如，16周岁以上的未成年人若故意毁坏财物，那么"毁坏财物"的行为触犯《刑法》的同时也属于《预防法》中的严重不良行为，在严格意义上说这是对立法资源的浪费。

因此，在法律制定层面，要做到分类清晰，在处遇措施上，也要注意分层措施的转处连贯性。比如美国和日本的（审前）转处程序：未成年人因为身心发育不成熟，在其罪错行为经过有效手段干预后，可能会改过自新，也有可能感化教育的矫正效果不好而继续实施罪错行为，故未成年罪错行为具有连续性和可转化性[①]。因此，无论是英美法系国家还是大陆法系国家，其设立的少年法庭（家事裁判所）能够有效地在少年司法机构内处遇和社区处遇二者之间互相转换，完善的转处程序可以根据罪错未成年人的实际表现而随时调整惩罚措施，在提高司法效率的同时也有利于节约司法资源[②]。

四、以保护处分措施为主导的分级处遇规则完善路径

未成年人保护处分制度，是指针对实施不良行为或触犯法律但基于年龄或情节等法定因素未被追究刑事责任的未成年人，由公安司法机关、相关职能部门及社会组织依法实施的社会化帮教与必要强制性矫治措施，旨在预防再犯。罪错分级处遇制度强调以教育为主、惩

---

① 参见何挺：《罪错未成年人分级干预的体系性要求》，载《人民检察》2020年第19期。
② 参见陈小彪、柳佳炜：《论未成年人专门矫治教育的刑行衔接——基于罪错未成年人教育矫治之体系性建构》，载《中国青年社会科学》2023年第2期。

罚为辅的原则,旨在通过教育、感化、挽救的方式,引导罪错未成年人认识到自己的错误并改正,侧重帮助和教育罪错未成年人,避免单纯依赖惩罚手段。在我国,保护处分制度的有效实施亟须依托于未成年人罪错行为分级干预制度的系统构建。为此,应通过完善立法,建立健全罪错未成年人分级干预体系,并在此基础上形成更加科学合理的多元化保护处分措施,从而实现对未成年人罪错行为的精准干预与有效矫治。

类似行政法领域中的比例原则,在罪错未成年人的分级处遇规则设计中,应综合考量处遇规则的目的取向、处遇措施介入的后果以及罪错行为和适用措施间是否相称。对于未成年人不同程度罪错行为的责任主体而言,家庭、学校、公安机关、居民委员会、村民委员会、教育行政部门等政府相关职能部门、司法机关、妇联、共青团及专业的社会机构均具有完成罪错未成年人教育、矫治的义务。其中除专门矫治教育程序和涉及刑罚的诉讼程序外,上述主体应确保对罪错未成年人的全过程教育矫治。借鉴域外对于罪错未成年人分级处遇的经验,针对我国对于罪错未成年人分级处遇实践中的困境,应当廓清各观点学说间的矛盾和异同,在明确指导性原则的前提下,构建更为清晰的罪错行为分级标准,尤其在严重不良行为中合理区分触法行为、违法行为和触刑行为。在此基础上依托《未保法》《预防法》,联动各方责任主体,充分发挥保护处分措施的教育、干预及矫治作用,其中对于早期干预和专门矫治教育应当着重供给立法与司法力量。

(一)分级标准:"五分法"更具行刑区分优势

承继前文所述之原则导向,就未成年人罪错行为的分级而言,学界普遍认为目前《预防法》的三分标准仍不够明确合理。针对我国现行对于未成年人罪错行为的分类标准中相关概念厘定不清且逻辑矛盾的状况,存在着二分法、三分法、四分法、五分法四种观点,其中四分法较为主流,即分为不良(虞犯)行为、严重不良(违警)行为、违法(触刑)行为、犯罪行为[1]。相较于三分标准,不良行为保留道德评价的内涵,而不应该将违反行政法领域的行为纳入其中;新的严重不良行为仅包括违反《治安管理处罚法》等行政法领域的行为;而违法行为则只包括行为触犯刑法规定,但因不满刑事责任年龄而不予刑事处罚的行为。参考域外对于未成年人罪错行为处遇的经验,应科学界定划分罪错行为的分级标准。对未成年人罪错行为的界定应从客观、主观和结果三方面综合考虑,依据危害行为的严重程度、行为主体的责任年龄、行为承担的法律责任将其划分为五个层次,即分为不良行为、触法行为、违法行为、触刑行为和犯罪行为[2]。

---

[1] 参见姚建龙:《未成年人违警行为的提出与立法辨证》,载《中国法学》2022年第3期。
[2] 参见朱良:《解构与建构:未成年人罪错行为分级制度研究》,载《学习与实践》2022年第4期。

1. 科学界定划分标准

从客观层面来看,基于我国现行法律体系中行政违法与刑事犯罪的二元规范结构,未成年行为主体危害行为的严重程度实质上发挥着行为类型区分功能。从规范法学的视角来看,违法与犯罪在行为的社会危害性维度上呈现出本质属性与程度强弱的双重差异;基于行为客体的类型化分析,涉己行为与涉他行为在法律评价层面具有显著的价值分野。值得注意的是,现行立法实践将行政违法与刑事犯罪统合于"严重不良行为"的概念范畴,这一做法不仅消解了两类行为的规范界限,更在制度层面制约了分级干预机制的体系化建构。因此,在社会危害性这一核心评价指标的指引下,未成年人行为的社会危害程度应当作为基础性判断标准,这不仅关涉具体行为的法律定性,更决定着未成年人罪错行为分级体系的整体架构。

从主观层面看,在法律责任的认定体系中,行为主体的主观要素也构成不可或缺的评判要件。这一原则在刑事与行政法律规范中均得到充分体现:刑法通过设置差异化的刑事责任年龄制度,将未成年人的刑事责任能力划分为四个渐进阶段;而《治安管理处罚法》则确立了二元化的行政责任年龄制度,即绝对免责阶段与相对免责阶段。我国台湾地区同样将责任年龄作为未成年人行为分级的基础性标准,形成了包含虞犯儿童、虞犯少年、触法儿童、触法少年及刑事少年的五级分类体系。作为新兴的部门法规范,《预防法》在构建未成年人罪错行为分级标准时,应当遵循法律体系统一性原则,将责任年龄作为核心分级指标,以确保法律规范体系的内部协调与价值统一。

从结果方面看,基于"教育、感化、挽救"的未成年人司法政策导向,构建科学合理的教育性制裁机制对于实现未成年人罪错行为的有效矫治也具有重要的实践价值。这一机制的确立不仅有助于维护法律规范的权威性,更能切实保障被害人的合法权益。

2. 合理构建分级体系

根据上述分级标准,将未成年人罪错行为划分为不良行为、触法行为、违法行为、触刑行为和犯罪行为五个层次更为合理。

首先,从规范法学的视角来看,未成年人不良行为主要呈现以下特征:其一,行为性质属于典型的涉己行为,其社会危害性程度显著低于违法行为;其二,从规范违反程度来看,这类行为虽未达到《治安管理处罚法》与《刑法》的规制标准,但已明显违背《中小学生守则》等未成年人行为规范的要求;其三,从行为本质分析,此类行为具有"身份罪错"的特殊属性,主要表现为吸烟、酗酒、逃学、网络成瘾等有损未成年人身心健康发展的行为模式。实证研究表明,不良行为与违法犯罪行为之间存在显著的关联性。根据行为发展理论,未成年人不良行为往往构成违法犯罪的初始阶段,若缺乏及时的教育干预与行为矫正,可能诱发更严重的违法行为。这一现象在犯罪学研究中被称为"行为恶化链条",即不良行为→违法行为→犯罪行为的递进式发展模式。因此,建立科学的不良行为干预机制对于预防未成年人犯罪具有重要的实践价值。

其次,从法律规范的角度分析,触法行为与违法行为的区分主要基于两个核心要素:责任年龄要件与行政处分标准。具体而言,触法行为指未达到法定责任年龄(14周岁)的未成年人实施的治安违法行为,因其责任能力的欠缺而免于行政处罚,转而适用《预防法》规定的矫治教育措施;违法行为则指已满14周岁的未成年人实施的治安违法行为,依法应受行政处罚。

最后,从刑事法规范的角度分析,触刑行为与犯罪行为的区分主要基于刑事责任年龄要件与刑罚适用标准。具体而言,触刑行为是指未成年人实施的符合犯罪客观构成要件但因责任年龄限制而免于刑罚处罚的行为,其适用范围包括以下两种情形:(1)已满14周岁未满16周岁的未成年人实施的八种法定严重犯罪之外的行为;(2)已满12周岁未满14周岁的未成年人实施的特定严重犯罪之外的行为。相比之下,犯罪行为则指未成年人实施的完全符合犯罪主客观构成要件且应受刑罚处罚的行为。应当说,触刑行为和犯罪行为都是严重侵害社会法益的行为,具有相同层次的刑事违法性。不同的是,犯罪未成年人应当接受刑罚的处罚,而触刑未成年人由于刑事责任年龄的阻却,不受刑罚处罚,其主要适用《预防法》上规定的分级处遇措施,交由家长严加管教或者采取专门矫治教育措施。

换言之,相较于四分法的标准,应增设"触法行为",即未成年人的行为虽违反《治安管理处罚法》,但由于责任年龄的影响而不予行政处罚的行为。从不良行为到触法行为、违法行为、触刑行为再到犯罪行为的划分,从体系上逐步深化,以便形成循序渐进的干预机制。该分类在充分尊重刑事责任年龄制度的基础上,将行政违法行为和刑事犯罪行为明确区分,从而达到罪责刑相适应的要求,同时也体现出儿童利益最大化原则的具化,即同时区分责任年龄、罪与非罪两大分界。

五分法通过科学的分级设计,将国家亲权理论的核心原则——保护、教育、干预和补充性责任——具体化、操作化[1],不仅体现了国家对未成年人的全程化保护,还确保了干预措施的精准性和适当性,从而更好地实现国家亲权理论在未成年人保护领域的实践价值。以未成年人的长远发展为核心,确保处遇措施不仅符合其当前需求,还为其未来融入社会创造条件。例如,在较低级别中注重心理辅导和社会支持,在较高级别中注重行为矫治和技能培养,始终以儿童的最佳利益为出发点。将恢复性司法原则的核心要素——关系修复、责任承担、被害人参与、社会支持等——融入未成年人分级处遇规则中[2],不仅体现了对未成年

---

[1] Jay L. Hines. State Parens Patriae Authority: The Evolution of the State Attony General's Authority. Miami Aprile,2004, p.2.

[2] 参见邓泉洋、汪鸿波:《我国未成年人"双向保护原则"的实践困境及破解之策》,载《中国青年研究》2020年第5期。

人行为的矫治而非惩罚,还注重修复因行为而受损的社会关系,从而更好地实现恢复性司法的目标,促进未成年人回归社会并实现社会和谐。通过多维度的评估指标体系,将未成年人的行为性质、危险性、矫治需求等因素纳入分级标准,确保每一级别的处遇措施能够与未成年人的具体情况相匹配,将个别化原则的核心要求——精准评估、动态调整、多元化措施、关注个体差异、制定个别化矫治计划等——融入未成年人分级处遇规则中[①]。

另外应当注意的是,就当下立法司法现状而言,少年刑法的体系化立法时机并不成熟。《未保法》及《预防法》之规定尚不足以全流程适用于未成年人司法实践,有关未成年人司法程序的相关内容主要见于《刑事诉讼法》。也有学者提倡在多元刑事立法的背景下,应集合刑事实体法、刑事程序法中有关罪错未成年人的规定以及《未保法》《预防法》,参照德日少年刑法,共同组成独属于未成年人的少年刑法[②]。从长远的立法进程来看,少年刑法体系化、单独化立法确是一种趋势,但也应当看到,我国目前对于法典化的刑事立法这一立法背景的争论仍未平息,刑法典、单行刑法、附属刑法的多元立法论和统一刑法典的单一立法论各执一词。与此同时,少年司法实践中无论是制度组织建设还是司法资源配置仍需继续积累,对于专门矫治教育等保护处分措施的规定和实际适用方面也并未臻善,比如专门矫治教育学校的分布、接收生源的范围、具体教育内容等尚未统一。

(二)早期干预:明确主体责任与补全保护处分措施

从处遇主体和处遇措施的强制程度来看,保护处分和刑事处罚这两类不同级别的处遇措施,呈现出"预防—教育—矫治—刑罚"递进式的逻辑关系,并且作为《预防法》特别规定的处遇措施,专门矫治教育需要更多的资源倾斜和制度完善。从罪错未成年人的利益和社会本位的视角出发,基于儿童利益最大原则处遇措施的适用完善不仅在于刑法学层面的刑罚适用,更在于犯罪学和刑事政策方面重视预防、教育和矫治的作用,即在未成年人罪错行为分级处遇领域应坚持"罗克辛贯通"。另外,罪错未成年人分级处遇涉及的机构众多,应当统筹司法机关、民政部门、家庭和社会,加强司法机关、行政机构与专门机构之间的联动和协作,共同建立社会化综合保护体系,形成未成年人罪错行为处遇的高效联动机制[③]。

1.确立家庭、学校、司法机关三方责任

预防,是指对于行为已经出现犯罪危险特征的未成年人,采取针对性的预防措施,预防其往犯罪人转变。考虑到未成年人与成年人在生理、心理和行为方面的差异,对于未成年人的不良行为、触法行为,家庭和学校作为未成年人的第一责任方应加强监护教育。此外,应

---

① 参见《联合国少年司法最低限度标准规则(北京规则)》,https://www.un.org/zh/documents/treaty/A-RES-40-33,最后访问日期:2025年1月22日。
② 参见叶小琴:《我国少年刑法立法的体系化》,载《法学评论》2022年第4期。
③ 参见候艳芳:《未成年人保护处分制度的反思与改进》,载《法学论坛》2022年第4期。

对未成年人的家庭状况进行监督,如果是由于家庭原因引起的未成年人的不良行为、触法行为,公安机关、居民委员会、村民委员会应当按照《预防法》的要求,对未成年人父母及其他监护人进行督促,包括但不限于敦促其更新其监护观念、进行亲职教育培训等,从而保障监护人正确进行家庭教育、履行监护职责,并充分发挥家庭管理的作用。就学校层面而言,除加强与未成年人家庭的沟通、建立家校合作机制外,还应接受教育行政部门指导,保证对不良行为干预的实效,尽量避免无效干预或者过度干预①。应当注意的是,虽然不良行为、触法行为的教育和矫治仅有家庭和学校介入,但并非家庭、学校仅对不良行为、触法行为两个类别进行介入,监护教育是长期性的,应贯彻于未成年人罪错行为全类别全流程。

除家庭和学校外,司法机关更应确立自身在罪错未成年人处遇中的主导地位,发挥干预作用。2019年1月,最高人民检察院设立第九检察厅,即未成年人检察厅,参与未成年人相关刑事或者公益诉讼案件。在这种司法模式下,有必要建立以检察机关为核心的处遇主体:第一,在对罪错未成年人进行教育和矫治的过程中,加强对未成年人家庭状况的监督,依照法制发布督促监护令,并协同政府相关职能部门、妇联、共青团及专业的社会机构,对罪错未成年人进行"一站式"帮教。第二,在对罪错未成年人进行刑事处遇的过程中,检察机关内部各职能部门需积极干预,发挥检察机关所具有的裁判权、教育权与保护权,协调公安机关、法院、司法行政机构,推行未成年人刑事司法、民事行政司法一体化,公益诉讼与未成年被害人司法保护一体化,共同处遇未成年人案件。第三,发挥检察机关的监督作用,对涉及未成年人诉讼活动、行政机关对未成年人行使职权以及侵犯未成年人公共利益的行为加强监督②。

2. 促进早期干预域外经验之本土化

德国《少年法庭法》的"教育处分"和日本《受害者同理教育教化方针》中"加害人学习课程"均系对未成年人罪错行为加以教育和矫治措施的具体规定。针对未成年人独特的身心特点,对其进行提前干预可以大大地减少犯罪行为的出现。关于责任主体,我国《预防法》第四条明确规定提前干预未成年人的罪错行为,主要负责的主体为家长、学校和政府。父母无疑是负担教育孩子的第一负责人,但是家庭领域属于私人领域,国家公权力很难通过法律规定去调节控制家庭内的行为,所以其实家长作为干预主体的实际效果是不可知的③。德国少年法庭具备判处教育处分的权力,该措施有利于在公权力不过分介入家庭领域的情况下对罪错未成年人进行教育矫治,帮助其塑造良好的价值观,从而融入社会、回归正常生活。

---

① 参见宋英辉、钱文鑫:《我国罪错未成年人分级干预机制研究——以专门教育为核心抓手》,载《云南师范大学学报(哲学社会科学版)》2022年第6期。
② 参见许身健:《低龄未成年人罪错行为的法律规制》,载《法学杂志》2023年第6期。
③ 参见[日]前田雅英:《刑法总论讲义》,曾文科译,北京大学出版社2017年版,第5-6页。

另外，日本的"加害人学习课程"这一制度同样值得借鉴，通过加害人自主向被害人改过的过程，有利于大幅减少罪错未成年人的再犯可能性。在对未成年人罪错行为干预的理念上，无论是大陆法系还是英美法系，大多坚持以教育矫正为主，当然其并未忽视刑罚的作用。比如，对于情节轻微、社会危害性不大的违法行为仅仅判处罚金刑就可以达到比较好的矫正效果，但对于有一定社会危害性的轻罪和重罪的处罚就比违法行为更重，有利于最大程度上发挥刑罚的威慑力。

目前我国尚未具备少年刑法体系化的立法时机，因此诸如德国少年法庭或日本家事裁判所的程序设计并不能原封不动地照搬[1]。因此，从立法体例的角度来说，"教育处分"和"加害人学习课程"制度难以直接通过《刑法》《刑事诉讼法》等基本法律加以详细规定；取而代之的是，《预防法》或者未成年人犯罪处遇相关的司法解释则可以加入上述早期干预措施。具体而言，不良行为和触法行为只是道德越轨，并不涉及法律后果的评价，故而无需强制适用具有恢复性司法意义的"加害人学习课程"制度。此外，训导等保护处分行为本身便含有"教育处分"的性质。所以"加害人学习课程"制度主要针对违法行为、触刑行为和犯罪行为，而"教育处分"则可适用于罪错行为的各阶段。

（三）专门矫治：联动社会机构完善程序标准

除了对未成年人罪错行为的教育及预防层面，还应完善专门矫治教育的处遇机制。对于《预防法》第四十三条规定的严重不良行为适用专门矫治教育，可依据"五分法"进行细化，即在罪错行为类别上，专门矫治教育仅适用于触刑行为，而违法行为则交由社区矫治机构进行矫治教育。当然，是否适用专门矫治教育还需由专门教育指导委员会综合考量罪错未成年人的生理情况、行为危害程度、社会危害性、再犯可能性、其他处遇措施执行效果等多方因素，同时还需出于将标签理论的影响最小化进行考虑[2]。从上述角度而言，社区矫治机构和专门矫治教育机构对于矫正罪错未成年人的违法行为、触刑行为，保障未成年人的合法权益来说至关重要。然而在我国目前的司法实践中，专门学校较普通义务教育制学校而言存在经费投入不足、教师资源短缺等问题，《预防法》第四十五条第二款仅能在法律层面确保省级人民政府辖区内至少存在一所专门学校。因此，省级人民政府及相关职能部门应当重视辖区内专门学校的建设，除予以政策上的倾斜外，还需加大财政经费投入与补助，加强对工读学校的教职人员的培训，推动知识学习、技能训练、行为矫正、心理疏导、法治教育、专门教育一体化建设，并对专门学校教育矫治成果进行考核，使需要教育的罪错未成年人能够得到较为科学的、有保障的义务教育。并且，对于早期干预、专门矫治教育等保护处分措施，

---

[1] 参见孙谦：《中国未成年人司法制度研究》，中国检察出版社2021年版，第140-141页。
[2] 参见王译：《罪错未成年人分级处遇规则的体系建构》，载《中国刑事法杂志》2022年第5期。

应由司法机关牵头,全流程保障未成年人正常接受监护、入学、转回普通学校的合法权利,及时履行行政监督职责[①]。

在专门矫治教育之外,我国还可参考英国建立的青少年犯罪小组,探索社会化的矫治机构的建立。从犯罪预防的视角来看,未成年人的特殊预防符合社会共同利益,通过社会机构介入可以有效解决未成年人犯罪矫正的成本问题;并且,社会机构的灵活性,可以减少其因地方财政差异而带来的经济条件限制。英国青少年犯罪小组定期对涉罪未成年人进行风险动态评估,根据个体情况开展精准的矫治。我国如若建立社会化矫治机构,应选取相关学校、社区、有社会责任感和观护条件的企业作为机构主体,建立专门的观护基地,通过签订协议,设定基地的服务标准、职责范围、矫治方式、管理流程,以教育行政部门等国家专门机关为主要责任方,确定社会矫治机构运营的考核机制。在具体的教育矫治措施方面,专门学校可采取职业技能培训、法治教育培训、定期面谈、公益劳动、社会服务等措施,更应当在条件允许的情形下,根据未成年人的具体情况,对罪错未成年人采取个人化的措施[②]。另外,对罪错未成年人的定期心理测试必不可少,应落实《预防法》要求,在专门学校中统一配备专业的心理咨询师,对罪错未成年人开展心理疏导、情绪监控、心理问题咨询,为其重返社会做好准备。

五、结语

恤幼是我国自古以来的社会传统,随着中国特色社会主义法治化进程的逐步推进,这一传统更是得以具现。而如何把握对罪错未成年人的处遇措施适用也从过去争论的刑事责任年龄调整、证明刑事责任能力追责,转向了保护处分,尤其是专门矫治教育的非刑罚处遇措施。未成年人的健康成长,关系着国家与民族的前途与未来;保障未成年人的司法权益,彰显着我国治理体系与治理能力的进步,以良法促善治。一方面,以现有的制度框架为基础,参照域外治理罪错未成年人的经验,建立更为精细清晰的罪错行为分级标准,以检察机关为主导,吸纳审判机关、政府职能部门、社会矫治机构等多重处遇主体参与,逐级落实"预防—教育—矫治—处罚"的处遇措施,是未成年人罪错行为治理的当务之急。另一方面,应当认识到未成年人立法体系化的导向,独属于未成年人的、法典化的专门法律在不远的未来等待被构筑,功在当代,当下的未成年人司法工作臻善不仅是对司法实务困境的回应,更是对未成年人罪错行为治理体系的夯基。

[①] 参见张鸿巍、刘筠瑶:《专门矫治教育行政复议的启动困境与纾解策略——兼议〈预防未成年人犯罪法〉第四十九条》,载《中国青年社会科学》2024年第6期。

[②] 参见侯倩、林晓萌:《试论未成年人罪错行为干预体系的分层构建》,载《青少年犯罪问题》2019年第4期。

环境犯罪行刑反向衔接检察监督机制的体系化形塑[*]

张德权 [**]

摘要：在环境犯罪行刑反向衔接机制中，检察监督机制系属三大核心机制之一。然而，在环境犯罪行刑反向衔接的开展过程中，检察机关法律监督权的行使面临着移案监督经验不足、行政监督手段疲软与配套机制功能不彰的现实制约。而问题的解决以合理定位检察权属性为前提，有鉴于此，需要结合环境犯罪行刑反向衔接的办案需求，在理论层面上厘清行政权说、司法权说、二元说以及法律监督权说的学理争议；在规范层面上，对《宪法》《刑事诉讼法》《人民检察院组织法》中的公检法关系原则条款、检察监督职权依据条款进行教义学阐释，在明确检察权系属法律监督权的基础上构建理想型检警、检法与检行关系。在此原理指引下，将检察机关法律监督权的行使嵌入检察机关参与办理环境违法犯罪案件的全流程，将刑事司法机关的移案监督纳入监督范围，完善行政违法的监督措施，并健全配套性的工作机制，从而形塑体系化、规范化与常态化的检察监督机制。

关键词：环境犯罪　行刑反向衔接　检察监督　移送监督　监督力度

一、引言

党的二十届三中全会审议通过了《中共中央关于进一步全面深化改革 推进中国式现代

---

[*] 基金项目：2021年国家社科基金重大项目"数字经济的刑事安全风险防范体系建构研究"（项目号：21＆ZD209）。

[**] 作者简介：张德权，中国政法大学刑事司法学院博士研究生。

化的决定》,提出要"推进生态环境治理责任体系、监管体系、市场体系、法律法规政策体系建设","完善行政处罚和刑事处罚双向衔接制度"。最高人民检察院先后于2023年7月、2024年11月出台了《关于推进行刑双向衔接和行政违法行为监督 构建检察监督与行政执法衔接制度的意见》(以下简称《行刑衔接监督意见》)、《人民检察院行刑反向衔接工作指引》(以下简称《工作指引》),为行刑反向衔接机制的构建运行作出了一系列行之有效的制度安排。然而,作为行刑反向衔接运行基础的检察监督机制在实践中面临经验不足、监督乏力、配套保障措施功能受限等问题,这在环境犯罪治理中尤为明显。2024年11月5日,最高人民检察院检察长应勇在第十四届全国人民代表大会常务委员会第十二次会议上作《最高人民检察院关于人民检察院行政检察工作情况的报告》,应勇提出,加强环境资源司法保护,加强涉环境污染处罚等领域行政检察监督,与自然资源部共建行政检察和行政执法衔接机制①。立足于当前的环境法治实践,构建体系化的环境犯罪行刑反向衔接检察监督机制不仅十分必要,而且意义深远。

根据《中华人民共和国行政处罚法》(以下简称《行政处罚法》)第二十七条以及《环境保护行政执法与刑事司法衔接工作办法》(以下简称《环保衔接办法》)第十七条、第十八条的规定,在涉嫌环境犯罪案件的刑事追诉过程中,若出现了没有犯罪事实、犯罪事实显著轻微、不需要追究刑事责任,或者案件被作出不起诉决定,再或者案件被定罪免刑,同时,办案机关经审查认为应当对案件给予行政处罚的情形时,公安机关、检察机关或者人民法院应当将案件反向移送至环境行政执法部门进行行政处罚。但是,若刑事司法机关怠于履行案件移送职责或者承接移送案件的环境行政执法部门怠于作出行政处罚,应当由何种机关进行监督?从反向移送监督机制的工作内容来看,反向移送监督机制是针对由刑事司法机关发出的反向移送的监督制约,所以,监督对象包括刑事司法机关和行政执法机关②。毋庸置疑,在环境犯罪行刑反向衔接中,案件的反向移送是在刑事诉讼过程中被决定并由刑事司法机关负责的。监督是监督整个刑事诉讼过程,而在三机关中,检察院正是唯一全程参与刑事诉讼的机关;正是基于此,监督权才专属于检察院。相比之下,法院的制约不是全程性的,公安机关根本就不是制约的主体③。加之以检察机关同时依法行使行政违法监督权,因此,立足于当前的法律实践与理论根基,在我国现行制度体系下,需要对环境犯罪行刑反向衔接检察监督机制的体系化建构展开探索。

---

① 最高人民检察院向全国人大常委会报告行政检察工作, https://www.spp.gov.cn/spp/tt/202411/t20241105_671031.shtml. 最后访问日期:2025年1月19日。

② 周佑勇:《行政执法与刑事司法的双向衔接研究——以食品安全案件移送为视角》,载《中国刑事法杂志》2021年第4期。

③ 田夫:《"法检公"三机关关系原则的解释论展开——兼论制约与监督的关系》,载《清华法学》2024年第2期。

二、环境犯罪行刑反向衔接检察监督机制的现实制约

环境犯罪的行刑衔接既包括正向衔接,也包括反向衔接,然而,较之于正向衔接,反向衔接在制度建设与实践经验上都存在欠缺[①]。在环境犯罪行刑衔接案件办理中,检察机关不仅要监督环境行政执法部门是否移送案件、公安机关是否立案,还要监督反向移送中何种案件需要移送、如何移送、移送后执法部门的处理是否合理合法等事项。然而,对于检察机关的法律监督权来说,由于法律规定的过于原则而使实践中围绕检察监督权的主体、客体、内容以及运行方式等方面形成了不少分歧。具体到行刑反向衔接机制的检察监督而言,当前并没有明确且具体的工作指引规则,绩效考评在检察权运行中并未全面覆盖不起诉后检察职责履行情况[②]。质言之,在环境违法犯罪的行刑一体化治理中,行刑反向衔接的检察监督机制面临着如何监督案件移送、如何增强监督力度以及如何优化配套机制的三重困境。尽管此三重困境普遍存在于绝大多数行政犯行刑反向衔接的运行机制中,然而,其在环境犯罪的行刑反向衔接中却又有更加特殊的表现形式,对此,可分别围绕此三个方面加以说明。

(一)对刑事司法机关反向移送职责的监督经验不足

行政执法与刑事司法双向衔接机制的顺畅运行离不开四项工作机制的相互协调与共同作用,这四项工作机制分别是,行政执法部门向刑事司法机关移送案件的正向衔接机制、正向衔接的检察监督机制、刑事司法机关向行政执法部门移送案件的反向衔接机制、反向衔接的检察监督机制。从当前有关行刑衔接的法律法规、规范性文件来看,基本上都规定了前两项内容,比如2020年国务院修改后的《行政执法机关移送涉嫌犯罪案件的规定》第十四条以及《环保衔接办法》第十二条、第十三条、第十四条,这些条款对正向衔接的检察监督进行了专门规定。当前诸多法律法规、规范性文件对于上述第三项内容,亦即刑事司法机关的反向移送职责也都作出了规定,比如,2021年《行政处罚法》第二十七条、《中华人民共和国刑事诉讼法》(以下简称《刑事诉讼法》)第一百七十七条与《中华人民共和国野生动物保护法》第三十五条等。然而,监督公安机关、审判机关反向移送的规范依据尚处于缺位状态[③]。如此一来,便会在行刑反向衔接机制的构建与运行中形成一个必须回答的问题,那就是,刑事司法机关的反向移送职责是否需要监督,倘若需要监督,又如何在现行制度体系内安排监督主体与设置监督方式。面对当前的环境犯罪治理早期化,应当强化行政法等前置法对环境问题的治理效能,实现环境犯罪的刑法谦抑性的理性回归[④]。面对环境治理中预防性犯罪

---

① 参见李怀胜:《网络犯罪治理的刑行衔接:基本价值与运作模式》,载《南京师大学报(社会科学版)》2023年第3期。
② 王军:《不起诉后检察权规范运行问题研究——以行政执法和刑事司法衔接为视角》,载《时代法学》2022年第3期。
③ 参见练育强:《"刑事—行政"案件移送要件研究》,载《国家检察官学院学报》2021年第4期。
④ 刘艳红:《环境犯罪刑事治理早期化之反对》,载《政治与法律》2015年第7期。

化的立法冲击,应当在环境犯罪的法益保护上实现集体法益向个人法益的比例还原[①]。在刑事领域,虽然检察机关有权监督公安机关刑事侦查的职能,却不能监督公安机关是否将不符合刑事立案条件或者不起诉的案件移送给相关行政主管部门[②]。为了防止在优先移送刑事原则之下,公安机关消案、挂案的数量继续增大,必须加强对公安机关移送案件的办理情况的监督[③]。同理,为防止审判机关在对案件作出无罪判决或者定罪免刑的判决后将行为人"一放了之",从而造成"不刑不罚"的结果,亦需要加强对人民法院反向移送的监督。

在环境犯罪的行刑反向衔接中,制约检察机关对刑事司法机关履行移送职责行使监督权的因素不仅包括规范依据的阙如,还包括环境行政执法与环境刑事司法实践中的现实阻力。质言之,在环境行政执法实践中,依法行使行政执法权并能够对环境行政违法行为作出行政处罚的机关既包括综合环境监督管理部门,亦包括专项环境监督管理部门,前者如各地市的生态环境管理局,后者则又涵盖了主管农业、林业以及渔业等不同类型的行政部门。刑事司法机关办理的涉嫌环境犯罪的案件,既有可能来源于这些环境行政执法部门的移送,也有可能来源于公民对相关违法犯罪的举报或者本机关在犯罪侦查中自行发现的线索。在对案件进行反向移送时,对于第一种情形而言,承接主体比较容易确定,然而,对于第二种、第三种情形来说,由于相关案件可能涉及不同环境行政执法部门的监管职责,通常难以确定具体的承接主体。这难免会加大刑事司法机关履行反向移送职责的难度,自然也会对检察机关监督权的行使产生直接影响。

(二)对环境行政执法部门行政处罚监督的力度不强

在环境犯罪的行刑反向衔接机制中,针对环境行政执法部门在承接反向移送的案件后开展行政处罚的情况,检察机关可采取的监督方式主要包括检察意见、环境行政公益诉讼以及提前介入等。然而,目前这几种手段存在力度不强与效果不彰的局限。

首先,在《行刑衔接监督意见》第三条与《工作指引》第八条、第九条中规定了"检察意见"的监督方式,然而,在实践中,这种随不起诉决定一并移送给行政执法部门的"检察意见"更多的是发挥告知执法部门案件的处理结果以及建议其对案件作出处理的功能,行政执法部门对于该检察意见的适用率并不高,以至于这种监督方式收效甚微[④]。而只有当行政执法部门怠于开展行政处罚工作时,才可能构成行政违法,此时,检察机关才能进一步考虑通过发出检察建议的方式来监督和纠正行政违法行为。而且,上述规定仅将监督范围局限在检察机关作出不起诉决定的案件,而公安机关认为不构成犯罪不予立案或撤销案件、审判

[①] 参见欧阳本祺:《论集体法益向个人法益的比例还原》,载《环球法律评论》2024年第4期。
[②] 刘艺:《检察机关在行刑反向衔接监督机制中的作用与职责》,载《国家检察官学院学报》2024年2期。
[③] 刘艺:《建构行刑衔接中的行政检察监督机制》,载《当代法学》2024年第1期。
[④] 参见王春丽、邓翡斐、沈梦昕:《"行刑"反向衔接的实践难点及对策思考》,载《上海公安学院学报》2024年第2期。

机关作出定罪免刑判决反向移送给行政执法部门予以行政处罚的案件尚未纳入。此外，即便是在检察机关内部，也会就检察意见的制发产生分歧。在诸多涉嫌环境犯罪的案件中，对于被不起诉人在侦查阶段已采取环境修复措施并取得良好修复结果的同类情形，是否需要就该行为提出行政处罚的检察意见，由于没有统一的判断标准，不同案件承办人可能看法各异。与此同时，在环境犯罪行刑反向衔接中，公检法机关都能够在法定条件下将案件移送至环境行政执法部门进行行政处罚，单就检察机关来讲，其反向移送的案件就包含了法定不诉、相对不诉与存疑不诉三种情形，这些因素都会对环境行政执法部门的后续处理产生影响，在承接移送的案件之后，其内部对于是否需要予以当事人行政处罚也难免会产生观点分歧。即便检察机关对怠于履行职责的行政执法机关制发了检察意见，对该检察意见的后续跟踪监督也不易开展。2021年《最高人民检察院关于推进行政执法与刑事司法衔接工作的规定》第十一条围绕执法机关就检察机关对于不起诉案件制发的检察意见的响应作出了规定，然而，失之于线上信息互通机制的不健全，对于收到检察意见书之后行政执法机关怠于启动行政处罚程序的情形，检察机关往往也难以及时知晓，这难免会加大督促执行工作的难度和工作量。

其次，在案件移送方向转变的场景下，原本在环境犯罪行刑正向衔接中能够发挥重要作用的检察机关提前介入机制在行刑反向衔接案件办理中也会作用受限。所谓提前介入，通常是指检察机关在重大刑事案件中应邀或主动参与案件侦查、指导收集证据以及就适用法律问题提出意见的制度，该方式在督促行政机关移送案件、公安机关及时侦查上发挥了极大作用[①]。然而，检察机关通常在公安机关侦办重大环境案件时才会考虑提前介入，而现实中可能需要公安机关反向移送的多为危害程度轻微并不一定成立犯罪的环境案件，对此，检察机关提前介入的可能性不大；而当案件移送至检察机关之后，倘若检察机关作出不起诉决定，并将案件反向移送至环境行政执法部门，自然也不会存在检察机关提前介入本机关办案流程之说。

最后，除了这种"不起诉+检察意见"的监督方式外，其他监督手段未在当前行刑反向衔接的法律法规、规范性文件中得到认可。尽管环境行政公益诉讼是监督环境行政执法部门履职的有力手段[②]，然而，从实践中看，司法机关将环境案件反向移送环境行政执法部门之后，即便其怠于作出相应行政处罚，检察机关提起环境行政公益诉讼的概率也非常之低，这在某种程度上是由于公共利益是否受到损失通常不易判断。不仅如此，由于公益诉讼被告主体以私主体或者行政主体为限，若司法机关怠于反向移送案件，检察机关却不能以此手

---

① 蒋云飞：《环境行政执法与刑事司法衔接的检察监督——基于检察机关提前介入视角》，载《重庆理工大学学报（社会科学版）》2019年第4期。
② 张式军、赵妮：《环境行政公益诉讼中的和解制度探究》，载《中州学刊》2019年第8期。

段对其进行监督。故而,当前单一性的监督方式无益于常态化监督机制的形成。

(三)检察机关行使监督权的配套保障机制效果不彰

环境犯罪是一种公害犯罪,在涉嫌环境犯罪的案件中,经常出现无直接受害人的情形。此外,环境犯罪的侦办通常要求办案人员具备环境领域的知识与专门的技能。在现实中,案件线索发现渠道的不通畅以及案件办理上的专业性制约着检察机关法律监督权的行使,这就突出了案件信息共享机制、联席会议工作机制与智慧司法辅助机制等配套性工作机制的必要性。然而,实务部门在环境案件办理中面临着线上信息共享不全面与线下信息共享不及时的双重制约。

一方面,"行刑衔接"信息共享平台未能充分发挥辅助功能。监督线索的发现是检察机关行使监督权的必要前提。检察监督机制的运转以案件线索的发现、案件材料的获知为前提。然而,检察监督权的行使之所以重重受阻,在很大程度上是因为公安机关在撤销案件或者人民法院在作出无罪判决后通常采用卷宗的形式来获取案件信息。这样的文书传送机制在时间上具有迟缓性,在案情反映上欠缺全面性,其虽然实现了形式上的信息交流,却无法彻底地化解信息不对称的问题[①]。如此一来,便会在监督主体与被监督者之间形成信息鸿沟,进而加剧双方对彼此的猜忌和怀疑,这反过来又使前者更加严格地审查衔接工作,使后者愈发产生抵触的倾向,如此陷入了一个难以扭转的连锁反应。这也是立法者企图通过行刑衔接信息共享平台的建设打破公检法机关与行政执法部门之间信息壁垒的重要动因。然而,不少地区的两法衔接平台不健全、信息共享渠道不通顺以及检察机关的监督主动性不明显,这与建成立体全面、运行高效的检察监督机制的目标之间尚存在不小的差距。"行刑衔接"信息共享平台建设的滞后使得线上信息互通机制在行政执法机关与司法机关之间的建设和运行受到阻碍。行政执法机关一旦将案件移送至司法机关办理,通常会失去获知该案后续处理结果的主动性和便捷性,也使得司法机关是否向其反向移送案件成为其是否需要对该案当事人作出行政处罚的必要前提。近年来,公安机关、环境行政执法部门在平台信息录入方面也并不规范,选择性录入、部分录入、迟延录入等情形较为常见,这造成检察机关发现监督线索的路径被阻塞,从而导致检察机关无法及时获知环境违法犯罪案件的办理进程与移送进度,制约其监督职权的行使。

另一方面,作为线下案情通报与案件分析重要机制的联席会议的召开是各与会成员单位掌握案件信息的关键渠道,然而,目前联席会议的召开通常是以发生疑难案件为前提的,所采取的也是个案分析的形式,并不具有规律性与常态性。一旦案件发生,牵头单位并不一

---

① 刘杨:《行政执法与刑事司法衔接的二元格局及其法治后果——以食品药品监管领域的经验为例》,载《华中科技大学学报(社会科学版)》2020年第1期。

定会通过发起联席会议的形式就案件的办理与相关单位进行会商,加之环境违法与环境犯罪的成立标准各异、刑事证据与行政证据之间的证明标准不同等差异化因素,便会在环境案件办理中难以及时解决行刑衔接上出现的问题。如此一来,即使公安机关事先掌握了不构成犯罪但须给予行政处罚的环境违法事实,也可能不会进一步判断其行政违法性乃至将案件及时移送环境行政执法部门办理。在这种情形下,检察机关自然无法获知案件信息,检察监督进而无从谈起,这便滋生了公安机关销案放人、疑案从挂等不合理现象,造成对行为人"不刑不罚"的处罚漏洞,不利于形成严密的环境保护法治体系。

三、环境犯罪行刑反向衔接中检察权属性的应然定位

环境犯罪行刑反向衔接检察监督机制的体系化构建若要具备理论根基与规范载体,自然离不开对检察权性质的辨析以及对相关法律的参照。而立足于行刑反向衔接的实践运行,结合检察权的理论谱系和当前法律体系的规范指引,宜将检察权定位为法律监督权。

（一）检察权性质的理论聚讼

当前,行刑反向衔接工作呈现出由检察机关主导开展的趋势,这一过程主要表现为检察机关将不起诉的案件反向移送给行政机关作出行政处罚,并对行政机关行使行政处罚权进行跟踪监督,纠正行政不作为与违法行政行为。但是,要更好地解决环境犯罪行刑反向衔接中面临的问题,就必须对检察机关在环境犯罪行刑衔接,尤其是环境犯罪行刑反向衔接中所行使职权的性质进行辨析。行政权说、司法权说、双重属性说与法律监督权说都分别对检察权的性质作出了说明,这些学说内容各异,在理论界各有拥趸。

行政权说的核心观点是,检察机关当属行政机关,而检察权则为行政权[1]。在理论界,支撑行政权说的理由可以分为三点：其一,以行政权来定性检察权,能够实现司法资源的有效整合,从而推动诉讼效率的提升[2]。其二,检察权在表现形式上体现出行政属性,其并不具有独立性、中立性、终局性与被动性[3]。其三,检察机关以"检察一体制"作为组织活动的基本原则,从而表现出上命下从的鲜明行政属性[4]。司法权说的核心观点是,检察机关当属司法机关,而检察权则属于司法权。支持这一观点的依据可分为两点：其一,以司法权定性检察权是避免行政权对司法权不当干预的必然要求[5]。其二,检察官与法官分别在审前程序与审判程序行使职权,二者不仅在职责上具有相似性,而且在各自职权的司法属性上不应被差别化

---

[1] 陈卫东：《我国检察权的反思与重构——以公诉权为核心的分析》,载《法学研究》2002年第2期。
[2] 彭勃：《检察权的性质与"检警一体化"理论试析》,载《当代法学》2022年第8期。
[3] 陈卫东：《我国检察权的反思与重构——以公诉权为核心的分析》,载《法学研究》2002年第2期。
[4] 参见周新：《论我国检察权的新发展》,载《中国社会科学》2020年第8期。
[5] 参见林钰雄：《检察官论》,法律出版社2008年版,第68-76页。

看待①。双重性说的核心观点是,检察权既具有行政属性,又具有司法属性。而论者主张双重性说的根据就在于,"检察权源于行政权,又与司法权结合,因此,说它是具有行政与司法双重特性的权力更符合实际"②。法律监督权说的核心观点自然是将检察权定位为法律监督权。正如有论者指出,"法律监督是检察权的本质特点,司法属性和行政属性都只是检察权的兼有特征和局部特征。任何对检察权性质的全面把握,都必须立足于法律监督,兼顾司法性和行政性"③。亦有论者进一步指出,以检察权是独立公权力为逻辑起点,基于属性概念展开重新审视,可以发现检察权具有法律监督性、司法属性、行政属性和公益属性,其中法律监督属性是其本质属性④。

毋庸讳言,以上观点对于检察权属性的探究都有一定的道理,而各个观点之所以会出现分歧,其原因还在于不同论者分析时的切入点不甚一致。行政权说的论者立足于检察机关的组织体制特征,自然会看到其与行政机关类似的上下级领导关系属性;而司法权说的论者以检察权对行政权的制衡为切入点,进而强调其行使不同于行政权的司法权。将这两种观点结合起来看,就形成了所谓的双重性说。与之不同的是,法律监督权说以检察机关的监督职能为切入点,强调的是对于行政权与司法权的双向监督。这就印证了,从不同的切入点进行分析,就会窥见检察权不同的属性特征。故而,有论者指出,在阐释检察机关的权力来源时,我们可以概括称之为"检察权"⑤;在讨论检察机关的独立性时,我们应当称之为"司法权";而在研究检察机关的功能及其与行政机关、审判机关的关系时,我们应当称之为"法律监督权"⑥。所以,面对检察权的多重属性,如何在环境犯罪的行刑反向衔接中对其进行合理定位将成为一个必须回答的理论与现实问题。正因为未能对检察权的性质进行精准定性,公安机关与审判机关在行刑反向衔接中的积极性还未能充分被调动起来。因此,要在环境犯罪行刑反向衔接机制中把握检察权属性的应然定位,从而更好地构建起理想型的检警关系、检法关系与检行关系,促进检察监督机制的建立健全。

(二)检察权性质的应然定位

在环境犯罪行刑反向衔接的语境下探讨检察权的性质时,既要立足于行刑反向衔接的办案需求,又要对相关规范依据进行教义学阐释,从而对检察权的性质形成精准、规范且系统的理解。

---

① 参见万毅:《检察权若干基本理论问题研究——返回检察理论研究的始点》,载《政法论坛》2008年第3期。
② 蒋云飞:《论基于权力关系分析的行刑衔接机制》,载《湖南行政学院学报》2019年第3期。
③ 陆敏:《论检察权的性质及其作为公诉机关的法律定位》,载《理论界》2001年第5期。
④ 王守安、田凯:《论我国检察权的属性》,载《国家检察官学院学报》2016年第5期。
⑤ 谢佑平、燕星宇:《我国检察权性质的复合式解读》,载《人民检察》2012年第9期。
⑥ 张智辉:《中国特色检察制度的理论探索——检察基础研究30年述评》,载《中国法学》2009年第3期。

1. 将检察权定位为法律监督权契合行刑反向衔接的需求

若要对检察权进行属性上的精准定位,还需要在充分认识到不同种类权力专有属性的基础上对理论层面上存在的行政权说、司法权说、双重性说与法律监督权说的争议进行厘清。如上所述,之所以会出现理论纷争,主要原因还在于不同论者在分析视角上存在差异。一方面,司法权以中立性为突出特点,然而,环境犯罪的复杂性、潜伏性与累积性突出了检察机关提前介入的实践意义,这与居中裁判的中立性司法权属性定位自然会产生矛盾。另一方面,在一府一委两院的国家权力结构形式下,行政权强调的是通过公权力的行使更好地规范社会管理秩序和维护个人权利,而非通过行使行政权来监督行政权。同理,将检察权理解为行政权,就会无法解释其对作为行政机关的同级行政执法部门的执法活动进行监督时是在行使何种职权、这种职权的来源何在等问题。因此,立足于监督视角,法律监督权说的观点认为,检察权是同时对司法权与行政权的行使进行监督的权力。在环境犯罪行刑反向衔接机制中倡导法律监督权说,是检察机关能够对公安机关、审判机关的案件移送以及环境行政执法部门的环境行政处罚行使监督权的理论之源。

2. 将检察权定位为法律监督权具有实定法上的规范依据

作为根本法的《中华人民共和国宪法》(以下简称《宪法》)在第一百三十四条中规定,检察机关是国家的法律监督机关。尽管《宪法》并未明确检察权就是法律监督权,但是,至少表明,检察机关能够通过行使检察权开展法律监督。而且,《中华人民共和国人民检察院组织法》(以下简称《人民检察院组织法》)在第二十条中规定了检察机关行使的八项职权,涵盖了侦查权、公诉权、提起公益诉讼权、诉讼法律监督权以及执行法律监督权等。从规范意义上讲,检察机关在环境犯罪案件办理的不同环节承担不同的职责,行使不同的权力;尤其是在环境犯罪的行刑反向衔接机制中,通过行使法律监督权来监督环境行政执法部门、公安机关与审判机关行使行政权与司法权,从而维护法律的统一实施。此外,《环保衔接办法》在第十七条中对于公安机关的反向移送设置了"抄送同级人民检察院"的规定,该规定同样蕴含着检察机关监督公安机关反向移送的意旨。

3. 将检察权定位为法律监督权兼顾行政与司法多重属性

如上所述,检察权以法律监督为本质特征,以行政属性与司法属性为局部特征和兼有特征。应当认为,这是对我国当前检察权属性的准确且恰当的描述。聚焦于检察机关的法律监督权这一核心职权,方能实现司法权、检察权与行政权的相互制衡。在环境犯罪的行刑反向衔接中,对公安机关而言,无论将其反向移送职责理解为检察机关履行行政违法监督职责的前置或者必经程序,还是将之理解为公安机关移送审查起诉的延伸工作,都应当将公安机关的反向移送职责纳入检察监督的范畴;同理,对于审判机关而言,无论将其作出"无罪"判决或者"定罪免刑"判决的案件反向移送行政执法部门,还是根据《中华人民共和国刑法》

（以下简称《刑法》）第三十七条的规定，将"定罪免刑"理解为以非刑罚手段实现行为人的法律责任[①]，都应将人民法院的反向移送职责纳入检察监督的范畴。根据宪法法律的授权，人民检察院依法对刑事诉讼实行法律监督，所以检察官在刑事诉讼中往往是最普遍的认知监控主体。与此同时，检察官并非单纯的认知监控主体，甚至可能出现由其同时扮演认知决策主体、认知提示主体、认知监控主体的局面，这也体现出"刑事诉讼认知主体理论"的复杂性[②]。易言之，在环境犯罪的行刑反向衔接机制中，明确检察权的法律监督权的同时，并不意味着否定了其司法与行政属性。相反，检察机关在依法行使检察权履行法定职责的过程中，应当兼顾司法与行政的多重属性，亦即，检察机关应当发挥其上下级领导与被领导关系的优势，并充分发挥司法权对行政权的平衡和制约功能，从而实现其司法与行政属性对法律监督权属性的扩容增效与优化提升。同时，沿着这一逻辑进路，优化环境犯罪行刑反向衔接案件办理中的检警关系、检法关系与检行关系。

（三）检察权性质的原理导向

《宪法》第一百四十条规定："人民法院、人民检察院和公安机关办理刑事案件，应当分工负责，互相配合，互相制约，以保证准确有效地执行法律。"《刑事诉讼法》第七条规定："人民法院、人民检察院和公安机关进行刑事诉讼，应当分工负责，互相配合，互相制约，以保证准确有效地执行法律。"《宪法》与《刑事诉讼法》的规定表述几乎相同，根据条文的内容设置与规范指引，可将上述规定统称为"三机关关系原则"[③]。在环境犯罪行刑反向衔接案件办理中，要构建系统化的检察监督机制，就要立足于检察权系法律监督权这一命题，基于对上述条文的教义学阐释，对公检法三机关之间的关系进行反思，并根据《宪法》第一百三十四条、第一百三十六条以及《人民检察院组织法》第二条、第二十条与第二十一条等相关法律法规的规定对检察机关与环境行政执法部门之间的关系进行探讨，从而在法理层面上对检警关系、检法关系与检行关系进行合理定位，并分别从这三对关系中演绎出检察监督的逻辑进路。

1. 检警关系的审思与检察监督机制构建

构建环境犯罪行刑反向衔接检察监督机制，应当从兼顾"协作配合"与"监督制约"的维度上形塑理想型检警关系。从世界范围内来看，不同国家的立法对检警关系的界定兼具差异与相似之处。概而言之，检警关系在英美法系国家与大陆法系国家能够分别被归纳为"检警协作模式"与"检警一体化模式"两大类。而要构建我国的"理想型"检警关系模式，就应当在我国法治现实的基础上有选择性地进行法律移植。申言之，我国新一轮司法改革

[①] 参见陈禹橦：《〈刑法〉第37条免予刑事处罚条款的刑事一体化解读》，载《中国应用法学》2024年第2期。
[②] 谢澍：《刑事诉讼主体理论的扬弃与超越》，载《中国法学》2023年第3期。
[③] 田夫：《"法检公"三机关关系原则的解释论展开——兼论制约与监督的关系》，载《清华法学》2024年第2期。

要求"严格公正司法""健全公检法司的制约监督体系"。我国《宪法》第一百四十条和《刑事诉讼法》第七条将公检法三机关的权能关系定位为"分工负责，互相配合，互相制约"。这一基本格局是久经历史变革和维护社会秩序、实现国家治理需求考验的。构建"理想型"检警关系如果脱离上述基本格局进行大刀阔斧的改革既不现实，也不经济①。基于此，在新型检警关系的构建上，应当兼顾"协作配合"与"监督制约"两个重心，不能顾此失彼，而应使二者相互促进，相得益彰。在对环境犯罪案件的办理行使提前介入权时，检察机关应当审慎合理地介入公安机关对环境犯罪侦查活动的过程，须恪守检察权的边界，在案件线索发现、案件证据固定与法律适用咨询方面与公安机关建立良好的协作配合关系。在行使立案监督权时，既要监督公安机关应当立案而未立案的情形（基于行刑正向衔接的面向）②，也要监督公安机关不应立案而立案的情形（基于行刑反向衔接的面向）③，从而通过这种连贯式的监督方式，实现监督公安机关积极履行反向移送职责的效果，并基于此实现检察监督权的自然延伸。

2. 检法关系的审思与检察监督机制构建

构建环境犯罪行刑反向衔接检察监督机制，应当坚持"以审判为中心"，同时加强"审判监督"，从而形塑理想型检法关系。当检察机关在提起公诉环节与审判环节履行职责时，所行使的权力从性质上讲更多表现为司法权，换言之，在检法关系上，检察机关作为司法机关，通过行使司法权与审判机关形成相互制约的关系。所以，要通过二者的"相互制约"实现"以保证准确有效地执行法律"，须坚持"以审判为中心"，并加强"审判监督"。一方面，在涉嫌环境犯罪案件的审判环节，人民法院应当对案件事实与证据展开实质性审查，合理参照量刑建议而又不囿于量刑建议书的框定范围，若案件符合《刑法》第三十七条的适用条件，应当依法作出定罪免刑的判决④。另一方面，检察机关应当对人民法院的审判活动进行全程监督，以维护法律的统一实施。审判监督包括支持公诉、庭审监督或庭后监督、二审抗诉和再审抗诉，殆无疑义⑤。具体到环境犯罪行刑反向衔接案件的办理中，对于人民法院是否作出定罪免刑的判决，以及是否将案件反向移送环境行政执法部门进行行政处罚，就分别应当纳入庭审监督与庭后监督的范畴之中。

3. 检行关系的审思与检察监督机制构建

构建环境犯罪行刑反向衔接检察监督机制，应当基于"协同共治"与"行政违法监督"

---

① 高景峰、王佳：《"中国式"刑事诉讼现代化视野下完善检察权的几点思考》，载《中国法律评论》2024年第2期。
② 上海市人民检察院第一分院课题组、上海市人民检察院第一分院：《法律监督的人权保障功能》，载《华东政法学院学报》2005年第4期。
③ 周洪波、单民：《关于刑事立案监督的几个问题》，载《人民检察》2004年第4期。
④ 李翔、周家琳：《论轻罪案件中定罪免刑制度的激活》，载《河北法学》2025年第期1期。
⑤ 田夫：《审判监督概念能成立吗？》，载《华东政法大学学报》2022年第2期。

双轨并行的逻辑形塑理想型检行关系。一方面，生态环境保护具有系统性、整体性与关联性，而环境犯罪具有潜伏性、累积性与蔓延性，这就需要司法机关与行政机关在协同共治的理念下实现环境违法犯罪的行刑一体化治理[①]。另一方面，对于刑事司法机关反向移送至环境行政执法部门进行行政处罚的案件，检察机关应当加强跟踪督促，及时纠正环境行政执法部门的行政不作为与违法行政行为。如上所述，近年来最高人民检察院围绕行政检察工作作出了一系列行之有效的制度设计，而当前出台的《行刑衔接监督意见》《工作指引》等规范性文件也是围绕行政违法的检察监督而展开的。所以，检察机关的行政违法监督权的存在是毋庸置疑的，而目前亟待解决的问题是如何增强行刑反向衔接工作中行政违法检察监督的实效与力度。从理念上讲，在环境犯罪行刑反向衔接案件的办理中，要合理对待环境犯罪行检协同治理与加强行政违法检察监督的关系，应当意识到前者是检察机关与环境行政执法部门在案件办理程序与职责履行上的协调，重点突出案件办理效果，而后者是检察机关督促环境行政法部门在承接反向移送的案件后及时履行行政处罚职责的措施与手段。所以，应当坚持以前者促进后者的逻辑进路，从而纾解行政违法检察监督的压力，避免行政执法部门由于对检察机关履职的不当理解而产生抵触检察机关监督的情绪，从而提高检察监督效率，最终保证案件的依法办理，保障法律的统一实施。比如，在最高人民检察院发布的人民检察院行刑衔接工作典型案例"重庆谈某某涉嫌非法占用农用地案"中，涪陵区人民检察院在反向移送案件之前，主动走访林业主管部门，通报案情，并就损害林地补植复绿、行政处罚措施等问题听取林业部门意见，为移送行政处罚提前做好了准备[②]。

四、环境犯罪行刑反向衔接检察监督机制的体系构建

环境犯罪行刑反向衔接检察监督机制的体系化构建须以检察权的法律监督权这一属性定位为基点，秉持系统化的逻辑进路，将监督权的行使嵌入环境犯罪的侦查、起诉、审判的各环节以及不同情形下各环节反向移送后行政处罚的全流程，同时健全检察权行使的配套性工作机制。

（一）应当将对案件移送的监督嵌入环境犯罪案件办理的全过程

首先，在诉前阶段，检察机关应着眼于侦查环节犯罪的源头预防监督。这就意味着，在立案侦查后，公安机关如果认为犯罪事实显著轻微、不需要追究行为人刑事责任，但是，经审查依法应当予以行政处罚的，检察机关应当监督其将案件移交环境行政执法部门[③]，从而

---

① 张德权：《论黄河流域环境司法协同的法理溯源与制度构建》，载《社会科学动态》2024年第8期。
② 《最高检发布人民检察院行刑衔接工作典型案例》，https://baijiahao.baidu.com/s?id=1713301109616770740&wfr=spider&for=pc，最后访问日期：2025年4月6日。
③ 参见《环境保护行政执法与刑事司法衔接工作办法》第十七条。

防止公安机关将行为人一放了之，出现不刑不罚的情形。一方面，从当前来看，应当扩展检察意见的适用范围，可以基于完整落实刑事诉讼法规定的需求，将行政执法部门移送审查后公安机关撤案的情形纳入监督范围①。故而，对于公安机关反向移送职责的监督亦可采取"提前介入+检察意见"的方式，若公安机关怠于移送的，检察机关可对公安机关提出检察建议，或者报请上级检察机关对同级公安机关提出监督办案公安机关移送案件的检察意见。另一方面，2021年最高人民检察院、公安部联合印发《最高人民检察院 公安部关于健全完善侦查监督与协作配合机制的意见》，就"侦查监督与协作配合办公室"（以下简称"侦监协作办"）作出了专门规定。侦监协作办的建立和运行，是检察机关法律监督职权运行的重要依托和抓手。②因而，应当以此为契机，将检察机关监督公安机关反向移送的程序嵌入侦检监督程序的构建中，并通过线索处理机制与信息共享机制的建设促进侦监协作办更好地进行监督履职。其次，在审查起诉环节重视对诉前分流的监督，增强对不起诉案件反向移送的监督质效。在当前的环境犯罪行刑反向衔接中，审查起诉环节的制度建设与经验积累都走在前列。对此，可直接依据《行刑衔接监督意见》《工作指引》对检察机关的行政检察部门、刑事检察部门等组成部门所设定的职责以及规定的工作流程、方式、时限开展行刑反向衔接与检察监督工作。质言之，对于不起诉案件反向移送职责的监督涉及检察机关内部监督如何进行的问题。对此，可从三个方面采取行之有效的监督措施。其一，将不起诉案件的反向移送纳入案管部门的审核范围。在开展结案审查时，案管部门应当重点围绕反向移送文书与反向移送材料进行审查，并将未完成反向移送的案件退回承办人进行补正。其二，以检务督察抽查的方式监督反向移送。从作出不起诉决定的案件中定期抽取一定比例的案件，针对是否就这些案件依法进行反向移送进行检查，根据检查结果形成督察报告通报整改，并对多次未进行规范移送的部门或者负责人启动问责程序。其三，在不起诉案件的反向移送中落实承办人责任制。一方面，将反向移送纳入检察官的绩效考核范围，并将是否开展以及是否规范化开展反向移送与其考核分值相关联。另一方面，通过责任倒查制的建立，对于因未能依法履行反向移送职责而导致环境违法行为产生严重后果的承办人追究渎职责任。最后，在审判环节应当着眼于人民法院对案件的刑法定性与刑罚适用，对于被判决无罪或者定罪免刑的案件，检察机关应当监督人民法院将案件反向移送环境行政执法部门。故而，在提起公诉环节可在检察机关的量刑建议书中载明定罪免刑情形下的反向移送职责；在案件审判环节，对于当庭宣告判决的，可由公诉人当庭对审判机关发出反向移送的检察意见，而对于定期宣告判决的，则可由检察机关对审判机关同步发出反向移送的检察意见③。若人民法院

---

① 参见谈倩、杨旭垠、倪佳祎：《行刑反向衔接案件一体履职思考》，载《中国检察官》2025年第1期。
② 参见陈兴生：《侦查监督与检警关系的范式转变》，载《人民检察》2023年第24期。
③ 参见谈倩、杨旭垠、倪佳祎：《行刑反向衔接案件一体履职思考》，载《中国检察官》2025年第1期。

怠于履行反向移送职责,则可由检察机关提出检察建议监督其履行。

（二）应当持续优化检察机关监督环境行政执法部门的方式与效果

在原有行政诉讼监督职责的基础上,行刑反向衔接与行政违法行为的监督成为行政检察业务新的增长极,二者能够相互促进,对于平衡四大检察业务至关重要。行政检察的监督范畴涵盖全部行政活动与行政诉讼。在环境犯罪行刑反向衔接机制中,对于环境行政执法部门在承接反向移送的案件后所开展行政处罚的跟踪监督应当着眼于提升监督措施的全面性、系统性与有效性。首先,应当优化检察意见这一主要监督措施的法律效果①。比如,在修水县办理的戴某涉嫌非法占用农用地罪一案中,由于犯罪情节轻微,修水县人民检察院对戴某作出了相对不起诉的决定。而在行政检察部门收到刑事检察部门移送的案件后,经全面审查,另外发现,戴某在开挖占用林地过程中,还存在搭建临时建筑物、改变林地用途的行为。为实现"罚当其错",经检察官联席会议上的充分讨论,修水县检察院向该县林业局制发检察意见,建议对戴某非法毁林占地及改变林地用途的面积进行重新鉴定,并分别给予行政处罚②。故此,行政检察部门须遵循《工作指引》的规范要求,在向环境行政执法部门发出检察意见时,应当全面考量案件的事实与证据,其中包括是否存在处罚必要性、行为人是否已经修复被破坏的生态环境以及行为人是否符合《行政处罚法》与《生态环境行政处罚办法》规定的"首违不罚"条款等。其次,对环境行政执法部门的后续环境执法过程与行政处罚结果进行跟踪监督,既要防止出现"远洋捕捞式"执法等违反行政法比例原则的情形,又要保证对行政相对人的处罚"过罚相当"③。再次,应当通过适用范围的划定与适用条件的厘清发挥环境行政公益诉讼的监督作用。可以明确的是,当环境行政执法部门怠于对损害生态环境的相对人通过行政命令或者行政处罚的方式使其承担修复责任并接受行政制裁,或者虽对行政相对人提出了该要求却又不履行监管职责时,检察机关便可以采取环境行政公益诉讼的方式督促环境行政执法部门履职④。详言之,应当从三个层面上实现环境行政公益诉讼这一监督方式的合理运用。其一,较之于检察建议的监督方式,环境行政公益诉讼的监督方式不仅力度更大,而且对环境行政执法部门的制约性更强,故而,立足于监督谦抑性的视角进行考量,若前一种监督方式能够产生预期效果,则应当审慎适用该种监督方式,检察机关提起环境行政公益诉讼应当是检察监督的最后选择⑤。其二,应当明确环境行政公益诉

---

① 时侠联:《检察建议在犯罪治理中的逻辑进路与实践面向》,载《政法论坛》2025年第1期。
② 《如何规范办理行刑反向衔接案件?》,这两个案例讲明白了! https://baijiahao.baidu.com/s?id=1818122488365958008&wfr=spider&for=pc,最后访问日期:2025年4月6日。
③ 参见刘艳红:《以有利于被告解释对抗趋利性司法和执法》,载《中国刑事法杂志》2025年第1期。
④ 高利红、张俊生:《环境行政执法与司法衔接中权力运行的优化》,载《湖南师范大学社会科学学报》2024年第3期。
⑤ 卞京海、刘旺洪:《行政公益诉讼检察建议制度功能的强化》,载《东南法学》第九辑(总第25辑),东南大学出版社2024年版。

讼的适用场合。检察建议的提出与环境行政公益诉讼的提起都是检察机关对行政违法行为行使监督权的表现形式，只是后者以损害公益的行政违法行为作为其适用对象[①]。所以，作为两项不同的检察职能，环境行政公益诉讼接续于，而非隶属于环境犯罪的行刑反向衔接，若检察机关在对环境行政执法部门承接反向移送案件后开展行政处罚的跟踪监督中发现其行政违法行为对环境公益造成了损害，可将其作为环境行政公益诉讼案件的线索向公益诉讼检察部门移送[②]。其三，从长远来看，应当以环境犯罪行刑反向衔接检察监督机制的优化为契机，对检察公益诉讼中的检法对应关系进行改造，消除将刑事诉讼中检、法之间的级别、地域严格对应模式完全移用于检察公益诉讼所产生的诸多弊端[③]。这亦是有效应对环境案件跨区域办理需求的必然选择。最后，应当提升检察监督的力度并对违反检察监督的法律责任加以明确。一方面，加强"府检联动"，合力监督环境行政执法活动的开展，同时，与行使行政复议职权的司法行政部门加强沟通与协作，提高监督质效；另一方面，当环境行政执法部门在收到检察意见后拒不回复、拒不立案或者无正当理由拒不处罚时，在依法督促其纠正同时，亦可经检察长决定而考虑寻求上级监督、党委监督或者权力机关监督的协助。同时，应当健全检察机关与中央生态环境保护督查组的常态化沟通机制。

（三）应当建立健全检察机关行使法律监督权的相关配套保障机制

信息共享、联席会议以及智慧司法等工作机制既是环境犯罪行刑反向衔接机制的配套性工作机制，也是检察机关行使法律监督权的功能性辅助机制。首先，要健全"行刑衔接"信息共享机制。信息获取是权利行使的前提，刑事诉讼主体之间的信息愈是对称，"权力支配性"与"权利参与性"之间的互动程度愈高[④]，这一规律在刑事诉讼主体与环境行政执法主体的案件办理衔接上同样适用。故而，须在行刑反向衔接和行政违法监督模块上线运行的基础上，推进全国检察业务应用系统2.0的持续优化。同时，应当致力于构建跨部门的"行刑衔接"信息共享平台，保证公安机关、人民检察院、人民法院与环境行政执法部门能够实现对涉罪环境案件案情与办理流程的即时获知与工作衔接。对此，须规范案件信息的录入范围、时限与方式，并设置不规范录入的法律责任。其次，要健全联席会议机制。改变当前联席会议牵头部门不一致的情形，在公检法机关与环境行政执法部门之间，可以根据案件线索的来源不同分别由公安机关或者环境行政执法部门牵头，从而保证案件资料能够以最全面、最及时的方式为各办案机关所知悉。此外，检察机关应当促使联席会议的召开向着常态化与规范化的路径演进，并通过总结经验，在办理行刑反向衔接的环境案件过程中实现从

---

① 参见刘艺：《社会治理类检察建议的特征分析与体系完善》，载《中国法律评论》2021年第5期。
② 参见杨宽：《检察机关开展行刑反向衔接范围探讨》，载《中国检察官》2024年第11期。
③ 参见刘松山：《检察公益诉讼中检法对应关系之改造》，载《政法论坛》2023年第6期。
④ 谢澍：《刑事诉讼认知行为：理论对话与制度衔接》，载《中外法学》2023年期5期。

个案监督向类案监督再向体系化监督的水平迈进。最后，要探索适用大数据赋能行刑反向衔接运行机制。由于环境犯罪系属典型的行政犯，兼具行政违法性与刑事违法性，而实践中又是由司法机关先行判断案件是否具有行政违法性以及是否需要反向移送环境行政执法部门①，因此，应该结合环境犯罪个罪的构成要件建立案件反向移送的知识图谱和判断标准，并通过人工智能辅助公检法机关与环境行政执法部门作出判断。除了上述功能性的辅助机制之外，不同地区的检察机关亦应当通过会签相关文件的形式为其监督权的行使提供保障。比如，在贵州省玉屏侗族自治县人民检察院办理的一起非法猎捕野生动物案中，两行为人分别为玉屏县人、湖南省芷江县人，案发地为贵州省镇远县。面对这一起刑事案件管辖和行政处罚案件管辖不一致的案件，玉屏县与镇远县两地的检察机关召开了沟通座谈会，商议确定了案件办理的相关事项。2024年5月28日，玉屏县检察院向镇远县林业局发送行政处罚的检察意见书，并将该检察意见书同步抄送镇远县检察院。镇远县检察院收到检察意见书后，持续跟踪其落实情况。在镇远县检察院监督下，该县林业局分别对该两行为人作出了行政处罚。舒某甲、舒某乙收到处罚决定后，已主动缴纳罚款。镇远县林业局及时将行政处罚结果及执行情况回复玉屏县、镇远县检察院。2025年1月23日，贵州玉屏、镇远、岑巩与湖南新晃四地检察机关会签《关于加强湘黔毗邻四地检察机关行刑反向衔接工作的协作机制（试行）》②。

五、结语

习近平法治思想的生态文明法治理论以"最严格制度最严密法治保护生态环境"③为核心，指引着新时代生态文明法治的建设。具体到环境犯罪的行刑反向衔接机制的运行中，案件的反向移送是程序的开端，而案件的承接与后续办理是程序的进展与完成。只有结合案件办理整体流程形塑体系化的检察监督机制，才能保障行刑反向衔接机制的运行顺畅，进而实现环境行政执法与刑事司法之间的无缝衔接。所以，构建环境犯罪行刑反向衔接检察监督机制并不是为了监督而监督，这一机制的实践导向是为了促进环境犯罪行刑反向衔接机制的建立健全与顺畅运行，从而对环境违法犯罪作出及时反应，对行为人及时进行追责，对受损生态环境及时进行修复，在严密生态环境法治体系的理念指引下，实现环境案件办理政治效果、社会效果与法律效果的有机统一。

---

① 参见李文吉：《论人工智能辅助行政执法与刑事司法双向衔接》，载《湖北社会科学》2023年第9期。

② 翁武华、甘武：《依法监督 探索行刑反向衔接新路径|探寻跨区域非法猎捕野生动物治理钥匙》，https://www.spp.gov.cn/spp/zdgz/202504/t20250402_692080.shtml，最后访问日期：2025年4月6日。

③ 习近平：《加强生态文明建设必须坚持的原则》（2018年5月18日），载习近平：《习近平谈治国理政》（第三卷），外文出版社2020年版，第363页。

· 域外法治 ·

假定同意的刑法教义学反思与瑞士司法判例立场[*]

［德］比扬·费特－莫格哈达姆[**] 著　曾　礼　王雪冬[***] 译

摘要： 假定同意是否可以被视为一项医事刑法制度历来存在争议。通说认为，专断医疗行为构成对患者人身权利的侵害。在实际同意不能及时取得时，推定同意制度可以阻却该行为的违法性。但阻却违法的假定同意的构成要件是，患者若经符合规范的告知说明，也会作出同意；如果对此存疑，则适用存疑有利于被告原则。这一宽松的构成要件使得关于侵入性医疗行为的德国刑法判例过度地扩展了假定同意的适用范围。根据瑞士联邦法院的判例，假定同意在刑事诉讼中同样被予以考虑。假定同意的刑法教义学论证目前有三种路径，即将其作为特殊的正当化事由、排除（正当化层面的）客观归责或者事后拟制同意的效果。但是，假定同意无疑构成对患者人身处分自由的不可逆损害，侵蚀了以患者自主决定权为导向的推定同意的辅助性原则，同时也损害了旨在保障患者的决策框架的信息告知的规范功能。因而假定同意目前虽然可以作为一项辩护策略加以运用，但不应当作为一项合适的刑法制度被予以认可。

关键词： 专断医疗行为　假定同意　推定同意　知情同意　框架效应

---

[*] 基金项目：本文为作者2019年5月17日于卢塞恩第98届瑞士犯罪学会所作同名报告的文字版。报告的形式予以继续保留。本人感谢我的助理图格斯·菲尔迪尔（Tugce Fildir）对报告稿件修改的帮助与支持。本文原标题为"假定同意——一项瑞士医事刑法制度？（Die hypothetische Einwilligung. Ein Institut des Schweizer Medizinstrafrechts？）"，载《瑞士刑法学杂志（Schweizerische Zeitschrift für Strafrecht, ZStrR）》2019年第4期，第433-449页。本文的翻译和发表均已获得作者授权，译者增加了内容摘要和关键词。本文的翻译受国家留学基金委2023年国家建设高水平大学公派研究生项目（项目号：202308080112）资助。

[**] 作者简介：比扬·费特－莫格哈达姆（Bijan Fateh-Moghadam），瑞士巴塞尔大学法学院法学理论与生命科学法教授。

[***] 译者简介：曾礼，法学博士，西南医科大学法学院校聘副教授，硕士生导师；王雪冬，瑞士巴塞尔大学法学院博士研究生。

一、问题的实践意义

假定同意并非公认的瑞士医事刑法制度[①]。尽管如此,瑞士刑法学理论与实践都并未将假定同意置之不理,其不仅在学术文献中被热烈讨论[②],且司法判例也在医事刑法的典型案件中探讨它的存在。对此,伯尔尼州高等法院(das Berner Obergericht)在2015年的一项关于扩展手术范围(Operationserweiterung)[③]的判决中显然搁置了"在表示存在瑕疵或者不充分的情况下,源于民法的假定同意制度是否同样也适用于刑法"[④]的问题。然而,仍然存在疑问的是,伯尔尼州高等法院是否正确界定了假定同意的作用范围,或者该判决所依据的案件事实是否已经对在瑞士刑法中承认假定同意的问题提供了契机。对此,我们将在下述第四部分再进行考察。瑞士联邦法院(Bundesgericht)在一项新的未公开出版的判决中似乎直接认为,医生在刑事诉讼程序中也可以主张假定同意(consentement hypothétique)的抗辩[⑤]。基于这样的背景,在专断医疗行为(eigenmächtige Heilbehandlung)案件中,当前每位严谨的刑事辩护人都应当标准化地审查假定同意抗辩,并在其存疑时提出主张。在德国,假定同意实际上已经全然发展成了涉及医生的刑事案件的辩护法宝。

二、刑法中的患者自主权

假定同意除了其实践重要性之外,同样对医事刑法学理论有着重要的意义。它构成了125年来关于通过"刑法中的伤害罪"(Körperverletzungsstrafrecht)保护患者自主权的持续性争论的现代结晶。早在1894年,伯尔尼刑法学家卡尔·施托斯(Carl Stooss)与当时在巴塞尔执教的拉萨·奥本海(Lassa F. L. Oppenheim)便就德国帝国法院(Reichsgericht)的判决进行了论争。该判决确定了医生没有"根据自己的裁量干预他人的权利领域、施以暴

[①] Andreas Eicker, Stefanie Fisch. Die hypothetische Einwilligung im Medizinrecht – eine umstrittene und dem Schweizer Strafrecht(noch)fremde Rechtsfigur. Jusletter, 28. April 2014, p. 1.

[②] 承认该法律制度的如Kurt Seelmann. Vor Art. 14. in: Marcel Alexander Niggli, Hans Wiprächtiger(eds.), Basler Kommentar Strafrecht, Band I(3rd ed.). Basel: Helbing Lichtenhahn Verlag, 2013, p. 330; 在更新后的2018年第四版中则不再对该论题表达态度。与之相反,持拒绝态度的如Mark Pieth. Strafrecht Besonderer Teil(2nd ed.). Basel: Helbing Lichtenhahn Verlag, 2018, pp. 38-39; 更进一步的批评见Regina E. Aebi-Müller et al. Arztrecht. Bern: Stämpfli Verlag, 2016, pp. 384-385.

[③] 译者注:扩展手术范围是指,"在实施手术过程中医生发现了新的情况,该新情况促使主治医生实施更进一步的医疗手术干预"。Brian Valerius. Der konsentierte ärztliche Heileingriff als gerechtfertigte Körperverletzung. in: Frank Saliger, Michael Tsambikakis(eds.), Strafrecht der Medizin. München: Verlag C.H.Beck, 2022, p. 89.

[④] OGer BE CAN 2015 Nr. 86, 240, 243; 同样参见KGer FR FZR 2018, 46, 52 f.

[⑤] BGer 6B_788/2015, 6B_902/2015 vom 13.5.2016; 对此参见下述第四部分。

力并且将他人身体恣意地用作善意治疗企图的对象"的"法律权限"①。施托斯认为这一观点"尤为不公正"②，而且有违人类合乎常理的理解；相反，奥本海则认为这是纯粹的当然表达③。随后，德国和瑞士的判例都普遍认同了这一观点，即所有侵入性医疗干预——无论其多么适当、多么专业以及多么成功——都是符合构成要件的人身伤害行为，其必须通过患者的知情同意予以正当化④。因此，前述帝国法院的判决可以被事后称为现代医事刑法的开端。从 1894 年伯尔尼与巴塞尔之间的论争结果看来，最终奥本海的观点占据优势。现如今由判例中"正当化解决方案"所得出的对专断医疗行为的刑法禁止性规定，一定程度上可能会由于承认假定同意而被部分动摇。但是，假定同意抗辩究竟包括哪些具体内容，其如何与推定同意这一已被公认的正当化事由进行区分，仍然是亟待回答的问题。

三、界限：推定同意

推定同意是对如下情况的回应，即在医疗实践中，医生不是总有机会在不威胁患者利益的前提下获得患者事实上的同意：对失去意识的患者进行紧急的侵入性医疗，紧急地扩展手术范围或者在无法及时联系到法定代理人的情况下，对无同意能力的未成年人进行侵入性医疗。在所有这些情况中，如果医生在实施侵入性医疗行为的时点（Eingriffszeitpunkt）（事前）能够推知，该医疗行为符合患者推定的意思，则法秩序允许该人身侵害。这里涉及的是一项基于允许性风险的正当化事由，其带来的效果是，医生的医疗措施具有正当性，即便事后证实，患者事实上并不同意，也保持正当性。因为推定同意的正当化事由恰恰允许医生承担推定意思与实际意思相背离的风险。然而，在与假定同意相区分的视角下，必须强调的是，只有在不能及时以可期待的方式取得实际同意时，方可考虑通过推定同意对侵入性医疗行为进行正当化⑤。由于推定同意的辅助性（Subsidiarität），在伯尔尼州高等法院关于扩展手术范围的判决中，医生的行为不能排除违法性。这一判决所依据的案件事实是：医生在没有告知可能的手术过程的情况下，手术切除了患者的胆囊。就这方面而言，伯尔尼州高等法院几乎教科书般的解释令人信服："凡能够被询问者，均应当被问询，否则对于实际同意的要

---

① RGSt 25, 375. 关于这场论辩参见 Andreas-Holger Maehle. Assault and battery, or legitimate treatment？: German legal debates on the status of medical interventions without consent, c. 1890–1914. Gesnerus, Vol. 57, No. 3-4, 2000, pp. 209-213, Urs Boschung. Zwischen Selbst-und Fremdbestimmung – aus der Geschichte des Patienten. in: Brigitte Ausfeld-Hafter（eds.），Medizin und Macht. Bern: Peter Lang, 2007, pp. 22-26. 以及 Regina E. Aebi-Müller et al. Arztrecht. Bern: Stämpfli Verlag, 2016, pp. 340-341.

② Carl Stooss. Chirurgische Operation und ärztliche Behandlung. Berlin: O. Liebmann, 1898, p. 32.

③ L. Oppenheim. Die rechtliche Beurteilung der ärztlichen Eingriffe. ZStrR, Vol. 6, 1893, p. 347.

④ 就瑞士仅参见 BGE 124 IV 258, 260 f., 就德国参见 BGH NJW 1958, 267.

⑤ 普遍观点仅参见 Kurt Seelmann, Christopher Geth. Strafrecht: Allgemeiner Teil（6th ed.）. Basel: Helbing Lichtenhahn Verlag, 2016, pp. 76-77; Walter Gropp. Strafrecht Allgemeiner Teil（4th ed.）. Berlin: Springer-Verlag, 2015, pp. 243-244.

求就会被破坏。……本案中摘除胆囊既非存活之必需,亦无特别之紧迫……上诉人本可以在不危及患者生命的情况下,按计划在事先已经作出同意的范围内进行手术。"① 尤其需要注意的是,不能仅仅以再次手术将会带来额外的精神或者身体上的负担为由,进而实施未经患者事先同意的扩展手术。否则,如伯尔尼州高等法院所言,患者自主决定权将在很大程度上落空②。正是基于这种情况,医生的辩护策略似乎最终失败了;但如果假定同意在现行刑法中得到承认,那么医生及其辩护人就可以进行全新的、更有分量的、几乎无法反驳的辩护。

四、假定同意的要件和作用范围

对假定同意的驳斥在于这一主张:如果患者全然知情,其也会作出同意。因为,正如德国联邦法院(Bundesgerichtshof)在刑事裁判中认为在符合规范要求的告知说明情况下,患者也不会作出同意时,被证实的表示瑕疵才会导致伤害罪可罚性的产生③。因此,法院的任务是事后(ex post)客观地确认患者自己在经符合规范要求的告知说明后会如何作出决定。如果对此存疑,则应当根据德国判例,适用有利于医生的"存疑有利于被告原则"(in dubio pro reo)④。因为不同于已经吸收了假定同意制度的民法,证明责任在刑事诉讼程序中不由被告人承担⑤。特别是在一些特别严重的案件中,由于患者已经死于侵入性医疗,而无法在法庭上接受询问。在这种情况下,几乎不可能毫无疑问地确定患者在充分知情的情况下不会作出同意⑥。在这个语境下,根据如克劳斯·罗克辛(Claus Roxin)所主张的另一种观点,如果法院确信在患者完全知情的情况下,至少会陷入重大的决策冲突(Entscheidungskonflikt)中,那么假定同意便足以被否认⑦。

对假定同意要件的宽松解释和"存疑有利于被告原则"的适用表明,德国的判例几乎不遗余力地使医生专断医疗行为免受故意伤害罪的非难。这便引出了一个问题,即这种有利于医生的裁判动机何在。假定同意乍一看似乎是对这一不当事实的回应,即医生因疏忽而违反了信息告知义务,却因故意(通常是加重的)伤害罪受到惩罚。在这方面,假定同意的

---

① OGer BE CAN 2015 Nr. 86,240,241 f.
② OGer BE CAN 2015 Nr. 86,240,242.
③ BGH NStZ-RR 2004,16.
④ BGH NStZ-RR 2004,16.
⑤ 这种程序上的差异会反对将假定同意从民法吸纳到刑法中。参见 Hans-Ullrich Paeffgen, Benno Zabel. Vorbemerkungen zu §§ 32 ff. in: Urs Kindhäuser, Ulfrid Neumann, Hans-Ullrich Paeffgen (eds.), Strafgesetzbuch, Band 1 (5th ed). Baden-Baden: Nomos, 2017, pp. 1494-1497. 然而瑞士联邦法院显然在 BGer 6B_788/2015, 6B_902/2015 vom 13.5.2016, E. 3.1 中持不同态度;对此参见下文。
⑥ Christoph Sowada. Die hypothetische Einwilligung im Strafrecht. NStZ, Vol. 32, No. 1, 2012, pp. 6-7.
⑦ Claus Roxin. Hypothetische Einwilligung im Medizinstrafrecht?. medstra, Vol. 3, No. 3, 2017, p. 136.

出现是对过度的信息告知要求的一种修正,也是对医生的保护,以防止过度犯罪化。① 在这种意义上,伯尔尼州高等法院也将潜在的假定同意的适用范围事先限制在(过失的)违背信息告知义务的情况。在扩展手术范围的案件中,伯尔尼州高等法院提出了这样的问题,即在第一次侵入性医疗前(例外情况下),医生是否已经负有告知患者扩展手术范围的潜在必要性的义务。患者曾主诉不明原因腹痛,但后来医方并未将切除胆囊作为身体不适的可能原因加以讨论。法院认为这里并不存在信息告知错误,因为并不存在相应的信息告知义务。因此,根据法院的结论,切除胆囊并非无效同意,而是根本不存在同意。这样,法院的结论是既不存在信息告知瑕疵,也不存在假定同意②。

由于伯尔尼州高等法院在此处考虑的是一种在瑞士尚未得到承认的法律制度,此种情况下,至少需要讨论的是,假定同意的适用范围在德国判例中被不断地——实际上是过度地——扩大了③。德国医事刑法的判例发展可以总结如下:

第一阶段,在医生故意就真实的诊疗原因欺骗患者的案件中,判例普遍承认过失的信息告知错误中的假定同意。在椎间盘案(Bandscheibenfall)中,主治医生想要掩盖其在第一次诊疗中弄错了椎间盘节数的过失,对未患病的椎间盘进行了手术④。在钻头案(Bohrerfall)中,由于骨科钻头的尖端断裂,卡在了患者的肩部。医生为了实施第二次手术以取出钻头,通过向患者歪曲医疗事实的方式,骗取了患者的同意⑤。

第二阶段,对于完全未征得同意的后续侵入性医疗,德国联邦法院也支持了假定同意抗辩。对此,可以结肠镜判决(Koloskopieentscheidung)⑥为例:在这一判例中,医生对患者进行结肠镜检查后,在没有发现任何病症的情况下,自主决定对仍处于麻醉状态(无法表示同意)的患者进行胃镜检查。在此处的完全未经患者同意的第二次侵入性医疗(胃镜检查)中,医生使患者的食道受到损伤,并最终致其死亡。此时,医生也应当可以主张,如果其事先询问了患者,患者也会同意进行第二次侵入性医疗⑦。这一涉及两项相互独立的、只是在时间上有密切联系的侵入性医疗案件充分说明,德国法院的判例对假定同意的适用范围的把握要比伯尔尼州高等法院宽泛得多。因为不言而喻的是,在进行结肠镜检查之前说明胃镜检查的风险并非必要。同时,这一案例也表明,伯尔尼州高等法院对信息告知瑕

---

① 关于信息告知义务与假定同意的关系参见 Karsten Gaede. Limitiert akzessorisches Medizinstrafrecht statt hypothetischer Einwilligung. Heidelberg: C.F. Müller, 2014, pp. 46-48.
② OGer BE CAN 2015 Nr. 86, 240, 243.
③ 关于判例的发展详见 Brigitte Tag. Richterliche Rechtsfortbildung im Allgemeinen Teil am Beispiel der hypothetischen Einwilligung. ZStW, Vol. 127, No. 3, 2015, p. 533.
④ BGH NStZ-RR 2004, 16.
⑤ BGH NStZ 2004, 442.
⑥ BGH NStZ 2012, 205.
⑦ BGH NStZ 2012, 205.

疵与同意缺失的区分是没有说服力的。过程告知（Verlaufsaufklärung）作为自主决定告知（Selbstbestimmungsaufklärung）的一部分，界定了患者同意的作用范围。就此而言，过程告知中的错误与具体医疗措施的同意缺位是"一体两面"的存在。

更为激进的是，当医生没有告知患者所实施的是超出医疗标准之外的新领域医疗干预（Neulandeingriffe）时，德国联邦法院甚至也想要考虑假定同意的适用①。德国联邦法院在2019 年的一项关于活体器官捐献的民事裁判中，首次对假定同意的适用范围进行了限制。但此处的假定同意的主张与在《器官移植法》（Transplantationsgesetz，TPG）中所增强的信息告知义务的保护目的很大程度上并不相同②。

无论如何，如果假定同意的可适用范围以上述德国判例的发展为基础，那么瑞士判例就不能继续对在刑法中承认假定同意这一问题的讨论久拖不决了。就此而言，前文提及的瑞士联邦法院未公开出版的判决，似乎将假定同意作为一项已经得到承认的排除刑罚的依据（Strafausschliessungsgrund），而并没有将其作为疑难问题加以讨论。这便造成了混乱。判决所依据的案件事实是：在一项手术中，一方面，主治医师甲没有充分告知患者侵入性医疗的风险——子宫和盲肠一并切除；另一方面，患者也没有被告知将不会按照约定由主治医师本人亲自进行手术，而是由助理医师作为教学的一部分进行手术。在这两方面，由于缺乏辅助性，并不能通过推定同意进而使主治医师的行为正当化，因为患者的实际知情同意本可以十分容易地加以获得。因此，作为排除刑罚的依据只能考虑假定同意了。不同于刑事法院，上诉法院肯定了患者假定同意的存在，所以医生被无罪释放了。相反，瑞士联邦法院支持了检察院对此提出的上诉，因为其认为采纳"关于外科医生人选的假定同意"的辩护意见违反了联邦法律。对此，撤销无罪判决并非对假定同意制度的完全否认，而是瑞士联邦法院主张，假定同意的要件在风险告知方面得到了满足，但在流程告知方面（手术医生人选）没有得到满足。

值得注意的是该判决给人的印象：适用于民法的假定同意也直接适用于刑法。就直接采纳民事医事责任法的判例③，法院进一步解释道，"该判决"在缺乏实际或者推定同意的情况下，承认医生主张患者假定同意的可能性："医生必须明确的是，只要按照规范要求，患者被告知了，他就会对手术作出同意。"④ 不同于前述德国刑事判例，瑞士联邦法院还将民法中有关假定同意的证明要求汲取到了刑法之中：

---

① BGH NJW 2013,1688.
② BGH medstra 2019,227 附评注 Thomas Wostry. medstra, Vol. 5, No. 4, 2019, pp. 233-235.
③ 判决理由主要涉及民事判决 BGE 133 III 121。
④ BGer 6B_788/2015, 6B_902/2015 vom 13.5.2016, E. 3.1（由笔者翻译）。引用原文为："En l'absence d'un tel consentement, la jurisprudence reconnaît au médecin la faculté de soulever le moyen du consentement hypothétique du patient. Le praticien doit alors établir que le patient aurait accepté l'opération même s'il avait été dûment informé."

"证明责任由……医生承担。但患者必须协助举证,通过疏明其个人原因或者至少说明该个人原因会促使患者在知道手术风险时便会拒绝手术。……此外,如果风险的种类和严重程度会导致患者的信息需求增加,而医生并没有满足这种需求,则一般不应采纳假定同意。有说服力的理由是,在这样的情形下,如果患者获悉了全面的信息,他便会处于真正的决策冲突之中并需要一段考虑时间。"[1]

在此背景下,瑞士联邦法院否认了——在结论上是有说服力的——助理医师进行手术的假定同意,因为患者与主治医师之间存在特殊的信任关系,并且患者已经作出了可信的解释,表示她不会接受由主治医生以外的其他人为她进行手术[2]。瑞士联邦法院尤其反驳了州法院的论据,即作为享有基本医疗保险的患者无论如何都无权自由选择医生。这同样是值得信服的。因为正如瑞士联邦法院的合理解释,否则被基本医疗保险覆盖的患者将被剥夺知道由哪位医生为其做手术的权利[3]。这种程序违反了从人身自由和人身不受侵害的基本权利所推导出的自主知情同意这一基本规则[4]。尽管上述所言皆具说服力,但反对意见也在所难免,即这里所强调的患者自主权观点也以同样的逻辑反对通过假定同意制度"补正"风险告知瑕疵。

在瑞士医事刑法判例中,通过瑞士联邦法院的判决在原则上承认假定同意属于个案,且在刑法文献中至今也是罕见的[5]。从整体上看,该判决无论是在方法论上还是在实质证成上,都存在明显的疑问。瑞士联邦法院没有将假定同意与刑法所承认的作为正当化事由的推定同意相区分,尽管承认假定同意会系统性地损害推定同意的辅助性原则[6]。然而,推定同意是尊重患者自主权的基本表达,因为它保证了凡能被询问者,均应当被问询。有必要从方法论角度提出批评的是,瑞士联邦法院并没有论证其认可假定同意的合理性,而是似乎错

---

[1] BGer 6B_788/2015,6B_902/2015 vom 13.5.2016,E. 3.1,参考民事判决 BGE 133 III 121,130(由笔者翻译)。引用原文为:"Le fardeau de la preuve incombe là〔…〕au médecin. Le patient doit toutefois collaborer à cette preuve en rendant vraisemblables, ou du moins en alléguant les motifs personnels qui l'auraient incité à refuser l'opération s'il en avait connu les risques.〔…〕. Par ailleurs, le consentement hypothétique ne doit en principe pas être admis lorsque le genre et la gravité du risque encouru auraient nécessité un besoin accru d'information, auquel le médecin n'a pas satisfait. Dans un tel cas, il est en effet plausible que le patient, s'il avait reçu une information complète, se serait trouvé dans un réel conflit quant à la décision à prendre et qu'il aurait sollicité un temps de réflexion(ATF 133 III 121 consid. 4.1.3 p. 130 et les références)."

[2] BGer 6B_788/2015,6B_902/2015 vom 13.5.2016,E. 4.2.2.

[3] BGer 6B_788/2015,6B_902/2015 vom 13.5.2016,E. 4.2.2.

[4] BGer 6B_788/2015,6B_902/2015 vom 13.5.2016,E. 4.2.2.

[5] 但参见 Coralie Devaud, Odile Pelet. Consentement éclairé et droit pénal L'acte médical: une infraction comme une autre?. in: Anne-Sylvie Dupont, Olivier Guillod(eds.), Réflexions romandes en droit de la santé. Zürich: Dike, 2016, p. 44 以及 Madeleine Hirsig-Vouilloz. La responsabilité du médecin: Aspects de droit civil, pénal et administratif. Bern: Stämpfli Verlag, 2017, p. 77,然而并没有明确归类于刑法或是民法。

[6] 对此,可能的原因是,在法语区的观点立场中并不总是在术语上区分推定同意(consentement présumé)和假定同意(consentement hypothétique)。

误地假设假定同意已经是刑法认可的一项法律制度。就是在这种背景下，该判决未被官方正式案例汇编收录，便是可以理解的了，尽管依照恰当的观点，在刑法中承认假定同意对法律续造判决具有重要意义。关于在刑事判例中承认假定同意的主张，仅仅参照民事判例无论如何是不够的。相反，瑞士联邦法院至少要解释说明为什么民法判断标准在这一方面同样适用于刑法。另外，诸如假定同意的刑法教义学合理性（对此，见下述第五部分）讨论，以及在假定同意之事实要件的存在与否存疑时，存疑有利于被告原则的适用范围等特殊的刑法考量也是全然缺失。而且也没有讨论刑法学文献中的理论。因此，总的来看，该判决提出的问题多于所回答的问题。该判决是否只是一个"例外"，或者其是否将成为关于假定同意的持续性刑法判例的起点，我们拭目以待。就刑法中的假定同意而言，仍然缺少言之有理的、具有最终法律效力的讨论。因此，将假定同意从民法引入刑法的正反两方面观点均值得进行检视。

五、假定同意的教义学论证

在德国刑法学中，尽管有很多数量庞杂的文献，但对假定同意的刑法教义学论证仍然是尚未解决的问题。

（一）特殊的（sui generis）正当化事由

几乎没有争议的是，假定同意并非一项全新的正当化事由[①]。正当化事由表达的是在实施侵入性医疗行为时点的允许性话语（Erlaubnissätze）。如果不完全放弃知情同意（informed consent）这一医事法学的核心要求，则未经患者的有效同意，医生的侵入性医疗是被禁止的。迄今为止，在所有承认假定同意制度的案例中，医生的行为都是客观上为法秩序所不容的。

（二）（正当化层面的）客观归责之排除

继洛塔尔·库伦（Lothar Kuhlen）之后的通说将假定同意作为在正当化层面排除客观归责的情形。实质上，这种观点是对合法的替代行为（das rechtsmässige Alternativverhalten）或者缺乏义务违反关联性（der fehlende Pflichtwidrigkeitszusammenhang）的反驳[②]。这并非在否认，医生告知错误信息或者根本没有告知任何信息的行为是违反义务且不法的，而是主张

[①] Volker Haas. Zur Bedeutung hypothetischer Geschehensverläufe für den Ausschluss des Tatunrechts. GA, Vol. 162, 2015, p. 151; Regina E. Aebi-Müller et al. Arztrecht. Bern: Stämpfli Verlag, 2016, pp. 384-385; 其他观点参见 Werner Beulke. Die hypothetische Einwilligung im Arztstrafrecht – Eine Zwischenbilanz. medstra, Vol. 1, No. 2, 2015, p. 73.

[②] Lothar Kuhlen. Objektive Zurechnung bei Rechtfertigungsgründen. in: Bernd Schünemann et al. (eds.), Festschrift für Claus Roxin zum 70. Geburtstag am 15. Mai 2001. Berlin: W. de Gruyter, 2001, p. 337; Henning Rosenau. Die hypothetische Einwilligung im Strafrecht. in: René Bloy et al. (eds.), Festschrift für Manfred Maiwald zum 75. Geburtstag. Berlin: Duncker & Humblot, 2010, pp. 690-691; Claus Roxin. Strafrecht Allgemeiner Teil Band I: Grundlagen. Der Aufbau der Verbrechenslehre (4th ed.). München: Verlag C.H. Beck, 2006, p. 591.

在具体案件中违反义务对构成要件符合性的结论并没有影响。这种构造的问题在于，在假定同意的具体案件中不考虑告知错误，并不足以消除刑法上的结果。相反，是否存在刑法上的结果，完全取决于患者的假定行为。① 这与公认的合法的替代行为的情形有本质区别。此外，也有人恰当地指出，医生的合法的替代行为并非在于进行告知，而是在于不实施未经授权的侵入性医疗②。

（三）同意效果的事后拟制

安德烈亚斯·艾克尔（Andreas Eicker）建议将假定同意理解为"阻却违法性的同意的特殊形式（besondere Ausprägung einer rechtfertigenden Einwilligung）"③或者"同意的效果拟制（Wirksamkeitsfiktion der Einwilligung）"④。当信息告知瑕疵与同意的缺位之间缺少关联性时，有效的同意就被"事后拟制（ex post fingiert）"⑤出来了，这使由医生所实施的符合伤害罪构成要件的侵入性医疗得以正当化。因此，最初被艾克尔本人所否认的假定同意之正当化构造⑥，在事后效果拟制的"装裱"下得以复生。因为在这个模式中，被拟制出来的并非刑法的正当化事由，而是患者同意的效果。在这一解释中，假定同意同样以正当化事由的形式得以呈现。因此，在艾克尔的理论中，假定同意就像一台时光机：糟糕的现在——未经患者（有效）同意的专断医疗行为——应当事后通过排除过去的错误以及修正历史来加以阻止。事后效果拟制理论（Lehre von der Ex-post-Wirksamkeitsfiktion）与穿越科幻小说（Zeitmaschinen-Science-Fiction）有着同样的结构性问题：通过事后改变已经成为过去的行为进程来避免当下不被期望的叙事，必然会遇到无法调和的逻辑矛盾。这一批评同样适用于"同意的事后效果拟制"的观点。患者的同意在诊疗时点只能是有效或无效，因为刑法的违法性

---

① Rochus Jossen. Ausgewählte Fragen zum Selbstbestimmungsrecht des Patienten beim medizinischen Heileingriff. Bern: Stämpfli Verlag, 2009, p. 165; Walter Gropp. Hypothetische Einwilligung im Strafrecht？. in: Andreas Hoyer et al. (eds.), Festschrift für Friedrich-Christian Schroeder zum 70. Geburtstag. Heidelberg: C.F. Müller, 2006, S. 201 f.; Claus Roxin. Hypothetische Einwilligung im Medizinstrafrecht？. medstra, Vol. 3, No. 3, 2017, p. 132.

② Andreas Eicker. Die hypothetische bzw. fingierte Einwilligung als Begrenzung der strafrechtlichen Arzthaftung. forumpoenale, Vol. 7, No. 4, 2014, p. 242; Christian Jäger. Die hypothetische Einwilligung – ein Fall der rückwirkenden juristischen Heilung in der Medizin. in: Heinz Müller-Dietz (eds.), Festschrift für Heike Jung. Baden-Baden: Nomos, 2007, p. 351; Rochus Jossen. Ausgewählte Fragen zum Selbstbestimmungsrecht des Patienten beim medizinischen Heileingriff. Bern: Stämpfli Verlag, 2009, p. 165; Sabine Swoboda. Die hypothetische Einwilligung – Prototyp einer neuen Zurechnungslehre im Bereich der Rechtfertigung？. ZIS, Vol. 8, No. 1, 2013, p. 22.

③ Andreas Eicker. Die hypothetische bzw. fingierte Einwilligung als Begrenzung der strafrechtlichen Arzthaftung. forumpoenale, Vol. 7, No. 4, 2014, p. 243.

④ Andreas Eicker. Die hypothetische bzw. fingierte Einwilligung als Begrenzung der strafrechtlichen Arzthaftung. forumpoenale, Vol. 7, No. 4, 2014, p. 242.

⑤ Andreas Eicker. Die hypothetische bzw. fingierte Einwilligung als Begrenzung der strafrechtlichen Arzthaftung. forumpoenale, Vol. 7, No. 4, 2014, p. 243.

⑥ Andreas Eicker. Die hypothetische bzw. fingierte Einwilligung als Begrenzung der strafrechtlichen Arzthaftung. forumpoenale, Vol. 7, No. 4, 2014, p. 240: "它（假定同意）与典型的违法阻却教义学并非毫无限制地协调一致。"

判断必须在犯罪行为发生之时得到最终回应。因此，正如德特勒夫·施特恩贝格-利本（Detlev Sternberg-Lieben）所言，通过"假定同意"事后"补正"有损意志的信息告知瑕疵（der willensbeeinträchtigende Aufklärungsmangel）而排除违法性，这原则上在刑法中没有存在的余地①。此外，就患者自主权的实质保护来看，这种事后的效果拟制意味着作为同意有效性的前提条件的知情同意被——至少部分——抛弃了。最后，艾克尔主张同意中的表意瑕疵——例如通过欺骗行为造成的——仅在着眼于法益时才会损害同意的有效性②。以这样的观点来进行自我辩护也是没有说服力的，因为从概念定义（per definitionem）上来讲，关于如下情况的误解本身便是着眼于法益的，即那些构成所谓自主决定告知事项（Gegenstand）也会因此导致同意无效。如果将人身处分自由而非保护客观的身体完整性或健康视为伤害罪的法益，那么上述批评无论如何都是恰当的③。

尽管如此，艾克尔的方法从术语上准确地描述了这样一种境况，即通过假定同意，宪法所要求的在实施侵入性医疗行为时点的患者真实自主决定被简单的患者自主权之拟制取代。接下来便对将假定同意视为一项刑法制度的观点进行批判性审视。

六、批评

对假定同意的批评可以归纳为一句话，即假定同意损害了由患者的事实知情同意和患者的推定同意所共同确定的患者自主权的刑法保护体系④。

（一）人身处分自由的不可逆损害

一方面，不同于假定同意的支持者所声称的那样⑤，在缺乏有效同意的情况下，医生对患者实施侵入性医疗行为时，即便接受假定同意，亦不能否认结果不法的存在。这种结果不

---

① Detlev Sternberg-Lieben. § 223 StGB. in: Adolf Schönke, Horst Schröder (eds.), Strafgesetzbuch Kommentar (30th ed.). München: Verlag C.H. Beck, 2019, pp. 2253-2254.

② Andreas Eicker. Die hypothetische bzw. fingierte Einwilligung als Begrenzung der strafrechtlichen Arzthaftung. forumpoenale, Vol. 7, No. 4, 2014, p. 243 以及其他更多的引证文献。

③ 对此参见 Brigitte Tag. Der Körperverletzungstatbestand im Spannungsfeld zwischen Patientenautonomie und lex artis. Berlin: Springer, 2000, p. 68, Bijan Fateh-Moghadam. Die Einwilligung in die Lebendorganspende. München: Verlag C.H. Beck, 2008, p. 92-93, 并参见第六部分（一）。

④ 持同样结论的还有 Brigitte Tag. Richterliche Rechtsfortbildung im Allgemeinen Teil am Beispiel der hypothetischen Einwilligung. ZStW, Vol. 127, No. 3, 2015, p. 538; Regina E. Aebi-Müller et al. Arztrecht. Bern: Stämpfli Verlag, 2016, p. 384; Detlev Sternberg-Lieben. § 223 StGB. in: Adolf Schönke, Horst Schröder (eds.), Strafgesetzbuch Kommentar (30th ed.). 2019, pp. 2253-2254.

⑤ Lothar Kuhlen. Ausschluss der objektiven Erfolgszurechnung bei hypothetischer Einwilligung des Betroffenen. JR, No. 6, 2004, p. 229.

法在于对患者人身处分自由的不可逆损害,构成了人身伤害犯罪的法益①。另一方面,在实施侵入性医疗之前,医生对患者进行信息告知并询问其是否表示同意,这与既不对患者进行信息告知也不进行询问,即便患者本来也会表示"同意",是存在区别的。相反的观点暗含人身伤害犯罪之法益并不取决于患者意志这一客观主义解释,并且与已被驳倒的观点相一致,即侵入性医疗的构成要件符合性已经由于其在客观上有助于健康这一价值取向而被否认了。这揭示了前述有关侵入性医疗构成要件符合性的传统讨论与新近关于假定同意的讨论之间的联系。与将侵入性医疗排除在人身伤害罪构成要件之外类似的是,承认假定同意同样与以保护患者自主决定权这一宪法的核心要求为导向的"刑法中的伤害罪的解释"不相容。

（二）作为同意的强制性框架（Framing）之信息告知的功能（行为法经济学）

反对承认假定同意的第二个理由可以从要求医生告知信息的保护目的中得出：假定同意与医事刑法中自主决定的信息告知在规范功能上并不一致。这可以与早前已由英格博格·普珀（Ingeborg Puppe）所提出的异议相关联,即在患者本可以被全面告知的情况下依旧探寻患者的假定行为,从一开始就是"毫无意义的"②。因为并不能毫无疑问地查明,患者在其他事实前提条件下会如何作出决定,所以存疑有利于被告原则必须始终为假定同意所吸纳③。

对此,可能存在的反对意见是,法院在其他情况下——例如在确定不作为犯罪中的"准因果关系"时——也会对假定的因果关系进行认定。因此,确认假定的因果关系并非不可能或毫无意义。普珀基于逻辑层面提出的"无意义论证",有必要进行规范性重构：如果患者经符合规范要求的信息告知后,会如何进行决定,这种探讨出于规范原因是不被允许的。因为医生信息告知的意义和目的正是在于保障患者在侵入性医疗行为时点的自主决定所必要的某些理想化的前提条件。假定同意的构造违背了自主决定信息告知的目的。有关于规范证成信息告知要求的保护目的的论据,也得到了行为法经济学研究成果的支持,该成果从实践经验上证实了人类的决策行为的语境依赖性。

根据多次获得诺贝尔奖的丹尼尔·卡尼曼（Daniel Kahneman）、理查德·塞勒（Richard Thaler）和法理学家凯斯·桑斯坦（Cass Sunstein）等人的实证研究成果,可以确定的是,人

---

① 参见 Brigitte Tag. Der Körperverletzungstatbestand im Spannungsfeld zwischen Patientenautonomie und lex artis. Berlin: Springer, 2000, p. 68, Bijan Fateh-Moghadam, Die Einwilligung in die Lebendorganspende. München: Verlag C.H. Beck 2008, pp. 92-93,并参见第六部分（一）。

② Ingeborg Puppe. Die strafrechtliche Verantwortlichkeit des Arztes bei mangelnder Aufklärung über eine Behandlungsalternative – Zugleich Besprechung von BGH, Urteile vom 3.3.1994 und 29.6.1995. GA, Vol. 150, 2003, p. 764.

③ Ingeborg Puppe. Die hypothetische Einwilligung und das Selbstbestimmungsrecht des Patienten. ZIS, Vol. 11, No. 6, 2016, p. 368.

类的决策可以为呈现决策问题的框架结构（Framing）所影响①。对此，举一个简单的例子，我们在小杯（0.2升）和大杯（0.3升）咖啡之间的选择决定，终归受到并不重要的事实情况的影响，即咖啡店是否还提供了第三种选项——"特大杯"（0.4升）。原因在于，人类存在无意识的厌恶极端倾向并且会自发地偏爱中间道路②。塞勒和桑斯坦所展示的这些框架效应（Framing-Effekte）的实践经验有效性，刚好同样以信息告知作为例证：医生在解释手术死亡率时，是说90%的存活率还是说10%的死亡率，这会使患者作出不同行为决策③。

在框架效应的背景下，首次澄清了——作为同意的有效性前提条件——信息告知的原因和功能。在大多数日常生活事务中，法秩序将决策背后的社会框架影响作为不可避免的现象而加以容忍。这在以患者结构性弱势为特征的医患关系中并不适用。在这里，所谓自主决定的信息告知的医事法的需求定义了规范性框架条件，而患者同意的有效性则应当依赖于这些框架条件的保障。医疗行为的同意框架既不是随意确定的，也不是由医学确定的，而是由法学定义的。行为心理学的研究结果只是说明了一种概率上的相关性：信息告知的瑕疵或者缺失，可能会影响患者的决策。尽管如此，从行为心理学的角度来看，假定同意所追求的个体反证几乎是无法在事后进行的。因为框架效应能够悄无声息地影响我们的行为：在卡尼曼的概念体系中，框架效应具有"快速思考"的特征，换言之，这是一种无意识且本能的信息处理方式的表现形式④。在此背景下，假定同意损害了旨在保障法律所定义的患者决策框架在自主决定信息告知方面的规范功能。

七、结论

迄今为止，有关医事刑法的判例对是否承认假定同意尚无定论。因此，为了被告医生的

---

① 基础理论参见Daniel Kahneman, Paul Slovic, Amos Tversky. Judgement under uncertainty: Heuristics and biases. London: Cambridge University Press, 1982; Daniel Kahneman, Amos Tversky. Choices, values, and frames. London: Cambridge University Press, 2000; Richard H. Thaler, Cass R. Sunstein. Nudge: Improving Decisions About Health, Wealth, and Happiness. London: Yale University Press, 2009, pp. 36-37. 关于行为经济学的历史沿革与现状参见Richard H. Thaler. Misbehaving: Was uns die Verhaltensökonomik über unsere Entscheidungen verrät. München: Siedler 2018.

② 关于司法裁判中的妥协效应（Kompromisseffekt）参见Mark Kelman, Yuval Rottenstreich, Amos Tversky. Context-Dependence in Legal Decision Making. Journal of Legal Studies, Vol. 25, No. 2, 1996, p. 287.

③ Richard H. Thaler, Cass R. Sunstein. Nudge: Improving Decisions about Health, Wealth, and Happiness. London: Yale University Press 2009, p. 36, 提出了存在疑问的建议，即患者被告知信息，是为了促使其作出医学上"正确"的决定（对此批评参见Bijan Fateh-Moghadam. Grenzen des weichen Paternalismus. in: Bijan Fateh-Moghadam, Stephan Sellmaier, Wilhelm Vossenkuhl (eds.), Grenzen des Paternalismus: Blinde Flecken der liberalen Paternalismuskritik. Stuttgart: W. Kohlhammer, 2010, p. 35）。

④ Daniel Kahneman. Thinking, Fast and Slow. London: Penguin Books, 2011, pp. 19-30; Richard H. Thaler, Cass R. Sunstein. Nudge: Improving Decisions about Health, Wealth, and Happiness. London: Yale University Press, 2009, pp. 19-22. 塞勒和桑斯坦一方面以《星际迷航》中的史波克先生（Mr. Spock）的理想型为例，另一方面又以《辛普森一家》中的霍默·辛普森（Homer Simpson）为例阐明了两种认知系统。前者是反思、受控、演绎的慢速思考；后者则似乎完全简化为了非反思、非受控、联想的快速思考。

利益，辩护律师最好在几乎所有涉及缺乏患者有效同意的医事刑事案件中，主张假定同意抗辩。无论医生是过失还是故意告知了有瑕疵的信息，甚至是医生根本没有取得患者的同意，上述辩护策略都适用。鉴于刑法教义学的出发点具有可比性，辩护律师在这方面可以援引前述德国联邦法院关于假定同意在刑法适用范围方面广泛且具有最终法律效力的判例，以及上述（受到批评的）瑞士联邦法院承认假定同意的早期趋势。

相反，按照本文所主张的观点，应当期待瑞士刑事法院回绝这一辩护策略，并且放弃将民法中的假定同意制度吸纳到刑法中。假定同意侵蚀了以患者自主决定权为导向的推定同意的辅助性原则①，并且在医事刑法中，假定同意否定了核心的医事伦理及医事法原则，即知情同意原则。至于如果患者获得了符合规范要求的信息告知，他会作出怎样的决定，对这一问题的讨论无法实现自主决定信息告知的功能。而自主决定信息告知的功能恰恰在于保障法律提供的患者在侵入性医疗行为时点作出同意的框架条件。

因此，本文的开场白可稍作修改：假定同意不是公认的瑞士医事刑法制度，这是一件好事。

---

① Christoph Sowada. Die hypothetische Einwilligung im Strafrecht. NStZ, Vol. 32, No. 1, 2012, p. 7.

凯尔森、哈特与法律规范性[*]

布赖恩·比克斯[**] 著 惠洁[***] 译

摘要：本文重点关注与法律规范性相关的问题，着重阐述凯尔森和哈特在其著作中对这些问题的论述，以及后来对他们的理论进行评述的学者的观点。首先，在文章的第二部分，作者以凯尔森的作品为重点，对法律的性质和法律规范性提出了看法（至少是对其的一种合理解读）。其论点是，当公民选择以规范的方式解读法律官员的行为时，就预设了基本规范的存在。在凯尔森的这种观点中，所有规范体系在结构和逻辑上都是相似的，但每个规范体系都独立于其他体系——因此，从这个意义上说，法律与道德在概念上是分离的。其次，在第三部分，作者转向哈特的理论，分析了他的方法在多大程度上认为法律规范性是独特的。这种方法对当代法理学中已成为共识的观点提出了质疑，即法律提出了道德主张。作者展示了对法律本质的一种更"消解性"（且不那么带有道德色彩）的理解是可行的，而且实际上可能比当前流行的（以道德为中心的）理解更好。

关键词：凯尔森 哈特 法律规范性 法律与道德 遵守法律的道德义务 基本规范

---

[*] **基金项目**：原文刊登于Journal for Constitutional Theory and Philosophy of Law, 2018(34): 25-44。原文题目为Kelsen, Hart, and Legal Normativity。本文的翻译和发表均已获得作者本人翻译授权。

[**] **作者简介**：布赖恩·比克斯：美国明尼苏达大学法学院弗雷德里克·W.托马斯法律与哲学讲座教授。国际知名法学家，师从法理学大家约瑟夫·拉兹（Joseph Raz）、斯坦利·L.鲍尔森（Stanley L.Paulson），是现代分析法学的第三代代表人物。比克斯教授在法理学、法哲学、合同法、家庭法领域均有深厚研究，在国际权威期刊发表了数量可观的论文，代表著作有《法理学：理论与语境》《法律理论词典》《法律、语言与法律的确定性》《合同法》《家庭法》等，其中大量著作已被译为中文。

[***] **作者简介**：惠洁，华东政法大学博士生，主要研究方向为党内法规、法学方法论。

一、引言

汉斯·凯尔森、哈特以及 20 世纪[①]许多其他法律理论家的核心思想是，法律是一个规范体系，任何关于法律性质的理论都必须关注其规范性。解释法律规范性有一些常见的问题：例如，法律规范性与其他规范体系，特别是道德之间有什么联系？此外还有方法论上的问题：当理论家声称我们需要（并且他们将）"解释法律的规范性"时，究竟在解释什么？本文将重点关注与法律规范性相关的问题，着重阐述凯尔森和哈特以及后来对他们的理论进行评论的学者们是如何阐述这些问题的。

在第二部分，我将就法律的本质以及法律规范性提出一种观点，重点在于凯尔森的著作（至少是对其的一种合理解读[②]）。我的论点是，当公民选择以规范性的方式解读法律官员的行为时，就预设了基本规范[③]的存在。在凯尔森的这种观点中，所有规范性体系在结构和逻辑上都是相似的，但每个规范性体系都独立于其他体系——因此，从这个意义上说，法律在概念上与道德是分离的。

第三部分将探讨哈特的理论，分析其方法在多大程度上将法律规范性视为独一无二的。这种方法对当代法理学中已成为共识的观点，即法律提出了道德主张，提出了质疑。我将展示，一种对法律本质更"消解性"（且不那么带有道德色彩）的理解是可行的，而且实际上可能比当前流行的（以道德为中心的）理解更有效。

二、凯尔森和规范性

（一）规范性

汉斯·凯尔森在其漫长的学术生涯中[④]，大部分时间都在研究法律的规范性本质，即法

[①] 这种说法可能过于狭隘了：人们或许能在更早时期的作家那里发现对法律规范性的关注，比如托马斯·阿奎那、雨果·格劳秀斯以及许多其他探讨法律本质的中世纪古典作家。

[②] 我承认，应对凯尔森著作进行更细致的分析——其著作数量众多，正如 Michael Hartney 所指出的，"在 [Robert] Walter 对凯尔森作品的权威性书目中，有 387 个条目，其中 96 个是关于法律理论的"，Hartney1991：x（脚注省略）——可能会从阐释学的角度削弱我所提出的解读。不过，我将从法律理论的角度来讨论这一观点，不论其作为对凯尔森的阐释有何价值。参见 Michael Hartney, 1991. Introduction: The Final Form of the Pure Theory of Law. In Hans Kelsen, General Theory of Norms.Oxford: Oxford University Press, pp.Ix-lx.

[③] 在本文中，我将交替使用"Basic Norm"和"Grundnorm"这两个术语。

[④] 在凯尔森数十年的著述生涯中，其观点发生了一些根本性的转变——尤其是将他最早期的作品与最晚期的作品同中间大部分时期的作品相比较时。Paulson 1992a, 1998, 1999, 2017.本文始终关注的是凯尔森中期较为人熟知的著作。参见 Stanley L. Paulson, 1992a. Kelsen's Legal Theory: The Final Round. Oxford Journal of Legal Studies12（1992）, pp.265-274; Stanley L. Paulson, 1998: Four Phases in Hans Kelsen's Legal Theory？ Reflections on a Periodization.Oxford Journal of Legal Studies 18（1998）, pp.153-166; Stanley L. Paulson, 1999. Arriving at a Defensible Periodization of Hans Kelsen's Legal Theory.Oxford Journal of Legal Studies 19（1999）, pp.351-364; Stanley L. Paulson, 2017. Metamorphosis in Hans Kelsen's Legal Philosophy.Modern Law Review 80（2017）, pp.860-894.

律本质上由规范构成，这需要一种与描述性、经验性方法截然不同的研究方法①。凯尔森的方法基于或假设了这样一种观点（通常认为这一观点首先由大卫·休谟提出，尽管对于休谟文本的最佳理解仍存在争议②），即"是"与"应当"之间存在着明确的区分，尤其是无法从关于实际情况的陈述中得出关于人们应当如何行动的结论。无论其起源如何，这种关于不能从"是"陈述中得出"应当"结论的观点（有时被称为"事实与价值的区分"）在现代哲学中已被普遍接受③。

休谟关于"是"与"应当"之间的区分意义重大，其蕴含的观点是：对于每一个规范性结论（例如关于一个人应当做何事），必然存在至少一个规范性前提（例如关于一个人应当做什么或应该重视什么）。在诸如法律（或道德或宗教）之类的规范性体系的语境中，关于一个人应当做（或不应当做）何事的每一项陈述，都需要从一个更为普遍或更为基础的应当性陈述中获取正当性依据，沿着规范层级向上追溯④，直至抵达一个基础性的规范性前提。故而，宗教体系中关于一个人不应当向神像祈祷的规则，最终将基于"遵从造物主上帝的意旨行事"这一规范；一个人在世俗中的经验性道德准则，即除非有极为充分的理由否则不应撒谎，最终可能基于康德提出的规范"使你的意志准则能够成为普遍法则"，或者基于功利主义的规范"使最大多数人的利益最大化"；而关于在特定高速公路上行驶速度不得超过每小时 65 英里的法律规范，最终可能基于"按照历史上首部宪法所授权的内容行事"这一规范。

---

① 参见 Hans Kelsen, 2013. A "Realistic" Theory of Law and the Pure Theory of Law: Remarks on Alf Ross's On Law and Justice. Kelsen Revisited: New Essays on the Pure Theory of Law. eds. Luis Duarte d' Almeida, John Gardner & Leslie Green, pp.195-221. Oxford: Hart Publishing.

② 休谟（1978: Section 3.1.1, at 469-470）著述道：在我迄今为止所接触到的每一种道德体系中，我一直留意到，作者起初会以惯常的推理方式行进，并确立上帝之存在，或对人类事务作出观察；可突然间，我诧异地发现，取代常见的"是"与"不是"这类命题的连接词，我所遇见的命题无一不与"应当"或"不应当"相联系。这种转变难以察觉，然而，却影响至深。因为这个"应当"或"不应当"表达了某种新的关系或肯定，所以有必要对其加以观察和阐释。同时，对于看似完全不可思议的现象——这种新的关系如何能从与之全然不同的其他关系中演绎出来——也应当给出一个理由……[我]确信，对这一点稍加关注，就会颠覆所有常见的道德体系，并让我们看到，善恶之分并非仅仅基于对象之间的关系，亦非由理性所觉察。David Hume, 1978. A Treatise of Human Nature (analytical index by L.A. Selby-Bigge; 2nd ed., with text revised and notes by P. H. Nidditch). Oxford: Clarendon Press.

③ 尽管仍存在着一些知名的异议者。例如，Alasdair C. Macintyre, 1959: Hume on "Is" and "Ought" The Philosophical Review 68(1959), pp.451-468; John Searle, 1964. How to Derive "Ought" from "Is". Philosophical Review 73(1964).43-58. 在当下的语境中，或许还应当提及朗·富勒针对"是"与"应当"之间的任何明确区分所反复提出的问题。Winston, 1988. Kenneth I. Winston, 1988. Is/Ought Redu The Pragmatist Context of Lon Fuller's Conception of Law. Oxford Journal of Legal Studies 8(1988), pp.329-349.

④ 这是凯尔森从阿道夫·尤利乌斯·梅尔克尔那里采纳的"层级构造学说"。参见 Hans Kelsen, 1992. Introduction to the Problems of Legal Theory (trans. of 1934 1st edition of Reine Rechtslehre by B. Litschewski Paulson & S. L. Paulson). Oxford: Clarendon Press; Andras Jakab, 2007. Problems of the Stufenbaulehre: Kelsen's Failure to Derive the Validity of a Norm from Another Norm. Canadian Journal of Law and Jurisprudence 20(2007), pp.35-67. 在哈特那里，人们也能发现类似的规范分析层级，他的"承认规则"概念发挥着与凯尔森的"基本规范"类似的作用。H. L. A. Hart, 2012. The Concept of Law, 3rd ed. Oxford: Oxford University Press, p.107.

凯尔森将这种法律规范性体系的基础性规范称为"基础规范"("Grundnorm")①。

这种有关"是"与"应当"陈述的分离以及规范体系的层级结构，乃至终极规范的观点，或许会致使对道德(还有宗教与法律)得出略带怀疑论色彩的结论。其缘由在于，依此进路，每一个规范体系均被表明必然奠基于一个其自身不需(直接)证明的基础规范。人们单纯地接受(或不接受)这一终极规范，不管它是"遵循造物主上帝的指令"，还是"使最大多数人的利益最大化"，抑或是"依照历史上首部宪法行事"。而且，一个人一生中重要的规范体系，例如道德、宗教和法律，或许建立在无法被证明且可被接受或拒绝的终极规范之上这一事实，似乎会引发怀疑论或相对主义的影响。然而，这些影响必须交由他人探讨，或者留待其他场合讨论②。

在凯尔森对于"规范科学"的理解中③，每一个"应当"主张——无论是法律、道德、宗教还是其他任何形式的——都隐含着(预设了)该规范体系的基础规范。由此推论，每一个规范体系都是自足的，并且独立于其他任何规范体系。作为规范体系的法律及其基础规范必然与特定宗教或特定道德体系的规范体系相分离。不过，需要重点指出的是：这并不排除立法者实际上受到其他规范体系的内容——例如道德或宗教体系——的影响。必须将(所有)规范体系的逻辑结构与有关某些立法者为何颁布法律规范的经验/历史/因果主张区分开来。

（二）基本规范的预设

在凯尔森的著作中，可以找到这样的表述：预设基本规范是使"将(某些物质事实)的主观意义解释为其客观意义，即解释为客观有效的规范成为可能"的必要条件④。但同时，凯

---

① 在对凯尔森的"基本规范"以及哈特的类似概念"承认规则"的理解中，存在着一种常见的混淆。H. L. A. Hart, 2012. The Concept of Law, 3rd ed.Oxford: Oxford University Press, pp.94-95, 100-110.尽管将这些基本规范等同于某一法律体系的基础性文本(如美国宪法)的诱惑是可以理解的，但这种等同是不精确的。首先，正如凯尔森所指出的，当前的基础性文本可能是在同一法律体系中先前的基础性文本的权威下创建的，因此基本规范应当指向该法律体系中历史上的第一个基础性文本。其次，关于如何解释基础性文本的条款，以及确定其在该法律体系中相对于其他国内和国际法律规范的优先地位，仍然存在问题。最后，至少就凯尔森的"基本规范"而言，该规范是要求依照特定法律文本行事的指令，原则上与法律文本本身是相互分离的。

② 当然，在哲学和法理学文献中，针对这种潜在的怀疑论挑战有许多回应。一位著名法律理论家简短而富有思考性的回应可见于John Finnis, 2011a. Natural Law&Natural Rights, 2nd edition.Oxford: Oxford University Press, pp.29-48, 441-442; John Finnis, 2011c: Reason in Action: Collected Essays, vol.I.Oxford: Oxford University Press, pp.201-204.

③ 凯尔森更常提及的是"法学"(或"法律科学")——"Rechtswissenschaft"。正如Paulson在其对凯尔森著作的译文补充注释中所指出的那样(Paulson, 1992: 127-129)，在凯尔森的作品中以及德语中，提及"科学"一词意味着客观的学术探究，并不一定含有英语中"科学"一词所附带的所有额外含义(例如，在德语中，人们可以很自然地将文学理论称为"科学"，而在英语中，这样的描述则不太可能，且肯定会引发争议)。参见Stanley L. Paulson, 1992c. Supplementary Notes.In Hans Kelsen, Introduction to the Problems of Legal Theory.Oxford: Clarendon Press.

④ 凯尔森1960a：§34(d)，引自Paulson翻译译文，Stanley L. Paulson, 2013. A Great Puzzle: Kelsen's Basic Norm. Kelsen Revisited: New Essays on the Pure Theory of Law.Eds.Luis Duarte d'Almeida, John Gardner&Leslie Green. Oxford: Hart Publishing, p.50.

尔森在多处明确指出，人们无需预设基本规范①。凯尔森特别指出，无政府主义者不必也不愿将法律官员的行为视为"赤裸裸的权力"②以外的其他任何东西，对他们而言，整个法律体系不过是"放大版的持枪歹徒情形"③。

同样，凯尔森写道："对于纯粹法学而言，强调法律创制行为的主观意义也是其客观意义——也就是说，强调法律具有客观有效性——只是对该行为的一种可能的解释，而非必然的解释。"④凯尔森补充道："纯粹法理论的目标仅仅是将所有法学家在（很大程度上是无意识地）将研究对象概念化时所做的工作提升到意识层面，即他们……将实在法理解为一个有效的体系，也就是一种规范，而不仅仅是动机方面的偶然事实。"⑤

因而，凯尔森论及那些将法律行为视作规范的人，于某些地方予以指明，于其他地方仅是暗含，即人们同样能够选择⑥不以规范性的方式看待此类行为。这一观点可以推广到各种规范体系。一些人审视我们（自然、经验世界）中的事件时，会发现规范：依据礼仪的要求、宗教体系的指令或者法律体系的规范行事的义务（缘由）。其他同样能干且聪慧的成年人看待同一世界，却未见任何规范性内容：礼仪体系可能看起来像是毫无意义的游戏的琐碎规则；宗教规范可能看起来像是无知和自欺欺人的迷信；法律规则可能看起来只是强者控制和压迫弱者的又一种手段。当然，有些人可能在上述某些领域以规范的方式看待事物，而在其他领域则不然。

---

① 我承认，在凯尔森的著作中可能还有其他段落支持不同的解读。关于凯尔森有关基本规范著述的不同解读，参见 Stanley L. Paulson, 2012. A "Justified Normativity" Thesis in Hans Kelsen's Pure Theory of Law？ Rejoinders to Robert Alexy and Joseph Raz. Institutionalized Reason: The Jurisprudence of Robert Alexy. Eds. Matthias Klatt. Oxford: Oxford University Press, pp.61-111.

② Kelsen, 1992: § 16, at 36. Hans Kelsen, 1992. Introduction to the Problems of Legal Theory (trans. of 1934 1st edition of Reine Rechtslehre by B. Litschewski Paulson & S. L. Paulson). Oxford: Clarendon Press.

③ 当然，这最后一句话并非出自凯尔森之口，而是哈特（1958:603）所言。不过，凯尔森（1965:1144）也有类似的观点："导致基本规范理论的问题……在于如何区分被认为客观有效的法律命令（比如税务官员要求缴纳一定金额税款的命令）与具有相同主观意义但不被认为客观有效的命令（比如抢匪的命令）。"参见 H. L. A. Hart, 1958. Positivism and the Separation of Law and Morals. Harvard Law Review 71(1958), pp.593-629; Hans Kelsen, 1965. Professor Stone and the Pure Theory of Law. Stanford Law Review 17(1965), pp.1128-1157.

④ Kelsen, 2013: 218-219. 在同一段落的后续部分，凯尔森颇有裨益地补充道："规范有效性的概念，实则为一种解释，唯有预设了基本规范，这种解释才具有可能性"，并且，"如果预设了……基本规范"，这种解释则是有充分根据的。Kelsen, 2013: 219（原文强调）. Hans Kelsen, 2013. A "Realistic" Theory of Law and the Pure Theory of Law: Remarks on Alf Ross's On Law and Justice. Kelsen Revisited: New Essays on the Pure Theory of Law. Eds. Luis Duarte d' Almeida, John Gardner & Leslie Green, pp.195-221. Oxford: Hart Publishing.

⑤ Kelsen, 1992: § 29, 58. Hans Kelsen, 1992. Introduction to the Problems of Legal Theory (trans. of 1934 1st edition of Reine Rechtslehre by B. Litschewski Paulson & S. L. Paulson). Oxford: Clarendon Press.（省略部分的内容为"（他们）拒绝将自然法作为实在法有效性的基础……"）再者："这一前提（即基本规范）是可能的，但并非必要。……因此，纯粹法学通过确定基本规范作为将强制性命令解释为有效实在法的逻辑条件，却仅提供了实在法有效性的条件性而非绝对性的基础。" Hans Kelsen, 1960b. What is the Pure Theory of Law? Tulane Law Review 34(1960), pp.269-276.

⑥ 在论述人们可以"选择"从规范的角度看待官员的（法律）行为，也可以不这样看待时，需要指出的是，这并不意味着这种"选择"总是或必然是一种有意识的选择。"选择"一词主要表明存在一种可能性；人们本可以（思考）得有所不同。

对凯尔森和规范性的这种解读与约瑟夫·拉兹提出的"超然规范性陈述"这一有益观点相关。拉兹的基本观点是，人们可以谈论一条规范性规则或体系要求什么，而无须必然认可或接受该规则或体系①。因此，一个非素食主义者可以对素食主义朋友说："你不应该吃那个（因为它含有肉类成分）"，一个无神论者可以对正统犹太教朋友说："你不应该接受那个演讲邀请（因为这会要求你在安息日工作）"。同样，激进的律师或无政府主义学者可以就如果接受法律体系（从规范性角度看待法律官员的行为）人们应当做什么提出主张，即便该律师或学者只是从非规范性角度看待法律官员的行为，将其视为单纯的权力行为。

另一种阐明这一普遍观点的方式是约翰·加德纳的观察，即法律在某种程度上是自愿的，而道德则不然。加德纳认为，道德对作为人类的我们所有人提出的主张是"不可避免的"②。按照加德纳的说法，人们不能合理地问自己是否应该遵循道德的指令③。但对于法律，人们则可以合理地提出这样的问题④。

然而，或许此处提及的"不可避免性"太过模糊，难以发挥作用。有人可能会说，所有（或几乎所有）法律体系（无论过去还是现在）⑤中普遍且重要的制裁措施，从某种意义上讲，使法律变得"不可避免"。⑥有人或许会选择不将法律官员的行为视为创设有效规范，但法律（至少在那些行之有效的体系中）并非像时尚、礼仪或国际象棋那样，是人们可以视而不见的东西，一个实际理性的人不可能对其置之不理。不过，人们尽管可能无法"逃避"或忽视国家的强制力，但可以选择不从规范的角度去看待国家的行为。

我不确定凯尔森学派的方法（按照我的理解）是否会走得更远，以至于宣称道德（与法律不同）是"不可避免的"，因为按照这种分析，道德（或个人的道德体系）只是众多规范体系中的一种，人们可以选择或不选择，可以主张或不主张。当然，我们周围可以看到各种各样的（世俗的和基于宗教的）道德体系被倡导或被假定——仅在世俗的道德观中，就有各种各样的功利主义、义务论和德性伦理学（以及这三者的混合组合）。

当前分析中关于规范性的一般观点通常以类比游戏的方式来解释。例如，人们可能会

---

① Joseph Raz, 1990. Practical Reason and Norms. Princeton: Princeton University Press, pp.170-177.
② Gardner, 2012:150.Cf Raz 1999(94-105), 关于理由是否是可选择的，参见 John Gardner, 2012. Law as a Leap of Faith. Oxford: Oxford University Press.
③ 需要明确的是：这是加德纳的观点，而加德纳在此反映的是传统立场，当然，像弗里德里希·尼采这样的激进思想家似乎提出了加德纳所引述的观点中暗示不能或不应提出的问题，即一个人是否应当遵循道德的指令（不过，尼采的观点也可以不那么激进地解读，即他只是主张摒弃传统道德，转而支持他所倡导的道德体系）。
④ John Gardner, 2012. Law as a Leap of Faith. Oxford: Oxford University Press, pp.160-176. 罗伯特·阿列克西也指出，"当然，人们可以拒绝……参与（完全真实的）法律游戏"。Robert Alexy, 2002. The Argument from Injustice (English transl. by Bonnie Litschewski Paulson & Stanley L. Paulson). Oxford: Oxford University Press, p.109.
⑤ Frederick Schauer, 2010. Was Austin Right After All? On the Role of Sanctions in a Theory of Law. Ratio Juris 23 (2010), pp.1-21.
⑥ 我非常感谢弗雷德里克·肖尔提出的这个建议。

对下棋的人说，他们不应该（比如）以某种方式移动象。然而，这些人可以决定永远不再下棋，在这种情况下，关于如何移动象的这类规定就不再适用①。当然，人们可能会综合考虑在某个特定场合下棋是否正确，或者将大量时间花在下棋这一爱好上是否明智，但这些都是截然不同的问题，而且无论如何，很少有人会认为每个人都有无条件（道德上？）义务下棋，或避免下棋。

宗教信仰的自愿性要复杂一些。一方面，在当今许多社会中，特定宗教的规范性规则并不被认为对非该宗教团体成员具有约束力。当然，我们今天对宗教的看法与过去大相径庭。正如雅克·巴尔赞所指出的那样，"在早期，人们很少认为自己'拥有'或'属于'某种宗教……每个人都'拥有'灵魂，但没有人'拥有上帝'；因为上帝及其一切相关事物就是存在本身，就像如今没有人'拥有物理学'一样；只有一种物理学，它自动被视为现实的写照"②。同样，即使在今天（尤其是在那些基本教义派观点具有更大社会和政治影响力的国家），真正的信徒仍认为其宗教的教义就是真理，对所有人都具有约束力。

回归到法律层面，倘若将法律规则与官方行为视作人们或许会、或许不会以规范方式看待事物，那么可以理解，这显然会影响人们对凯尔森的"基本规范"的看法——包括其发挥的作用以及正当性依据。正如鲍尔森所指出的③，如今人们普遍将凯尔森对"基本规范"的论证视为一种新康德主义版本的康德先验演绎。先验论证（简而言之）是从一个必然为真的结论出发，得出一个必然为真的前提，否则最终结论就会是错误的，或者至少是缺乏支撑的。康德的先验演绎（同样简而言之）是从我们经验的统一性出发，推导出投射到感性材料上的思维范畴（例如时间、空间、实体和因果关系）的必要性④。对于凯尔森而言，相关的先验演绎大致如下：既然法律（被体验为）是规范性的，那么"基本规范"就必须被预设。正如

---

① 关于法律规范体系与国际象棋规范游戏之间异同的一个出色分析，参Andrei Marmor, 2007. Law in the Age of Pluralism.Oxford: Oxford University Press, pp.153-181.

② Jacques Barzun, 2000. From Dawn to Decadence: 500 Years of Western Cultural Life, 1500 to the Present. New York: Harper Collins, p.24.

③ 例如Stanley L. Paulson, 1992b. The Neo-Kantian Dimension of Kelsen's Pure Theory of Law.Oxford Journal of Legal Studies 12 (1992), pp.311-332; Stanley L. Paulson, 2000. On Transcendental Arguments, Their Recasting in Terms of Belief, and the Ensuing Transformation of Kelsen's Pure Theory of Law.Notre Dame Law Review 75 (2000), pp.1775-1795; Stanley L. Paulson, 2012. A "Justified Normativity" Thesis in Hans Kelsen's Pure Theory of Law? Rejoinders to Robert Alexy and Joseph Raz.Institutionalized Reason: The Jurisprudence of Robert Alexy.Eds. Matthias Klatt.Oxford: Oxford University Press, pp.61-111; Stanley L. Paulson, 2013. A Great Puzzle: Kelsen's Basic Norm.Kelsen Revisited: New Essays on the Pure Theory of Law.Eds.Luis Duarte d'Almeida, John Gardner & Leslie Green.Oxford: Hart Publishing, pp.43-61.

④ 这种特定的表述方式（例如，对"感觉数据"的提及）很可能不是大多数康德主义者会选择的方式，但对于此处所需的粗略总结来说，应该是足够了。

鲍尔森所指出的①，困难在于先验论证取决于对于所研究的事物仅有一个可用的解释（就康德的情况而言，是经验的统一性；对于凯尔森而言，则是法律的规范性），而凯尔森远远未能证明其方法是唯一可用的解释②。

然而，本文所讨论的方法并不需要康德先验演绎的全部机制；它只需要相信基本且普遍认可的休谟关于"是"与"应当"的划分，再加上一个同样传统的观念，即法律是一种规范性体系。当有人断言法律体系中任何较低层级规范的有效性时③，他实际上是在隐含地断言或预设该体系的基础规范的有效性。

（三）关切之处

在其早期的一部作品中④，鲍尔森对我在此给出的有关凯尔森作品的解读方式表达了担忧⑤。他的主要顾虑在于，这种解读致使尤其是基本规范以及凯尔森的纯粹法学理论所起作用甚微，这似乎也并非凯尔森为自身设定的重要任务。凯尔森的纯粹法学理论将基本规范（及其预设）作为解释规范客观意义的关键，而不仅仅是针对那些恰好选择以规范方式解读官方行为的人。

我认为，对凯尔森理论的这种解读并不能说明凯尔森的理论不重要，而且这种解读比那些更雄心勃勃的解读更具说服力⑥。在我看来，凯尔森的纯粹理论提供了有关规范逻辑的重要见解，提供了有关将官员行为从规范角度解读会得出何种结论的重要见解，还提供了有关法律与道德之间的联系（或缺乏联系）以及人们是否有（或没有）义务接受或预设其法律体系的基本规范的相关见解。

---

① 例如Stanley L. Paulson, 2012. A "Justified Normativity" Thesis in Hans Kelsen's Pure Theory of Law? Rejoinders to Robert Alexy and Joseph Raz.Institutionalized Reason: The Jurisprudence of Robert Alexy.Eds.Matthias Klatt.Oxford: Oxford University Press, pp.61-111; Stanley L. Paulson, 2013. A Great Puzzle: Kelsen's Basic Norm.Kelsen Revisited: New Essays on the Pure Theory of Law. Eds.Luis Duarte d'Almeida, John Gardner & Leslie Green. Oxford: Hart Publishing, pp.43-61.

② 在我看来，鲍尔森的观点是正确的，凯尔森的分析过于仓促地摒弃了自然法的进路，并且在试图表明除了他所考虑的有限的几种替代方案之外不存在任何可能的解释时，也缺乏说服力。

③ 正如前面所提到的，对于道德或神学的规范体系，或者任何其他类型的规范体系，都可以提出类似的论点。

④ Stanley L. Paulson, 2012. A "Justified Normativity" Thesis in Hans Kelsen's Pure Theory of Law? Rejoinders to Robert Alexy and Joseph Raz.Institutionalized Reason: The Jurisprudence of Robert Alexy.Eds.Matthias Klatt.Oxford: Oxford University Press, pp.61-111.

⑤ 在私人电子邮件交流中，鲍尔森重申了他对这种对凯尔森的解读的反对意见——尽管他承认这种解读得到了凯尔森一些文本的支持，但他认为这种解读是"微不足道的"并且是"循环论证的"。对于"循环论证"的批评，鲍尔森援引了罗伯特·阿列克西的分析，阿列克西在其中对凯尔森提出了这一指责。Stanley L. Paulson, 2012. A "Justified Normativity" Thesis in Hans Kelsen's Pure Theory of Law? Rejoinders to Robert Alexy and Joseph Raz.Institutionalized Reason: The Jurisprudence of Robert Alexy.Eds.Matthias Klatt.Oxford: Oxford University Press, pp.61-111.然而，阿列克西的指责是基于对凯尔森"基本规范"的"正当性规范性"解读，而这种解读我并不认同。我认为，当以一种不那么雄心勃勃的方式来解读凯尔森的理论时，"循环论证"的问题就会消失。

⑥ 正如鲍尔森通过对其他解读的批判间接表明的那样。Stanley L. Paulson, 2012. A "Justified Normativity" Thesis in Hans Kelsen's Pure Theory of Law? Rejoinders to Robert Alexy and Joseph Raz.Institutionalized Reason: The Jurisprudence of Robert Alexy.Eds.Matthias Klatt.Oxford: Oxford University Press, pp.61-111.

三、哈特与法律和道德的关系

（一）哈特与内在观点

哈特与凯尔森一样，在对早期法律理论家（尤其是约翰·奥斯丁）的批评中强调了法律的规范性，并在发展自己的更具解释学色彩的法律理论时亦是如此。哈特认为，奥斯丁的命令理论未能充分区分出于恐惧而行动的群体（即"放大版的持枪歹徒情形"）[1]与官员和至少一部分公民将法律视为行动理由的群体——哈特称之为"内在观点"。

作为哈特所倡导的法律实证主义中法律与道德相分离的一部分，哈特谨慎地避免声称公民必须接受法律为其行动提供理由（他甚至没有讨论公民在何种情况下应当这样做）；他提出了一套广泛且开放式的理由，说明公民为何可能接受法律为其行动提供理由。哈特写道，公民"可能出于各种不同的原因服从法律，其中常常（但并非总是）包括知道这样做对他来说是最好的"[2]。后来他又写道："遵守法律可能并非出于道德义务，而是出于对长期利益的考量，或是出于延续传统的愿望，或是出于对他人无私的关怀。"[3]

（二）哈特的法律规范性

对于哈特而言，问题仍然存在：法律中的这种规范性究竟为何物？法律规定行为——以特定方式行事，并避免以其他方式行事——同时也赋予公民为实现自身目的使用法律制度和程序的权利（通过遗嘱、合同等）。如果按照哈特的分析，有人接受法律体系为行动提供理由，那么这些理由究竟是何种理由？是否还有其他方式来理解这些理由，而不仅仅是将其视为道德理由？

一个立即被想到的替代观点是，人们往往出于纯粹的审慎原因而遵守法律，即为了避免因被判定为违法者而遭受经济处罚、可能失去自由或遭受公众羞辱。然而，哈特从对奥斯丁的法律命令理论的批判出发构建了自己的法律理论，而哈特批判的一个关键部分在于，对许多人来说，法律不仅仅是（又是这个短语）"放大版的持枪歹徒情形"——对（法律）义务的认知常常不同于仅仅感到被迫（被胁迫）[4]。哈特显然希望人们能理解法律规范性，即法律理由与（单纯的）审慎理由是有所区别的。

哈特的观点可以被解读为将法律视为一种独特的规范性形式，他的多部著作都支持这一观点[5]。如前所述，作为法律实证主义者，哈特并未探究接受某一特定法律体系（或所有法

---

[1] H. L. A. Hart, 1958. Positivism and the Separation of Law and Morals. Harvard Law Review 71(1958), p.603.

[2] H. L. A. Hart, 2012. The Concept of Law, 3rd ed. Oxford: Oxford University Press, pp.114.

[3] H. L. A. Hart, 2012. The Concept of Law, 3rd ed. Oxford: Oxford University Press, p.232.

[4] H. L. A. Hart, 2012. The Concept of Law, 3rd ed. Oxford: Oxford University Press, pp.82-91.

[5] 参见 H. L. A. Hart, 1982. Essays on Bentham: Jurisprudence and Political Theory. Oxford: Clarendon Press, pp.262-268; John FINNIS, 2011b. Philosophy of Law: Collected Essays, Vol. IV. Oxford: Oxford University Press, pp.248-256.

律体系)作为行动理由是否有良好的道德依据。同样,哈特也没有深入探讨人们可能会认为法律赋予了他们何种理由。对哈特而言,只要有人将法律视为行动的理由就足够了,这是描述性或概念性理论家应当尝试解释的事实。在哈特看来,法律理论家不应过于关注这些理由的性质以及它们是否具有充分依据。在其他地方(作为与朗·富勒辩论的一部分),哈特强调不应将"应当"与道德混为一谈——"应当"有多种形式,行动的理由也有多种类型[1]。

同样地,人们可以将哈特的观点解读为:对于接受法律的人来说,法律给出的那种理由(仅仅)是一种法律理由,就像在其他情境中人们可能会认为自己受制于国际象棋规则(比如在下棋时,棋盘上的规则要求将兵沿对角线移动而非其他方式,移动到这个格子而非其他格子)、礼仪规则或时尚规则一样。当然,这种分析思路有点奇怪——人们可以理解这样的反对意见,即"法律理由"要么归结为功利性理由,要么归结为道德理由。然而,尚不清楚哈特或其现代追随者是否需要承认这一点。为什么仅仅因为法律说了,人们就应当认为自己有道德义务遵从法律呢?虽然曾经普遍认为,公正的法律体系通常会创设这样一种普遍的道德义务,即遵守其制定的法律,但如今许多理论家都提出了强有力的论据来反驳这种普遍义务的存在[2]。另一种观点认为,法律有时会创设道德义务,而这是针对具体个案的分析,取决于公民个人、具体的法律规则以及可能涉及的协调问题或专业知识主张[3]。有充分的理由避免围绕法律通常会创设、应当创设或声称创设道德义务这一观点来构建自己关于法律本质的理论[4]。

而且,按照这种观点,法律规范性总体上,特别是法律命题本身,就其本质而言,并不会归结为或等同于其他类型的命题,法律命题本身也不旨在成为其他类型的命题。有时哈特间接地表明这一点,有时他赋予"诸如法律权利和法律义务之类的表述不带有任何……与道德的联系"的含义[5]。在其他地方,哈特解释说,他的观点只是断言,某些东西可以成为"权威性的法律理由",而无需对所涉规范的道德内容或颁布该规范的机构作任何假设[6]。

---

[1] H. L. A. Hart, 1958. Positivism and the Separation of Law and Morals. Harvard Law Review 71(1958), pp.612-614.

[2] 例如, Higgins, 2004. M. B. E. Smith, 1973. Is There a Prima Facie Obligation to Obey the Law? Yale Law Journal 82(1973).950-976; Joseph RAZ, 1994. Ethics in the Public Domain. Oxford: Clarendon Press, pp.325-338; William A. Edmundson, 2004. State of the Art The Duty to Obey the Law. Legal Theory 10(2004), pp.215-259; Ruth C. A. Higgins, 2004. The Moral Limits of Law: Obedience, Respect, and Legitimacy. Oxford: Oxford University Press.

[3] Joseph Raz, 1994. Ethics in the Public Domain. Oxford: Clarendon Press, pp.325-338; David ENOCH, 2011. Reason-Giving and the Law. Oxford Studies in Philosophy of Law, Vol. I. Eds. Leslie Green & Brian Leiter. Oxford: Oxford University Press. pp.1-38.

[4] Frederick Schauer, 1998. Positivism Through Thick and Thin. Analyzing Law. New Essays in Legal Theory Ed. Brian Bix. Oxford: Clarendon Press, pp.65-78.

[5] H. L. A. Hart, 1982. Essays on Bentham: Jurisprudence and Political Theory. Oxford: Clarendon Press, p.263.

[6] H. L. A. Hart, 1982. Essays on Bentham: Jurisprudence and Political Theory. Oxford: Clarendon Press, pp.264-265.

约翰·菲尼斯对此表示赞同，但提出了略有差异的观点。他主张，尽管法律可能宣称自身具备合理性（在"受理由支配"、"对诸如连贯性和有效性等标准作出回应"的确切意义上），但它并不且也不应宣称具有道德上的强制性，因为法律对广泛的行为作出规定，即便一个在道德上值得称赞的法律体系也会制定出一些规定，在存在更强的竞争性道德义务的情况下，实际理性的人需要违反这些规定①。菲尼斯拒绝了法律提出道德主张的观点，并接受了法律仅创设不可推翻的法律义务这一观点②，这些义务随后被纳入：

一种普遍的实践推理的潮流——善良的公民从公共利益的角度出发……法律界的投机分子从必须采取或避免采取何种行动以促进自身财富增长或官职的晋升的角度出发，以及心怀不满或犯罪机会主义的公民从自身需要的角度出发，以避免不希望出现的后果（惩罚之类）③。

同样地，对于那些认为法律为他们的行为提供了理由的人来说，我们为何要假定这些理由就是道德上的理由呢？比如，对于礼仪或国际象棋，我们明白一种实践如何能提供非道德上的理由。或许法律同样能提供非道德上的理由。

尽管许多其他理论家认为将法律主张等同于道德主张或官方行为的预测别无他法之下的选择，但我认为更好的观点是，这两种等同是既无必要也不合理的。与许多学术理论一样，将法律命题等同于或归结为道德或对官方行为的描述的观点，在追求微妙和复杂的过程中忽视了显而易见的东西。最终的问题在于：认为推理往往局限于特定领域，认为存在不仅与"道德理由"和"审慎理由"不同，而且与"礼仪理由"、"时尚理由"或"棋类理由"不同的"法律理由"，这种想法是有益的，还是荒谬的？蒂姆·斯坎伦（Tim Scanlon）在其2009年的约翰·洛克讲座（John Locke Lectures）（后来发表为《对理由的现实主义态度》）中，对这种关于理由和行动理由的观点进行了长篇辩护④。正如他所论证的那样，理由往往在特定的规范领域内具有效力，我们不应过快地假定一个领域中的理由可以归结为或受到另一个规范领域中的理由的质疑。

（三）法律与道德

本文所讨论的方法的优势在于，法律的规范性是个人所承担（预设）或不承担的问题，但其与道德规范性并无直接关联。这一优势在于，它至少以一种较为浅显的方式解释了法

---

① John Finnis, 2013. Reflections and Responses. Reason, Morality, and Law: The Philosophy of John Finnis. Eds. John Keown & Robert P. George. Oxford: Oxford University, pp.554-556.

② John Finnis, 2013. Reflections and Responses. Reason, Morality, and Law: The Philosophy of John Finnis. Eds. John Keown & Robert P. George. Oxford: Oxford University, pp.553-556.

③ John Finnis, 2013. Reflections and Responses. Reason, Morality, and Law: The Philosophy of John Finnis. Eds. John Keown & Robert P. George. Oxford: Oxford University, p.555.

④ Thomas M. Scanlon, 2014. Being Realistic About Reasons. Oxford: Oxford University Press.

律的规范性，而无需依赖实质性的形而上学假设或有争议的道德主张。这种方法与新的观点相一致，即否认法律总是产生道德义务——甚至其几乎总是如此，或假定如此，或只要法律体系在其他方面"总体公正"就如此。

这种观点也（因此）与法律理论中日益普遍的看法相悖，即法律声称具有权威性、道德正确性，或者至少在某种一般意义上是"正确的"，这是法律的一个重要方面①。为何要假定法律作出道德主张（更不用说假定法律本质上总是作出此类主张）？与所有关于法律和道德关系的主张一样，难题在于等式中的两个术语——"法律"和"道德"——都难以定义，而且所有可能的定义都会引发争议。

作为莱斯利·格林论证的一部分，他认为"法律必然对其主体提出道德要求"（这是他列举的法律与道德之间存在必然联系的方式之一，与某些对法律实证主义"分离命题"的理解相悖②），格林解释说，法律对公民提出"绝对要求"，这些要求使公民"不考虑个人私利，而要为他人利益行事"，并且这些标准共同构成了"道德要求"③。我不认为这种对道德的定义（或对法律要求的描述）有说服力。即便暂时搁置哈特的核心观点，即法律不仅命令，还赋予权力④，法律规则也不像道德规则那样（无论是隐含的还是明确的）声称反映普遍且永恒不变的道德真理，也不像道德规则那样是善的内在组成部分⑤。

约瑟夫·拉兹就他为何认为法律对权威的主张是一种道德主张给出了一个略有不同的解释："这一主张包含了这样一种断言，即在影响人们生活的基本方面及其相互关系的事务中，存在着授予权利和施加义务的权利主张。"⑥我不确定这对于那些尚未被说服的人——即法律的主张是道德主张——是否会更有说服力。许多规范体系，包括礼仪甚至时尚的规范体系，似乎都涉及"授予权利和施加义务的权利主张"。虽然法律确实与道德一样，涵盖了"人们生活的基本方面及其相互关系"，但这似乎不足以将代表法律的主张转化为道德主张。

---

① Raz,1994:325-338；Green,2003:14-17；Alexy,2002.（关于对阿列克西正确性理论的批评，参见 Bix 2013:38-39.）诚然，存在着值得注意的异议者，至少对于此类主张对法律至关重要这一观点存在异议。E.g., Dworkin, 1996: 198-211; Kramer, 1999: 100-101; Himma, 2002: 155-157.

② Green, 2003: 14-17.Leslie Green, 2003. Legal Positivism.In E. N. Zalta(ed.), Stanford Encyclopedia of Philosophy. URL: https://plato.stanford.edu/entries/legal-positivism.

③ Green,2003:16.他言辞精准："但要求人们必须为他人利益行事，就是对他们提出道德要求。"Leslie Green,2003. Legal Positivism.In E. N. Zalta(ed.), Stanford Encyclopedia of Philosophy.URL: https://plato.stanford.edu/entries/legal-positivism.

④ H. L. A. Hart,1958. Positivism and the Separation of Law and Morals. Harvard Law Review 71(1958).604-606593-629; H. L. A. Hart,2012. The Concept of Law,3rd ed.Oxford: Oxford University Press,pp.27-33.

⑤ 有人认为，道德与神的旨意之间存在关联（e.g., Quinn 1990），而法律（至少在伊斯兰教法体系之外）并不宣称与神的旨意有任何直接联系。Philip L. Quinn, 1990. The Recent Revival of Divine Command Ethics. Philosophy and Phenomenological Research, Vol.50,Supplement,pp.345-365.

⑥ Raz,2009: 315-316. Joseph Raz,2009. The Authority of Law,2nd ed.Oxford: Oxford University Press.

我无意在此争论道德的恰当定义方式；无论如何,此类争论大多止步于一方说"在我看来这没错",另一方回应"在我看来这不对"。我认为,对于我试图阐述的观点而言,重要的是我们中很少有人会把道德和法律混为一谈。我们或许倾向于高估法律的道德价值,但我们仍不会将两者混淆。除了笃信伊斯兰教法体系的人,无论其依据是神的旨意或其他什么,谁会认为法律本质上是道德的体现？诚然,英国早期的普通法法官（以及当时对普通法的评论者）会以大写的"R"来指代"理性",以此作为普通法规则为何如此的依据（法官们称其行为是宣告现存法律,而现代观察者则会说他们的决定是在制定新法或修改旧法）,但即便在那个时期,法律界人士也没有将法律与道德混为一谈。在英国（以及后来的美国）普通法中,没有法律义务要求人们去救助他人,无论救助他人有多容易。而且无论救援行动的风险有多低[①],也没有法律义务去信守承诺（只有那些有"对价"支持的承诺,即作为交易一部分的承诺,才具有法律效力）[②]。在这些以及许多其他案例中,普通法法官区分了个人在道德上应尽的义务和法律义务。

（实际上,在一些近期的法理学著作中,人们还是能找到类似观点的版本。格林伯格在其《法律的道德影响理论》中提出了一个激进的观点,即"法律是相关法律机构行为所产生的道德影响"[③]。按照这种分析,法律就成了道德的一个相当具体的子集,即法律官员行为对我们道德权利、义务和授权的影响。在最近的一部著作中,格林伯格用以下表述重申了他的观点："法律义务是因法律机构的行为而产生的那些真正的义务"[④]。按照这种思路,人们可能会认为法律是在一个过程的任一端被定义的："法律"是由某些特定官员组成的体系,他们有权以国家名义处理特定类型的纠纷。以及"法律"是这些行动所产生的道德权利和义务。海蒂·赫德在一篇较早的文章中也提出了类似的观点：法律应当被视为有关我们道德义务的理论权威[⑤]。然而,这种将法律与道德等同起来的观点似乎与大多数人对法律的看法相去甚远,因而作为关于法律本质的理论难以成立。）

大卫·伊诺克提出了一种理解法律与道德之间联系的方法,这种方式并不需要我们把法律视为一种道德主张,或者将其视为某种道德的子集。伊诺克的论点是,法律的制定以及其他法律官员的行为可以充当"触发理由",使我们基于已有的道德行动理由而采取行动[⑥]。这与一种更为常见的观察相类似,即法律可能使我们的一般义务更加明确或具体：比如,我

---

① E.g., Weinrib, 1980: 247. Ernest J. Weinrib, 1980. The Case for a Duty to Rescue. Yale Law Journal 80(1980), pp.247-293.
② E.g., Mills v. Wyman, 20 Mass.(3 Pick.)207(1825).
③ Mark Greenberg, 2014. The Moral Impact Theory of Law. Yale Law Journal 123(2014), p.1290.
④ Mark Greenberg, 2017. The Moral Impact Theory, the Dependence View and Natural Law. The Cambridge Companion to Natural Law Jurisprudence. Eds. George Duke & Robert P. George. Cambridge: Cambridge University Press, p.275.
⑤ Heidi M. Hurd, 1991. Challenging Authority. Yale Law Journal 100(1991), pp.1611-1677.
⑥ David Enoch, 2011. Reason-Giving and the Law. Oxford Studies in Philosophy of Law, Vol.I. Eds. Leslie Green & Brian Leiter. Oxford: Oxford University Press, pp.1-38.

们安全驾驶的义务现在意味着要在道路的某一特定一侧行驶,并且车速低于规定的速度;而支持社会的基本需求和帮助穷人现在意味着要将个人收入的一定比例作为税款缴纳给政府基金。

或许令人费解的是,为何许多法律实证主义者选择了更为宏大的起点。例如,朱尔斯·科尔曼和布莱恩·莱特在其对法律实证主义的出色概述中宣称,法律理论家的任务之一是解释法律的"规范性"或"权威性",他们所指的是"我们觉得'法律'规范为行为者提供了特殊的行为理由,而若该规范不是'法律'规范,这些理由就不会存在"[1]。人们或许有理由质疑,我们(无论"我们"是谁)是否真的认为法律规范"为我们提供了特殊的行为理由",这种理由与法律制裁相关的功利性理由或某些法律规范有时可能引发的一般道德理由相分离。此外,即便有相当多的人认为法律本身赋予了他们行为的理由,这或许更需要心理学或社会学的解释[2],而非哲学上的解释。

四、结语

斯坦利·鲍尔森写道:"在凯尔森的纯粹法理论中,'规范性'究竟意味着什么,一直都不明确。"[3] 对于许多当代法律理论家,人们或许也能提出类似的质疑:他们声称要"解释法律的规范性",却常常未能阐明法律具有规范性意味着什么,或者这种属性为何需要解释。就汉斯·凯尔森而言,本文提出了一种对其方法的解读,即将其视为对规范性主张逻辑的一种有限性声明:当人们从规范性角度解读法律官员的行为时,这假定可能预设了该法律体系的基础规范的有效性,即凯尔森所说的"基本规范"。

本文通过着重探讨哈特的研究成果,主张一种简单且不那么雄心勃勃的法律规范性观点:法律是一种独特的规范性形式。法律规范常常规定人们应当做什么或不应当做什么。然而,法律理论家们急于将法律描述为作出道德主张或对官方行为作出预测,这种做法似乎缺乏依据且没有必要。

致谢

本文的早期版本曾有译文发表于卡洛斯·贝纳尔(Carlos Bernal)与马塞洛·波尔丘努拉(Marcelo Porciuncula)合编的《凯尔森论刺猬:斯坦利·L. 鲍尔森纪念文集》(哥伦比亚

---

[1] Coleman & Leiter,2010:228-229,see generally Bix 1996. 2006.Brian Bix,1996. Jules Coleman,Legal Positivism,and Legal Authority.Quinnipiac Law Review 16(1996),pp.241-254.

[2] 参见Tom R.Tyler.1990. Why People Obey the Law.New Haven:Yale University Press.

[3] Stanley L.Paulson,2012. A "Justified Normativity" Thesis in Hans Kelsen's Pure Theory of Law? Rejoinders to Robert Alexy and Joseph Raz.Institutionalized Reason: The Jurisprudence of Robert Alexy.Eds.Matthias Klatt.Oxford: Oxford University Press,pp.61-111.

外部大学出版社,2017年),第275至295页。我谨此感谢肖恩·科伊尔(Sean Coyle)、威廉·A.埃德蒙森(William A. Edmundson)、安德鲁·哈尔平(Andrew Halpin)、斯坦利·L. 鲍尔森(Stanley L. Paulson)及弗雷德里克·肖尔(Frederick Schauer)提出的宝贵意见和建议。